szanse
polskiej
demokracji

ADAM MICHNIK

szanse polskiej demokracji

artykuły i eseje

"AN
EKS"

Londyn 1984

Projekt okładki: Robert Miron
Zdjęcie na okładce: Jan Hansbrandt, FOCUS

Szanse polskiej demokracji
(On Polish Democracy – Articles and Essays)
ISBN 0 906601 12 6

Published by «Aneks»
   61, Dorset Road
   London W5 4HX

Cztery listy z Białołęki zamieszczone w tym tomie ukazały się
w 1982 r. w Polsce w Bibliotece *Krytyki* nakładem wyd. Krąg.

Niniejsza książka ukazała się dzięki dotacji
Funduszu Pomocy Niezależnej Literaturze i Nauce Polskiej

Fotoskład: Libra Books
   9, Ravenscourt Avenue, London W6 0RF
Printed and bound in Great Britain

Po grudniu

Dlaczego nie podpisujesz...

List z Białołęki

Mój Drogi!
Generał Jaruzelski zapowiedział, że ci z internowanych, którzy zobowiążą się do zaniechania działań „sprzecznych z prawem", będą uwolnieni. Zatem wolność jest na odległość ręki. Wystarczy tylko kilka machnięć piórem na deklaracji lojalności...
„Cóż hamuje was zatem od wykonania tych kilku błahych ruchów?" – zapytują bliscy.
Przecież tak łatwo można zmienić okratowane okno z mocno zaznaczonym konturem kolczastego drutu na „wolność". Otworzą się więc przed Tobą stalowe wrota „Białołęki" i zamiast więziennych spacerniaków ujrzysz ulice swego rodzinnego miasta, na których spacerują wojskowe patrole i jeżdżą czołgi. Zobaczysz legitymowanych ludzi, zatrzymywane samochody, którym rewiduje się bagażniki, czujne oko szpicla wyławiające z tłumu osobników podejrzanych o „naruszanie przepisów stanu wojennego". Usłyszysz słowa znane Ci dotąd tylko z książek historycznych: „łapanka", „volkslista", słowa odarte dziś z dostojnej patyny czasu, słowa pulsujące złowrogim rytmem dnia dzisiejszego. Usłyszysz o kolejnych aresztowaniach, o ludziach ściganych i ukrywających się, o drakońskich wyrokach.
I jeśli potrafisz choćby małodusznie kalkulować, to masz już pierwszy powód, dla którego nie podpiszesz: b o t o s i ę n i e o p ł a c a. Tutaj nikt nie może Cię „zatrzymać do wyjaśnienia", tu nie masz się czego bać. Wiem, że to paradoks, ale jeśli rano obudzi Cię walenie do drzwi, to nie lękasz się

Ogłoszone pod pseudonimem Andrzej Zagozda.

umundurowanych gości; to tylko poczciwy klawisz wydaje poranną kawę; tutaj nie przeżywasz lęku, kiedy widzisz cynika o rozbieganych oczach – tu szpicel nie jest groźny. Białołęka jest luksusem moralnym i oazą godności, jest również widomym znakiem Twojej niezgody i Twojego znaczenia. Skoro jesteś internowany, to władza traktuje Cię poważnie.

Czasem próbują Cię nastraszyć. Mojemu koledze, robotnikowi warszaw-skiej fabryki, obiecywano 15 lat więzienia, drugiemu grożono sprawą za szpiegostwo, trzeciego przesłuchiwano po rosyjsku, czwartemu kazano wyjść z celi i zakomunikowano mu, że jedzie w głąb Rosji (a zaprowadzono go na prześwietlenie). Wszystko to jednak da się wytrzymać. Myślę wręcz, że łatwiej to wytrzymać niż skomplikowaną moralnie i zawikłaną politycznie sytuację z tamtej strony drutów. („Może prościej być w więzieniu niż na wolności – pisze mi przyjaciel. – Wody ruszyły, spieniły się i górą płynie mętna szumowina").

Prymas Polski potępił wymuszanie oświadczeń. Papież otwarcie nazwał ten gwałt na ludzkim sumieniu „zbrodnią". Trudno się z tym określeniem nie zgodzić. Całe potępienie spaść musi na tych, którzy te deklaracje wymuszają; tych, którzy posługują się tą okrutną formą poniżania ludzkiej godności. Młodą dziewczynę – żonę działacza „Solidarności" – uwięziono, odrywając od kilkumiesięcznego, chorego dziecka, które – zapowiedziano to – postanowiono umieścić w domu dziecka. Podpisała deklarację. Mojego kolegę oderwano od umierającej na raka samotnej matki i zapowiedziano, że „mamusi pies z kulawą nogą nie poda herbaty". Podpisał deklarację. Nie ma sensu mnożenie przykładów okrucieństwa jednych, bezsilności drugich, tragicznych dylematów i łajdackich szantaży. Są one powszechnie znane i znane są również rozmaite reakcje ludzi poddanych tym presjom. Prymas Polski pozostawił tę kwestię otwartą, zwłaszcza dla nauczycieli. Wartością jest dlań zarówno zachowanie godności, jak i możliwość kontynuowania pracy dydaktycznej z młodzieżą. Decyzja zależy zawsze od indywidualnego głosu rozumu i sumienia; trudno tu jakikolwiek wybór potępiać. Ostracyzm byłby faktyczną realizacją celów ludzi władzy, którym właśnie o to chodzi – by poprzez skłócenie i podział złamać społeczny opór i ludzką solidarność. Aliści postawa rozumiejącej tolerancji nie może oznaczać, że sam fakt podpisania aktu lojalności jest „moralnie obojętny". Tak nie jest. Każda deklaracja lojalności jest złem – deklaracja na Tobie wymuszona jest złem, do którego Ciebie przymuszono, tyle, że czasem m n i e j s z y m złem. Ów akt zasługuje więc czasem na zrozumienie, zawsze na współczucie, nigdy – na pochwałę. Dzieje się tak dla kilku przynajmniej powodów. Po pierwsze – taki jest wymóg godności.

Bezsilność wobec zła zbrojnego w przemoc jest zapewne najcięższym z ludzkich upokorzeń. Jeżeli sześciu drabów powali Cię na ziemię – jesteś bezsilny. Ale wtedy nie zawierasz z opryszkami umów, nie podpisujesz żadnych zobowiązań, jeśli nie chcesz zrezygnować ze swego przyrodzonego prawa do godności. Jeśli biorą Cię spod własnego domu, tłuką na odlew, rażą gazem łzawiącym w oczy, jeśli wywalają Ci drzwi od mieszkania łomem i demolują meble na oczach rodziny, jeśli Cię w środku nocy, skutego kajdankami, wiozą do komisariatu i każą podpisywać jakieś deklaracje, to zwykły instynkt samozachowawczy i elementarna ludzka godność nakazują Ci powiedzieć: NIE.

Albowiem żeby ci ludzie działali w najlepszej, najuczciwszej sprawie, to niszczą ją swymi postępkami.

Jeszcze niewiele wiesz. Dopiero, jak po kilku godzinach powiozą Cię na Białołękę (rozejrzysz się z zainteresowaniem, dotychczas znałeś tylko Mokotów, kochaną, starą budę...), przez radio wysłuchasz w więziennej „suce", szczękając zębami z zimna (później zyska to miano „humanitarnych warunków..."), że Twojemu narodowi wypowiedziano wojnę. Zrobili to ludzie, którzy w imieniu tego narodu sprawują władzę, składają deklaracje, zawierają międzynarodowe porozumienia; ludzie, którzy publicznie wyciągali rękę do pojednania, a potajemnie wydawali polecenia tajnej policji ścigającej nas nocą...

I wtedy już wiesz na pewno, że tym ludziom nie ofiarujesz swej deklaracji lojalności, bo oni sami do żadnej lojalności nie są zdolni.

Jeszcze nie wiesz, co ta wojna oznacza; jeszcze nie wiesz, w jaki sposób szturmowane będą fabryki i huty, stocznie i kopalnie; jeszcze nie wiesz o „krwawej środzie" w kopalni „Wujek"; jedno wszakże wiesz – taka deklaracja byłaby zaparciem się samego siebie, przekreśleniem sensu własnego życia, byłaby zdradą ludzi, którzy Ci zaufali, zdradą kolegów rozsianych po więzieniach, skazanych i internowanych, zdradą przyjaciół ściganych i ukrywających się, zdradą tych wszystkich, którzy będą Cię bronić: ulotką w Krakowie i Gdańsku, wystąpieniem publicznym w Paryżu i w Nowym Jorku. Jeszcze nie migają Ci w oczach twarze ukrywającego się Zbyszka, skazanego Edka, spieszącego paryskimi bulwarami Sewka, jeszcze nic nie jest definitywne, jeszcze masz drogę otwartą, jeszcze możesz wybrać, ale już wiesz, czujesz to instynktownie, że rezygnacja z godności nie jest ceną, którą przystoi płacić za otworzenie więziennej bramy. I którą płacić warto. Oto więc i drugi powód – wymóg rozsądku.

Sprzeczne z rozsądkiem jest zawieranie jakichkolwiek umów z ludźmi, którzy samo pojęcie „umowy" traktują nader dowolnie, którzy własne zobowiązania nagminnie łamią, dla których kłamstwo jest chlebem powszednim. Przecież nie spotkałeś jeszcze nigdy człowieka, który by nie czuł się oszukany przez funkcjonariuszy służby bezpieczeństwa, jeśli miał z nimi do czynienia. Dla tych ludzi o wzroku martwym, choć rozbieganym; o umyśle tępym, choć sprawnym w sztuce dręczycielstwa; duszy splugawionej, choć łakomej społecznej akceptacji, dla tych ludzi jesteś tylko materiałem do obróbki. Oni mają swoją specyficzną antropologię: wierzą, że każdego człowieka można p r z e k o n a ć, to znaczy przekupić lub przestraszyć. Dla nich istnieje tylko problem zapłaconej ceny i zadanego bólu. Chociaż działają rutynowo, to każde Twoje potknięcie, Twój upadek – nadają sens i c h życiu. Twoja kapitulacja nie jest dla nich po prostu sukcesem zawodowym — jest racją ich istnienia.

Toczysz więc z nimi filozoficzny spór o sens własnego życia, o odebranie sensu ich życiu, o nadanie sensu każdemu człowieczemu istnieniu. Prowadzisz spór Giordana Bruno z inkwizytorem, dekabrysty z policmajstrem, Łukasińskiego z carskim aniołem zagłady, Ossietzky'ego z blondynem w gestapowskim mundurze, Mandelsztama z członkiem partii bolszewickiej, odzianym w uniform z błękitnym wyłogiem NKWD; toczysz spór, który nigdy się nie skończy, a o którym Elzberg powiada, że wartości Twego zaangażowania nie mierzy się szansami zwycięstwa Twojej idei, lecz wartością samej idei. Innymi słowy: wygrywasz nie wtedy, kiedy zdobywasz władzę, lecz wtedy, kiedy dochowujesz wierności sobie.

Rozsądek powiada Ci również, że jeśli podpiszesz deklarację lojalności, to dajesz bat w ręce funkcjonariuszy. Będą tym batem wymachiwać i grozić, by Cię skłonić do kolejnego oświadczenia: do zgody na współpracę. Deklaracja lojalności przeobraża się w ten sposób w cyrograf diabelski, nie wolno tedy dać Ci tym policyjnym inkwizytorom nawet pół palca, bo zaraz sięgają po całą rękę. Znasz przecież ludzi, którym chwila moralnej nieuwagi czy duchowej słabości złamała życie: ludzi ściganych telefonami, nachodzonych w mieszkaniach i biurach, szantażowanych przy okazji każdego wyjazdu za granicę. Chwilę nieroztropności okupywali oni latami upodlenia i strachu; jeśli nie chcesz się bać, jeśli chcesz szanować samego siebie – powiada Ci głos wewnętrzny – nie wchodź w żadne układy z funkcjonariuszem.

Do funkcjonariuszy nie odczuwasz nienawiści, raczej litość. Wiesz, jak częste są wśród nich choroby psychiczne; wiesz, że będzie się wstydził własnych dzieci; wiesz, że będzie na niego wydany wyrok narodowej niepamięci (któż dziś pamięta dawnych oprawców i szpiclów...?), że zyskać mogą tylko sławę Herostratesa jak komisarz Kajdan z „Przedwiośnia" czy pułkownik Różański z MBP. I oto trzecia racja – racja pamięci.

Pamiętasz o historii swojego narodu. Pamiętasz, że w ramach tej historii deklaracja lojalności złożona w więzieniu zawsze była hańbą, a wierność sobie i narodowej tradycji – cnotą. Pamiętasz o ludziach, których torturowano i więziono długie lata, a nie podpisywali takich deklaracji. I wiesz, że i Ty nie podpiszesz, bo tej pamięci nie potrafisz i nie chcesz się wyrzec. Zwłaszcza, że również inni kołaczą się po Twoich wspomnieniach. Ci, co w więzieniu przegrali walkę o godność. Oglądasz więc oczyma duszy Andrzeja M., świetnego krytyka literackiego, Twojego kolegę, który w więzieniu napisał błyskotliwy esej-donos, świadectwo moralnej śmierci; Heńka Sz., który – ambitny i inteligentny – dał się wmanewrować w rolę głównego delatora swych kolegów; Zygmunta D., uroczego kompana i inteligentnego chłopca, który raz się załamał i później przez lata denuncjował swych kolegów; myślisz więc ze grozą i przerażeniem o tych ludzkich strzępach, o ludziach potrzaskanych przez policyjną machinę i widzisz swą przyszłość jako wciąż otwartą możliwość. Wybór należy do Ciebie, ale nakaz pamięci Ci powtarza: i Ty możesz być taki; nikt się nie rodzi konfidentem, codziennie wykuwasz własny los kosztem własnego życia. Jeszcze nie usłyszałeś przez radio deklaracji lojalności, nikczemnych wywiadów, haniebnych oświadczeń; jeszcze nie wiesz, jak „wpuszczono w druty" Mariana K. z Nowej Huty, inteligentnego i odważnego działacza „Solidarności", który w swym oświadczeniu chciał oddać co boskie Bogu, a co cesarskie cesarzowi, a wszystko oddał policji, bowiem nie pomyślał, że są takie sytuacje, kiedy dwuznaczność staje się jednoznaczna, a półprawdy całym kłamstwem; jeszcze nie wysłuchałeś wywiadu ze Stanisławem Z., robotnikiem, działaczem z tejże Nowej Huty, sprytnym cwaniakiem i lawirantem, którego od dawna podejrzewano, a teraz on te podejrzenia uzasadnił, wtórując rządowej propagandzie; jeszcze nie przeczytałeś deklaracji Marka B., rzecznika prasowego Krajowej Komisji, protegowanego Lecha, fizyka z Gdańska – który opluł ludzi „Solidarności"; ani też deklaracji Zygmunta L. ze Szczecina, doradcy Mariana J., który dyktował Marianowi te brednie o „Żydach w rządzie" i o „szubienicach dla prominentów", a dziś potępia „ekstremistów"; słowem, jeszcze nie wiesz, że – jak zwykle – i tym razem będą ludzie okłamani, nabrani (Zdzisław R. z Poznania, z którym rozmawiałeś, kiedy odsłaniano poznański pomnik...), zastraszeni, nie wiesz, że i tym razem z tonącego okrętu pierwsze będą uciekały szczury. Ale wiesz przecież, że to wszystko nic nowego, że tym funkcjonariuszom machającym Ci przed nosem nakazem zwolnienia nie będziesz chciał – w tym zatłoczonym komisariacie – tłumaczyć, iż to właśnie oni są niewolnikami i z tej niewoli nie wyzwoli ich żaden nakaz zwolnienia; nie będziesz tłumaczył, że ci ludzie kłębiący się po zadymionych korytarzach, wyrwani niedawno z mieszkań, ci działacze robotniczy, profesorowie i pisarze, studenci i artyści, znajomi i nieznajomi, że ci właśnie ludzie konstytuują narodową i ludzką wolność, i za to wypowiedziano im wojnę; nie będziesz temu funkcjonariuszowi, który z sadystyczną rozkoszą palnął Cię w twarz (wreszcie było mu wolno, przez 16 miesięcy musiał się wstrzymywać...) tłumaczył sensu eseju Rozanowa, opisującego najistotniejszy spór europejskiej kultury poprzez antagonizm człowieka dzierżącego knut i człowieka okładanego knutem, nie będziesz więc mu wyjaśniał, że wasze spotkanie jest kolejnym wcieleniem tego antagonizmu. Wcale nie będziesz z nim rozmawiał. Uśmiechniesz się ironicznie, zrezygnujesz z podpisywania czegokolwiek (łącznie z nakazem internowania), przekażesz wyrazy współczucia i... wyjdziesz z pokoju.

Zawiozą Cię na Białołękę w towarzystwie ludzi, którzy są ozdobą każdego polskiego domu. Będzie jechał z Tobą znakomity filozof i świetny historyk, reżyser teatralny i profesor ekonomii, członek władz „Solidarności" z Ursusa i z Uniwersytetu, studenci, robotnicy. Na terenie Białołęki nie będą Cię bili. Przeciwnie! Masz być wizytówką ich liberalizmu i humanizmu, będą Cię przecież wnet pokazywać delegacji Międzynarodowego Czerwonego Krzyża i posłom na Sejm, ba! nawet Prymasowi Polski... Będą więc w miarę uprzejmi, w miarę uczynni, w miarę łagodni. Ale co jakiś czas przepuszczą cię przez szpaler odzianych w hełmy, zbrojnych w pałki i tarcze, żeby nastraszyć i przypomnieć swą siłę. Wszelako te maskarady przypominają o tym tylko, że ten reżim jest jak zły pies, który kocha kąsać, ale zęby ma już spróchniałe. Zniknął etos Pawki Korczagina. Gdy na funkcjonariuszy dziś huknąć, pojawia się w ich źrenicach błysk strachu. Ten strach i niepewność dostrzeżesz pod hełmem, poprzez mundur, zza tarczy policyjnej, importowanej z Japonii. I łatwo sobie uświadomisz, że ów strach funkcjonariusza jest dla Ciebie świadectwem nadziei, Twojej nadziei. Ważna to rzecz – mieć nadzieję. Może najważniejsza...

Przecież o to toczy się walka: funkcjonariusze chcą wydusić z nas deklarację rezygnacji z nadziei. Funkcjonariusze rozumieją, że ten, kto deklaruje lojalność wobec systemu przemocy i kłamstwa, ten wyrzeka się nadziei na Polskę, w której kłamstwo i przemoc będą w niełasce. Te deklaracje mają z nas uczynić złajdaczonych serwilistów, którzy nie będą się buntować w imię wolności i godności. Zatem odmawiając konwersacji z funkcjonariuszem, odmawiając zgody na współpracę, odrzucając status konfidenta i donosiciela, wybierając człowieczą kondycję więźnia politycznego – chronisz nadzieję. Nie tylko w sobie i dla siebie, także w innych i dla innych. Tę swoją deklarację nadziei rzucasz – jak zalakowaną butelkę w morze – z więzienia w świat, między ludzi. Jeśli powiesz choć jednemu człowiekowi – wygrałeś.

* * *

Wiem, co pomyślisz: on klepie banały i komunały, postuluje heroizm, jest nieżyciowym romantykiem. Otóż niezupełnie tak...

Na pierwsze zgoda. Prawdy banalne, jeśli banalnymi mają pozostać, muszą być przypominane; zwłaszcza wtedy, gdy zachowanie banalne wymaga niejakiej odwagi, a relatywizm – skądinąd tak pożyteczny w działalności intelektualnej – prowadzić może do rozmycia moralnych kryteriów i kwestionowania tego, co moralnie oczywiste. Czy takie stanowisko jest identyczne z kultem dla postawy romantycznej, nie sądzę.

Wiesz, że nie jesteś bohaterem, ani nigdy nim być nie chciałeś. Nie chciałeś umierać ani za naród, ani za wolność, ani w ogóle za nic; nie kusił Cię los Winkelrida czy Ordona. Chciałeś żyć, żyć normalnie, szanować siebie i szanować swoich kolegów. Lubiłeś ten komfort moralny, który pozwolił Ci się cieszyć wewnętrzną wolnością, pięknymi kobietami i dobrymi alkoholami. Ta wojna zaskoczyła Cię w towarzystwie ładnej dziewczyny, a nie przy konstruowaniu planu szturmu na gmach Komitetu Centralnego...

Skoro jednak tę wojnę Ci wypowiedziano, a wraz z Tobą jeszcze trzydziestu kilku milionom ludzi, to musisz być świadom, że wśród ulicznych łapanek, haniebnych wyroków sądowych, nikczemnych audycji radiowych i rozrzucanych ulotek nielegalnej „Solidarności" – nie uzyskasz swojej normalności, na którą składał się szacunek dla samego siebie zespolony ze stabilizacją materialną. Musisz wybierać między luksusem moralnym i materialnym. Wiesz bowiem, że „normalność" dziś będzie miała gorzki smak przegranej z samym sobą – i właśnie dlatego, by móc cieszyć się życiem, nie ulegniesz kuszącym propozycjom funkcjonariusza, który obiecuje wolność, a przynosi zniewolenie, łudzi perspektywą ludzkiego szczęścia, a daje cierpienie i wewnętrzne piekło.

Nie, to nie jest heroizm. To zwykły rozsądek. Brecht powiedział, że „biada narodom, które muszą mieć swych bohaterów". Trudno z tym się nie zgodzić: bohaterstwo zakłada wyjątkowość; Polakom potrzebna jest dziś „normalność" i „powszechność" oporu przeciwko rządom wojskowo-policyjnym.

Zrozummy się dobrze: nie jest to propozycja romantycznej bezkompromisowości, lecz strategii społecznego oporu. Nie jest więc zasadne przywoływanie dziś klasycznej opozycji z polskiej myśli politycznej: pomiędzy romantyczną insurekcją a realistycznym „organicznikostwem", jak to uczynił na łamach *Polityki* Daniel P. Przyjrzyjmy się jego argumentom.

Przyznając rację obu stronom, argumentuje autor punkt widzenia „organiczników", którzy zdecydowali się pozostać w zespole *Polityki*, ryzykując, że usłyszą pytanie od własnych dzieci: „a co zrobiłeś ty, kiedy zamiast argumentów pojawili się żołnierze?", ale wybierając za to postawę odpowiedzialności miast wewnętrznej emigracji. „Nie ma co gonić za utraconą cnotą – czytamy. – Nie ma co przebierać się z realisty w fundamentalistę. Ostrogi nie pasują do bamboszy" (o zbuntowanych redaktorach *Polityki*).

Zdaniem Autora „nie jest w interesie społecznym, aby prasa w Polsce przestała wychodzić, albo żeby jeszcze bardziej ograniczyć jej różnorodność. Trzeba działać na rzecz powrotu wojska do koszar (...). Kto to będzie robił, jeśli my weźmiemy sobie wygodne posadki rzeczników spółek polonijnych, redaktorów pism całkowicie apolitycznych, etc". Daniel P. używa argumentów dobrze Ci znanych, choćby z polemiki, jaka wywiązała się wokół „Traktatu o gnidach" Wierzbickiego. Nie przemawia więc językiem nowomowy, nie plecie trzy po trzy, używa argumentów poważnych i jasno formułuje dylematy współczesnego Polaka.

Polemikę z tym wywodem prowadzić należy na dwóch planach: sporu o konkret i sporu o uniwersalia.

Jeśli potrzebni są jedni i drudzy, tj. „insurekcjoniści" i „organicznicy", to potrzebni są także „organicznicy" w formie, a „insurekcjoniści" w treści, potrzebni są społeczeństwu ludzie, którzy nie posługują się kłamstwem w życiu publicznym, cieszą się społecznym zaufaniem, odrzucają kompromis z systemem władzy narzuconym narodowi, choć nie postulują działań nierozważnych, nie wzywają do terroryzmu, nie organizują partyzantki miejskiej bądź wiejskiej. Innymi słowy klasyczny dylemat może brzmieć „praca organiczna" *versus* „kolaboracja", a nie tylko „praca organiczna" *versus* „insurekcja".

Kompromis jest niezbywalnym składnikiem zdrowia życia publicznego, pod tym warunkiem wszakże, że jest istotnie kompromisem w swej treści i w społecznym odczuciu. Gdy subiektywny kompromis jest postrzegany przez opinię publiczną jako zaprzaństwo lub jawna zdrada – przestaje być kompromisem. Staje się kłamstwem lub nieporozumieniem. Dziś stanąć po stronie WRON-y – obaj wiemy to świetnie – znaczy opowiedzieć się przeciw narodowi. Deklaracja, ta której żądają od Ciebie funkcjonariusze, i ta inna nieco, której zażądano od kolegów redakcyjnych Daniela P., nie jest żadnym kompromisem; jest aktem kolaboracji i tylko jako taka jest pomyślana. Chcąc ratować sierpniową „odnowę" (nie lubię tego partyjnego zwrotu, wolę słowo „formuła demokracji") tym aktem – gubi się ją bezpowrotnie. Tyle o sprawie zasadniczej. Pozostają konkretne egzemplifikacje. Daniel P. zdaje się wierzyć, że *Polityka* znów – jak przed laty – stanie się oazą dla półprawd, pismem, w którym gościć będzie jakiś cień przyzwoitości. Jestem odmiennego zdania – sądzę, że czas tej formuły minął. Nie 13 grudnia, i nawet nie 1 IX 1980 r. Czas tej formuły minął około połowy gierkowskiej dekady, kiedy *Polityka* z umiarkowanie liberalnego i powściągliwego krytyka systemu przeobraziła się w zręcznego apologetę. Od czerwca 1976, od Radomia i Ursusa, *Polityka* stała się typowym produktem dekadencji gierkowskiej ekipy i organem przegrywającej gierkowskiej koncepcji. W epoce „Solidarności" nie była już pismem wiarygodnym ani dla kręgów aparatu władzy, ani dla społeczeństwa. Nie była nawet pismem ciekawym – była pismem anachronicznym. Kariera polityczna jej naczelnego redaktora zbiegła się z polityczną śmiercią *Polityki*. Dziś pismo może być już tylko karykaturą samego siebie. Cała historia *Polityki* była historią pewnego złudzenia niemałej części polskiej inteligencji, złudzenia, że ten system można reformować odgórnie uczestnicząc w pałacowych gierkach, krążąc umiejętnie po korytarzach Komitetu Centralnego i antyszambrując u ministrów. Ta idea przegrała i nic jej już nie wskrzesi. Istotnym polem społecznego konfliktu – a więc i ewentualnego społecznego kompromisu – będzie hala fabryczna i aula uniwersytecka, a nie posiedzenie Sejmu czy plenum KC. Jakkolwiek pokrętna i skomplikowana była historia stosunków władzy komunistycznej z polskim społeczeństwem, to ostatnią „wojną" ta partia sama sobie odebrała mandat do sprawowania władzy – i nic tu nie zmieni tradycyjna rogatywka wojskowa naciągnięta siłą na policyjny hełm.

Jeśli prawdą jest, że mamy choćby minimalny wpływ na przyszły kształt polskich losów, to ten kształt wykuwany być musi w trwałym nacisku na aparat władzy wywieranym przez zorganizowane społeczeństwo. Liczyć na dobrą wolę szefów WRON-y, to liczyć na mannę z nieba. Ale rachuba na ich słabość jest zgoła racjonalna; racjonalne jest przekonanie, że aparat władzy można zmusić do kompromisu. Przekonanie to opiera się na łatwej do zaobserwowania pustce ideowej i programowej partii. Aparat broni władzy i przywilejów, a nie idei i wartości. Sięgnięcie po argument siły, który zastąpił siłę argumentów, jest tego najbardziej widomym świadectwem. Pozwólmy sobie na trawestację Hegla: WRON-a Minerwy wylatuje o zmierzchu.

⁎⁎

Wiesz, jak dojmujące jest uczucie samotności. Wydaje się, że wobec tej machiny policyjno-wojskowej uruchomionej w grudniową noc – jesteś bezsilny. Jeszcze nie wiesz, jak potoczą się wydarzenia, jeszcze nie wiesz, że ludzie zaczną otrząsać się z szoku, że pojawią się podziemne gazety, że Zbyszek B. z ukrycia kierować będzie regionem, że nie schwycą Władka F. we Wrocławiu, że Gdańsk, Świdnik i Poznań na nowo wstrząsną Polską, że powstaną nielegalne struktury związkowe; jeszcze nie wiesz, że sterowana przez generałów machina grzęźnie w piasku i buksuje, że lawina represji i kalumni trafia w próżnię.

Wiesz wszakże, stojąc osamotniony, skuty kajdankami, z gazem łzawiącym w oczach naprzeciw wymachujących pistoletami funkcjonariuszy, widzisz to jasno pośród ciemnej, bezgwiezdnej nocy, dzięki swemu ulubionemu Poecie, że „lawina bieg od tego zmienia, po jakich toczy się kamieniach". I chcesz być tym Kamieniem, który o d w r ó c i b i e g w y d a r z e ń.

Choćby to być miał jeden z kamieni rzuconych na szaniec.

Tygodnik Mazowsze nr 7, Warszawa 25. 03. 82
Aneks nr 27, Londyn 1982

Dlaczego nie emigrujesz...

List z Białołęki

Mój Drogi,
Pytasz mnie, co sądzę o propozycji gen. Jaruzelskiego, by wyjechać za granicę na pobyt stały, na emigrację. To dobrodziejstwo przysługuje tylko internowanym. Nie mogą o wyjazd ubiegać się ani skazani, ani uwięzieni, ani zwykli obywatele, których nie uznano za właściwe internować.

Cóż, odpowiedź na Twoje pytanie jest stosunkowo prosta – nie zamierzam emigrować. Ale sam problem emigracji nie jest ani prosty, ani nowy, ani też nieistotny. Do emigracji – od kiedy sięgasz pamięcią – był u nas stosunek nacechowany ambiwalencją, stosunek zazdrości zespolonej z nieufnością, mieszanina kompleksu niższości z megalomanią. Pamiętasz na pewno z dzieciństwa te kąśliwe uwagi o Andersie, który chce wrócić na „białym koniu", złośliwe napomknięcia o pisarzach, którzy „wybrali wolność", ironiczne dowcipy o ministrach rządu londyńskiego, którzy dobrze się urządzili na brytyjskiej ziemi, groteskowo kontynuują instytucje przedwojennego państwa, a rodakom z Kraju udzielają bezczelnych rad i pouczeń.

Przyznajmy uczciwie: ten manewr udał się oficjalnej propagandzie. Emigracja nie miała w latach naszej młodości, w latach pięćdziesiątych i sześćdziesiątych, dobrej prasy. Była czymś obcym. Funkcjonował stereotyp emigranta, który odwrócił się plecami do kraju, postawił się poza narodem, nie dzieli jego doli i niedoli, żywi beznadziejne pragnienia powrotu do dawnych stosunków i własnych przywilejów; emigranta, który wybrał łatwy chleb, bezpieczeństwo i dobrobyt, i za amerykańskie pieniądze – przez „Wolną Europę" – opowiada kłamstwa o Polsce.

Obowiązywał pogląd, że po to, by wypowiadać się o najważniejszych pol-

---

Ogłoszone pod pseudonimem Andrzej Zagozda.

skich sprawach trzeba być tu, nad Wisłą, gdzie ciężko i niewygodnie, a nie nad Sekwaną czy Tamizą, gdzie wygodnie i bezpiecznie.

Mało kto czytywał wtedy emigracyjne pisma, a niemal nikt nie szukał w nich inspiracji dla podejmowania politycznych działań. W najlepsze kwitła „mała stabilizacja", ludzie pragnęli spokoju po latach stalinowskiego terroru, urządzali się materialnie po latach powojennej biedy, szukali satysfakcji w życiu zawodowym i rodzinnym. Dla myślenia emigrantów był to stan rzeczy nie do przyjęcia. Emigrantom „mała stabilizacja" wystarczać nie mogła. Oni musieli rozumować w kategoriach „niepodległości i demokracji". Jakakolwiek więc była konkretna treść politycznego przesłania emigracji – a daleki tu jestem od idealizowania – ludzie w Polsce nie przyjmowali żadnych programów zakładających generalną zmianę własnego stylu życia; emigracja mogła tylko zakłócić ich stabilizację duchową, mogła tylko być ciągłym wyrzutem dla sumień, które zbyt łatwo godziły się na rezygnację z dążeń do poszerzenia sfer swobód narodowych i ludzkich. W Polakach rozsianych po świecie widziano bogatych krewnych zza granicy, a nie składnik polskiego losu w XX wieku... Aż dziw bierze! Było to możliwe w kraju, którego kultura jest niezbywalnie związana z pozycją emigranta; w kraju, który przez długie lata istniał duchowo dzięki swojemu wychodźstwu: pisarstwu romantyków, muzyce Chopina, dziełu politycznemu Wielkiej Emigracji, gdzie więc ludzie najlepiej powinni rozumieć sens i znaczenie emigracji. O ile jednak cenioną tę Wielką, dziewiętnastowieczną, nauczano o niej w szkołach i deklamowano hymny pochwalne na akademiach, to ignorowano i lekceważono tę współczesną...

Do czasu wszakże. Im dokuczliwsza stawała się oficjalna propaganda, im sprawniej sita cenzorskie wyłapywały nieprawomyślne aluzje w gazetach i książkach, im silniejszy był impuls do protestu i samoobrony – tym częściej i łacniej korzystano z emigracyjnego dorobku. Celnicy wyjmowali z walizek egzemplarze *Kultury* paryskiej, ekipy policyjne wynosiły z rewidowanych mieszkań książki Miłosza i Gombrowicza, Herlinga-Grudzińskiego i Mieroszewskiego, Wierzyńskiego i Hłaski. „Wolnej Europy" słuchano masowo – szukano tam nie tylko skrywanych informacji o świecie, ale i prawdziwych wiadomości o własnym kraju, o szaleństwach cenzury i protestach intelektualistów. Buntująca się inteligencja szukała drogi do własnego społeczeństwa *via* Londyn i Paryż – i znajdowała tę drogę. W ten sposób i emigranci znajdowali wspólny język z Krajem, toczyli z nim dialog, stawali się znów potrzebni, stawali się jego cząstką. Nie był to – jak pamiętasz – proces bezkonfliktowy.

Współpraca z emigracją była ryzykowna, o czym świadczyły dobitnie kolejne wyroki w kolejnych procesach. Ale odbudowany most już funkcjonował. W emigracyjnych wydawnictwach było coraz więcej materiałów z Polski, i były one coraz ciekawsze. Skończyła się „mała stabilizacja", trwał „wielki zamęt" 1968 roku.´

W słynnym przemówieniu z 19 marca 1968 roku Władysław Gomułka, atakując „wrogów i wichrzycieli", obificie cytował artykuły Juliusza Mieroszewskiego z *Kultury* paryskiej, doszukując się w nich politycznego zaplecza polskiej kontestacji. Większość studentów (Ty też należałeś do wyjątków) nie znała tych artykułów, ale Gomułka czy też ten, kto przemówienia pisał, wykazał niemałą intuicję. Prawdą jest bowiem – łatwo to dostrzec z dzisiejszej perspektywy – że to Mieroszewski właśnie potrafił zbudować pomost intelektualny pomiędzy nieżyciowym maksymalizmem emigrantów a nazbyt życiowym pesymizmem ludzi z Kraju, potrafił nakreślić polityczną perspektywę zmian ewolucyjnych systemu, która później stała się praktyką polskiej opozyzji demokratycznej.

Gomułka dostrzegł coś, czego wielu jeszcze nie dostrzegało: oto emigracja wracała do Kraju. Jej książki masowo szmuglowano przez granicę, podawano sobie z rąk do rąk, skrywano przed czujnym okiem policji, emigracja przynosiła wiedzę o świecie i prawdę o narodowej historii, arcydzieła literatury współczesnej i nieocenzurowaną refleksję o polskiej nadziei i beznadziejności. Ale i sama emigracja, wzbogacona nowymi ludźmi, przeobrażała się wewnętrznie. Emigranci to nie byli już anonimowi rówieśnicy naszych rodziców i dziadków. To byli Twoi i moi koledzy.

*

Wydarzenia marcowe – obok innych rozlicznych konsekwencji – postawiły na nowo sprawę emigracji przed polską inteligencją. Władze państwowe na emigrację zezwalały. Wyrzucony z uniwersytetu profesor i relegowany student musieli więc stawiać sobie pytanie: co dalej?

Odwieczne polskie pytanie: tu czy tam, emigracja faktyczna czy emigracja wewnętrzna, kompromis i praca organiczna czy bezkompromisowość i milczenie, praca w strukturach oficjalnych czy budowanie struktur niezależnych? Pamiętasz oczywiście, jak liczne były spory na ten temat, jak rozmaicie odpowiadano na te pytania, jak różnie wyrażano racje „za" i „przeciw". A przecież z dzisiejszej perspektywy jasno widać, że na sierpniowy przełom złożyły się dokonania wszystkich: tych z niezależnych struktur, którzy organizowali pomoc represjonowanym, tworzyli Wolne Związki Zawodowe, inicjowali niezależne wydawnictwa, tych z oficjalnych struktur, którzy mówili wprawdzie mniej dobitnie, ale za to głośniej i tworzyli cenną strefę pośrednią pomiędzy tym, co nielegalne a tym, co oficjalne; tych z emigracji wreszcie, którzy pisali i publikowali mądre książki na obczyźnie (Leszek Kołakowski, Maria Hirszowicz etc.), redagowali *Aneks* – znakomity kwartalnik polityczny – organizowali pomoc materialną dla ludzi w Polsce i informowali świat o tym, co w Polsce się dzieje.

To wszystko wszakże widać dopiero dzisiaj. Wtedy, w 68 roku, dylematy formułowano ostrzej, a wybory rzadko pojmowano jako komplementarne. Pamiętasz oczywiście ostre spory i wzajemne oskarżenia, gorycz przyjaciół i satysfakcję wrogów, pamiętasz, bo jakże o tym zapomnieć, nasz gniew na tych, co wybrali emigrację...

Żałujemy dziś naszego gniewu, ale nie żałujemy naszego wyboru. Pozostaliśmy wtedy w Polsce, choć nie była to ani decyzja łatwa, ani bezpieczna. Funkcjonariusze dość często przypominali nam o tym swą niepohamowaną aktywnością. Powtórzmy: rację mieli wtedy wszyscy. Jeśli wszakże pamiętasz zasadniczy motyw naszych sporów, to polegał on na oporze wobec polityki władzy komunistycznej, która podzieliła nas na „Żydów" i „aryjczyków", następnie zaś „Żydom" pozwoliła „wybrać sobie ojczyznę". Gniew skierowany był na Gomułkę, Moczara i ich kolegów, którzy wprowadzali do naszego kraju rasistowskie kryteria, ale refleks tego gniewu spadł na przyjaciół, którzy bezwolnie się tym kryteriom poddawali.

Czemu wyjeżdżali? Dla rozlicznych racji, dla zranionej dumy narodowej i podeptanej godności osobistej, dla chleba i świętego spokoju i stabilizacji, poczucia bezpieczeństwa i dla pracy umysłowej w warunkach swobody, a także dla służby sprawie polskiej. Wreszcie dlatego, że mieli na to ochotę, a człowiek winien mieć prawo do zaspokajania pragnień tego typu. Dzisiaj nikt rozsądny nie powie, że swym wyjazdem ci ludzie postawili się poza narodem.

Warto jednak mieć na uwadze również ludzi nierozsądnych. Otóż dla ludzi nierozsądnych, a także dla młodych, niedoinformowanych, okłamywanych, wcale nie było to wszystko oczywiste. W emigrantach widziano tych, którzy uciekli. Dla tych młodych i nierozsądnych nie bez znaczenia był fakt, że n i e   w s z y s c y   w y j e c h a l i. Działania i intencje tych na obczyźnie były uwiarygodnione przez tych, co pozostali: uczonych, pisarzy, uczestników ruchu studenckiego. Będąc tu, w Warszawie, Krakowie czy Gdańsku, nadawałeś swoją postawą wiarygodność i sens tym z Nowego Jorku i Paryża, z Londynu i Sztokholmu; dawałeś świadectwo rzetelności ich czynom i inicjatywom, ich książkom i deklaracjom. Innymi słowy: przez swoją odmowę emigracji nadawałeś sens tym, którzy emigrację wybrali. Kiedy padały publiczne pytania: „czy przywiązanie do Polski dzisiejszych emigrantów skończyło się, gdy zaczęli brać cięgi?", Ty – swoją obecnością i postawą – odbierałeś sens takiej gadaninie. Ale pytania takie stawiali nie tylko ludzie instruowani przez funkcjonariuszy. Dlatego argumentów tych nie należy lekceważyć. Należy wciąż młodym i nierozsądnym przypominać o wartościach emigracji, ale nie wolno ani na chwilę zapominać, jak emigracja bywa postrzegana. Trzeba pamiętać, iż w społeczeństwach zniewolonych i rozbitych niemałą popularność zyskują nieraz emocje. Te emocje są produktem gromadzonej przez lata frustracji. Frustracje rodzi nieudane życie, zmarnowana kariera zawodowa, nadmiar moralnych kompromisów. Wszystko to owocować może agresją wobec innych, tych, którym się powiodło, którzy znaleźli swe miejsce pod słońcem, którzy nie klepią naszej biedy i są wolni od naszych upokorzeń. Jeśli aparat władzy potrafi sprawnie manipulować tymi emocjami, obeserwujemy – bywa – zjawisko przesterowania agresji: odium gniewu nie spada na władzę, lecz na jej oponentów, najczęściej tych z emigracji.

Nie są to spotrzeżenia odkrywcze, optymistyczne i budujące, ale – zgódź się – realistycznie opisujące mechanizmy ludzkich gniewów na tym najlepszym ze światów.

*
**

Warto mieć to wszystko na uwadze, kiedy dzisiaj – znów z łaski władzy komunistycznej – stajesz przed pytaniem o emigrację.

Problem ten jest wśród internowanych żywo dyskutowany, czemu zresztą trudno się dziwić. Kiedyś czekał takich jak my pluton egzekucyjny lub wyrok za szpiegostwo. Dziś powiada się, że możemy wybierać: albo wyjazd, albo odsiadka w nieskończoność.

Masz więc wybór: więzienie lub wygnanie. Jaruzelski ludzki pan... Jest jednak bardzo interesujące, czemu w państwie, z którego normalnie wyjechać nie jest łatwo, aparat władzy składa taką propozycję ludziom uważanym za wrogów?

Wydaje się, że kalkulacja aparatu jest prosta. Emigracja ma „Solidarność" rozbić od wewnątrz i zohydzić w oczach społeczeństwa, ma pokazać małość moralną ludzi, którzy wielkim głosem domagali się „żeby Polska była Polską", a po kilku miesiącach paki zmieniają Polskę na Kanadę. Tych ludzi łatwo będzie przeciwstawić „zdrowej bazie", która będzie tworzyć związek zawodowy oczyszczony od „politykierów" z „Solidarnościowej ekstremy".

Aparat władzy chce wykorzystać sowieckie wzory z ostatnich dziesięciu lat, kiedy stworzenie szansy emigracyjnej dla dysydentów podłamało ruch demokratyczny. Działacz robotniczy czy opozycyjny intelektualista – rozumują funkcjonariusze – traci na Zachodzie swój ciężar. Po krótkim okresie atrakcyjności staje się kłopotliwym znajomym, uciążliwym bywalcem poczekalni rozmaitych instytucji, gdzie myślą już tylko o tym, jak się go pozbyć. Przestaje być autorytetem w Kraju, a tym samym przestaje być słuchany na Zachodzie.

Znasz Zachód, więc wiesz, że nie jest to rozumowanie absurdalne. Emigranci są zwaśnieni, skazani na siebie, zapomniani przez świat...

Tak że często droga z więzienia na emigrację jest wędrówką z piekła w nicość.

Ale nie o tym teraz chciałem mówić. Politycznie rzecz biorąc każdy z nas, decydując się na emigrację, robi prezent Jaruzelskiemu, prezent ze swego autorytetu, ofiarowuje mu znakomity argument przeciw „Solidarności", ułatwia mu pacyfikację społeczeństwa.

Internowany Andrzej Z. pisał w liście do kolegów internowanych: „(...) jesteśmy dla społeczeństwa symbolem oporu. Nie dlatego, że jesteśmy tacy wspaniali, ale przez pozbawienie nas wolności władza nas w takiej roli obsadziła w swojej sztuce pt. «Stan wojenny» i gramy ją niezależnie od naszej woli". Przeto – dodam już od siebie – *noblesse oblige*, szlachectwo zobowiązuje. „Możliwości wyjazdu – pisał również Andrzej Z. – otrzymujemy nie dlatego, że takie jest prawo każdego obywatela w tym kraju, ale dlatego, że (słusznie czy nie) uchodzimy za osoby «społecznego zaufania» i zgodnie z zamiarem władz mamy okazać się tego zaufania niegodni. Czym innym jest swoboda wyboru kraju zamieszkania, a czym innym kupowanie wolności za cenę korzyści dla bandyty, który nas tej wolności pozbawił i kosztem tych, którym nikt takiej transakcji nie zaproponuje".

Rozumiesz, mam nadzieję, dlaczego podzielam opinię Andrzeja Z. Propozycja emigracji jest wyzwaniem rzuconym ruchowi „Solidarność" przez aparat władzy; wyzwaniem politycznym i moralnym. Internowani działacze „Solidarności", ci, co dziś wybierają emigrację, dopuszczają się aktu, który jest zarazem kapitulacją i dezercją.

Wiem, że to mocne sformułowanie. Już Cię słyszę, jak replikujesz, że nie jest ono w moim typie, że porzucam zasady tolerancji, że decyzja emigracji jest nader osobista. Wszystko to prawda. Wszelako aktywność w „Solidarności", zdobywanie społecznego zaufania etc. – to również były konsekwencje decyzji osobistych, które wszakże angażowały innych ludzi i ich dotyczyły. Warto więc zdawać sobie z istnienia tych innych ludzi sprawę. Różnych ludzi. Tych skazanych za grudniowe strajki w Twojej obronie, tych więzionych za rozlepianie ulotek w Twojej obronie, tych ściganych przez policję za organizowanie akcji w Twojej obronie. Warto więc byś przez chwilę pomyślał o tych ludziach i ich reakcji na wiadomość – zastanie ich ona w kryjówkach i więzieniach – o Twojej deklaracji wyjazdu z Polski.

Nie mam tu na myśli li tylko politycznego wymiaru tej sytuacji, losu ruchu „Solidarności" – może nie chcesz już się angażować? może nie chcesz już walić głową w mur i zawracać kijem Wisły? – mam na myśli również zwykłą ludzką przyzwoitość i elementarną lojalność. Nie tylko wobec tych, co walczą. Także wobec tych, co Ci zawierzyli; tych, w których zapaliłeś lampkę ufności w bezinteresowność, prawdomówność i godność życia publicznego; tych, którzy Tobie, internowanemu, przynoszą żywność, modlą się za ciebie w kościołach, myślą o Tobie z wiarą, nadzieją i miłością, dla których jesteś – jak cała „Solidarność" – znakiem Polski lepszej, Polski dnia jutrzejszego.

Jeśli to sobie wyobrazisz, pojmiesz bez trudu, że tu polityka jest nierozerwalnie spleciona z normami moralnymi, a wybór polityczny jest nieuchronnie tożsamy z wyborem moralnym. O tym musisz pamiętać.

Nie wierzysz przecież w prędkie zwycięstwo, w rychłą rekonstrukcję przedgrudniowej „Solidarności", wiesz, że czeka Cię mozolna droga, naznaczona cierpieniami porażek i gorzkim smakiem kontaktu z ludzką małością. Zresztą nie idealizujesz wcale tej przedgrudniowej „Solidarności". Zbyt dobrze pamiętasz własny niepokój kierunkiem zmian, zbyt dobrze poznałeś mechanizm awansu krzykaczy i cwaniaków, mechanizm zawrotu głowy od upojeń władzą i odurzeniem nagłym awansem, mechanizm powstawania dworu i dworskich intryg. Patrzyłeś na to z bliska, musiałeś więc widzieć symptomy zdradzonej rewolucji i zalążki degeneracji. Ale widziałeś także podczas tych miesięcy, których byś nie zamienił na żadne inne i które zawsze gotów byłeś okupić latami więzienia, widziałeś więc także ludzi wstających z kolan, ludzi złaknionych słowa wolnego i prawdziwego, ludzi przyjmujących wolne słowo jak komunię, ludzi o rozjaśnionych twarzach i ufnych spojrzeniach – i wiesz, że tego nie da się zadeptać gąsienicami czołgów. I że takich twarzy nie zobaczysz na paryskim bulwarze...

Mam nadzieję, że jasno wyłożyłem Ci swój punkt widzenia. Z tego, co napisałem, wynika, że nie mam żadnej antyemigracyjnej fobii. Nie fobia podyktowała mi te uwagi. I nie patriotyczne zaślepienie. Nie odwaga wreszcie nakazuje mi wybór więzienia zamiast wygnania. Już raczej wybieram tak ze strachu. Ze strachu, by chroniąc własną głowę, nie utracić twarzy.

marzec 1982

Tekst powyższy był ogłoszony we fragmentach w szeregu pismach podziemnej „Solidarności".

W całości ukazał się w: Adam Michnik „Listy z Białołęki", Biblioteka «Krytyki», wyd. Krąg, Warszawa 1982 i w *Kulturze* nr 6, Paryż 1982.

Polska wojna

List z Białołęki

1)
Ta wojna nie została wypowiedziana. W trakcie grudniowej sobotniej nocy do naszych domów załomotali funkcjonariusze aparatu bezpieczeństwa i – wyłamując drzwi łomami, tłukąc na odlew, puszczając gaz łzawiący w oczy, zakuwając w kajdanki – powieźli nas do więzień w charakterze internowanych. Byliśmy pierwszymi jeńcami w tej wojnie, którą komunistyczny establishment wypowiedział własnemu społeczeństwu. Ta akcja nocna była pierwszą zwycięską bitwą generała, który – realizując osobliwie uchwałę IX zjazdu PZPR o niełączeniu stanowisk – był jednocześnie ministrem obrony narodowej, premierem, I sekretarzem partii, a teraz został również szefem WRON-y i na zawsze już będzie się kojarzył Polakom z głupimi i brzydkimi ptaszyskami, karykaturą orła zdobiącego godło państwa.

Polakom wojna została wydana znienacka – przyszły dziejopis doceni precyzję ciosu, doskonały wybór momentu, sprawność akcji. Historyk doceni konsekwencję, z jaką łamano opór wroga, a poeta zapewne opiewać będzie świetne wiktorie militarne tego wojska na ulicach Gdańska i dziedzińcach warszawskich fabryk, na terenie hut, kopalń i stoczni. Generał Jaruzelski rozsławił chwałę polskiego oręża zdobywając sprawnym manewrem oskrzydlającym zarówno gmach Radia i Telewizji, jak i centralę telefoniczną. Zaiste od czasu odsieczy wiedeńskiej Sobieskiego, żaden z naszych wodzów nie może poszczycić się takimi sukcesami. Teraz muzycy będą komponować symfonie, malarze uwieńczać zwycięskie szarże, reżyserowie kręcić filmy patriotyczne, a wszystko to na cześć przywódców grudniowej nocy. Rada

Państwa uchwali niewątpliwie nowy order za udział w kampanii wojennej z grudnia 1981 roku...
   Nie żartujmy. Choć propaganda rządowa narzuca taki właśnie ton komentarzy, to zapytajmy raczej samych siebie, wciąż ogłuszonych i zszokowanych, o sens tego, co wydarzyło się w Polsce.
   W nocy z 12 na 13 grudnia komunistyczna elita władzy podjęła desperacką obronę swej pozycji klasy rządzącej, swej władzy i związanych z nią przywilejów. Status elity władzy – nie warto tego uzasadniać szczegółowo – został istotnie zagrożony. Nie tylko w Polsce – w całym bloku komunistycznym. Grudniowy zamach wojskowy nie miał na celu realizacji komunistycznej utopii – była to klasyczna kontrrewolucja antyrobotnicza, dokonana w imię obrony konserwatywnych interesów *ancien régime*. Wbrew twierdzeniom oficjalnej propagandy nie była to odpowiedź na próbę przejęcia władzy politycznej; „Solidarność" nie dysponowała ani gabinetem cieni, ani programem *coup d'état*. Genezy grudniowego zamachu trzeba szukać w zasadniczo nierozwiązywalnym konflikcie pomiędzy wielomilionowym ruchem społecznym zorganizowanym w „Solidarności" a strukturami totalitarnymi państwa komunistycznego. Kością niezgody był sam fakt istnienia niezależnej i samorządnej instytucji, którą popierał naród. Szło tu więc nie o władzę, lecz o zakres władzy, czyli granice partyjnej nomenklatury, o styl jej sprawowania, czyli o praworządność, o treść kompromisu zawartego między rządzącymi a rządzonymi, czyli o pluralizm w życiu społecznym i o kształt instytucji samorządu pracowniczego i terytorialnego. Realizacja programu reform obejmującego wszystkie te sfery życia podważała fundamentalną zasadę komunistycznego władania państwem i społeczeństwem. Było oczywiste, że aparat dobrowolnie nie wyrzeknie się nawet skrawka władzy, że – zatem – konflikty są nieuchronne. Sądziliśmy jednak, że inny będzie ich przebieg i sądziliśmy, że aparat władzy nie posunie się do rozwiązywania konfliktów społecznych przemocą militarną, do zastępowania siły argumentu argumentem siły.

2)
   Nie jest to pierwszy kryzys w historii państw komunistycznych.
   Wszelako każdy, kto będzie porównywał – oddalone od siebie o dwunastolecie – wydarzenia 1956 roku, „Praską Wiosnę" i polskie piętnaście miesięcy, dostrzeże cechy specyficzne każdego z tych kryzysów, obok cech wspólnych – znamienne różnice. Wspólną była dążność do poszerzenia zakresu praw narodowych i obywatelskich; różnice tkwiły w dynamice zmian społecznych. W 1956 roku impuls reformatorski wyszedł z Moskwy, z sali XX zjazdu KPZR, gdzie partyjna biurokracja likwidowała wciąż obecny cień Stalina i usuwała wiszący nad jej głową topór, który dzierżył aparat bezpieczeństwa. Stamtąd wyszła inspiracja ruchów w łonie partii, które wstrząsnęły Polską i Węgrami. W Polsce autorytet świeżo uwolnionego z więzienia Gomułki stanowił dla Kremla i zarazem dla polskiego społeczeństwa dostatecz-

ną gwarancję. Dla Kremla był to wierzgający komunista, z którym jednak można się porozumieć; dla Polaków był to rzecznik dążeń narodowych i demokratycznych. Na Węgrzech opór stalinowskiego skrzydła w aparacie doprowadził do sytuacji, w której tempo zmian zaczęła dyktować zrewoltowana ulica. Aparat władzy rozpadł się jak domek z kart. Interwencja sowiecka była prostą konsekwencją tego faktu.

W Czechosłowacji impuls do zmian wyszedł z wewnątrz partii, z tych kół aparatu, które dostrzegały, że bez głębokich reform system komunistyczny będzie stawał się coraz mniej efektywny ekonomicznie, będzie sprzyjał marnotrawstwu i zacofaniu. Istotą konfliktu w Czechosłowacji było dążenie liberalnej i zwycięskiej frakcji Dubczeka – wspieranej w tym przedmiocie przez całe społeczeństwo – do odgórnie projektowanych reform demokratycznych, czemu towarzyszyło rozluźnienie zależności od sowieckiej centrali. Czeski „socjalizm z ludzką twarzą" miał wiele twarzy: od umiarkowanego reformizmu aparatczyków po pluralistyczną wizję społeczeństwa zawartą w pismach nonkonformistycznych publicystów. Decydującym czynnikiem był jednak akt niezgody czeskich przywódców na otwarty sowiecki dyktat i ich dążenie, by legitymacji swej władzy szukać w poparciu własnego społeczeństwa, a nie tylko w kremlowskich gabinetach.

3)
W Polsce było inaczej. Trudno tu mówić o „socjalizmie z ludzką twarzą"; był to raczej „komunizm z wybitymi zębami", komunizm, który nie mógł już kąsać i nie umiał się bronić przed napadem zorganizowanego społeczeństwa. Ten napór nie uciekał się do przemocy. Wbrew histerycznym oświadczeniom o „otwartej kontrrewolucji" i „faszystowskim terrorze w zakładach pracy", podczas polskiej rewolucji nikogo nie zabito, nie przelano ani jednej kropli krwi. Wielu obserwatorów stawiało pytanie: czym to tłumaczyć? Genezy polskiego ruchu reformatorskiego – czy też polskiej samoograniczającej się rewolucji – szukać trzeba poza instytucjami oficjalnego życia publicznego. Od wielu lat istniały w Polsce – i efektywnie działały – środowiska demokratycznej opozycji, cieszące się życzliwym wsparciem szerokich kół opinii publicznej i otoczone skutecznym parasolem Kościoła katolickiego. Korzystając ze względnie tolerancyjnego kursu ekipy gierkowskiej – owa tolerancja była efektem powiązań z Zachodem i słabości politycznej, a nie liberalizmu – podejmowano próby samopomocy i samoobrony społecznej, organizowano niezależne życie umysłowe i konstruowano niecenzurowane scenariusze walki o wolność. Istotą programu tych środowisk opozycyjnych – spośród nich największy rozgłos uzyskał utworzony po strajkach w czerwcu 1976 r. Komitet Obrony Robotników – było dążenie do rekonstrukcji społeczeństwa, do odbudowania więzi społecznych poza oficjalnymi strukturami. Pytaniem naczelnym nie było: „jak reformować system sprawowania władzy?", lecz: „jak się przed tym systemem bronić?" Ten sposób myślenia wywarł swe piętno na przebiegu sierpniowych straj-

ków, na kształcie strajkowych żądań, na programie, strategii i taktyce działania „Solidarności".

4)

Przez 15 miesięcy trwała zawzięta walka o reformę totalitarnych struktur. Puenta zmagań była równie nietypowa, jak ich przebieg. Oficjalne zadekretowanie wojny ze społeczeństwem było nazwaniem i dookreśleniem sensu poprzednich konfliktów. Wojna – powiadał Clausewitz – to dalszy ciąg polityki prowadzonej w czasie pokoju. Tym razem była to wojna z zorganizowanym społeczeństwem, podjęta przez państwo będące instrumentem sił politycznych zorganizowanych w Układ Warszawski.

Analiza błędów popełnionych przez „Solidarność" długo będzie przedmiotem polskich sporów. Narodowi i kobiecie – przypomnijmy tę celną formułę Karola Marksa – nie wybacza się tej chwili zapomnienia, w której pozwala sobą zawładnąć byle łajdakowi.

Ten związek zawodowy, który był faktycznym frontem narodowej solidarności, nosił w sobie wszystkie zalety i wady społeczeństwa, które go zrodziło, społeczeństwa, które od czterdziestu lat żyło z dala od instytucji demokratycznych, poza kręgiem politycznej kultury; społeczeństwa systematycznie okłamywanego, ogłupianego i poniżanego; społeczeństwa niepokornego i rozważnego zarazem; społeczeństwa, gdzie honor i wolność, i solidarność były wartościami najwyższymi, a kompromis zbyt często kojarzył się z kapitulacją i zaprzaństwem.

„Solidarność" była demokratycznym ruchem świata pracy, funkcjonującym w antydemokratycznym otoczeniu, wśród totalitarnych struktur systemu, którego jedyną, społecznie zrozumiałą, legitymacją była treść postanowień konferencji jałtańskiej. Polakom nie trzeba przypominać sensu tych postanowień, jak to niedawno uczynił pan Nannen, który zdaje się sądzić, że prawa człowieka należą się tylko ludziom zamieszkującym na zachód od Łaby, dla dzikusów ze wschodu rezerwując knut i drut kolczasty jako instrumenty prawidłowo regulujące mechanizm życia publicznego. Polacy o Jałcie pamiętali...

Problem wszakże polegał na przełożeniu jałtańskich realiów na język dnia dzisiejszego. Nie było to łatwe.

Potężny, żywiołowy ruch społeczny, pozbawiony wzorów, konstytuujący się z dnia na dzień wśród nieustannych konfliktów z aparatem władzy, nie miał jasno sprecyzowanych celów cząstkowych i nie miał klarownej koncepcji współistnienia z komunistycznym reżimem. Łatwo dawał się prowokować do sporu o rzeczy nieistotne, pełno w nim było konfliktów zastępczych, bałaganu, nieudolności, nieznajomości przeciwnika i jego metod działania. „Solidarność" umiała strajkować, ale nie umiała czekać; umiała atakować frontalnie, ale nie umiała się cofać; miała idee generalne, ale nie miała programu działań etapowych. Była kolosem o stalowych nogach, lecz glinianych dłoniach; była potężna w fabrykach wśród robotniczych załóg, ale bezsilna przy stole negocjacyjnym. Naprzeciw siebie miała partnera, który nie umiał mówić prawdy, gospodarować, dotrzymywać zobowiązań, ale jedno umiał: rozbijać społeczną solidarność. Tę sztukę opanował wspaniale przez 37 lat swych rządów. Ów partner – elita władzy – był bankrutem moralnym i finansowym, był niezdolny – poprzez słabość polityczną – do egzekwowania jakiejkolwiek polityki. Słabość polityczną brano w „Solidarności" za słabość w ogóle, zapominając, że nietknięty demokratyczną korozją aparat przemocy bywa skutecznym instrumentem w rękach władzy dyktatorskiej, zwłaszcza zaś w rękach takiej dyktatury, której się pali grunt pod nogami. Komunistyczny system w Polsce był kolosem na glinianych nogach, lecz ze stalowymi dłońmi. Postulując demokratyczne wybory do Sejmu i rad narodowych, działacze „Solidarności" zdawali się zapominać, że hasła takie oznaczają dla rządzących dzwonek alarmowy i zapowiedź rychłego końca.

Powtórzmy: „Solidarność" nie postulowała nigdy odsunięcia komunistów od władzy i przejęcia steru państwa przez aparat związkowy. Rzecz w tym jednak, że taki właśnie program – nieważne teraz, na ile zasadnie – odczytywali z „solidarnościowych" deklaracji rządzący aparatczycy. Dostrzegali oddolny ruch na rzecz usunięcia komitetów partyjnych z fabryk, straszyło ich widmo wyborów do rad narodowych, śniło im się ogólnonarodowe referendum o kształt samorządu, czekała ich drastyczna podwyżka cen. Grudniowy zamach był ich repliką. Ostatnią repliką, jaką dysponowali.

5)

„Solidarność" nie spodziewała się wojskowego *coup d'état*, była nim zaskoczona. Odpowiedzialność za ten stan rzeczy nie spada na robotnicze załogi, lecz na tych wszystkich, którzy (na przykład piszący te słowa) powołani byli przez swą produkcję intelektualną do kształtowania wizji politycznej związku. Teoretyczna refleksja – co nawiasem warto odnotować – na temat zmian systemowych wlokła się w ogonie wydarzeń. Poza obiegowymi formułami nie istniała niemal polityczna refleksja. Praktyka wyprzedzała teorię. Nie po raz pierwszy w polskich dziejach...

Zasadniczy – choć nigdy nie sprecyzowany jasno – spór w łonie „Solidarności" tyczył tempa zmian i ich zakresu. Początkowo górą byli zwolennicy rozwiązań kompromisowych, z czasem wszakże stało się oczywiste, że skłonność do ugody aparat władzy poczytuje za słabość. Wszelkie ustępstwa trzeba było wymuszać strajkami lub groźbą strajku. Ciągłe strajki – zręcznie prowokowane przez aparat władzy – męczyły społeczeństwo i tak wymęczone uciążliwością dnia codziennego. Brak efektów w postaci wyczuwalnej poprawy jakości życia prowadził do polaryzacji i stawiał pod znakiem zapytania sensowność tej taktyki. Jedni mówili: „dość strajkowania, bo to nic nie daje"; drudzy powiadali: „dość strajków niekonsekwentnych, potrzebny jest strajk generalny, który wymusi na rządzie istotne ustępstwa". Trudno określić, którzy byli liczniejsi, z pewnością jednak ci drudzy byli bardziej słyszalni. Oni to – zwykle młodzi robotnicy z wielkich zakładów – wymuszali na kierownictwie „Solidarności" działania radykalne, których blokowanie było coraz trudniejsze (choć próbowali tego tak Wałęsa, jak i Kuroń). Aparatem władzy coraz bardziej pogardzano i go lekceważono. Niemal nikt nie wierzył, by dało się użyć polskich żołnierzy do ataku na polskich robotników, niemal nikt nie wierzył w możliwość wojskowego zamachu stanu.

Była w tym i naiwność, i myślenie życzeniowe, i długoletnia tradycja polskiej historii, w której próba sterroryzowania polskiego społeczeństwa przy pomocy polskiego wojska jawiła się jako coś trudnego do wyobrażenia. Poprzednie miesiące utrwaliły w społecznej świadomości obraz przebiegu konfliktów między państwem a społeczeństwem, w którym nie było miejsca na otwartą przemoc. Plany szubienic i listy proskrypcyjne istniały tylko w chorej wyobraźni partyjnych notabli. Związek na atak władzy znał tylko jedną odpowiedź – strajk okupacyjny. Wojskowy szturm na fabryki uczynił tę taktykę nieskuteczną, ale świadomość nieskuteczności pokojowych form oporu może mieć konsekwencje katastrofalne. Przelana krew górników kopalni „Wujek" może stać się instruktywną lekcją języka, którym trzeba rozmawiać z władzą, jeśli chce się cokolwiek osiągnąć.

6)
Co komuniści myśleli o „Solidarności"?

Sierpniowy kryzys nie był dla nich zaskoczeniem, choć szokiem był przebieg strajków, dojrzałość postulatów, dyscyplina i solidarność robotniczych załóg. Gierkowska ekipa, wyniesiona do władzy na fali krwawego buntu stoczniowców w grudniu 1970, uważała za dogmat unikanie zbrojnej konfrontacji z klasą robotniczą. Zgoda na funkcjonowanie niezależnych związków zawodowych była aktem rozpaczy, któremu towarzyszyła wiara, że uda się ten ruch ograniczyć do Wybrzeża, a z czasem zmanipulować i rozbić od wewnątrz. Kiedy fala wrześniowych strajków wymusiła zgodę na funkcjonowanie jednolitego związku na terenie całego kraju, aparat mógł tylko liczyć już na nękanie prowokacjami i na wewnętrzny rozłam. „Solidarność" stanowiła dlań śmiertelne zagrożenie – likwidowała zasadę komunistycznej ideologii, że reprezentantem klasy robotniczej jest partia komunistyczna.

Plan destrukcji związku środkami „politycznymi" nie powiódł się. Owszem, ciągłe konflikty – o więźniów politycznych, o wolne soboty, o rejestrację związku rolników – osłabiały „Solidarność", podobnie jak inspirowane z zewnątrz tarcia personalne, ale to osłabienie nie polepszało sytuacji aparatu. Dla aparatu, skłóconego i trawionego walką o władzę, problemem nadrzędnym stawała się partia.

Partia, rozumiana jako wyróżniający się i zorganizowany ogół swych członków, była kompletnie nieobecna podczas sierpniowych strajków. Ten skuteczny w epokach poprzednich instrument do rozbijania społecznej solidarności przez aparat, tym razem zawiódł. Próbując na nowo powołać partię do życia, aparat otworzył przysłowiową puszkę Pandory. Z jednej strony – szukając „kozłów ofiarnych" – ujawniać poczęto coraz bardziej szokujące dowody korupcji gierkowskiej ekipy, z drugiej: masy partyjne zaczęły zwracać legitymacje lub co gorsza – organizować się w ruch „struktur poziomych" postulujących demokratyczną reformę partii i odrzucenie modelu stalinowskiego opartego na wszechwładzy aparatu. Na tym zresztą polegała zasadnicza różnica pomiędzy wydarzeniami w Polsce a kryzysami 1956 i 1968 roku. Wtedy komunistyczni przywódcy (Nagy, Gomułka, Dubczek) umieli zdobyć społeczne zaufanie, a obóz zwolenników partyjnej odgórnej reformy dysponował społecznym zapleczem. W Polsce cała partia wlokła się w ogonie przemian. To nie partia stymulowała zmiany w społeczeństwie, to zewnętrzny wobec PZPR ruch społeczny wywoływał zmiany w partyjnych szeregach. Partyjne programy reformy były – na tle dążeń „Solidarności" – jaskrawym anachronizmem.

Partyjni reformatorzy w Polsce nie byli jednolitym obozem. Wśród ludzi określanych tym mianem znajdowały się osobistości tak różne, jak Andrzej Werblan – jeden z dyktatorów ideologicznych epoki Gomułki i Gierka, Stefan Bratkowski – znany publicysta, jeden z organizatorów Konwersatorium „Doświadczenie i Przyszłość", prezes Stowarzyszenia Dziennikarzy, Wojciech Lamentowicz – trzydziestoszcścioletni pracownik naukowy w Szkole Partyjnej, Zbigniew Iwanow – przywódca sierpniowego strajku w jednej z toruńskich fabryk.

Wszyscy oni – choć tak od siebie różni – padli ofiarą paradoksu, który jest udziałem ogółu komunistycznych reformatorów na całym świecie. Podejmując dzieło reformy totalitarnej partii w imię wolności ludzkiej i społecznej sprawiedliwości przeciw aparatowi biurokratycznemu, dławiącemu swobodę myśli i kreacji, preferującemu miernotę i korupcję, byli zdolni atakować aparat skutecznie o tyle tylko, o ile byli ruchem zbiorowym, o ile potrafili ukonstytuować się we frakcję walczącą o władzę. Z kolei moment „ufrakcyjnienia" nie tylko stawiał ich automatycznie poza nawiasem partii, ale i zmuszał do stosowania takich praktyk w codziennej walce politycznej, które u przeciwnika najsurowiej potępiali. Próbą rozwiązania tej kwadratury koła były „struktury poziome" poszczególnych komórek partyjnych, które zbyt słabe, by wygrać i niemożliwe do zaakceptowania przez aparat, nie ostały się pod zmasowanym uderzeniem konserwatywnych struktur w partii.

Partyjni reformatorzy polscy ostatniej doby byli karykaturą swych ideowych ojców i starszych braci z Polskiego Października i Praskiej Wiosny. Z pozoru ich reformatorstwo było mniej abstrakcyjne, bardziej zakorzenione w realiach życia społecznego; nie było w nim zaciekłych sporów o myśl filozoficzną młodego Marksa, a były dyskusje o reformie ekonomicznej. Był to wszakże tylko pozór: ten ruch nie miał oparcia w autentycznej tkance życia umysłowego. Był epigonem, końcowym etapem procesu destrukcji ideowej realnego komunizmu. Społeczeństwo mówiło już normalnym językiem, podczas gdy idee partyjnej reformacji wciąż tkwiły w obcęgach marksistowskoleninowskiej „nowomowy". Dla partyjnych reformatorów centralnym było pytanie: „jak zdemokratyzować partię", co miało być kluczem do demokratyzacji społeczeństwa ; dla społeczeństwa centralne pytanie brzmiało: „jak najszersze połacie życia publicznego wyrwać spod dyktatu partyjnej nomenklatury". Aparat partyjny oskarżał „Solidarność", że jest partią polityczną, a nie związkiem zawodowym; „Solidarność" sugerowała PZPR, by stała się partią polityczną walczącą o wiarygodność w społeczeństwie, miast tkwić uporczywie na pozycjach związku zawodowego pracowników aparatu władzy. Była to najbardziej precyzyjna definicja społecznego charakteru rządzącej partii komunistycznej. I to okazało się decydujące. Względnie demokratyczny przebieg nadzwyczajnego IX zjazdu PZPR niewiele tu zmieniał – demokratycznie wybrano do najwyższych władz ludzi doszczętnie skompromitowanych, wśród nich Albina Siwaka, którego próbowano kreować na polskiego Stachanowa, przodownika pracy z legitymacją funkcjonariusza aparatu bezpieczeństwa w kieszeni. Z Siwakiem w Biurze Politycznym nie mogła PZPR liczyć na społeczną wiarygodność. Nowe władze i program uchwalony na zjeździe były tworami „martwo urodzonymi". Aparat mógł liczyć już tylko na rozłam w „Solidarności" i na mediującą rolę Kościoła.

7)

Jakoż i na to liczono. Koncepcja Frontu Porozumienia Narodowego, którego filarem miały być: aparat władzy, Kościół i „Solidarność", symbolizowana spotkaniem Jaruzelskiego, arcybiskupa Glempa i Wałęsy, była ostatnią próbą „bezkrwawego" wymanewrowania związku.

Kościół katolicki, największy autorytet moralny w Polsce wspierany autorytetem Papieża-Polaka, niewątpliwie skłaniał się do rozwiązań kompromisowych. Starał się budować mosty porozumienia społecznego, tonować napięcia, działać łagodząco na aparat władzy i na „Solidarność". Wszakże miał to być kompromis właśnie, a nie faktyczna rezygnacja „Solidarności" z własnych zasad i dążeń, bowiem niczym innym nie była propozycja aparatu stworzenia wspólnej listy w wyborach do rad narodowych. Takich rozwiązań Kościół nie mógł ani nie chciał popierać. Był to punkt zwrotny. Dla związku stało się jasne, że konflikt jest nieuchronny; dla władz było oczywiste, że limit kompromisów się wyczerpał. Później były już tylko obrady radomskie, posiedzenie Krajowej Komisji i wojskowy zamach stanu.

Związek spodziewał się konfliktu. Nie miał to być konflikt o władzę w państwie, lecz o sposób jej sprawowania. Sądzono, że aparat przegra bój o nomenklaturę, co stanowiło warunek niezbędny jakiegokolwiek programu reform demokratycznych. Przyznać należy, że nocna akcja grudniowa przeprowadzona była sprawnie, czemu sprzyjał kompletny brak skrupułów jej realizatorów. Czołgami i bagnetami spacyfikowano „Solidarność", złamano opór robotniczych załóg. Ten triumf aparatu może mieć jednak nieoczekiwane konsekwencje, może być dowodem politycznego krótkowidztwa. Bagnetem można straszyć, terroryzować, zabijać, wygrywać bitwy z bezbronną ludnością. Ale na bagnecie – lubił tę myśl Talleyranda przypominać Stefan Bratkowski – nie można siedzieć. I bagnetem nie sposób –

dodajmy od siebie – wymazać z ludzkiej pamięci piętnastu miesięcy swobody.

8)

Wcześniej już szukaliśmy odpowiedzi na pytanie, dlaczego władzy udało się tak prędko złamać opór. Poza szokiem wynikłym z zaskoczenia, poza przekonaniem, że rozlew krwi stanowi barierę nieprzekraczalną dla wszystkich Polaków, był jeszcze jeden czynnik, który przesądził przebieg zdarzeń: cień Rosji. Problem sowieckiej interwencji był nieraz dyskutowany. Intencje Kremla, zaświadczane codziennie prasowymi enuncjacjami, były jasne. Na Kremlu nie lubiano „Solidarności". Spór tyczył oceny kierunków sowieckiej polityki, uwikłanej w konflikt afgański, kłopoty wewnętrzne i skomplikowaną grę międzynarodową. Nie było tu jasności. Niektórzy z nas po cichu liczyli, że możliwe jest wypracowanie modelu polsko-sowieckich stosunków, w których będzie miejsce na polską podmiotowość. Sądziliśmy także, że do interwencji zbrojnej posuną się radzieccy przywódcy dopiero w ostateczności, w odpowiedzi na wojnę domową i próbę przejęcia władzy. Uważaliśmy, że straszakiem sowieckim szermuje aparat nader pochopnie, aby osiągnąć psychologiczny efekt interwencji bez interwencji.

Przebieg zdarzeń wskazuje, że było to rozumowanie racjonalne, ZSRR uczynił wszystko, by zakamuflować swój udział w grudniowym *promenciamento*. Zrealizowany scenariusz był dla nich optymalny. „To Polacy sami rozwiązywali swoje problemy..."

Dekret o stanie wojny musiał przywołać pamięci społecznej wspomnienie o Targowicy, mrocznym symbolu narodowej niesławy. Widmo rosyjskiej inwazji na wypadek klęski Jaruzelskiego przesądziło o postawie polskiego społeczeństwa. Ryzykuję taką hipotezę w przekonaniu, że jest to jeszcze jeden argument za tym, jak wiele było w tym romantycznym narodzie racjonalnej myśli i zdrowego rozsądku; argument za tym, że Polacy nie tylko bić się, ale i myśleć umieją.

9)

Nikt w Polsce nie liczył na pomoc Zachodu, więc silna reakcja społeczeństw i rządów jest raczej miłym zaskoczeniem. Nie tylko dodaje otuchy, ale może z czasem wpłynąć na zahamowanie fali represyjnej. Działania opinii publicznej mają doniosły wymiar moralny poprzez przypomnienie, że wartości demokratyczne są niepodzielne i mają przyjaciół na całym świecie, że wartościami być nie przestają, gdy podeptano je żołdackim butem. Dla ludzi uwięzionych i ściganych jest to zastrzyk nadziei, prawdziwe światło w mrocznym tunelu, jakim jest codzienność w Polsce stanu wojennego. Działania rządów mają swój wymiar polityczny, są fragmentem szerszej strategii międzynarodowej, a sprawa polska jest tu tylko epizodem. Nie należy mieć złudzeń, że jest inaczej. Warto wszakże zatrzymać się nad jednym elementem tej strategii – sprawą sankcji ekonomicznych. Nie podejmuję się interpretacji polityki amerykańskiej. Nie wiem, czym się kierował prezydent Reagan. Wątpię wszakże, by owe sankcje – jak zapewnia oficjalna propaganda – były rezultatem gniewu, że „Solidarności" nie udało się restaurować kapitalizmu w Polsce. Byłby wtedy Reagan niespełna rozumu, o co prezydenta USA nie podejrzewam.

Sądzę, że sankcje były dość łatwą do przewidzenia ripostą Zachodu na wojskowy zamach, a cała odpowiedzialność za ich konsekwencje spada na organizatorów tego zamachu. To Jaruzelski i WRON, a nie Reagan i Pentagon ponoszą odpowiedzialność za katastrofalne skutki sankcji dla polskich rodzin. Godzi się przypomnieć wszakże, że pomoc żywnościowa z Zachodu płynie do Polski nieustannie innymi kanałami niż rządowe, czemu się trudno dziwić, bowiem kanały rządowe przestały być dla Zachodu wiarygodne.

Rozumowanie przywódców zachodnich jest nietrudne do odtworzenia. Gospodarka państw komunistycznych nie może rozwijać się bez zachodnich technologii i surowców, bowiem jest od nich uzależniona. Wszelako obfite kredyty pieniężne nie muszą bynajmniej być czynnikiem przyspieszającym reformy: *casus* rządów Gierka jest tu dostatecznie wymowny. Tym bardziej niepodobna zreformować gospodarki rządowej przy pomocy bagnetu, donosu i stójkowego. Kredyty są więc wyrzucane w błoto. Czy można się dziwić, że jest to dla Zachodu perspektywa mało zachęcająca?

Czy można się dziwić, że chcą mieć za partnera rząd, posiadający minimalną choćby wiarygodność we własnym społeczeństwie? Że warunkują dalsze kredyty przywróceniem swobód obywatelskich w Polsce? Propaganda oficjalna próbuje przedstawić te sankcje jako zamach na byt Polaków, jako element blokujący reformy demokratyczne, jako naruszenie polskiej suwerenności. Nie opowiadam się za sankcjami, ale jest zwykłym tchórzostwem uchylanie się od odpowiedzialności za te fakty przez ludzi odpowiedzialnych, to jest przez WRON. To nie Reagan zrujnował polską gospodarkę, ale ci, którzy własnym egoistycznym, ciasnym interesom podporządkowują duchowy i materialny los narodu polskiego. Ileż jeszcze musi się zdarzyć, by ci ludzie pojęli, że likwidacja niezależnych instytucji metodami wojskowo-policyjnej dyktatury izolować ich musi od własnego narodu i całego cywilizowanego świata?

10)

Co będzie dalej? Odpowiedź na to pytanie powraca w każdej nocnej Polaków rozmowie, które toczą się mimo godziny policyjnej. Rządzący komuniści powrócili – nocą z 12 na 13 grudnia – do swego statusu z 1945 roku, do statusu nielicznej sekty dzierżącej władzę na bagnetach. Wtedy była to sekta prosowieckich jakobinów, dziś jest to sekta prosowieckich mandarynów; wtedy bronili programu, dziś bronią swych przywilejów. Historyczne doświadczenie każe przypomnieć dwa różne modele rozładowywania podobnych kryzysów. Nazwijmy je kadarowskim i husakowskim.

Janos Kadar zaczynał swoje rządy w 1956 r. jako przywieziony na czołgach sowiecki namiestnik. Pierwsze lata tej władzy znaczone były okrutną polityką represyjną, po której nastąpiło powolne, odgórne „odkręcanie śruby".

Gustaw Husak od początku deklarował chęć kontynuowania dzieła „Praskiej Wiosny". Po sowieckiej interwencji funkcjonowały nadal wszystkie wcześniej utworzone instytucje życia publicznego. Wszakże zwolna, krok po kroku, rozwijał się proces likwidacyjny. Ludzi zmuszano do poniżających samokrytyk, do potępiania kolegów. Elementy „ekstremistyczne" eliminowano, niezależne instytucje likwidowano – wszystko pod hasłem, by ratować choćby resztkę z dzieła reformy. W ten sposób „Praską Wiosnę" zamordowano rękami jej twórców.

Model kadarowski to droga od destruktywnej społecznie akcji represyjnej ku polityce paternalistycznego liberalizmu. Model husakowski to droga od fikcyjnej kontynuacji demokratycznych struktur ku kompletnemu wyjałowieniu życia publicznego.

Dla polskich komunistów Kadar jest pozytywnym bohaterem, którego drogę chcą powtórzyć. Wyrokom sądowym towarzyszą deklaracje o kontynuowaniu odnowy i reform. Scenariusz działań aparatu jest łatwy do odczytania: zniszczyć „Solidarność", przywrócić sprawne funkcjonowanie totalitarnych instytucji, wykarczować z serc ludzkich nadzieję godnego życia. „Solidarność" pragnie się zniszczyć rękami jej działaczy, tych złamanych i upodlonych, którzy podpisali deklarację lojalności. Wysiłek przedstawicieli WRON szedł w stronę skłonienia Wałęsy do zaakceptowania takiego zamysłu. Okazało się to bezskuteczne. „Solidarność" bez Wałęsy, Bujaka, Słowika może być tylko atrapą maskującą antyrobotniczą politykę.

Szeroko zakrojona akcja represyjna – limitowana protestami opinii krajowej i międzynarodowej – obejmuje pacyfikację zakładów, więzienie działaczy związkowych, propagandową kampanię oszczerstw. Jednocześnie trwają zapewnienia, że wszystko jest w porządku, że kraj jest coraz bardziej normalny.

Wszakże z kościelnych ambon – jedynego miejsca, gdzie język nie został splugawiony – padają słowa prawdy o sytuacji narodu. Mówi się o represjach i o akcji pomocy represjowanym. Skądinąd wiadomo, że opór istnieje. Ukazują się nielegalne gazety, rekonstruują się niezależne instytucje. Nie, tego ruchu niepodobna ujarzmić.

Tutaj, do mojego nowego mieszkania, którego strzegą uzbrojeni ludzie w mundurach, kraty i druty kolczaste, tutaj dopływają tylko strzępy wiadomości z kraju i ze świata. Mamy za to więcej czasu na syntezę.

11)

Te piętnaście miesięcy były lekcją wolności. „Solidarność" można wymazać z murów, ale nie z ludzkiej pamięci. Wielokrotnie podkreślano wzorotwórczy charakter polskich doświadczeń, walki bez przelewu krwi i używania przemocy, walki polegającej na rekonstrukcji więzi społecznych poza oficjalnymi strukturami. Ten model będzie nadal funkcjonował w odmienionych warunkach; może okazać się użyteczny nie tylko dla Polaków, ale i dla innych społeczeństw tej sfery geopolitycznej. Warto wszakże odnotować, iż wzorotwórczym może okazać się także mechanizm polskiego *coup d'état*. W systemie komunistycznym nigdy dotąd elita wojskowa nie była podmiotem władzy. Podmiotem takim był zwykle aparat partyjny, w momentach nasilonego terroru zaś – aparat bezpieczeństwa. Wojsko było tylko instrumentem, a gdy próbowało być podmiotem – było eliminowane. Los sowieckich marszałków Tuchaczewskiego i Żukowa jest tu dostatecznie wymowny. Polski zamach może być precedensem. Warto rozważyć hipotezę, czy godząc w „Solidarność", Jaruzelski *nolens volens* – nie uczynił również fikcyjną władzę partyjnego aparatu. Dotychczas rządził aparat partyjny, a wojsko było jego zbrojnym ramieniem; być może dziś rządzi aparat wojskowy, a partia stanowi dla tych rządów fasadę.

Wojskowy zamach stanu jest jedną z technik zmiany społecznej, jest formą, która nie musi przesądzać o treści. Wojskowy zamach ustanowił dyktaturę w Chile, ale otworzył wrota portugalskiej demokracji.

Wojsko, jedyna względnie suwerenna wobec partii i bezpieczeństwa struktura w ustroju komunistycznym, może odgrywać rozmaitą rolę. Na przykład wojsko uwikłane w niepopularną wojnę z dzielnym ludem afgańskim, który Marks w XIX stuleciu określił mianem „Polaków Azji", takie wojsko jest zdolne – wedle scenariusza Sołżenicyna – odegrać zupełnie inną rolę niż w Polsce, choć polski przykład – paradoksalnie – może okazać się pożyteczny.

12)

Tu, za kratami, każdy gest solidarności jest jak łyk świeżego powietrza. Dziękuję za to z całego serca w imieniu kolegów i własnym. Każda dobra informacja pomaga żyć. Ale bywają i gorsze chwile. Kiedy niemiecki socjaldemokrata zapewnia, powołując się na autorytet urzędującego wicepremiera PRL, że położenie internowanych jest zadowalające, to z goryczą wspominam los niemieckich socjaldemokratów przed 45 laty i deklaracje różnych mężów stanu, że w Niemczech jest wszystko O.K, a wrogowie ładu i porządku przebywają w warunkach humanitarnych. Wicepremier rządu PRL, który występuje jako ekspert w sprawie uwięzionych swych przeciwników politycznych, jest postacią groteskową i żałosną, jego niemiecki interlokutor jest albo zbyt cyniczny, albo zbyt naiwny.

Parę słów o internowanych. Jesteśmy więźniami bez prokuratorskiego nakazu, każdy z nas może uzyskać wolność za cenę deklaracji lojalności i zgody na rolę policyjnego konfidenta. Człowiek złamany – rozumują nasi nadzorcy – nie będzie zdolny do oporu.

Jesteśmy – robotnicy, rolnicy, inteligenci – zakładnikami. Nasz los ma być przestrogą dla innych kolegów, nasz status wizytówką dla zagranicy, my sami

– monetą przetargową. Gorzej jest tym po wyrokach za strajki. Jak wszystkich, tak i nas, wojna „polsko-jaruzelska" – by użyć formuły warszawskiej ulicy – postawiła w nowej sytuacji. Trudno dziś o jednolitą formułę. Każdy musi we własnym sumieniu odpowiedzieć na pytanie, jak sprzeciwić się złu, jak bronić godności, jak zachować się w tej dziwnej wojnie, która jest – warto o tym stale pamiętać – nowym wcieleniem trwających od stuleci zmagań Prawdy z Kłamstwem, Wolności z Przemocą, Godności z Poniżeniem. Powtórzmy przeto – za filozofem – że w tej walce nie ma wprawdzie ostatecznych zwycięstw, ale nie ma też – tu szczypta optymizmu – ostatecznych porażek.

Wiara w to ostatnie nakazała mi spisanie powyższych refleksji. Taki jest mój udział w tej wojnie. Pewno nieprędko znów będę mógł zabrać głos. Przeto moim przyjaciołom, zwłaszcza tym ściganym i walczącym, życzę wiele sił, by mogli przebyć tę pustą ciemność rozpostartą między rozpaczą a nadzieją. I wiele cierpliwości, by nauczyli się trudnej sztuki wybaczania.

luty 1982

Krytyka nr 12, Warszawa 1982
Aneks nr 27, Londyn 1982
Der Spiegel, Hamburg 8 III 1982

Na marginesie wydarzeń

W dziesiątą rocznicę interwencji

Praska wiosna po dziesięciu latach

Praską wiosnę obserwowałem z napięciem i nadzieją zza krat więzienia mokotowskiego w Warszawie. Uwięziono mnie za udział w organizowaniu studenckich demonstracji w marcu 68 roku. Przebieg wydarzeń za południową granicą znałem jedynie z relacji prasowych. W gazetach – pełnych inwektyw na „rewizjonistów", „syjonistów" i innych „wichrzycieli" – doniesienia z Czechosłowacji były jak łyk świeżego powietrza. Pozwalały ocalić nadzieję. Coraz bardziej nerwowy ton komentarzy w czytanej z zapartym tchem *Trybunie Ludu* wskazywał na skalę zachodzących zmian. Ataki prasy radzieckiej wskazywały ich kierunek. Ingerencje jawne – na łamach moskiewskiej *Prawdy* – kazały domniemywać, że tajne ingerencje nie skutkowały. W ingerencję zbrojną – przyznaję – nie wierzyłem.

Zamknięcie śledztwa w mojej sprawie zbiegło się z sierpniowym spotkaniem przywódców ZSRR i Czechosłowacji w Czernej. Namiętności opadły. Zarówno te wielkie, międzynarodowe, jak i moje prywatne, bowiem skończyła się udręka długich nużących przesłuchań. W dawnych pokojach przesłuchań „marcowi" więźniowie czytali teraz – w asyście oficerów Służby Bezpieczeństwa – akta sprawy. Moi opiekunowie nudzili się mocno, sami czytali prasę codzienną, co jakiś czas przerywali lekturę. Oni odkładali gazety, ja – opasłe tomy akt sprawy i zaczynała się rozmowa, osobliwy dialog kata z ofiarą. „No, łatwo się Pan z tego nie wygrzebie, co najmniej będzie sześć lat" – zapewniał mnie serdecznie oficer śledczy. – „Niech Pan nie będzie taki pewny. Pańscy koledzy w Czechosłowacji mieli przed rokiem również znakomite samopoczucie, a dziś popełniają samobójstwa" – odpowiadałem z pogodnym uśmiechem. Po czym „opiekun" dawał mi do przeczytania gazetę, ja zaś wskazywałem mu co ciekawsze fragmenty z akt sprawy. Dni

toczyły się leniwie, bez niespodzianek. Zza okratowanych okien towarzyszyło nam jasne sierpniowe słońce. 21 sierpnia wszystko było jak zazwyczaj.
Więzienny rozkład dnia nie wskazywał żadnych odchyleń od normy. Pobud-
ka, sprzątanie cel, apel, śniadanie, spacer, „klawisz" wywołuje mnie i prowadzi do pokoju, gdzie czytałem akta. Oficer SB już czeka. Siadam i rozpoczy-
nam lekturę. Po jakimś czasie przerywam i w twarzy mego opiekuna do-
strzegam dziwne napięcie. Przeczytana gazeta, zwykle beztrosko leżąca na
biurku, wędruje w milczeniu do oficerskiej teczki. Czuję, że coś się stało.
Kompletnie zdezorientowany schodzę do celi na obiad. Zaraz po obiedzie
„klawisz" rozdaje więźniom gazety. Rzucam się łapczywie i nie wierząc własnym oczom odczytuję *informację o wkroczeniu do Czechosłowacji wojsk pięciu państw Układu Warszawskiego*.
    Zmartwiałem. Nigdy wcześniej ani nigdy później informacja prasowa nie
zrobiła na mnie tak piorunującego wrażenia. „Polacy dławią ruch wolnościo-
wy w Czechosłowacji" – pomyślałem. I poczułem – pierwszy raz w życiu –
gorzki smak narodowej hańby.

*
* *

    Tyle wspomnienia. Wnioski z lekcji czechosłowackiej zrekapituluję w kil-
ku punktach, choć starczyłoby ich na gruby tom.
    1. Okazało się, że totalitarnie rządzone społeczeństwa Europy Wschod-
niej zdolne są do aktywnego oddziaływania na własny los, że wbrew pesy-
mistom – wojna bynajmniej nie jest czynnikiem niezbędnym dla wewnętrznych przeobrażeń demokratycznych. Okazało się również, że te przeobrażenia nie muszą być nawet refleksem przemian w ZSRR, jak to było w Polsce i na Węgrzech w 56 roku. Społeczeństwa, przed którymi otwiera się
nadzieja – a stało się to udziałem Czechów i Słowaków zimą 68 – przeobra-
żają się błyskawicznie i radykalnie. Apatia i marazm z epoki Novotnego
ustępują miejsca fali dynamizmu i kreatywności. W społeczeństwie rewindy-
kującym swe prawa, społeczeństwie przeobrażającym się z przedmiotu w
podmiot zaczynają obowiązywać inne mechanizmy socjologiczne.
    2. Jeśli brak impulsu z ZSRR stanowił o różnicy pomiędzy Praską Wios-
ną a polskim Październikiem, to fakt, że główne ośrodki inspiracji „ruchu
odnowy" znajdowały się w łonie partii, wskazuje na pewną istotną analogię.
W obu przypadkach bowiem „wewnątrzpartyjność" stanowiła zarówno o sile, jak i o słabości tych ruchów. O sile – ponieważ system pękał niejako od
wewnątrz, zaraza pleniła się w samym sercu Granady, nie oszczędzając ani
górnych warstw aparatu partyjnego, ani organów bezpieczeństwa, ani wojska. O słabości – ponieważ ruch ten nie umiał rozpoznać swej tożsamości
historycznej i poprawnie zdefiniować swoich celów. Jego przywódcy posłu-
giwali się ogólnikowym hasłem „demokratyzacji", które miało sens li tylko
negatywny. Pozytywnie znaczyło niewiele, zresztą dla każdego coś innego.
Wzywając społeczeństwo do realizmu i umiaru, sami bądź zapoznawali realia

geopolityki (Czechosłowacja), bądź też realne aspiracje społeczeństwa (Polska), gdzie restaurowali system monopartyjny, którego ludzka twarz uśmiechała się jedynie do partyjnych notabli. Tak czy owak kończyło się konfuzją. Dlaczego?

Po dziś dzień przywódcy „Praskiej Wiosny" zapewniają, że w Czechosłowacji socjalizm nie był zagrożony, że nie było żadnej „pokojowej kontrrewolucji", że zatem – interwencja wojskowa nie miała żadnego uzasadnienia. Myślę, że to nieprawda. W radzieckiej semantyce termin „socjalizm" oznacza totalną dominację partii komunistycznej, termin „kontrrewolucja" zaś każdą akcję podważającą totalność owej dominacji. Radzieccy przywódcy poprawnie zatem rozumieli rozwój wydarzeń – system totalitarny w Czechosłowacji zaczął pękać w szwach. Stanowisko przywódców „Praskiej Wiosny" da się zinterpretować tylko w kontekście założenia fundamentalnej dwuznaczności zawartej w słowie „socjalizm". Dwuznaczność ta nie ograniczała się zresztą do warstwy semantycznej. Rezygnując z erudycyjnego wywodu historycznego powiedzmy krótko: dwuznacznością tą skażona była mentalność znacznej części komunistów „pierwszej generacji" to znaczy ludzi, którzy wybierając komunizm, wybierali ideologię i ryzyko trudnego życia, a nie apanaże związane ze sprawowaniem władzy. Ci właśnie ludzie stanowili społeczną bazę fenomenu zwanego „rewizjonizmem". Źródłem „rewizjonizmu" była konfrontacja humanistycznych haseł z totalitarną praktyką. Komunistyczny totalitaryzm – maskujący się humanistyczną frazeologią – padł ofiarą własnej obłudy. Geneza „rewizjonizmu" (w wariancie polskim, dubczekowskim i każdym innym) przesądziła o jego dwuznaczności właśnie. Termin „socjalizm" oznaczał dla czeskich, polskich i węgierskich wychowanków rosyjskiego komunizmu jednocześnie sowiecką praktykę polityczną i uniwersalistyczną ideę braterstwa ludzi pracy. Wyrosły na kominternowskiej glebie – jakby powiedział Brzozowski – był „buntem kwiatu przeciw swym korzeniom". Kto tego nie rozumie, ten nie zrozumie nigdy wschodnioeuropejskiego rewizjonizmu.

Wszelako cały ten paradygmat należy już do historii i nigdy się nie powtórzy. Dlatego mylą się ci wszyscy – myślę tu zwłaszcza o włoskich i francuskich eurokomunistach – którzy optując za ewolucją demokratyczną krajów Europy Wschodniej, oczekują na nowy XX zjazd, czy na nowe styczniowe plenum KC KPCz, którzy – słowem – oczekują, że inspiracja procesu demokratyzacji raz jeszcze wyjdzie z górnych warstw aparatu partyjnego. Mylą się dlatego, że dzisiaj przynależność do rządzącej partii komunistycznej jest jedynie wyborem profitów. Wyznawców ideałów wolności, równości i wyzwolenia pracy odnaleźć można już tylko w kręgach antytotalitarnej opozycji. Z tych też środowisk wychodzić musi inspiracja akcji demokratycznych. Jest to działalność innego typu, jej celem nie jest zdobycie władzy, lecz samoorganizacja społeczeństwa; postępujące uniezależnienie grup i jednostek od wszechwładnego aparatu. Społeczeństwo musi dbać o samoobronę swych interesów, o niezależny obieg informacji, o niezależną naukę i kulturę. Społeczeństwo musi przeobrazić się z „worka kartofli" – Marksowi zawdzięczamy tę celną metaforę – w podmiot świadomy swych interesów i dążeń. Tylko takie społeczeństwo może stawiać skuteczny opór totalizacji i może być autentycznym partnerem władzy.

3. Tylko taka taktyka może być skuteczna, zważywszy na zewnętrzne determinanty w postaci polityki radzieckiej. Wydaje się mianowicie, że przywódcy radzieccy interweniują militarnie w krajach satelickich zawsze wtedy, gdy władza wymyka się z rąk partii komunistycznej. Wątpliwym jest natomiast, by chcieli czołgami zareplikować na akcję KOR-u, na pisma ukazujące się poza obiegiem cenzury, na Latający Uniwersytet. Wszelako trzeba tu dodać, że tym mniejsze jest prawdopodobieństwo interwencji, im większa pewność, że napotka ona na czynny i masowy opór. Przywódcy radzieccy mieli tę pewność odnośnie Polski w październiku 56 roku, mają ją w większym jeszcze stopniu po wypadkach na Wybrzeżu (XII 1970) i po Radomiu i Ursusie (VI 1976). Podejmując decyzję w sierpniu 68 roku nie mieli takiej pewności.

4. Rozważając przyszłość Europy Wschodniej dodać trzeba koniecznie, że jest to proces społeczny, którego z niczym porównać się nie da. Nikt nie widział jeszcze społeczeństwa o upaństwowionej własności, planowej gospodarce i demokratycznej oraz pluralistycznej strukturze politycznej. „Przeszłość nie oświetla już przyszłości – powiedział Tocqueville – umysł idzie naprzód w mrokach".

sierpień 1978   *Biuletyn Informacyjny* nr 23,
Warszawa sierpień-wrzesień 1978

Lekcja godności

Papież odjechał. Rząd odetchnął z ulgą. Konsekwencje tej dziewięciodniowej wizyty są i długo jeszcze pozostaną niemożliwe do ogarnięcia. Uporczywie przychodzi na myśl określenie Juliana Stryjkowskiego: ,,drugi chrzest Polski". W istocie bowiem stało się coś dziwnego. Ci sami ludzie, na co dzień sfrustrowani i agresywni w kolejce za sprawunkami, przeobrażali się w zbiorowość pogodną i rozradowaną, stali się pełnymi godności obywatelami. Tę godność odnaleźli w sobie, a wraz z nią świadomość swej podmiotowości i siły. Milicja zniknęła z głównych ulic Warszawy i zapanował na nich wzorowy porządek. Ubezwłasnowolnione przez tyle lat społeczeństwo odzyskało nagle zdolność stanowienia o sobie. Tak najkrócej można scharakteryzować społeczne konsekwencje wizyty-pielgrzymki Jana Pawła II w Polsce.

Była ta wizyta wielkim, z niczym nieporównywalnym triumfem 30-letniej linii postępowania Episkopatu, linii, której głównym architektem był Prymas Polski, ks. Kardynał Stefan Wyszyński. Wszyscy obserwatorzy sceny powitania na lotnisku mogli uświadomić sobie ogrom drogi przebytej przez Prymasa: od uwięzienia w Komańczy po ową symboliczną scenę. Postawa Kościoła przezeń kształtowana nacechowana twardym oporem przeciwko próbom sowietyzacji, ale i realistycznym wyczuciem sytuacji; postawa, w której było miejsce na heroizm i niezłomność, ale i na rozumny kompromis, ta postawa pozwoliła doprowadzić do sytuacji, w której Kościół katolicki w Polsce mógł ukazać światu swe autentyczne oblicze. Tradycyjny wizerunek tego Kościoła, nasycony ciemnotą i fanatyzmem, został radykalnie podważony. Co więcej: stało się dla wszystkich oczywiste, że Kościół jest siłą, wbrew której nie można w Polsce sprawować władzy.

Dla niektórych jest to powód do obaw, czy nie prowadzi to do jakiegoś nowego wariantu sojuszu ołtarza z tronem. Nie podzielam tych niepokojów. Nie ma żadnych sensownych przesłanek, by mniemać, że Kościół zaniechał swej linii oscylowania między „dyplomacją" a „świadectwem" na rzecz dyplomacji i ugody. Zwłaszcza dziś, gdy doniosłość „świadectwa" została tak bardzo uwydatniona.

Pielgrzymka Jana Pawła II do Polski nadała nowy sens watykańskiej *Ostpolitik*. By go pojąć, znów przypomnieć wypada linię postępowania Prymasa Polski. Gdy w 1950 roku doszła do Stolicy Apostolskiej wiadomość o porozumieniu między rządem a Episkopatem, ktoś z odpowiedzialnych za politykę watykańską miał wykrzyknąć: „Jestem zrozpaczony!". Uważał to porozumienie za błędne ustępstwo w warunkach otwartego i totalnego konfliktu. Kiedy po latach nastąpiło watykańskie „otwarcie na Wschód", linia Prymasa i polskiego Episkopatu wydała się z kolei zbyt twarda watykańskim dyplomatom. Tymczasem linia ta – choć pełna niuansów i przeobrażeń – pozostała w istocie niezmienna: konsekwentnie bronić zasad Ewangelii i nie tracąc kontaktu z rzeczywistością – wydzierać należy sobie prawa wymuszając zasadę dialogu i cząstkowych kompromisów w stosunkach między Kościołem i państwem, przeobrażać realia poprzez stwarzanie faktów dokonanych.

W tym kontekście całość linii postępowania Papieża i pewne jego gesty pod adresem władz stają się zrozumiałe i całkowicie klarowne.

Władze wykazały tym razem względny rozsądek. Jakkolwiek sprawozdania telewizyjne z mszy były wręcz skandaliczne (wedle opinii mojego znajomego, francuskiego dziennikarza, przypominały transmisję z meczu futbolowego, gdzie na ekranie pokazuje się wszystko poza piłką); jakkolwiek bieżących sprawozdań radiowych z Częstochowy czy Gniezna musieli warszawiacy słuchać *via* Watykan lub Monachium, to jednak jakaś informacja była (dwie msze transmitowała telewizja ogólnopolska, inne – telewizje lokalne), prasa drukowała teksty papieskie z minimalnymi ingerencjami cenzury; jakkolwiek stosowano tu i ówdzie bezsensowne ograniczenia, to jednak – przyznajmy – milicja i Służba Bezpieczeństwa nie zachowywały się prowokująco; jakkolwiek Jacek Kuroń znajdował się praktycznie w areszcie domowym (miał kilkakroć liczniejszą obstawę niż sam Papież), to jednak darowano sobie tym razem akcję szerokich zatrzymań prewencyjnych ludzi z kręgu demokratycznej opozycji.

Najlepsze, co władze mogły zrobić – i co zrobiły – to dobrą minę do złej gry. Udawały mianowicie, że te miliony ludzi o rozjaśnionych twarzach cisnące się do Jana Pawła II nie są dowodem kompletnego fiaska ich trzydziestoletnich rządów, nie są świadectwem utraty ich legitymacji moralnej do sprawowania władzy.

Faktem jest jednak, że do żadnych poważnych zaburzeń nie doszło, na czym każdemu, z różnych względów, zależało. Niektórzy dbali o to chyba przesadnie, jak na przykład Radio „Wolna Europa". Ta rozgłośnia przestała po prostu nadawać informacje o zatrzymaniach uczestników demokratycznej opozycji, co wzbudziło w tych kręgach zdrowy niesmak*.

Środowiska demokratycznej opozycji w pełni uszanowały religijny charakter wizyty Papieża i nie próbowały wyzyskać jej dla żadnych politycznych działań. Nie znaczy to – rzecz prosta – że wizyta-pielgrzymka nie miała i takiego wymiaru. W okresie poprzedzającym prasa zachodnioeuropejska porównywała nieraz pielgrzymkę Papieża z powrotem Chomeiniego do Iranu i jego walką z szachem. Ta analogia miała symbolizować konflikt między dyktatorską władzą o tendencjach modernistycznych a ruchem protestu społeczeństwa artykułującym się w języku anachronicznych idei i retrospektywnych utopii. Trudno o większe nieporozumienie. Zespół wartości i postaw sformułowany w papieskich homiliach i przemówieniach nie ma nic wspólnego z duchem integryzmu, z klimatem powrotu do epoki, gdy Kościół dysponował „środkami bogatymi" i głównie nimi się posługiwał. Wyraźnie zostało powiedziane, że „Nie ma imperializmu Kościoła. Jest tylko służba". Wyraźnie też powiedziano, że Kościół pragnie dążyć do swych celów środkami innymi niż polityczne. W odczuciu potocznym pielgrzymka Papieża była dla Polaków szansą zaświadczenia swych rzeczywistych aspiracji i dążeń. Była narodowym plebiscytem. Nie polegał on jednak po prostu na opcji: katolicyzm *versus* ateizm. Widziałem katolików, którzy zgrzytali zębami słuchając Papieża. Widziałem ateistów przejętych najgłębiej papieskimi słowami. Za czym jesteś? – zapytano każdego z nas. Za konformistyczną zgodą na totalitarną przemoc czy też za niepodważalnymi – w porządku Bożym i człowieczym – prawami osoby ludzkiej do życia w wolności i godności? Przytłaczająca większość Polaków wybrała to drugie.

⁂

Słowa Jana Pawła II zabrzmiały przejmująco i dobitnie. Każda ich rekonstrukcja ideowa skażona jest ryzykiem spłycenia i wypaczenia sensu. Zwłaszcza kiedy tę próbę podejmuje człowiek, który katolikiem nie jest i nigdy nie był. Pewno więc to nie ja powinienem o tym pisać. A jeśli – pełen onieśmielenia – podejmuję tę próbę, to kieruje mną poczucie, że Papież Jan Paweł II mówił do wszystkich i do każdego z nas z osobna. Przeto i do mnie. Spróbuję więc opowiedzieć, co usłyszałem, co zrozumiałem, co odniosłem do siebie.

Zatem polskie doświadczenie historyczne jest doświadczeniem szczególnym, szczególnym jet również doświadczenie polskiego katolicyzmu. „Kiedy zabrakło ojczystych struktur państwowych – mówił Jan Paweł II – społeczeństwo w ogromnej większości katolickie znajdowało oparcie w hierar-

---

* Nie jest to próba dezauwowania tej Rozłośni, ani też apel o zasadniczą zmianę linii. Rozumiemy wszystkie powody, dla których umiar był zachowany. Nie powinno to jednak, jak sądzimy, prowadzić do cenzurowania informacji o represjach.

chicznym ustroju Kościoła. I to pomagało mu przetrwać czasy rozbiorów i okupacji, to pomagało utrzymać, a nawet pogłębić świadomość swej tożsamości. (...) Episkopat Polski współczesnej jest w szczególny sposób spadkobiercą i wyrazicielem tej prawdy". Albowiem również po 1945 roku „ustrój hierarchiczny Kościoła stał się nie tylko ośrodkiem własnej misji pasterskiej, ale także bardzo ważnym oparciem dla całego życia społeczeństwa, dla świadomego swych praw bytu narodu, który jako naród w ogromnej swej większości katolicki w strukturach hierarchicznych Kościoła szuka również tego oparcia".

Stosunek Kościół-społeczeństwo ma charakter nadrzędny wobec stosunków Kościół-państwo. Normalizacja tych drugich musi być oparta o „podstawowe prawa człowieka, wśród których prawo wolności religijnej posiada swoje niewątpliwe, a pod pewnym względem podstawowe i centralne znaczenie. Normalizacja stosunków między państwem a Kościołem jest dowodem praktycznego poszanowania tego prawa i wszystkich jego konsekwencji w życiu wspólnoty politycznej".

W tym kontekście należy rozumieć kult św. Stanisława, który jest dla polskich biskupów „wzorem niezłomnej i nieustraszonej odwagi w przekazywaniu i obronie świętego depozytu wiary". To również dowód, jak głęboko jest wpisane chrześcijaństwo w polskie losy. „Tego, co naród wniósł, nie sposób zrozumieć bez Chrystusa. Nie sposób zrozumieć tego narodu, który miał przeszłość tak wspaniałą, ale zarazem tak straszliwie trudną – bez Chrystusa".

Cóż znaczą te słowa dla mnie, człowieka stojącego poza Kościołem?

Myślę tak oto: objaśniając historię poprzez rozmaite – społeczne, ekonomiczne etc. – uwarunkowania ludzkich losów, pamiętajmy, że żadna z tych determinant nie wskaże nam odpowiedzi na pytanie, dlaczego wybrał śmierć ojciec Maksymilian Kolbe, dlaczego wybrał śmierć Janusz Korczak, dlaczego ich postępki otaczamy dziś tak głęboką czcią?

Dwaj XIX-wieczni insurekcjoniści, Jarosław Dąbrowski i Romuald Traugutt, różniący się zasadniczo opcjami ideowymi i politycznymi, w jednym byli zgodni: w tej gotowości do zaświadczania najważniejszych wartości narodowych i ludzkich – własną krwią. Owa gotowość ukonstytuowała w polskiej tradycji szczególny etos, etos ofiary, etos, w imię którego nasi dziadowie i ojcowie nieprzerwanie od wielu pokoleń walczyli o narodową godność i ludzką godność. Ten etos jest niezrozumiały bez uwzględnienia trwałej obecności chrześcijaństwa w polskim życiu duchowym.

Nie koniec na tym: w kulturze polskiej stale obecny jest etos wielonarodowościowej Rzeczypospolitej, zbudowanej na równości narodów i tolerancji. I choć nie zawsze owa równość i tolerancja faktycznie funkcjonowały, to zawsze były marzeniem najlepszych synów tej ziemi. Kierując ciepłe słowa do chrześcijan innych wyznań w Polsce Papież nawiązywał – myślę – do tego właśnie etosu polskiej tolerancji.

Tak pojmuję również uwagi Jana Pawła II o specyficznym doświadczeniu całej Europy Wschodniej, doświadczeniu tyleż dramatycznym, co pouczającym dla wszystkich krajów tego kontynentu, doświadczeniu stanowiącym niczym niepodważalny wkład we wspólne dziedzictwo kulturowe, w „duchową jedność chrześcijańskiej Europy, na którą składają się dwie wielkie tradycje: Zachodu i Wschodu".

Wiele można by mówić o sensie i istocie tego doświadczenia historycznego. Tutaj wspomnijmy jeden tylko aspekt: te społeczeństwa poddane zostały eksperymentom „modernizacji" w warunkach totalitanej przemocy. Szybkie uprzemysłowienie – przez wiele lat argument koronny na rzecz panującego tu systemu – dokonywało się przy jednoczesnym podeptaniu elementarnych praw ludzi pracy, podeptaniu ich godności i godności samej pracy. Zostało to przypomniane podczas kazania w Częstochowie – oraz ze szczególną mocą – w homilii wygłoszonej w Mogile. Przypominając dzieje Nowej Huty, dzieje walki o krzyż w Nowej Hucie, powiedział Jan Paweł II, że „dzieje Nowej Huty są także napisane przez Krzyż" – symbol Dobrej Nowiny, ale także symbol cierpienia.

Robotnicza walka o Krzyż, o kościół w Nowej Hucie, była walką o godność i tożsamość, była świadectwem, że „nie samym chlebem człowiek żyje", nawet wtedy, gdy tego chleba ledwie wystarcza. Albowiem „współczesna problematyka ludzkiej pracy (...) ostatecznie sprowadza się (...) nie do techniki (...) i ekonomii, ale do jednej podstawowej kategorii: jest to kategoria godności pracy i godności człowieka. (...) Chrystus – powiedział Jan Paweł II – nie zgodzi się nigdy z tym, aby człowiek był uznawany – albo aby siebie samego uznawał – tylko za narzędzie produkcji. Żeby tylko według tego był oceniany, mierzony, wartościowany. (...) Dlatego położył się na tym swoim krzyżu (...) ażeby sprzeciwić się jakiejkolwiek degradacji człowieka. Również degradacji przez pracę (...) I o tym musi pamiętać i pracownik, i pracodawca, i ustrój pracy, i system płac, i państwo, i Naród, i Kościół".

Zważmy: jeśli problem wyzwolenia pracy stoi dziś w centrum sporów w Europie Zachodniej, to w te właśnie spory Papież ze Wschodu wnosi wkład szczególny, wnosi wiedzę o doświadczeniu, które wyrzeźbiło rysy tej „drugiej twarzy Europy", by przytoczyć świetne określenie Tadeusza Mazowieckiego. I zważmy również: Papież „przychodzi wobec całego Kościoła, Europy i świata mówić o tych często zapomnianych narodach i ludach. Przychodzi wołać wołaniem wielkim". Cóż to oznacza? Oznacza to – śmiem domniemywać – że wizja Europy okaleczonej i przepołowionej, Europy, której amputowano Warszawę i Kraków, Budapeszt i Pragę, a także Wilno i Lwów, ta wizja uformowana przez możnych tego świata na konferencji jałtańskiej jako wynik rachunku sił militarnych została dziś zakwestionowana. Została zakwestionowana z całą mocą przez człowieka wyrzekającego się przemocy w imię nauki Tego, który dla jednych jest Bogiem, dla drugich – symbolem najistotniejszych wartości kultury europejskiej, dla jednych i drugich wszakże: źródłem norm moralnych i światłem nadziei.

I myślę tak oto: nie sposób zrozumieć tego doświadczenia Polski będącego doświadczeniem Europy, tego doświadczenia zbudowanego na egzysten-

cji w roli podludzi i w roli nawozu historii, zbudowanego na zdradzie sojuszników oraz na wyzuciu z wszelkich praw i wszelkich sił materialnych;
tego doświadczenia, na które składa się walka o narodową i ludzką godność
prowadzona w osamotnieniu tak dojmującym, że jedynym rezerwuarem sił
pozostaje ludzkie sumienie – nie sposób zrozumieć tego bez Chrystusa.

Zatem, jeśli ktokolwiek powtórzy dziś pytanie jednego z architektów post-
jałtańskiego ładu – Józefa Stalina „ileż papież ma dywizji?” to niechaj pamięta, że takie pytanie jest świadectwem aprobaty porządku opartego na
„zaprzeczeniu wiary – wiary w Boga i wiary w człowieka i na radykalnym
podeptaniu już nie tylko miłości, ale wszelkich oznak człowieczeństwa, ludzkości”, porządku opartego na „nienawiści i na pogardzie człowieka w imię
obłąkanej ideologii”.

Przypominając tragedię powstańczej Warszawy opuszczonej przez alian-
tów, powiadając, że „nie ma sprawiedliwej Europy bez niepodległej Polski
na jej mapie” odrzuca Jan Paweł II zasadność myślenia w kategoriach
„egoizmu narodowego” i redukcję polityki do rachunku sił. Wprowadza tym
samym do polityki czynnik etyczny, bez którego niejedno państwo mogło
stać się mocarstwem, ale bez którego każdy naród musi skarleć, na co obecne stulecie nie szczędziło nam dowodów.

Słowa wypowiedziane przez Papieża w Oświęcimiu nad tablicami w języku
hebrajskim i rosyjskim – to zrozumiałe konsekwencje uniwersalistycznego
porządku wartości, to przesłanie do własnych rodaków. „Nigdy jeden naród
nie może rozwijać się kosztem drugiego, nie może rozwijać się za cenę drugiego, za cenę jego zniewolenia, za cenę jego eksploatacji i za cenę jego
śmierci”. Te myśli Jana XXIII i Pawła VI wypowiedział na nowo Jan Paweł
II, ich następca i „równocześnie syn Narodu, który doznał w swoich dziejach
dalszych i bliższych wielorakiej udręki od jednych i drugich. (...) Pozwólcie
jednak – kontynuował Papież – że nie wymienię tych drugich po imieniu (...)
Stoimy na miejscu, na którym o każdym narodzie i o każdym człowieku
pragniemy myśleć jak o bracie”.

Na miejscu „Golgoty naszych czasów”, na miejscu, które przywoływało w
sposób naturalny wpomnienie o ofiarach systemów pogardy, o najbliższych
zagazowanych w oświęcimskich krematoriach i zastygłych w szkło w syberyjskich łagrach, zostaliśmy wezwani do braterstwa i pojednania przeciw – uzasadnionej choćby – nienawiści i zemście. Usłyszeliśmy: „Mówię w imieniu
wszystkich, których prawa gdziekolwiek na świecie są zapoznawane i gwałcone. Mówię, bo obowiązuje mnie, obowiązuje nas wszystkich – prawda”.

⁂

Ta niepełna i nieudolna rekonstrukcja kilku wątków papieskich homilii i
przemówień wypowiedziana była w jedynym dostępnym mi języku: języku
laickim. W tymże języku wypowiem i swoje pytania: czy kult św. Stanisława
nie bywał nigdy nadużywany do celów niewiele mających wspólnego z obro-

ną depozytu wiary, a wiele ze świeckimi aspiracjami Kościoła? Czy strukturze hierarchicznej Kościoła w Polsce nie zagrażają niebezpieczeństwa wynikłe z jej szczególnej roli w życiu Narodu? Czy Stolica Apostolska zawsze równie klarownie wypowiadała swój osąd systemów politycznych, które stworzyły obozy koncentracyjne śmierci i pracy niewolniczej?

Zadaję te pytania, gdyż wiem, iż zadają je i inni, przejęci do głębi słowami Jana Pawła II.

*

Najbardziej przejmujące – i najtrudniejsze do nazwania – wydało mi się w papieskich homiliach to wszystko, co było najbardziej osobiście adresowane do każdego ze słuchaczy. Jeśli bowiem przyjąć, że „Polska stała się w naszych czasach ziemią szczególnie odpowiedzialnego świadectwa", to trudno nie powtórzyć pytania, czy do tych „ogromnych zadań i zobowiązań" naprawdę dorastamy? Ściślej: czy ja dorastam?

Powiedziano do mnie: „Człowiek jest istotą rozumną i wolną, jest świadomym i odpowiedzialnym podmiotem, może i powinien osobistym wysiłkiem myśli docierać do prawdy. Może i powinien wybierać (...) Ten historyczny proces świadomości i wyborów człowieka – jakże mocno związany jest z żywą tradycją jego własnego narodu, w której przez całe pokolenia odzywają się żywym echem słowa Chrystusa, świadectwo Ewangelii, kultura chrześcijańska, obyczaj zrodzony z wiary, nadziei i miłości. (...) Czy można odepchnąć to wszystko? Czy można powiedzieć «nie»? Czy można odrzucić Chrystusa i wszystko to, co On wniósł w dzieje człowieka? Oczywiście można. Człowiek jest wolny. Człowiek (...) może powiedzieć Chrystusowi «nie». Ale pytanie zasadnicze – czy wolno? I: w imię czego «wolno»? Jaki argument rozumu, jaką wartość woli i serca można przedłożyć sobie samemu i bliźnim, i rodakom, i narodowi (...) ażeby powiedzieć «nie» temu, czym wszyscy żyliśmy przez tysiąc lat?" Zatem: czy wolno mi odrzucić kulturę opartą na chrześcijańskich wartościach, na wierze, miłości i nadziei?

W każdej odpowiedzi na to najważniejsze z pytań ludzkiego życia zabrzmieć może fałszywy ton. Każdy winien odpowiedzieć na nie sam sobie. Bowiem – myślę – odrzucają ten system wartości nie tylko ci, którzy z tytułu swoich urzędów gwałcą niezbywalne prawa człowieka, I nie tylko ci, którzy im na to milcząco pozwalają, powtarzając gest Piłata. Odrzucają te fundamentalne wartości również ci, którzy deklarując z nimi swą solidarność, bronią ich przy użyciu sposobów niegodnych.

Nie będę tych sposobów wyliczał. Powiem tylko, że słuchając homilii Jana Pawła II na krakowskich Błoniach – czułem się dziwnie. Miałem poczucie, że gdy Papież prosił wiernych katolików „abyście od Niego nigdy nie odstąpili", mówił to również do mnie: poganina.

Prosił mnie, bym owych niegodnych sposobów unikał.

czerwiec 1979   *Biuletyn Informacyjny* nr 4 (30)
Warszawa maj-czerwiec 1979

Odzyskany poeta

Miłosz i sprawa polska

Nagroda Nobla dla Czesława Miłosza jest zadośćuczynieniem dla wielu. Oczywiście dla samego poety: po latach bezwzględnego eliminowania go z łamów prasy krajowej powrócił na te łamy triumfalnie i – miejmy nadzieję – już na trwałe. Jest to wszakże również zadośćuczynienie dla jego wydawców, dla zespołu *Kultury* paryskiej, redaktora Jerzego Giedroycia, Zofii i śp. Zygmunta Hertzów. Prawości duchowej i gigantycznemu wysiłkowi tych ludzi zawdzięczają wszyscy Polacy – w kraju i na obczyźnie – że mogli przez 30 lat obcować z wierszami Miłosza.

Wielkie to zadośćuczynienie dla przemytników, którzy – przełamując lęk i narażając się na represje administracyjne, a okresami i karne – przewozili zza granicy książki wielkiego pisarza. Jest to – na koniec – zadośćuczynienie dla nas, uczestników demokratycznej opozycji, którzy publikowaliśmy i upowszechniali książki Miłosza wtedy, gdy interesował się nimi nie przewodniczący Rady Państwa i minister kultury, lecz funkcjonariusze Służby Bezpieczeństwa przeszukujący nasze mieszkania, grzebiący w naszych biblioteczkach, przerzucający naszą pościel i szafy z bielizną.

Przede wszystkim jednak jest to zadośćuczynienie dla polskiej literatury. Ściśle mówiąc: dla tej literatury, która tworzyła „miłość wiecznie żywą" ze swej „wytrwałej ze światem niezgody". Albowiem, choć wyróżniony został człowiek, a nie naród, to przecież ten człowiek podejmował problemy charakterystyczne dla swojego narodu, oglądał świat oczyma Polaka z Wileńszczyzny, ziemi Adama Mickiewicza, a później – znów jak Mickiewicz – Polaka-emigranta. Dodajmy, że Polak z Wileńszczyzny lepiej może niż inny Polak rozumiał los Rzeczypospolitej wielu narodów i wyznań; pluralizm kulturowy był dlań otoczeniem naturalnym. Nic przeto dziwnego, że właśnie Miłosz wyjawiał światu wartość tej części kontynentu, drugą twarz Europy, swojej „rodzinnej Europy".

Czy jest pisarzem politycznym? Czy z przyczyn politycznych obdarzony został najwyższym wyróżnieniem w hierarchii literackich nagród? Odpowiedzmy pytaniem: czy Mickiewicz, Słowacki lub Norwid byli pisarzami politycznymi? Czy polski pisarz może być całkiem apolityczny, czy może być po prostu ślepy i głuchy na los swojego narodu? I cóż to znaczy właściwie: polityka w literaturze?

Miłosz – to oczywiste – nie jest pisarzem politycznym, tak jak, powiedzmy, Kaden-Bandrowski czy Putrament. I nie za politykę dostał Nagrodę Nobla. Dla nas wszakże ma ta nagroda również wymiar polityczny – i nie może być inaczej. Dzięki niej Miłosz wróci do bibliotek, znaczna część jego dorobku będzie opublikowana w oficjalnych wydawnictwach, jego wiersze znajdą się w szkolnych wypisach i podręcznikach. Resztę Miłoszowego dorobku („Zniewolony umysł", „Zdobycie władzy", „Traktat poetycki" i „Rodzinna Europa") opublikuje Niezależna Oficyna Wydawnicza. Czesław Miłosz będzie obecny w polskiej świadomości kulturalnej. Politycznej wagi tego faktu niepodobna przecenić.

Nie jest to wszakże jedyny aspekt „sprawy Miłosza" w kontekście „sprawy polskiej". Miłosz – czego jednak nie sposób spostrzec w odświętnych artykułach polskiej prasy – jest bohaterem największego zapewne skandalu w polskiej literaturze i polskim życiu umysłowym. Po 1951 roku Miłoszowi wytoczono proces; proces o zniesławienie. Obrażeni poczuli się niemal wszyscy: rzecznicy rządu londyńskiego i rządu warszawskiego, emigranci i krajowcy, reprezentanci „Polski narodowo-katolickiej" i Polski „lewicowo-nacjonalistycznej", bohaterowie AK i ich oprawcy z urzędowych gabinetów. Takiej nagonki nie znała polska literatura od czasu sprawy Brzozowskiego – był Miłosz „człowiekiem wśród skorpionów".

Nie szło tu li tylko o ordynarne paszkwile, o insynuowanie współpracy z wywiadem amerykańskim bądź sowieckim. Autor „Toastu", „Traktatu moralnego" i „Zniewolonego umysłu" zaatakował sam rdzeń intelektualny ówczesnej świadomości kulturalnej Polaków – wśród jego antagonistów, formułujących swą opozycję w sposób mniej lub bardziej otwarty, znaleźli się najwybitniejsi i najuczciwsi pisarze polscy. Wymieńmy tylko Witolda Gombrowicza i Zbigniewa Herberta, Jana Józefa Szczepańskiego i Gustawa Herlinga-Grudzińskiego.

Dzieje tego sporu są wciąż do napisania. Będzie to najbardziej fascynujący wizerunek polskiego życia umysłowego, jego dramatycznego losu i wewnętrznych napięć. Wojna Miłosza z polskim nacjonalizmem i polskim komunizmem, jego spór z lewicą i obozem katolickim, jego walka z Szatanem i wadzenia się z Bogiem to jakby wielki, zbiorowy portret Polaków i myśli polskiej pomieszczony na kartach kolejnych ksiąg pisanych w Wilnie, Warszawie, Paryżu i Berkeley.

Droga Miłosza była drogą przez mękę. Nie do Nagrody Nobla. Do prawdy o sobie i o świecie. Do zgody z sobą i niezgody ze światem. Do Polski wyzwolonych umysłów.

Biuletyn Informacyjny nr 7 (41),
Warszawa październik-listopad 1980

Czas nadziei

Przebieg wydarzeń podczas tych niezwykłych dni sierpniowych jest dobrze znany. Tym razem telewizja i prasa zostały zmuszone do dość obszernego informowania i choć informacje dalekie były od obiektywizmu, to jednak społeczeństwo było w stanie wyrobić sobie pogląd na temat sytuacji w Polsce. Po podpisaniu porozumienia posypały się reportaże i komentarze. Gazety przemówiły językiem spotykanym dotąd jedynie na łamach prasy niecenzurowanej. Rozbiła się bania z moralistami, opozycjonistami, nonkonformistami. Posłowie na Sejm przemówili jak dziennikarze z „Wolnej Europy", a członkowie KC składali deklaracje w języku redaktorów *Kultury* paryskiej.

Wszyscy obserwatorzy zgodnie zwracali uwagę na spokojną determinację strajkujących, na spontaniczną dyscyplinę panującą w miejscach objętych strajkiem, na dojrzałość robotniczych żądań.

Na czym polegała ta mądrość i dojrzałość? Myślę, że na umiejętnym przetłumaczeniu codziennej udręki na język postulatów społecznych i politycznych, a także na precyzyjnym i realistycznym wyważaniu rzeczywistych możliwości. Lista żądań gdańskiego MKS postulowała istotną zmianę w systemie sprawowania władzy, ale wszystkie postulaty zatrzymywały się przed granicą wyznaczoną przez sowiecką obecność polityczną i militarną w tej części Europy.

Robotnicy walczyli o prawa i interesy całego społeczeństwa. Walczyli o prawa socjalne i podniesienie stopy życiowej, walczyli o prawa obywatelskie i wolność słowa, o prawo do podmiotowości i niezależne związki zawodowe, o prawa moralne i uwolnienie więźniów politycznych.

Na uwagę zasługuje ewolucja form robotniczego protestu. Środowiska robotnicze, które w grudniu 1970 roku zdobyły sobie faktycznie prawo weta –

skorzystały zeń w czerwcu 1976 – tym razem wymusiły na władzach uznanie zasady umowy społecznej. Znakomita samoorganizacja umożliwiła dokonanie zmian bez przelewu krwi; istnienie reprezentacji robotniczej ocaliło od spłonięcia komitety partyjne w całej Polsce. Władze winny zdawać sobie sprawę z tego, że im lepiej jest zorganizowany ruch opozycyjny, im bardziej jest ruchem, im mniej odruchem – tym większe są szanse na realny kompromis między rządzącymi a rządzonymi.

Strajki lipcowo-sierpniowe – zaskakując wszystkich swym rozmachem i poziomem organizacyjnym – nie były zaskoczeniem dla demokratycznej opozycji. Na katastrofalny kierunek polityki władz niezależna prasa ciągle zwracała uwagę, a KSS „KOR" wielokrotnie przestrzegał przed jej zgubnymi skutkami w swych oświadczeniach i apelach. Ostrzeżeń takich było więcej, formułowali je intelektualiści, pisarze, również członkowie partii. Nikt w aparacie władzy nie ma prawa dziś się tłumaczyć, że był całą sytuacją zaskoczony. Dotyczy to zwłaszcza tych, którzy organizowali przez ostatnie lata nagonki – propagandowe i policyjne – na niezależne instytucje i działaczy demokratycznej opozycji. Wystarczyło przeczytać pisma i maszynopisy konfiskowane podczas rewizji, aby wiedzieć, co się dzieje w kraju. Mogliby wtedy również zapoznać się z kierunkiem działań podejmowanych przez krąg Wolnych Związków Zawodowych na Wybrzeżu i redakcję *Robotnika*, z Kartą Praw Robotniczych etc.

Należy się w tym miejscu niski pokłon organizatorom WZZ na Wybrzeżu i redakcji *Robotnika*. To ci ludzie wypracowali i upowszechnili koncepcję samoorganizacji robotniczej akcji rewindykacyjnej i im właśnie, w znacznej mierze, zawdzięczamy realizację robotniczych postulatów i spokojny przebieg strajków. To samo należy powiedzieć o roli Jacka Kuronia, który potrafił zorganizować prawdziwy bank informacji, dzięki czemu od samego początku lipca opinia publiczna była codziennie informowana o ruchu strajkowym w Polsce. Brzmi to trochę paradoksalnie, ale twierdzę, że to opozycji również, prześladowanej i oczernianej przez władzę, ta władza zawdzięcza spokojny przebieg negocjacji.

Powtórzyć zatem wypada i dzisiaj, kiedy świeża jest jeszcze pamięć dramatyzmu ostatnich dni sierpnia, że wszelka próba złamania sierpniowych porozumień, wszelka próba restytuowania tradycyjnego stylu sprawowania władzy, stylu opartego na oszustwie, cenzurze i przemocy, jest drogą wiodącą ku eksplozjom społecznym tak groźnym, że wydarzenia sierpniowe jawić się będą na tym tle jako epoka spokoju i stabilizacji. Powinni to sobie uświadomić wszyscy politycy w Europie.

Władze muszą pojąć, że instytucjonalizacja konfliktu i kompromisu to jedyna droga do oparcia życia publicznego na zasadzie społecznej umowy. W przeciwnym razie – powtórzmy – dopiero płonące komitety będą oświetlały rzeczywiste kontury obrazu społeczeństwa, obrazu zafałszowanego przez policyjnych donosicieli i telewizyjnych propagandystów.

Na to wszakże, by umowa społeczna mogła funkcjonować, w świadomość społeczną wpisane muszą zostać – tak jak zostały wpisane w tekst porozumienia gdańskiego granice, których przekroczyć nie wolno – granice, które narzuca pamięć płonącego Budapesztu i obraz sowieckich czołgów na ulicach Pragi.

Nikogo nie chcę starszyć sowieckimi czołgami – chcę przypomieć trzy oczywiste okoliczności, które wszakże oczywistościami winny nadal pozostać.

Po pierwsze: ostatnie wydarzenia dowiodły namacalnie, że społeczeństwo polskie nie mogło i nie chciało egzystować dalej w warunkach postępującego zakłamania, zniewolenia i pauperyzacji. Jest uzasadnionym tytułem do narodowej dumy, że umieliśmy swoje prawa rewindykować w sposób najrozumniejszy z możliwych.

Po wtóre: sposób życia Polaków nie jest uzależniony li tylko od ich aspiracji i poczynań, ale i od tego, że nasz kraj znajduje się od czasu konferencji jałtańskiej w sowieckiej strefie wpływów za zgodą i aprobatą państw Paktu Atlantyckiego. Można się na to moralnie oburzać, ale nie można o tym zapominać.

Po trzecie: z tych dwóch banałów wynika i trzeci. Niezbywalne aspiracje Polaków do wolności i podmiotowości muszą być realizowane w taki sposób, by dla polityki sowieckiej większą szkodą była militarna interwencja w Polsce niż jej zaniechanie.

Nikt nie ma na to recepty, a już z pewnością nie jest taką receptą nawoływanie do umiaru i realizmu przez działaczy i publicystów, którzy – jak Ryszard Wojna – skompromitowali się długoletnim lizusostwem, obrażali nieustannie opinię publiczną prorosyjskim serwilizmem, by w momencie krytycznym szantażować widmem kolejnego rozbioru Polski. Ci sami ludzie straszyli czołgami i wzywali do realizmu przy okazji każdego protestu, każdego wolnościowego odruchu, każdej spontanicznej inicjatywy społeczeństwa zniewolonego i upokorzonego. Słuchając tego dzisiaj myślę sobie: czemuż ci ludzie nie wzywali do umiaru i realizmu Gierka i Jaroszewicza, gdy katowano ludzi w Radomiu i Ursusie, gdy skazywano ludzi pod sfingowanymi zarzutami, kiedy każdy krytyczny głos kwalifikowano jako manifestację postaw antynarodowych? Nie wystawiam nikomu rachunków za przeszłość, ale apeluję do tych działaczy i publicystów, którzy przystępując hałaśliwie do obozu zwolenników robotniczego protestu i zmian w Polsce, powiedzieli choć słówko o własnych dokonaniach w zakresie rozsiewania kłamstw i opluwania inaczej myślących.

Należy z uznaniem przyjąć fakt, iż władze wybrały drogę negocjacji, a nie wariant „siłowy”. Bynajmniej nie wynika z tego jednak, że władza ma powody do samozadowolenia. To dopiero początek na drodze do konstruowania umowy społecznej. Społeczeństwo oczekuje rozrachunku za całe dziesięciolecie, rozpoczęte protestem robotników Wybrzeża i protestem robotników Wybrzeża zakończone. Rozrachunku, a nie polowania na czarownice. Niechaj nikt się nie łudzi, że zdoła odwrócić uwagę opinii publicznej kilkoma pokazowymi procesami bądź opowieściami o wyimaginowanych lub realnych willach i jachtach Macieja Szczepańskiego. Społeczeństwo ma prawo do całej prawdy o sobie i o swojej sytuacji. Dopiero wtedy można mówić o realizmie i umiarze. Nie ma realizmu bez prawdy o realiach.

A prawda jest taka, że bez umowy ze społeczeństwem tym państwem nie da się rządzić. I taka, że wbrew przemówieniom wygłaszanym na akademiach, nie jest to państwo suwerenne. I taka również, że z faktem ograniczenia swej suwerenności przez interesy państwowe i ideologiczne ZSRR, Polacy muszą się liczyć. I taka wreszcie, że jedynym rządcą Polski akceptowanym przez przywódców ZSRR są komuniści i nic nie wskazuje na to, by ten stan rzeczy miał jutro ulec zmianie.

Co z tego wszystkiego wynika? Wynika z tego, że każda próba rządzenia wbrew społeczeństwu musi wieść do katastrofy; wynika z tego również, że każda próba obalenia komunistycznej władzy w Polsce jest zamachem na interesy ZSRR. Taka jest rzeczywistość. Można jej nie lubić, ale trzeba ją przyjąć do wiadomości.

Wbrew dyżurnym delatorom z *Trybuny Ludu* i *Życia Warszawy* nie szukam tymi uwagami taniej popularności. Przeciwnie – wiem, że niejeden z moich kolegów zarzuci mi faktyczną rezygnację z dążeń do niepodległości i demokracji. Tym odpowiem z całą szczerością: nie wierzę, by w obecnej sytuacji geopolitycznej realne było „wybicie się na niepodległość" i parlamentaryzm. Wierzę, że możemy organizować naszą niepodległość od wewnątrz, że stając się społeczeństwem coraz lepiej zorganizowanym, sprawniejszym, zamożniejszym, wzbogacającym Europę i świat o nowe wartości, pielęgnującym tolerancję i humanizm – pracujemy dla niepodległości i demokracji. Ale nigdy nie będę brał udziału w licytacji, kto bardziej pragnie niepodległości, w łudzeniu kogokolwiek, że niemożliwe jest już możliwe.

A co jest możliwe? Możliwy jest pluralizm we wszystkich dziedzinach życia publicznego, możliwa jest likwidacja cenzury prewencyjnej, możliwa jest racjonalna reforma gospodarki i sprawiedliwa polityka społeczna, możliwa jest prasa i telewizja oparta na zasadzie konkurencyjności i pisząca prawdę, możliwa jest wolność nauki i autonomia wyższych uczelni, możliwa jest społeczna kontrola cen i ruch obrony konsumenta, możliwe są niezawisłe sądy i komisariaty, gdzie nie bije się ludzi.

Możliwe jest, że to wszystko wywalczymy, tak jak wywalczyliśmy wolność dla robotników Radomia i Ursusa, nieocenzurowaną prasę, własne wydawnictwa, możliwość demaskowania bezprawia, tak jak wywalczyliśmy – rozumem i solidarnym wysiłkiem robotników Wybrzeża – niezależne związki zawodowe.

Musimy to wszystko od władz wydzierać i wymuszać, bo nigdy żaden naród nie dostał swoich praw w prezencie. Wszakże wymuszając i wydzierając pamiętajmy, by nie rozedrzeć na strzępy tego, co jest państwem polskim, państwem niesuwerennym, ale państwem, bez którego nasz los byłby nieporównanie bardziej uciążliwy.

Wokół tak sformułowanej diagnozy dojdzie do sporów w środowisku opozycji demokratycznej. Jedni – była o tym mowa wyżej – będą uważali ten program za zbyt umiarkowany. Drudzy znów – za zbyt radykalny. Ci ostatni staną wobec wyboru: czy zadowolić się liberalnymi koncesjami władz w ramach istniejących struktur oficjalnych, czy też dążyć do uznania niezależnych instytucji za trwały składnik polskiego życia obywatelskiego. Przyjęcie wariantu pierwszego i zgoda na dalsze eliminowanie na przykład członków KSS „KOR", TKN czy redaktorów *Zapisu* z życia publicznego, byłoby wyciąganiem ręki ku władzom i odwróceniem się od wczorajszych sojuszników. Grozi to powtórzeniem mechanizmu odwrotu od Października 1956 i utraty zdobyczy z grudnia 1970. Lęk przed prowokowaniem władz wiódł zawsze do faktycznej kapitulacji przed władzami. W ten sposób wielokrotnie już władze rozbijały jedność społeczeństwa i zmuszały do rezygnacji z faktycznych zabezpieczeń pluralizmu.

Reakcje władz trudne są do przewidzenia. Z pewnością aparat będzie dążył do ponownego zaciśnięcia pętli, czego symptomem są utrudnienia dla powstających niezależnych związków zawodowych, blokada cenzuralna informacji, represje, próby zastraszenia, ataki na tak zwane „siły antysocjalistyczne", czyli na ośrodki inicjatywy społecznej niewygodne dla władzy. Ten aparat dużo się jeszcze będzie musiał uczyć, by zrozumie, że dialog ze społeczeństwem to ani wymachiwanie pałką policyjną, ani monolog w szklanej tafli telewizora. Jedynym sposobem nauczenia aparatu, co to znaczy rzeczywisty dialog, jest rzeczywista solidarność społeczeństwa; taka solidarność, jaką zademonstrowali robotnicy Wybrzeża.

Mieczysław F. Rakowski, redaktor *Polityki*, napisał, że centralnym zadaniem na dziś jest dla władz partyjnych zdobycie wiarygodności. Podzielam tę opinię. Rzecz w tym jednak, że tej wiarygodności nie uzyska się apelami o pracę i rozsądek, lecz realnym wyjściem naprzeciw aspiracjom społeczeństwa. Aspiracjom elementarnym, realistycznym i uzasadnionym, bo trudno za inne uznać postulat ujawnienia całej prawdy o okolicznościach masakry w grudniu 1970 roku i znęcaniu się nad ludźmi po czerwcu 1976 roku. Bez tego wszystkiego apele o realizm i deklaracje o dialogu pozostaną czczą gadaniną. Nie pomogą żadne personalne karuzele, zmiany sekretarzy KC, powoływanie nowych członków Biura Politycznego i wyszukiwanie kolejnych kozłów ofiarnych. Nikt już nie wierzy w opatrznościowych przywódców, nikt nie podnieca się plotkami o konfliktach wśród przywódców partyjnych. Nikt już nie wierzy w możliwość zmian na lepsze bez reform instytucjonalnych gwarantujących pluralizm. I nikt już nie wierzy w słowa – wszyscy czekają na czyny.

***

Pozostaje wszakże pytanie, czy taki system jest w ogóle możliwy, czy nie jest to po prostu etap do demontażu systemu komunistycznego i jego ewolucji w kierunku wielopartyjności. Odpowiedzieć na to wypada, że władza komunistyczna w Polsce nauczyła się już współżyć z obcymi ciałami – choćby z potężnym i niezależnym Kościołem katolickim. Co więcej – nauczyła się, że to współżycie może mieć dlań pozytywne skutki. Wydaje się bowiem, że w społeczeństwach ciężko doświadczonych przez historię realnymi są rozwiązania dyktowane inną logiką niż logika socjologii stosunków politycznych. W sierpniu 1980 roku Polacy udowodnili wszystkim, że rozumieją swą siłę, ale i jej ograniczenia. Udokumentowali dobitnie swoje aspiracje, ale i świadomość ich limitów. Nie domagali się rzeczy nierealnych, ale postulaty realne egzekwowali z tak wielką konsekwencją i solidarnością, że wprawili w osłupienie cały świat.

Pozwala to wierzyć, że możliwy jest system-hybryda, skrzyżowanie totalitarnej organizacji państwa z demokratycznymi instytucjami społeczeństwa. Jest to rozwiązanie ze swej natury prowizoryczne, ale nic nie bywa tak trwałe jak prowizoria. Równowaga między społeczeństwem a państwem będzie naturalnie chwiejna, plastyczna i podatna na zmiany, jak każda równowaga społeczna na tym najlepszym ze światów.

Tyle mogę rzec w odpowiedzi na pytanie, czy taki system jest realny. Najłatwiej – jak poucza doświadczenie – być pesymistą. Wszakże Polska jest dziwnym krajem – mawiał Antoni Słonimski. W Polsce wszystko jest możliwe. Nawet zmiany na lepsze.

Biuletyn Informacyjny nr 6 (40),
Warszawa sierpień-wrzesień 1980

Nadzieja i zagrożenie

Od czterech miesięcy Polska znajduje się w centrum uwagi całego świata. Dziś, w połowie grudnia, wolno pokusić się o wstępną próbę bilansu. 31 sierpnia podpisane zostały Porozumienia Gdańskie. Jest to Wielka Karta Praw Narodu Polskiego; jest to podstawa nowych relacji między władzą a społeczeństwem, jest to jedyna szansa przełamania głębokiego kryzysu politycznego, który trawi nasz kraj i zagraża przyszłości narodowego bytu.

Polsce potrzebny jest spokój i stabilizacja – co do tego zgadzają się wszyscy. Przedmiotem sporu są tylko metody, jakimi ów spokój można osiągnąć. Diagnoza władzy jest prosta: ludzie winni zaprzestać rozrachunków i rewindykacji, a wziąć się do pracy, wszyscy winni zespolić się wokół partii i jej nowego kierownictwa. Musi powstać centrum, „front rozsądku" złożony z komunistów, katolików, związkowców i wszystkich ludzi dobrej woli. Ponieważ jest to, moim zdaniem, diagnoza fałszywa, prognoza utopijna i przez to społecznie niebezpieczna, pozwolę sobie sformułować własny punkt widzenia. Sądzę mianowicie, że idea „centrum" i frontu pojednania narodowego jest typowym produktem myślenia „życzeniowego", „chciejstwa" – jak to określał Melchior Wańkowicz. Nie wierzę w „jedność moralno-polityczną" Polaków. Wierzę w kompromis oparty na Porozumieniach Gdańskich. Ten kompromis może być jedyną autentyczną legitymacją i zarazem ostatnią szansą władzy – władza powinna zdawać sobie z tego sprawę. Powinni to również zrozumieć radzieccy przywódcy: Polacy świetnie pojmują konsekwencje swego położenia geopolitycznego i precyzyjnie dostrzegają swoje uwarunkowania i ograniczenia. Wszakże alternatywą dla polityki negocjacji i kompromisu jest postawienie na konflikt i konfrontację sił. Polacy wielokrotnie udowodniali – sobie i światu – że nie ma takiej ceny, której by nie zapłacili za obronę swych narodowych i ludzkich aspiracji. Jeszcze jedna zbrojna demonstracja polskiej woli wolności nie leży – jak się wydaje – w niczyim interesie. Wszystkich zdumiewa spokój i determinacja polskiego społeczeństwa. Nikt poważny nie wysuwa postulatów nierealnych, nikt na serio myślący nie kwestionuje międzynarodowych sojuszy. Ba, nikt nie formułuje tezy, że władzę partii komunistycznej trzeba obalić i nikt do tego nie dąży. Idzie o ograniczenie tej władzy i ponowne sformułowanie zasad jej funkcjonowania. Do przyjęcia i wprowadzenia w życie tych nowych zasad nikt w społeczeństwie nie jest przygotowany, a najmniej przygotowany jest aparat partyjny.

Kiedy 31 sierpnia premier Jagielski w Stoczni Gdańskiej wstawał od stołu po podpisaniu Porozumień, mózgi partyjnych aparatyczyków drążyła zapewne obsesyjna myśl, jak tych Porozumień nie zrealizować, jak przeobrazić je w fikcję bądź karykaturę, jak powrócić do sytuacji, kiedy nie trzeba było limitować się dążeniami autentycznej reprezentacji świata pracy. Od samego początku taktyka władz wobec nowopowstających związków była osobliwa. W „Solidarności" władze nie umiały dostrzec swojej szansy – dostrzegały tylko zagrożenie dla swej omnipotencji. Starano się dezinformować opinię publiczną, kontynuować fikcję starych związków, spowodowano wreszcie kryzys rejestracyjny, który zaprowadził Polskę na krawędź strajku generalnego i ostatecznie pogrzebał resztki zaufania społecznego do wymiaru sprawiedliwości. Aresztowanie Jana Narożniaka – powód kolejnego konfliktu o skali trudnej do przewidzenia – był jeszcze jednym dowodem kompletnej niewiedzy kierownictwa partyjno-państwowego o nastrojach społecznych. O tejże ignorancji świadczą również ataki na „siły antysocjalistyczne" skupione w KOR-ze, kampania ta uczyniła KOR autorytetem moralnym i politycznym przewyższającym jego rzeczywiste możliwości oddziaływania. Próby ingerowania w politykę personalną „Solidarności" są przykładem całkowitej nieumiejętności myślenia w kategoriach realizmu. Bowiem polityczny realizm to nie tylko wiedza o politycznych interesach ZSRR, to także – nigdy dosyć przypominania o tym władzy – wiedza o nastrojach i dążeniach polskiego społeczeństwa. Sądzę, że brak realistycznego rozpoznania tych nastrojów i dążeń stanowi największą przeszkodę na drodze do stabilizacji w Polsce. Jest to również czynnik sprzyjający rozkładowi w łonie samej partii, czyli procesom o konsekwencjach tyleż doniosłych, co niebezpiecznych. Czy w Polsce istnieją „siły antysocjalistyczne", o których tyle piszą partyjne gazety i tyle mówią partyjni przywódcy? Odpowiedzmy pytaniem: czy w Polsce istnieje ustrój socjalistyczny? Rezygnując z dyskusji o ideologii i doktrynie, trudno nie odnotować, że nikt nie kwestionuje podstawowych reform społecznych, nikt nie postuluje wystawiania kopalń, hut i stoczni na licytację. Istnieją natomiast sił społeczne, które kwestionowały politykę władz partyjnych i samą zasadę funkcjonowania partii w społeczeństwie. Wynikiem owego zakwestionowania był „polski sierpień" i Porozumienia Gdańskie. Te siły – odwołujące się do różnych tradycji i przemawiające różnym językiem –

istnieją nadal i odgrywają istotną rolę w polskim życiu obywatelskim. Władza bądź tych sił nie zauważała, bądź próbowała je zniszczyć metodą korupcji i represji. Jest to wysiłek tyleż daremny, co obfitujący w konsekwencje zgoła nieoczekiwane; dialog i kompromis przeobraża się w nieustanne jątrzenie, wzmaganie napięć społecznych, permanentny konflikt. Jest to droga donikąd. W sytuacji, gdy władza nie umie współżyć ze społeczeństwem, a społeczeństwo z władzą, nie ma innej rady niż mozolny, cierpliwy trud negocjacji i dialogu. Istotną rolę odgrywał tu zawsze Kościół, którego dzieje dostarczają lekcji myślenia o strategii współżycia niezależnych instytucji katolickich ze strukturą państwową. Jednocześnie Kościół reprezentował nie tylko swój interes instytucjonalny, ale był wyrazicielem fundamentalnych aspiracji całego społeczeństwa. Istnienie „Solidarności" musi tu przynieść istotne zmiany, ale swą wielą rolę Kościół odgrywał będzie nadal. Prasa zachodnia często akcentuje umiar hierarchii kościelnej. Nie ulega wątpliwości, że ten umiar jest odpowiedzią na złożoność sytuacji. Błąd wszakże robią chyba zachodni dziennikarze, gdy utożsamiają nie przemyślane i niekompetentne wypowiedzi poszczególnych przedstawicieli Kościoła (na przykład wypowiedź o KOR-ze księdza Orszulika) ze stanowiskiem całego Episkopatu. Nie jest przypadkiem, że Komunikaty Konferencji Episkopatu są wolne od tego rodzaju politykierskich wykrętów. Gorzej, że władze mogą przyjąć to za dobrą monetę i uprawiać nadal swą grę pozorów posługując się pozbawionymi autorytetu kreaturami w rodzaju Jerzego Ozdowskiego. Jest to przykład zastępowania polityki kompromisu polityką forowania lokajstwa. Nie sprzyja to wiarygodności nowej ekipy. Nie sprzyjają jej również delatorskie artykuły Ignacego Krasickiego ani karuzela na najwyższych stanowiskach w aparacie władzy. Ludzie zbyt dobrze pamiętają przeszłość świeżo wyciągniętych z lamusa „odnowicieli": Mieczysława Moczara i jego złowieszczą rolę w 1968 roku, Stanisława Kociołka i jego udział w wypadkach grudniowych 1970 roku, Walerego Namiotkiewicza i jego długoletnie sekretarzowanie Władysławowi Gomułce. Ci ludzie nie posiadają żadnej społecznej wiarygodności. Chcę być dobrze zrozumiany: nie wzywam do personalnych nagonek ani do polowania na czarownice. Każdy może się zmienić, nawet M. Moczar. Wszelako zmiana taka – jeśli nie ma być kolejnym oszukańczym manewrem – musi być poparta uczciwym autorozrachunkiem. Przeszłość człowieka odpowiedzialnego za aparat bezpieczeństwa przez całą epokę gomułkowską i odpowiedzialnego za NIK w epoce gierkowskiej, a więc w czasie największego nasilenia korupcji, nie stanowi żadnej rękojmy dla deklarowanej odnowy. Przeciwnie: nasuwa podejrzenia, że władza próbuje zastąpić politykę społecznych porozumień kuglarskimi sztuczkami.

Sytuacja, w której tylko strajk bądź jego groźba może skłonić władze do rozumnych działań, jest sytuacją społecznie niebezpieczną. Wymusza to bowiem na działaczach „Solidarności" taktykę sięgania po tę właśnie broń. W momencie wzrastającego nacisku w sprawie żądań płacowych i innych – skądinąd uzasadnionych – rewindykacji częste posługiwanie się strajkiem może prowadzić do anarchizacji i rozpadu aparatu państowego, a w konsekwencji do konfliktu, nad którym już nikt nie zapanuje. Jak temu zapobiec? Nie widzę innego sposobu, jak instytucjonalizacja umowy społecznej, jak stworzenie formalnych ram dla negocjacji, kompromisów i funkcjonowania niezależnej opinii publicznej. Władza musi uzyskać wiarygodność. Nie w swej starej roli dyktatora, lecz w roli partnera. Powiedzmy otwarcie: władza nigdy nie uzyska tej wiarygodności w społeczeństwie, jeśli nie uzyska jej w „Solidarności"; nigdy nie uzyska jej w „Solidarności", jeśli nie ujawni całej prawdy o poprzednich kryzysach politycznych, o Grudniu 1970 roku na Wybrzeżu i Czerwcu 1976 roku w Radomiu i Ursusie. Dzisiaj największym wrogiem władzy nie są jej przeciwnicy z opozycji demokratycznej – największym wrogiem władzy jest sama władza: jej nieudolność, indolencja, głupota. Trudno w innych kategoriach zinterpretować zakaz wyświetlania filmu „Robotnicy 1980". Trzeba ślepoty, by nie dostrzegać, ile szkód społecznych przynoszą takie decyzje. Żadna publikacja KOR-u nie jest w stanie bardziej tej władzy zaszkodzić niż takie bezmyślne obrażanie ludzkiej potrzeby prawdy i rzetelności.

Być może powyższym rozważaniom można zarzucić przesadny minimalizm. Istotnie, nie postuluję tu ani walki o niepodległość, ani też dążenia do parlamentarnej demokracji, choć zawsze deklarowałem, jak bardzo drogie są mi te wartości i dziś się tych deklaracji nie wyrzekam. Twierdzę wszakże, że kto dzisiaj ufa w realizm takich postulatów, ten bierze zasadniczy rozbrat ze zdrowym rozsądkiem i poczuciem narodowej odpowiedzialności.

Postuluję tu kompromis z władzą. Z władzą, której wcale nie lubię, której zasady nie podobają mi się, ale która jest dla nas tym samym, co gipsowy gorset dla chorego: jest uciążliwa, ale niezbędna. Zmieniona sytuacja wymaga gruntowej rewizji myślenia u wszystkich. U ludzi władzy i u nas samych. Inaczej mogliśmy rozumować, gdy ryzykowaliśmy własne głowy, własną wolność, inaczej musimy rozumować, gdy chodzi o narodowe „być albo nie być". Można ludzi władzy nie lubić, ale trzeba widzieć w nich partnerów negocjacji. Nie jest mi łatwo to wszystko pisać. Wszystko, co o tej władzy wiem, nie nastraja mnie optymistycznie. Kolejne aresztowania i codzienne oszustwa uniemożliwiają lojalny dialog. Słabość władzy pokrywana jest arogancją propagandy, frazesy nowomowy zastępują rzeczową analizę sytuacji. Stanisław Kania ·przypomina kapitana zatopionego okrętu, który płynie już na tratwie, a wciąż zdaje mu się, że dowodzi wielką transoceaniczną fregatą. Jego ataki na Kuronia są dowodem, że albo nie rozumie dość klarownego, politycznego tekstu, albo też jest świadomie wprowadzany w błąd, co u pierwszych sekretarzy jest – jak się wydaje – normalną koleją rzeczy. Nie wiem, co gorsze. Opowiadam się wszakże – mimo to – za szukaniem kompromisu, bo na tej samej tratwie płyniemy wszyscy. I wszyscy możemy na niej zatonąć.

Wierzę jednak, że nie zatoniemy. Wierzę, że rozwagą i odwagą zbudujemy ład oparty na kompromisie. Jedno bowiem jest pewne: nie ma już powrotu do sytuacji sprzed 31 sierpnia. Na tej tratwie kapitański rozkaz nie wystarczy. Niezbędna jest ludzka solidarność.

Biuletyn Informacyjny nr 7 (41),
Warszawa październik-listopad 1980

Ciemny horyzont

IX Nadzwyczajny Zjazd PZPR był niewątpliwie wydarzeniem politycznym o znaczeniu międzynarodowym. Jak wszystko, co dzieje się w Polsce od kilku lat, był to fenomen bez precedensu, choć konsekwencje jego, zarówno wewnętrzne, jak i międzynarodowe, ciągle trudne są do całościowego ogarnięcia. Był to z pewnością najbardziej demokratyczny zjazd w historii ruchu komunistycznego. Jego demokratyzm polegał nie tylko na swobodzie głosu, którą cieszyli się delegaci, na niespotykanej dotąd jawności dyskutowanych kwestii spornych, ale również na reprezentatywności delegatów. Na zjeździe istotnie były reprezentowane chyba wszystkie tendencje polityczne PZPR. Nie zmienia powyższej oceny fakt, że nad większością wojewódzkich konferencji wyborczych zaciążył list KC KPZR do KC PZPR. Ten list był przypomnieniem o realiach, o tym, że Polska nie leży na księżycu.

Swoistą rewelacją były tajne wybory I sekretarza spośród dwóch kandydatów. Nawet dla eurokomunistycznych przywódców zachodnich partii musiało to być dosyć szokujące wydarzenie.

Najbardziej charakterystyczną cechą wyborów do KC był frontalny atak na etatowy aparat wyższego szczebla. W tych wyborach przepadli niemal wszyscy członkowie ustępujących władz niezależnie od tego, czy cieszyli się opinią „betonu" (jak Grabski, Żabiński, Kurowski, Kociołek), czy też renomą „odnowicieli" (Fiszbach, Dąbrowa). Jednocześnie wybranych zostało kilkunastu przedstawicieli dotychczasowego kierownictwa partyjno-rządowego, co zapewnia utrzymanie ciągłości i stanowić może minimum gwarancyjne dla kierowników partii komunistycznych państwa Układu Warszawskiego. Dotyczy to właśnie wyboru wielu delegatów z wojska, a także z Ministerstwa Spraw Wewnętrznych, Spraw Zagranicznych, Rolnictwa.

Można mówić o autentycznym buncie dołów partyjnych i – co istotniejsze – dołów aparatu partyjnego. Z tym niebezpieczeństwem liczył się aparat centralny już od kilku miesięcy, co widać w skomplikowanej sprawie stosunku do tak zwanych porozumień poziomych. Ostry atak na te porozumienia był świadectwem lęku przed rewoltą bazy. Ideologię zrewoltowanej bazy określano – głównie na podstawie wystąpień toruńskiego lidera Iwanowa – jako rewizjonistyczną i „socjaldemokratyczną". Diagnoza o istnieniu buntu okazała się słuszna, diagnoza ideologiczna – fałszywa. Już wcześniejsza uważna lektura dokumentów tak zwanych „dołów partyjnych" wskazywała na ideową niejednorodność zjawiska. Obok idei demokratycznych łatwo było w tych dokumentach odczytać elementy „stalinowskiej – egalitarnej" utopii retrospektywnej, zaś tak zwany nurt rozrachunkowy z równą mocą, co w mechanizmy władzy w partii, uderzał w wille partyjnych notabli.

W tym kontekście dopiero należy rozszyfrować – tak zdumiewający dla liberalnej inteligencji – sukces Albina Siwaka, człowieka, który pobił wszystkie rekordy demagogii i chamstwa. Dlaczego Siwak – skompromitowany wystąpieniami na plenum KC i programami telewizyjnymi, wywiadami dla prasy czechosłowackiej i atakami na Wałęsę oraz Stefana Bratkowskiego – uzyskał tak bezsporny sukces na zjeździe partii? Bo reprezentował trzy cechy, które były wysoko notowane wśród delegatów z terenu. Po pierwsze – nie był skompromitowany pełnieniem żadnych funkcji w centralnym aparacie poprzedniej ekipy, a zatem nie był podejrzany o przynależność do „tej bandy, która rozkradła Polskę". Po wtóre – w języku dobrze zrozumiałym dla dołowego aparatu partyjnego atakował korupcję, słabość i niekonsekwencje kierownictwa partii, w tym I sekretarza. Po trzecie – budował iluzję autentycznego działacza robotniczego, który będzie wiarygodnym rywalem dla robotniczych przywódców „Solidarności". Być może pewną rolę odegrał i ten element, że chciano mieć takiego „stracha na wróble" przeciwko „Solidarności". W istocie rzeczy jednak Siwak jest przykładem wysiłków dla oderwania mas robotniczych od „Solidarności" i przeciągnięcia ich na stronę partii. Działacz partyjny w stylu Jagielskiego czy Kani, Barcikowskiego bądź Rakowskiego mógł ze strajkującymi robotnikami negocjować jako strona, jako reprezentant aparatu władzy; Siwak ma stwarzać nadzieję, że uda się zdobyć rząd dusz robotniczych załóg lub przynajmniej te załogi efektywnie podzielić. Stanowi też nadzieję wiarygodności dla członków nowego KC. Nie tylko u robotników. Także u „sojuszników". Reprezentuje bowiem ten typ werbalnej kontestacji, na którą „sojusznicy" spoglądają z największą sympatią widząc w niej – słusznie – instrument walki z obozem polskiej demokracji. Wybór Siwaka ma być sygnałem dla „sojuszników", że w polskiej partii wszystko powraca do normy, że nowo wybrany KC jest dla „sojuszników" co najmniej równie wiarygodny, jak poprzedni.

Z tych to powodów wybór Albina Siwaka, człowieka miernych zdolności i niewielkiego kalibru, uznać można za najbardziej autentyczną deklarację intencji najwyższego partyjnego forum. Nie wróży to dobrze na przyszłość. Nie zastąpi to programu reformy politycznej i gospodarczej. Nie zapowiada to ani unormowania sytuacji w partii, ani też rozsądnej polityki wobec „Solidarności". Nie należy się również łudzić, że to uspokoi „sojuszników". Z ich perspektywy całkowicie nie do przyjęcia jest sam przebieg zjazdu, abstrahując nawet od jego rezultatów politycznych. Pluralistyczna dyskusja, względnie swobodny wybór delegatów, a potem członków KC – wszystko to burzy klasyczny model partii komunistycznej sprawującej władzę i jest wyzwaniem dla aparatu partyjnego. Rozliczanie przez opinię publiczną i partyjną działaczy odpowiedzialnych za budowę własnych willi to naruszenie jedynego z podstawowych przywilejów kasty rządzącej. Dotychczas takie rozliczenia dokonywane były wyłącznie na zlecenie kierownictwa partii. Usunięcie z partii Gierka, Jaroszewicza i kilku innych członków najwyższych władz partyjno-państwowych to brutalne przypomnienie „sojuszniczym notablom", że również oni są politycznie śmiertelni. Wszystko to musi powodować wrogość elit komunistycznych w Europie Wschodniej wobec polskiego eksperymentu.

Decydującą rolę odgrywa wszakże fakt istnienia „Solidarności". Nie takie czy inne działanie, ale sam fakt egzystencji potężnej, niezależnej organizacji ludzi pracy. Istnienie „Solidarności" i stała obecność na politycznej scenie zorganizowanego społeczeństwa jest dowodem istnienia kontrrewolucji. Ten fakt był, jest i będzie stałym źródłem napięć i nikt w Polsce nie powinien tu mieć żadnych wątpliwości.

Jak dotychczas, tak i teraz jedyną szansą Polski jest uświadomienie „sojusznikom", że powrót do sytuacji sprzed sierpnia możliwy jest tylko za cenę rozwiązań „siłowych", to znaczy za cenę wstrząsu na skalę europejską. Stabilizacja jest możliwa tylko na drodze systemu społecznych kompromisów. Znów wszakże nie należy mieć złudzeń. Czym innym jest stabilizacja dla aparatu, czym innym jest dla zorganizowanego społeczeństwa. Nawet uchodzący za najbardziej światłych działacze partyjni formułują program stabilizacji w kategoriach niezbyt realistycznych. Na przykład Tadeusz Fiszbach występując na IX Zjeździe PZPR powiedział między innymi, że „związkom należy zagwarantować prawo do współuczestniczenia w podejmowaniu decyzji strategicznych wyznaczających priorytety celów społecznych przy jednoczesnym uznaniu założenia, że ich podstawową funkcją jest ochrona interesów ludzi pracy. Kontrola decyzji strategicznych przez związki powinna mieć charakter pośredni i następować poprzez ich przedstawicieli w wybieralnych organach władzy państwowej, pracowniczych i terytorialnych jednostkach samorządowych oraz przez działania powstające w ramach formalnych procedur formułowania decyzji. Musi to iść w parze z wyrzeczeniem się przez związki zawodowe bezpośredniej ingerencji we władcze funkcje państwa podczas realizacji podjętych już decyzji".

Cała ta formuła mogłaby stać się punktem wyjścia do realistycznej dyskusji, gdyby sprecyzować mechanizm powoływania i zasady funkcjonowania instytucji przedstawicielskich i samorządowych, zakres ich niezależności etc. Byłaby to dyskusja o fundamentalnych zasadach reformy politycznej i o realizacji „umowy społecznej". Do tej dyskusji „Solidarność" musi być solidnie przygotowana. Nie będzie to łatwe. Sytuacja, w jakiej znalazły się NSZZ „Solidarność", nie wróży łatwej przyszłości. Problemem numer jeden jest sytuacja żywnościowa. Polska stoi w obliczu nie tyle trudności rynkowych, co buntów głodowych. Odpowiedzialność za to w całości spada na rząd, krążą pogłoski o celowym manipulowaniu zapasami i świadomym „wygładzaniu" społeczeństwa, jak jest naprawdę? Nikt tego nie wie, ale nikt nie wierzy w zapewnienia rządu. „Zawsze kłamią, dlaczego tym razem mieliby mówić prawdę?" – powtarza się na każdym kroku.

Podwyżka cen podstawowych produktów jest nieuchronna, ale „Solidarność" uzależnia swą zgodę od kompleksowego programu reform. Rząd przez cały rok odkładał tę sprawę i wedle zgodnego odczucia reforma możliwa jest tylko jako efekt oddolnego wysiłku załóg na rzecz tworzenia ruchu samorządu pracowniczego o szerokich kompetencjach. Ten ruch jest z kolei przez aparat władzy interpretowany – nie bez racji – jako zamach na partyjną nomenklaturę (nominacje dyrektorów) i już całkiem bez sensu – określany jako „próba przejęcia władzy w państwie". Propaganda oficjalna powtarza, że do władz „Solidarności" wślizgnęli się politykierzy o tendencjach radykalnych, a społeczeństwo oczekuje od władz Związku działań bardziej stanowczych i bardziej skutecznych. Znamienne, że wszystkie inicjatywy protestacyjne Związku w ostatnim czasie powstawały poza KKP. Dzieląc działaczy związkowych na „ekstermistów" i „umiarkowanych", władze podejmują klasyczny już w historii rządzącego komunizmu zabieg rozbicia niezależnego ruchu społecznego. Choć nie można tej taktyce odmówić pewnych sukcesów (na przykład mechanizm eliminowania pani Anny Walentynowicz z władz „Solidarności" w Gdańsku), to na dłuższą metę jest to działanie tyleż beznadziejne, co niebezpieczne. Beznadziejne, bowiem ruch jest budowany oddolnie; wyrasta z rzeczywistych potrzeb i przetasowania personalne niewiele tu załatwią. Niebezpieczne, bo wypychanie elementów radykalnych poza związek łatwo może się skończyć złamaniem dyscypliny społeczeństwa, która tak zdumiewa cały świat. Jak dotąd – trzeba przypomnieć – jest to dyscyplina w znoszeniu wyrzeczeń.

Aparat władzy nie jest jednolity i nic nie wskazuje, by miał jedność prędko osiągnąć. Zjazd partii nie usunął różnic w partii, a skrzydła nie zostały zlikwidowane. Na czele komitetów wojewódzkich wciąż stoją ludzie cieszący się opinią otwartych przeciwników „Solidarności" (Kociołek, Żabiński), co lokalne konflikty czyni wielce prawdopodobnymi. Partia będzie nadal podzielona między zwolenników katowickiego Forum i „Grunwaldu" z jednej, a zwolennikami „porozumień poziomych" z drugiej strony, zaś kierownictwo partii rozdarte konfliktami personalnymi. Wszystko to nie czyni obrazu klarownym.

Polityka rozwiązywania konfliktów metodami pokojowymi sprowadzała się dotąd do szukania porozumienia z Wałęsą i jego najbliższym otoczeniem. To opieranie się na bezdyskusyjnym autorytecie Wałęsy nie może być permanentne. Nie tylko dlatego, że okazjonalne porozumienia z Wałęsą i jego doradcami nie zastąpią trwałych instytucji porozumienia społecznego. Potrzebna jest szeroka wizja reformy instutucji samorządu pracowniczego i terytorialnego, reformy rad narodowych i Sejmu, reformy zasad funkcjonowania opinii publicznej (cenzura i środki masowego przekazu).

Warunkiem takiej reformy jest – w działaniach „Solidarności" – realizm polityczny, realistyczna ocena szans i możliwości. Taka ocena musi uwzględniać położenie międzynarodowe Polski i poważnie rozważać interesy państwowe ZSRR w tej strefie świata. Takie jest abecadło polskiej polityki na dzisiaj.

Ale taka ocena musi również uwzględnić prawdę, że każdy kompromis jest wynikiem działania sił, że żadna władza nie oddawała swych przywilejów bez walki. Solidną bazą prozumień może być tylko polityka Związku oparta na konsekwencji i sile. Związek wtedy tylko uzyska korzystny kompromis, gdy aparat władzy i sojusznicy sami dostrzegą w tym kompromisie interes dla siebie. „Umowa bez szpady – czcze tyrady" – powiedział Hobbes w „Lewiatanie". I miał rację.

sierpień 1981   *Niezależność* nr 101, Warszawa 7 VIII 1981

Minął rok

ZAPOWIEDŹ SPOŁECZEŃSTWA OBYWATELSKIEGO

Kiedy w ostatnim dniu sierpnia 1980 roku wicepremier rządu PRL Jagielski i Wałęsa, przewodniczący Międzyzakładowego Komitetu Strajkowego, podpisywali porozumienie na terenie Stoczni im. Lenina w Gdańsku, było oczywiste dla wszystkich, że otworzona została nowa karta historii. Mówiono wtedy wiele o „umowie społecznej", choć to, co podpisywano, było zaledwie preliminariami, kompromisem, który mógł zadowolić chwilowo i władzę, i społeczeństwo. Po raz pierwszy zorganizowana władza podpisała umowę ze zorganizowanym społeczeństwem. Powstały niezależne od państwa związki zawodowe, które zobowiązały się nie dążyć do objęcia politycznej władzy w państwie.

Istotą tworzącego się żywiołowo NSZZ „Solidarność" było restytuowanie więzi społecznych, samoorganizacja w celu zagwarantowania obrony praw zawodowych, obywatelskich i narodowych. W Polsce, po raz pierwszy w dziejach ustroju komunistycznego, doszło do rekonstrukcji „społeczeństwa obywatelskiego" i do zawarcia kompromisu z państwem.

KOMPROMIS, CZYLI MAŁŻEŃSTWO Z ROZSĄDKU

Ten kompromis był – dla obu stron – małżeństwem z rozsądku, a nie z miłości. Aparat władzy ani na moment nie wyrzekł się dążenia do minimalizacji roli związku, a społeczeństwo nie utraciło swej uzasadnionej nieufności. Od samego początku próbowano blokować informację, tworzyć szum informacyjny, zastraszać związkowców z ośrodków prowincjonalnych.

Później próbowano Związkowi narzucić treść statutu. Zasadą polityki władz było jak najmniej zmieniać. Parcie społeczne było jednak tak silne, napór mas robotniczych tak masowy, że po dwóch miesiącach zarejestrowany został w Polsce wielomilionowy związek zawodowy niezależny od Państwa. Geneza tych wydarzeń była jasna: wieloletni opór społeczeństwa znaczony tragicznym datami zrywów narodowych dziś grawerowanych na pomnikach narodowych pamięci. 1956, 1968, 1970 1976 – oto daty wyznaczające kolejne stacje na Polski *via Dolorosa*. Opór Kościoła przeciw ateizacji, opór wsi przeciw kolektywizacji, opór inteligencji przeciw cenzurze – wszystko to składało się na „Polski syndrom", który zaowocował strajkami sierpniowymi i „Solidarnością". Szczególną rolę odegrały działania grup inteligencji, które po czerwcu 1976 roku organizowały pomoc dla uczestników robotniczego protestu. Wtedy po raz pierwszy udało się stworzyć wspólny mianownik dla działań różnych grup społecznych, a zwłaszcza inteligencji i robotników.

ORYGINALNOŚĆ POLSKIEGO SIERPNIA

Porównując wydarzenia w Polsce z Powstaniem Budapesztańskim czy „Praską Wiosną", podkreślić wypada dwie istotne różnice, które stanowią o oryginalności polskiego eksperymentu. Po pierwsze – kierunek zmian, po wtóre – ich zasięg. Cechą charakterystyczną wydarzeń węgierskich był faktyczny rozkład aparatu władzy i przejęcie politycznej inicjatywy przez zrewoltowaną ulicę.

W Polsce terenem konfliktu były fabryki kontolowane przez służbę strajkową.

Istotą „Praskiej Wioski" był odgórny impuls do zmian, którego inspiratorami byli działacze aparatu partyjnego. W Czechosłowacji część komunistycznej elity władzy podjęła próbę emancypacji spod sowieckiej kurateli. W Polsce ośrodki inicjujące ruch demokratyczny były poza partią i poza aparatem władzy; dzisiejsze przechwałki partyjnych notabli o istnieniu nurtu wytycznego partii przed Sierpniem można uznać za radosną twórczość propagandy. Efektem było mechaniczne niejako zepchnięcie partii komunistycznej na pozycję konserwatywnej obrony dotychczasowych instytucji władzy, co czyniło ją względnie wiarygodną dla kremlowskich przywódców, choć mało wiarygodną dla polskiego społeczeństwa.

KONFLIKTY I WSPÓŁISTNIENIE

Miniony rok był nieustannym konfliktem aparatu władzy ze zorganizowanym społeczeństwem, gdzie Kościół odgrywał rolę mediatora. Można jednak w tym konflikcie dostrzec również weryfikację różnych strategii współistnienia, które formułował zarówno aparat władzy, jak i „Solidarność". Istniało wszakże pole wspólnoty. Aparat władzy nie kwestionował faktycznie istnienia „Solidarności".

Aparat władzy twierdził natomiast, że „Solidarność" prowadzi działalność pozastatutową mieszając się do polityki, demaskując poszczególnych dygnitarzy, żądając odwołania skompromitowanych polityków ze stanowisk, formułując dezyderaty w sprawie praworządności, czy też domagając się dostępu do środków masowego przekazu. Atakowano nie ocenzurowaną prasę związkową, okupację budynków administracji, manifestacje uliczne i taktykę wymuszania ustępstw.

„Solidarność" zarzucała rządowi nierealizowanie porozumień, politykę kurczowego trzymania się realiów dnia wczorajszego, karuzelę personalną i kompletną głuchotę na wszelkie żądania społeczne nie poparte groźbą strajku. Był to konflikt dwóch światów; *ancien régime* był pod stałym naporem obudzonego do życia społeczeństwa. Nacisk był na tyle żywiołowy, aparat władzy na tyle nie przystosowany do nowej sytuacji, że jedyną jego repliką były próby podzielenia Związku od wewnątrz. Rozpoczęły się ataki na tak zwane siły antysocjalistyczne, rozpoczęło się dzielenie działaczy związkowych na „radykałów" i „umiarkowanych". Sens tej taktyki był przejrzysty, a jej związek z rzeczywistością nader luźny – najbardziej radykalne były przecież młode załogi wielkich zakładów pracy. Stąd wychodzi główny nacisk rewindykacyjny. Działacze MKZ byli, z natury swojej, bardziej umiarkowani, bardziej podatni na argumentację swych interlokutorów z rządu i – co bardziej istotne – na tonujący nastroje głos Kościoła.

REAKCJE KOŚCIOŁA

Prymas Polski, ksiądz kardynał Stefan Wyszyński od początku opowiadał się za szukaniem rozwiązań kompromisowych. Taki był sens jego sierpniowej homilii jasnogórskiej i w taki sposób łagodził później najdrastyczniejsze konflikty (Bielsko Biała, Bydgoszcz, sprawa „Solidarności" wiejskiej). Ta taktyka była nie zawsze społecznie czytelna i ujawniała rozmaite rozłożenia akcentów w postępowaniu poszczególnych przedstawicieli hierarchii. Na tle zmienionej sytuacji społecznej, na dotychczasowej jedności kleru pojawiły się rysy. Klamrą spajającą były dokumenty Episkopatu, ale poszczególni biskupi różnie akcentowali potrzebę stanowczości działania i wymóg umiaru.

ZMIANY W APARACIE WŁADZY I RUCH W PARTII

Do najciekawszych zjawisk socjologicznych zaliczyć należy dekompozycję aparatu władzy i ruch w samej partii. Od samego początku zastosowano operację „kozioł ofiarny" i coraz to nowych członków elity władzy rzucano na pożarcie opinii publicznej. Członkowie kierownictwa partyjno-państwowego stawali się obiektem brutalnych ataków, oskarżano ich o nieudolność, nieuctwo, zamordyzm i złodziejstwo, publicznie lżono, opisywano z lubością ich wille i ich niezbyt formalnie zdobywane dyplomy. Kiedy całe to gorszące widowisko nie przyniosło spodziewanych efektów, rozpoczął się w aparacie spór o technikę oswajania kryzysu. Jedni (Kania, Jaruzelski, Barcikowski, Rakowski) podkreślali potrzebę gry na zwłokę i swoistej wojny pozycyjnej, co zakładało tolerowanie „Solidarności", drudzy (Olszowski, Grabski, Kociołek, Żabiński) określali akcję „Solidarności" jako kontrrewolucyjną, postulowali stanowcze działania, parli do konfrontacji organizując kolejne ogniska zapalne konfliktów. Programów wyjścia z kryzysu nikt wszakże nie formułował. W tej sytuacji zaczęły się aktywizować partyjne doły, gdzie rozległo się żądanie prędkiego zwołania nadzwyczajnego zjazdu partii. Wzbudziło to panikę aparatu, który przypuścił gwałtowny atak na tak zwane struktury poziome. Pod tym kryptonimem kryła się praktyka kontaktów poszczególnych organizacji partyjnych poza istniejącymi instancjami aparatu. Inicjatorem takich inicjatyw były organizacje partyjne Torunia, a zwłaszcza sekretarz Komitetu Zakładowego w „Towimorze", Zbigniew Iwanow. Przegrana struktur poziomych, czego symbolem było usunięcie Iwanowa z partii, przesądziła, że jakkolwiek przebieg nadzwyczajnego zjazdu zdumiewał demokratyzmem (tajne wybory delegatów, członków KC, a nawet I sekretarza), to jego efekty nie przyniosły uwiarygodnienia partii w oczach społeczeństwa. Jakkolwiek proklamowano kontynuację polityki „porozumienia", to wybór Albina Siwaka do Biura Politycznego był symbolicznym pokłonem najwyższego partyjnego forum w stronę idei post-stalinowskiego populizmu, która wzięła górę nad koncepcjami demokratyzacji. Linia porozumienia została zaakceptowana jako danina dla bieżących konieczności, wybór Siwaka był świadectwem ideowej orientacji. Rzecz prosta, popierający Siwaka uczestnicy Katowickiego Forum Partyjnego czy „Grunwaldu" stanowią znikomy margines w społeczeństwie, lecz w szeregach partii, skazanej na specyficzny język komunistycznej nowomowy, ta linia może liczyć na pewną popularność, tym większą, im wyższych szczebli aparatu dotyczy. Nade wszystko jednak jest to sposób myślenia aparatu usuniętego lub zagrożonego usunięciem – z tych środowisk wychodzić będą inicjatywy polityczne polskich Bilaków.

Ruch w partii – zdeformowany refleks ruchu w całym społeczeństwie – należy widzieć na tle ożywienia politycznego w innych instytucjach i organizacjach _establishmentu_. Analiza zmian personalnych i programowych w SD, ZSL czy nawet w PAX-ie wskazuje, że mamy do czynienia z szukaniem nowych kształtów instytucjonalnych w środowiskach, które dotąd godziły się na rolę wyłącznie dekoracyjną. Również przebieg debat sejmowych dowodzi, że i ta instytucja może w nowych warunkach nabrać nowego sensu.

CZYM BYŁA „SOLIDARNOŚĆ"

Kluczową rolę odgrywała wszakże „Solidarność". Chcąc zrozumieć jej sens należy wspomnieć treść i zakres prozumień gdańskich, których gwarantem w oczach społeczeństwa była „Solidarność". Śmieszne jest twierdzić, że ten związek zawodowy wykracza poza statut, tak jak śmiesznym było twierdzenie propagandy oficjalnej przed rokiem, że sama idea niezależnych związków zawodowych była strajkującym załogom narzucona przez antysocjalistyczne elementy. To raczej typowy przykład zmącenia obrazu rzeczywistości przez splugawiony język propagandy, który miast opisywać świat, próbuje go kształtować. Stąd konflikt o język – a taki był sens sporu o poprawki sędziego Kościelniaka do Statutu – odgrywał istotną rolę w strategii „Solidarności". Zgoda na język propagandy byłaby zgodą na kłamstwo w życiu publicznym. Związek musiał przemawiać językiem zrozumiałym i społecznie akceptowanym, bowiem zaufanie społeczne jest jego siłą i jego bronią. Dlatego też musiał spełniać społeczne oczekiwania, tak bardzo rozległe. NSZZ „Solidarność" był więc wszystkim naraz: związkiem zawodowym, który bronił interesów ludzi pracy w zakładzie; urzędem, który ścigał przestępców w aparacie władzy; obrońcą więźniów politycznych, praworządności i niezależnej kultury, swoistą reprezentacją społeczeństwa wobec władz. Jednym tylko nie był – partią polityczną dążącą do objęcia władzy, choć to właśnie głównie mu zarzucano.

„Solidarność" – wielofunkcyjny ruch społeczny – była przez cały rok gwarantem rodzącej się polskiej demokracji i jej podstawowym składnikiem. Za wcześnie jeszcze na bilans jej blasków i cieni. Za wcześnie jeszcze na opis socjologiczny ruchu, który umie wygrywać, ale nie umie się cofać; który łączy żądanie reformy rynkowej z etosem egalitaryzmu; który w języku narodowego solidaryzmu formułuje tradycyjnie lewicową ideę samorządu społecznego; który jest krzyżówką żywiołów sprzecznych i materii pomieszaniem; który kult przywódcy łączy z posuniętą do patologii demokracją, a zadziwiającą mądrość z rzadko spotykaną naiwnością. Ruch demokratyczny w otoczeniu antydemokratycznym; ruch wielkiej nadziei i samoograniczającej się polskiej rewolucji. Ruch twardo respektujący geopolityczne realia, choć zmuszany do polemiki artykułami gazet z krajów ościennych.

Bowiem dla „sojuszników" samo istnienie „Solidarności" jest dowodem, że „źle się dzieje w państwie duńskim". Pomińmy skomplikowane i hipotetyczne rozważania na temat ewentualnej interwencji militarnej w Polsce. Brak podstawowych informacji zmusza do wróżenia z fusów w tej materii. Jedno wszakże jest pewne: pełna determinacji postawa Polaków wskazuje, że konsekwencje takiej interwencji mogłyby być nieobliczalne. I to nie tylko dla Polski.

JAKĄ DROGĄ DO DEMOKRACJI

Historia polskich dwunastu miesięcy stawia na nowo pytanie o reformowalność systemu komunistycznego. Przed pięciu laty miałem okazję sformułować pogląd, że dla Polski istotne może okazać się doświadczenie z hiszpańskiej drogi ku demokracji: drogi pokojowej, co nie znaczy, że wolnej od wstrząsów. Dziś można sformułować hipotezę, że to doświadczenie – przy wszelkich różnicach społecznych, politycznych i geograficznych – okazało się użyteczne.

Jeśli nad Polską zawisły dziś ciemne chmury, jeśli coraz częściej klimat społecznych nastrojów, wyznacza brak żywności, a nie szeroka sfera wolności słowa, to dlatego, że wciąż nie stanął na porządku dziennym problem globalnej reformy państwa opartej na instytucjonalizacji „umowy społecznej" i systemie społecznych kompromisów. Pewne głosy w prasie oficjalnej zdają się tę problematykę przybliżać, ale to dopiero początki nowego etapu.

Zadaniem stojącym przed polskim narodem jest wypracowanie realistycznego systemu demokracji politycznej świadomie ograniczonej przez interes państwowy naszego potężnego sąsiada. Pisząc powyższe opowiadam się tym samym za rozwiązaniem kompromisowym. Taki jest nakaz chwili. Nikt rozumny nie może postulować dzisiaj generalnej konfrontacji. „Solidarność" ma przed sobą inną perspektywę, perspektywę szukania rozwiązań pomiędzy – jak to sformułowano już w prasie niezależnej – ugodą a ewolucją. Ma to swoje konsekwencje. Szturmować Bastylię może amorficzny tłum zbrojny jedynie w emocję i odwagę; długofalową politykę demokratycznej ewolucji prowadzić może tylko ruch dobrze zorganizowany, świadomy swych celów, solidarny w swych działaniach.

sierpień 1981   *Niezależność* nr 109, Warszawa 19 VIII 1981

Szanse polskiej demokracji

Nowy ewolucjonizm

1)

Wydarzenia historyczne, które określamy nazwą Polskiego Października były źródłem nadziei na ewolucję systemu komunistycznego. Nadzieję tę odnajdujemy w dwóch wizjach, dwóch koncepcjach ewolucji. Nazywam je: „rewizjonistyczną" i „neopozytywistyczną".

Koncepcję „rewizjonistyczną" cechowała specyficzna perspektywa „wewnątrzpartyjna". Nigdy nie sformułowana w postaci programu politycznego, koncepcja ta zakładała możliwość humanizacji i demokratyzacji systemu sprawowania władzy, a także zdolność oficjalnej doktryny marksistowskiej do przyswojenia sobie nowoczesnej kategorii nauk społecznych i humanistycznych. Rewizjoniści pragnęli działać w ramach partii komunistycznej i doktryny marksistowskiej; pragnęli wspomagać „od wewnątrz" przeobrażenia doktryny i partii w stronę demokratycznych form i zdrowego rozsądku. W bardziej długofalowej perspektywie skutkiem tych działań miało być opanowanie partii przez ludzi światłych i idee progresywne. Władysław Bieńkowski, jeden z najbardziej typowych przedstawicieli tej formacji, określał ją mianem socjalistycznego absolutyzmu oświeceniowego.

Czołowy przedstawiciel drugiej wizji ewolucjonizmu – Stanisław Stomma – określał swą orientację jako „neopozytywistyczną". Jej istotą była próba przeniesienia w nowe warunki historyczno-polityczne strategii Romana Dmowskiego z początku XX wieku. Wychodząc z przesłanek geopolitycznych, uznając się za katolika i uznając zarazem katolicyzm za trwały i niezbywalny składnik polskiego życia publicznego, przywódca grupy „Znak", Stomma pragnął powtórzyć manewr przywódcy i ideologa obozu narodowej demokracji i – jak tamten w 1906 roku do carskiej Dumy – wszedł wraz ze swymi kolegami w styczniu 1957 roku do Sejmu Polskiej Rzeczypospolitej Ludowej. Celem grupy działaczy katolickich skupionych wokół Stommy było zorganizowanie zalążków ruchu politycznego, który w sprzyjającym momencie mógłby stanąć na czele narodu polskiego. Dla Dmowskiego takim momentem był wybuch I wojny światowej; dla Stommy mógł to być na przykład moment dekompozycji bloku.

W latach 1956-59 koncepcja Stommy popierana była w umiarkowany sposób przez Episkopat, co było wynikiem znacznych koncesji udzielonych przez ekipę Władysława Gomułki Kościołowi katolickiemu. Ewolucjonistyczna koncepcja Stommy różniła się istotnie od koncepcji rewizjonistycznej. „Neopozytywizm" zakładał przede wszystkim lojalność wobec ZSRR, pojmowanego jako rosyjskie mocarstwo, przy jednoczesnym odrzuceniu doktryny marksistowskiej i ideologii socjalistycznej. Rewizjoniści – przeciwnie – skłonni byli raczej do antyradzieckich (na przykład w sprawie węgierskiej) niż antymarksistowskich manifestacji. Jeśliby uznać metaforycznie organizację państwową ZSRR za Kościół, a doktrynę ideologiczną marksizmu za Pismo Święte, to rewizjonizm wierny był Pismu, chociaż na swój sposób je interpretował, zaś neopozytywizm – Kościołowi, chociaż z nadzieją na jego mniej czy bardziej rychłe zniknięcie.

Wspólną cechą obu tych koncepcji była rachuba na zmiany odgórne. I „rewizjoniści" i „neopozytywiści" liczyli na pozytywną ewolucję partii będącą efektem realistycznej polityki mądrych przywódców, a nie na wymuszanie tej ewolucji drogą organizowania nieustającej społecznej presji. Stawiano na rozum komunistycznego Księcia, a nie na walkę o niezależne instytucje kontrolujące aparat władzy. Bez takich założeń publiczna działalność „neopozytywistów" i „rewizjonistów" byłaby prawdopodobnie niemożliwa, ale te założenia musiały doprowadzić do politycznej i intelektualnej porażki. Stała się ona udziałem zarówno „rewizjonistycznych" krytyków Kościoła, jak i „neopozytywistycznych" oponentów wobec zasad Pisma.

2)

Orientacja „rewizjonistyczna" miała – oprócz swych stron negatywnych – również zdecydowanie pozytywne aspekty. Wspomnieć należy produkcję intelektualną ówczesnych rewizjonistów, a także stymulowaną przez rewizjonizm aktywność polityczną znacznych grup inteligencji.

Pierwsza sprawa jest oczywista: dość przypomnieć wybitne książki takich autorów, jak Leszek Kołakowski, Oskar Lange, Edward Lipiński, Maria Hirszowicz, Włodzimierz Brus, Krzysztof Pomian, Bronisław Baczko czy Witold Kula. Literackim wyrazem szeroko pojmowanego rewizjonizmu były utwory Kazimierza Brandysa, Adama Ważyka, Wiktora Woroszylskiego czy Jacka Bocheńskiego. Wszystkie te książki – abstrahując nawet od ich wartości naukowej czy artystycznej – upowszechniały idee atakowane przez oficjalną propagandę, broniły prawdy i humanizmu. Pojawienie się każdej z tych książek na rynku stawało się rychło faktem politycznym.

Poza pozytywnym wpływem na naukę i kulturę polską, rewizjonizm sprzyjał aktywności politycznej obywateli. Przeciwstawiając się postawom bierności i wewnętrznej emigracji, rewizjonizm uzasadniał potrzebę krytycznego uczestnictwa w życiu publicznym. Warunkiem koniecznym aktywności politycznej jest wiara w możliwość wywierania efektywnego wpływu na losy społeczeństwa. W przypadku rewizjonistów była to wiara w możliwość reformy partii. Ta wiara – jak dzisiaj jasno widać – była oparta na złudzeniach, ale realnym i pozytywnym jej produktem była aktywność obywatelska i jawnie demonstrowane postawy opozycyjne w latach 1956-68. Ogromna większość opozycyjnych inicjatyw tego okresu wyszła właśnie z tego środowiska, a nie z kręgu niezłomnych i konsekwentnych antykomunistów. Rozpatrując problem odpowiedzialności za stalinizm lewicowej polskiej inteligencji, problem tak często dzisiaj w Polsce dyskutowany, warto mieć tę okoliczność na uwadze. To właśnie rewizjonistyczni eks-stalinowcy stworzyli i upowszechnili w środowiskach inteligenckich model postaw opozycyjnych, które z czasem pozwoliły na odrodzenie życia obywatelskiego w trudnej polskiej rzeczywistości.

Wszelako ,,rewizjonizm" skażony był u samych swych źródeł: skażony był wiarą w tożsamość dążeń i celów ,,liberalnego" skrzydła w aparacie partyjnym z postulatami ,,rewizjonistycznej" inteligencji. Sądzę, iż grzechem głównym ,,rewizjonistów" nie była klęska w wewnątrzpartyjnej rozgrywce o władzę – tu nie mogli być zwycięzcami – lecz charakter tej klęski: była to porażka poszczególnych ludzi eliminowanych z pozycji władzy i wpływu, a nie przegrana rozwiniętej – lewicowej i demokratycznej – platformy politycznej. Takiej platformy rewizjoniści nigdy nie sformułowali.

3)

Kresem ,,rewizjonizmu" były wydarzenia z marca 1968 roku. W tym właśnie momencie przerwana została pępowina łącząca rewizjonistyczną inteligencję z partią. Od marca 1968 roku nigdy nie odżyły na szerszą skalę rachuby na istnienie postępowego i demokratycznego skrzydła w kierownictwie partii. Jednym z niewielu, którzy i później formułowali ten rodzaj politycznej nadziei był Władysław Bieńkowski, wszelako potoczna opinia doszukiwała się w jego formułach – słusznie lub niesłusznie – raczej barwy ochronnej niż rzeczywistej rachuby. Zresztą, upowszechniając swoje prace publicystyczne, Bieńkowski tworzył zupełnie nowy styl działania politycznego. Przedtem niepisanym kanonem rewizjonizmu była ,,wewnątrzpartyjność", czyli rezygnacja z odwoływania się do ,,bezpartyjnej" opinii publicznej. Bieńkowski stare formuły nasycał nowymi treściami; w jego ujęciu ,,rewizjonizm" pomyślany jako wiara w istnienie mądrego kierownictwa partii przeobrażał się w bezlitosną i nieustanną krytykę aktualnych przywódców i ich głupoty. Z jednej strony głosił idee oczywiście wrogie władzy, formułował program jednoznacznie opozycyjny, ale z drugiej strony był to program adresowany do władzy, a nie do społeczeństwa. Bezpartyjny czytelnik prac

Bieńkowskiego nie dowiadywał się, jak ma żyć, jak ma postępować, co ma czynić, by sprzyjać sprawie demokratycznych przeobrażeń.

4)
W tym samym 1968 roku, roku śmierci rewizjonizmu, demonstrujący studenci skandowali: „Cała Polska czeka na swego Dubczeka". Przywódca czeskich i słowackich komunistów stał się na jakiś czas symbolem nadziei. Mit Dubczeka i „Praskiej Wiosny" do dziś pełni w Polsce istotną funkcję, aczkolwiek sens tego mitu daleki jest od jednoznaczności. Albowiem jest on w tej samej mierze uzasadnieniem dla promiennego optymizmu, co dla najczarniejszego pesymizmu; dostarcza argumentów postawom konformistycznym i gestom heroicznym. Dlaczego tak się dzieje?

Groźba radzieckiej interwencji w Polsce w październiku 1956 roku uczyniła bohaterem narodowym człowieka, który zimą 1970 roku zszedł ze sceny politycznej okryty niesławą i pogardą. Ten przykład ukazuje całą dwuznaczność heroicznego mitu któregokolwiek z partyjnych przywódców. Albowiem są powody, by przypuszczać, że – niezależnie od zbrojnej interwencji – w Czechosłowacji musiałoby dojść do ostrej polaryzacji i otwartego konfliktu „postępowego" skrzydła partii z opozycją pozapartyjną (KAM, ruch studencki). Trudno przewidywać niezrealizowaną przeszłość, ale można przypuszczać, iż niejeden z „dubczekowców" przeobraziłby się prędko w pogromcę niesfornej opozycji.

Mit „dobrego" przywódcy partii z natury swej musi być dwuznaczny. Wielu wstępujących do PZPR motywowało swą decyzję następująco: „w ten tylko sposób służyć mogę sprawie demokracji w Polsce, bowiem w ten tylko sposób będę mógł efektywnie wspierać wysiłku przyszłego polskiego Dubczeka". Jak dotąd służba sprawie demokracji sprowadza się do służenia totalitarnej władzy. Na przykład Czechosłowacji powołują się też ci, którzy nie wstępując do PZPR i deklarując integralny antykomunizm starannie wystrzegają się opozycyjnych gestów i zachowań. Opozycjonistów nazywają „politycznymi awanturnikami", widząc w losie Czechosłowacji i Dubczeka dowód, że „nic tu się nie może zmienić".

Lekcja czechosłowacka jest dla mnie nade wszystko dowodem możliwości zmian, ale zarazem świadectwem ich ograniczoności; jest przykładem tego, jak krucha bywa totalitarna stabilizacja; ale także jak desperacka i bezwzględna jest reakcja zagrożonego imperium. Lekcja czechosłowacka jest unaocznieniem granic ewolucji, ale stanowi też dowód, że ewolucja jest możliwa.

5)
Na baczną uwagę zasługuje również doświadczenie „neopozytywistów". Niewątpliwie pozytywnym efektem ich działań było stworzenie pewnego marginesu niezależnej opinii publicznej i upowszechnienie sposobu myślenia całkowicie odmiennego od obowiązującego oficjalnie stylu partyjnej propagandy, nauki i kultury.

Punktem wyjścia ruchu „Znak" w 1956 roku były – o czym już wspominałem – zasady realizmu geopolitycznego i – formułowanej jako nauka wyniesiona z tragedii powstania warszawskigo – odrzucenie tak zwanej „dyspozycji powstańczej" Polaków. W zamian za poparcie nowego kierownictwa partii i Władysława Gomułki, ruch „Znaku" uzyskał od władz znaczne koncesje. Stworzono kilka Klubów Inteligencji Katolickiej i reaktywowano *Tygodnik Powszechny*, miesięcznik *Znak* i wydawnictwo „Znak". Ruch „Znaku" uzyskał możność przemawiania własnym głosem i możliwość formułowania własnego modelu kultury narodowej. Trudno wprost przecenić znaczenie, jakie miało przyswojenie polskiemu życiu umysłowemu współczesnej myśli chrześcijańskiej. Trudno również przecenić rolę książek Stefana Kisielęwskiego, Hanny Malewskiej, Jerzego Turowicza, Jerzego Zawieyskiego, Stanisława Stommy, Antoniego Gołubiewa czy Jacka Woźniakowskiego. Dzięki pracom tych ludzi powstał w Polsce szeroki margines dla kultury niezależnej od oficjalnych norm i oficjalnej sztampy. Dzięki wystąpieniom sejmowym Stefana Kisielewskiego, Jerzego Zawieyskiego czy Stanisława Stommy, młodzi Polacy mieli okazję poznać choćby namiastkę pluralizmu politycznego. W swym założeniu bowiem grupka poselska „Znak" miała odgrywać rolę realistycznej, pragmatycznej i katolickiej „opozycji Jego Królewsko-socjalistycznej Mości".

Osobne miejsce zajmowała grupa „Więzi", środowisko polskiej lewicy katolickiej, które łączyło rewizjonistyczne nadzieje z polityczną strategią neopozytywistów ze „Znaku". Formułowane przez Tadeusza Mazowieckiego, Annę Morawską i innych publicystów nowatorskie koncepcje *Więzi* stawiały redakcję w konfliktowe sytuacje wobec Episkopatu, ale umożliwiały zarazem zapoczątkowanie i prowadzenie dialogu ideowego z laicką inteligencją. Właśnie *Więź* – choć brzmi to paradoksalnie – umożliwiła lewicowej inteligencji rewizję tradycyjnych stereotypów dotyczących chrześcijaństwa i Kościoła.

Poparcie udzielone przez „Znak" i „Więź" Gomułce było poparciem dla określonej tendencji politycznej, dla tendencji rozszerzania sfery swobód obywatelskich. Istotnym elementem tego drugiego były zagadnienia postępującej normalizacji w stosunkach Kościół – Państwo (uwolnienie Prymasa Polski, zaniechanie szykan administracyjnych, legalizacja nauki religii etc.). W tym kontekście ruch „Znaku" zredukował swą aktywność do lojalnego – choć pełnego umiaru i godności – popierania polityki władzy. Podobnie jak rewizjoniści, katoliccy politycy liczyli raczej na odgórnie „darowane" koncesje i uprawnienia, niż na organizowanie oddolnej presji. Liczyli na zgodę a nie na konflikty, dbali o ład, dążyli do porozumienia z partią wystrzegając się posądzenia o opozycyjność.

Jakkolwiek nigdy nie popełnili przywódcy „Znaku" podstawowego błędu rewizjonistów – to znaczy zawsze dbali o uwydatnienie własnej odrębności ideowej i politycznej – to jednak historia ruchu nasuwa nader krytyczne refleksje na temat obranej przez katolickich „neopozytywistów" linii postępowania.

Wszelka polityka ugody ma sens tylko o tyle, o ile jest traktowana poważnie przez obie strony. Polityka taka w stosunkach z władzą komunistyczną, która nie posiada słowa u g o d a w swym politycznym wokabularzu, ma sens tylko wtedy, gdy jest prowadzona z pozycji siły. W innym razie ugoda przeobraża się w kapitulację, a polityka porozumienia w marsz ku politycznej samozagładzie. Taka właśnie była ewolucja koła poselskiego „Znak".

Godzenie się z kolejnymi, dyktowanymi przez czynniki państwowe, zmianami składu personalnego koła poselskiego „Znak" prowadziło do postępującej konformizacji linii politycznej ruchu. Rezygnacja z zasad wiodła do utraty autorytetu posłów „Znaku" zarówno w oczach społeczeństwa, które – choć samo na ogół bezsilne – szanuje odwagę i konsekwencję. Droga posłów „Znaku" była drogą od kompromisu do kompromitacji. Mocne to słowa. Aliści trudno w inny sposób określić fakt głosowania posłów „Znaku" (wszystkich poza Stanisławem Stommą) za poprawkami do Konstytucji PRL, którym to poprawkom przeciwna była cała niezależna opinia publiczna w Polsce. Był to końcowy etap i finalny produkt nieustannego rezygnowania z zasad na rzecz doraźnych – iluzorycznych zresztą – korzyści. Jednym z wielu paradoksów polskiej historii jest fakt, że Stanisław Stomma, polityk zapatrzony we wzór Aleksandra Wielkiego i jego *Realpolitik*, zakończył swą karierę polityczną w PRL romantycznym gestem godnym Rejtana.

6)

Koncepcje rewizjonistów i neopozytywistów były dwiema – zasadniczymi zresztą – odpowiedziami na określoną sytuację lat 1957-1964, na sytuację społecznej normalizacji i politycznej odwilży, wzrostu zamożności społeczeństwa i stosunkowo szerokiego marginesu swobód obywatelskich. Obie te koncepcje odzwierciedlały w znacznej mierze atmosferę politycznego spokoju i społeczno-psychologicznej stabilizacji.

Słabość rewizjonizmu i neopozytywizmu ujawniła się w okresie zaostrzenia się konfliktów społecznych w drugiej połowie lat sześćdziesiątych i w latach siedemdziesiątych. Ruch studentów i intelektualistów w marcu 1968 roku, wybuch robotniczy w czerwcu bieżącego roku – wszystkie te spontaniczne wystąpienia społeczeństwa dowodziły porażki rewizjonistów i neopozytywistów. Abstrakcyjne formuły historiozoficzne i wynikające z nich taktyczne programy okazały swą nieużyteczność w zderzeniu z realnymi procesami społecznymi. Konflikty między społeczeństwem a władzą dowodziły iluzoryczności nadziei rewizjonistów i neopozytywistów, stawiały też ich w sytuacji dramatycznego wyboru. Jeśli nie chce się uznać wystąpień społeczeństwa za produkt policyjnej prowokacji – a jest to groźna choroba inteligencji żyjącej w ustrojach totalitarnych – to trzeba wyraźnie określić własne stanowisko wobec trwającego konfliktu. Trzeba powiedzieć, który punkt widzenia uznaje się za własny: punkt widzenia bijących czy też punkt widzenia bitych. Zarówno konsekwentny rewizjonizm, jak i konsekwentny neopozytywizm nieuchronnie prowadzą, w obliczu takich otwartych konfliktów, do opowiedzenia się za władzą i przyjęcia jej punktu widzenia. Solidarność ze strajkującymi robotnikami, wiecującymi studentami czy kontestującymi intelektualistami, stawia pod znakiem zapytania koncepcje wewnątrzpartyjnej strategii „rewizjonistów" i ugodowej polityki „neopozytywistów". Z obu usunięty zostaje istotny, jeśli nie konstytutywny, element – uznanie władzy za podstawowy układ odniesienia.

7)

Dziewiętnastowieczny dylemat ruchów lewicowych: „reforma czy rewolucja", nie jest dylematem ludzi polskiej opozycji. Postulat rewolucyjnego obalenia dyktatury partii i świadome organizowanie dążeń do tego typu rozwiązań jest tyleż nierealistyczne, co niebezpieczne. Nierealistyczna jest rachuba na obalenie reżimu w Polsce, jeśli nie ulegnie zmianie struktura polityczna ZSRR; niebezpieczne jest dążenie do działań konspiracyjnych. W warunkach braku istnienia autentycznej kultury politycznej i jakichkolwiek norm demokratycznego życia zbiorowego, istnienie konspiracji pogłębiać tylko musi te schorzenia, niewiele przynosząc w zamian. Programy rewolucyjne i praktyki konspiracyjne służyć mogą jedynie policji, ułatwiając wywoływanie nastrojów histerii i umożliwiając policyjną prowokację.

Droga nieustępliwej walki o reformy, droga ewolucji poszerzającej zakres swobód obywatelskich i praw człowieka jest – moim zdaniem – jedyną drogą dla dysydentów w Europie wschodniej. Przykład polski wskazuje, że drogą nieustających nacisków społeczeństwa na władze można uzyskać istotne ustępstwa. Odwołując się do przykładu z przeciwległego krańca kontynentu, powiedzieć można, że koncepcja polskiej opozycji demokratycznej nawiązuje do wzorów hiszpańskich raczej niż portugalskich; zakłada powolne, stopniowe, cząstkowe przeobrażenia, a nie gwałtowny przewrót i zniszczenie przemocą istniejącego sytemu.

Czynnikiem wyznaczającym granice możliwej ewolucji jest – i na dłuższy czas zapewne pozostanie – militarna i polityczna obecność ZSRR w Polsce. Widmo radzieckiej interwencji militarnej, widmo radzieckich czołgów na ulicach Warszawy nader często paraliżuje wolę oporu. Pamięć Budapesztu i Pragi dyktuje wielu ludziom przekonanie, że przywódcy ZSRR nie dopuszczą do jakichkolwiek zmian. Wszelako przy bliższym wejrzeniu sprawa zdaje się być znacznie bardziej skomplikowana.

Przypomnijmy: swą olbrzymią popularność w 1956 roku Władysław Gomułka zawdzięczał umiejętnemu sformułowaniu „kwestii radzieckiej". Za pomocą umiejętnego żonglowania strachem i społeczną potrzebą bezpieczeństwa każdy zręczny przywódca partyjny może uzyskać posłuch i poparcie. Na tej strunie próbował grać Mieczysław Moczar, do tych nastrojów społeczeństwa odwoływał się Franciszek Szlachcic swą głośną w Warszawie formułą, iż „przyjaźń polsko-radziecka powinna być jak dobra herbata: mocna, gorąca, ale nie przesłodzona". Podjęty przez obu tych działaczy marsz ku władzy, między innymi poprzez szukanie szerszej popularności, został przerwany, ale sprawa radziecka nie stała się przez to mniej efektownym terenem eksploatacji politycznej.

Analizując kompleks stosunków polsko-radzieckich odnotować należy przede wszystkim fundamentalną zbieżność interesów kierownictwa politycznego ZSRR, kierownictwa politycznego w Polsce i polskiej demokratycznej opozycji. Dla każdej ze stron radziecka interwencja militarna w Polsce byłaby polityczną katastrofą. Dla polskich przywódców interwencja taka oznaczać musi detronizację bądź też zredukowanie ze statusu wodza 34-milionowego państwa o ograniczonej suwerenności do poziomu stójkowych radzieckiego imperium. Z kolei przywódcy radzieccy muszą mieć w pamięci międzynarodowe konsekwencje interwencji na Węgrzech i w Czechosłowacji; muszą również pamiętać determinację polskich robotników w trakcie wydarzeń z grudnia 1970 roku i czerwca 1976 roku. Jeśli dodać do tego tradycyjnie antyrosyjskie nastroje Polaków i właściwą polskiej tradycji zdolność prowadzenia walk desperackich (na przykład powstanie warszawskie 1944 roku), to można przyjąć, że dla kierownictwa państwa radzieckiego decyzja interwencji militarnej w Polsce jest tożsama z decyzją wojny z Polską. Byłaby to wojna, którą Polska musiałaby militarnie przegrać, ale której nie mógłby politycznie wygrać Związek Radziecki. Zwycięska wojna ZSRR z Polską oznaczałaby dla Polaków rzeź narodową, ale dla przywódców radzieckich byłaby wielką polityczną klęską. Dlatego też – sądzę – kierownicy państwa radzieckiego, a także przywódcy PZPR, uczynią wiele, aby takiego konfliktu uniknąć. Ten stan rzeczy wyznacza teren możliwego manewru politycznego; ten układ interesów zakreśla pole możliwego kompromisu.

Nie twierdzę, że interwencja radziecka w Polsce jest niemożliwa. Przeciwnie: sądzę, że może być nieunikniona, jeśli władze moskiewskie i warszawskie z jednej strony i społeczeństwo z drugiej strony utracą poczucie rzeczywistości, umiaru i zdrowego rozsądku. Jeśli chodzi o opozycję, to musi ona sobie uświadomić, że przeobrażenia w Polsce dokonywać się muszą, przynajmniej w pierwszej fazie, w ramach „doktryny Breżniewa".

8)

Program ewolucyjnych przeobrażeń w ramach zakreślonych przez „doktrynę Breżniewa" wyznawali również „rewizjoniści" i „neopozytywiści". Tym, co odróżnia, moim zdaniem, dzisiejszą opozycję od wyznawców tamtych koncepcji, jest przeświadczenie, że właściwym adresatem ewolucjonistycznego programu winna być niezależna opinia publiczna, a nie totalitarna władza. Program winien dostarczać wskazówek społeczeństwu, jak ma postępować, a nie władzy, jak się autoreformować. Nic nie jest lepszą wskazówką dla władz od realnej oddolnej presji.

Zasadniczym składnikiem formuły „nowego ewolucjonizmu" jest przekonanie o sile środowisk robotniczych, które swą twardą i konsekwentną postawą parokrotnie zmuszały władze do spektakularnych ustępstw. Trudno przewidzieć rozwój sytuacji w tych środowiskach, ale zdaje się nie ulegać wątpliwości, iż jest to grupa społeczna, której elita władzy najbardziej się obawia i przed której naciskiem musi ustępować. Nacisk środowisk robotniczych jest warunkiem koniecznym ewolucji życia zbiorowego ku demokratycznym formom.

Nie jest to proces prosty i łatwy do przewidzenia: wymaga systematycznego przełamywania bariery strachu i kształtowania nowej świadomości politycznej. Czynnikiem hamującym ten proces jest brak wszelkich instytucji autentycznie robotniczych oraz brak wzorów i tradycji politycznego oporu.

Dzień utworzenia pierwszej, niezależnej od oficjalnych instytucji, organizacji robotniczej samoobrony, dzień utworzenia komitetów strajkowych w stoczniach Szczecina i Gdańska, otworzył nowy etap robotniczej świadomości.

Trudno przewidzieć, kiedy i w jakich okolicznościach powstaną inne, bardziej trwałe instytucje reprezentujące interesy robotnicze i jaki będzie ich kształt: czy będą to komisje robotnicze na wzór hiszpański, czy niezależne związki zawodowe, czy też rodzaj kas oporu. Wszelako, jeśli takie instytucje powstaną, to wizja „nowego ewolucjonizmu" przestanie być tylko konstrukcją rozumu szukającego nadziei.

9)
Istotnym elementem polskiej sytuacji jest Kościół katolicki i rola, jaką odgrywa. Większość społeczeństwa polskiego czuje się związana z Kościołem, zaś postawa katolickich kapłanów nierzadko ma istotną wagę polityczną. Na baczną uwagę zasługuje ewolucja linii postępowania polskiego Episkopatu. Ewolucja, którą łatwo wyczytać z oficjalnych, kościelnych dokumentów. Konsekwentnie antykomunistyczna postawa hierarchii kościelnej, odrzucającej wszystkie zmiany społeczne i polityczne dokonane po 1945 roku, przeobraża się coraz wyraźniej w postawę antytotalitarną. Jeremiady przeciw „bezbożnikom" ustępują miejsca dokumentom odwołującym się do zasad Deklaracji Praw Człowieka; polscy biskupi bronią w swoich listach pasterskich prawa do prawdy, bronią wolności i godności osoby ludzkiej. Bronią także – co w tym kontekście szczególnie ważne – praw obywatelskich ludzi pracy, a zwłaszcza prawa do strajku i prawa do niezależnych związków zawodowych.

Opierający się konsekwentnie naciskom władz Kościół katolicki, Kościół broniący zasad etyki chrześcijańskiej i zasad Deklaracji Praw Człowieka jest *nolens volens* ośrodkiem utrwalającym w społeczeństwie postawy nonkonformizmu i godności, jest on przeto istotnym czynnikiem stymulującym coraz bardziej powszechne dążenia do poszerzenia swobód obywatelskich.

10)
„Nowy ewolucjonizm" zakłada dążenie do zmian powolnych i stopniowych, co nie oznacza jednak, że ruch na rzecz tych zmian będzie zawsze pokojowy, że obywać się będzie bez ofiar. Fragmentami tego ruchu były – i mogą być w przyszłości – masowe wystąpienia środowisk robotniczych i stu-

denckich. Reakcja na te wystąpienia bywa zazwyczaj przedmiotem rozlicznych sporów w łonie elity władzy. Sformułować przeto należy pytanie: czy istnieją w partii i jej kierownictwie siły zdolne do podjęcia programu reform, czy może się odrodzić wewnątrzpartyjny rewizjonizm? Albo też: czy demokratyczna opozycja może znaleźć sojusznika w którejś z partyjnych koterii?

„Rewizjonizm", rozumiany jako ruch wewnętrznej odnowy, powstały w połowie lat pięćdziesiątych, jest zjawiskiem historycznie przebrzmiałym. Ruch wykorzystujący doktrynę marksistowsko-leninowską czy pewne jej elementy dla wymuszenia reform istniejącego porządku jest o tyle trudny do wyobrażenia, że sama doktryna jest dziś w Polsce martwym tworem, pustym gestem, urzędowym rytuałem. Nie prowokuje sporów, nie wzbudza emocji, nie może stać się źródłem wewnętrznych napięć i rozłamów.

Mimo to sądzę, że zmiany w partii są nieuchronne. Wśród setek tysięcy jej członków kompletnie niezainteresowanych sekretami materializmu dialektycznego jest wielu takich, dla których przynależność do PZPR jest po prostu warunkiem niezbędnym udziału w życiu publicznym. Pośród tych ludzi wielu jest wyznawców zasady *Realpolitik*, pragmatyków, zwolenników ekonomicznych reform. Ich przekonania polityczne i ich polityczne decyzje kształtują się pod presją nastrojów ogólnospołecznych i warunkowane są wymogami sprawnego funkcjonowania gospodarki narodowej. Pragmatyzm nakazuje tym ludziom optowanie za rozwojem nauki, za zacieśnieniem współpracy naukowo-technicznej z krajami kapitalistycznymi, za preferowaniem kompetencji przeciw ciasnym kryteriom ideologicznym. Nie oznacza to – rzecz prosta – dążenia do demokratyzacji. „Pragmatyk" partyjny nie ma powodu dążyć do przemian demokratycznych, do pluralizmu i autentycznego samorządu. Ale „pragmatyk" partyjny ma powody, aby rozumieć, że skuteczniejszą polityką bywa kompromis z siłami dążącymi do pluralizmu niż stosowanie brutalnych represji. „Pragmatyk" wie bowiem doskonale, że represje niczego nie rozwiązują i przygotowują kolejne wybuchy niezadowolenia społecznego, których konsekwencji przewidzieć niepodobna.

„Pragmatyk" partyjny będzie zatem starał się unikać takich sytuacji. Dlatego właśnie może być dla demokratycznej opozycji partnerem, z którym można zawrzeć polityczny kompromis, ale nie będzie on nigdy politycznym sojusznikiem. Rozróżnienie to uważam za istotne. Sądzę mianowicie, że rezygnacja z odróżnienia rozmaitych tendencji w łonie aparatu władzy zaprowadzić może ludzi demokratycznej opozycji do ignorowania realiów, do fanatycznego maksymalizmu, na bezdroża politycznej awantury. Z kolei utożsamianie własnych dążeń z celami pragmatycznego skrzydła partii prowadzić może do powtórzenia błędu rewizjonistów, do fałszywych aliansów, do utraty własnej tożsamości ideowej. Ludzie demokratycznej opozycji nie powinni pokładać przesadnych nadziei w „rozumnych" przywódcach partyjnych, nie wolno im także ulegać argumentom-kneblom o tym, że „nie należy utrudniać sytuacji aktualnemu kierownictwu, bowiem następne może być gorsze". Ludzie demokratycznej opozycji powinni wyraźnie sformułować własne, odrębne cele polityczne i dopiero w oparciu o te cele mogą zawierać polityczne kompromisy. Kiedy władza w obliczu robotniczego buntu zamiast organizować krwawą masakrę formułuje postulat „konsultacji z klasą robotniczą", ludzie demokratycznej opozycji nie powinni traktować tego ani jako wystarczającego ustępstwa („przecież nie strzelają"), ani też jako nic nie znaczącej fikcji. Przeciwnie: ich powinnością jest systematyczny i nieustanny udział w życiu publicznym, stwarzanie politycznych faktów w postaci zbiorowych wystąpień, formułowanie programów alternatywnych. Reszta jest złudzeniem.

11)
Formułowanie programów alternatywnych i obrona imponderabiliów to zadanie środowisk inteligenckich. Mówiąc precyzyjnie – niewielkiej cząstki tych środowisk, która poczuwa się do obowiązku kontynuowania tradycji „niepokornej" inteligencji z początku XX wieku, tradycji Brzozowskiego i Wyspiańskiego, Żeromskiego i Nałkowskiej. Poczuwając się do solidarności z tymi tradycjami i z tymi ludźmi, najdalszy jestem od przeceniania wagi ich wystąpień. Aliści nie lekceważyłbym tych głosów, które – choć słabe i sporadyczne – są jednak głosami autentycznymi, formułują niezależną opinię publiczną, kształtują postawy nonkonformistyczne i myśl opozycyjną. Tą drogą podążają dzisiaj ludzie różnych tradycji i środowisk: eks-rewizjoniści (jak niżej podpisany), byli neopozytywiści, a także ci, którzy wkroczyli w świadome życie ideowe po 1968 roku.
Od zespolenia głosów tych środowisk z wystąpieniami klasy robotniczej zależy kierunek ideowych dążeń młodego pokolenia, a także trend przemian politycznych w Polsce i w innych krajach Europy Wschodniej. W warunkach braku wolnej prasy i niezależnych organizacji, moralna i polityczna odpowiedzialność tych środowisk jest większa niż kiedykolwiek. W imię tej wyjątkowej odpowiedzialności wolno od ludzi z tego kręgu żądać rezygnacji z materialnych profitów i oficjalnego uznania, wolno żądać od nich prawdy.
Żądając prawdy, czy też – wedle formuły Leszka Kołakowskiego – „żyjąc w godności", inteligenccy opozycjoniści walczą nie tylko i nie tyle o tak zwane lepsze jutro, ale o lepsze dzisiaj. Każdy akt oporu pozwala i umożliwia wybudowanie już dziś zrębów struktury socjalizmu demokratycznego, który winien być nie tylko – i może nawet nie głównie – strukturą prawną i instytucjonalną, ale nade wszystko rzeczywistą, codziennie współtworzoną wspólnotą ludzi wolnych.

Paryż, październik 1976

„1956: w dwadzieścia lat później
– z myślą o przyszłości", «Aneks», Londyn 1978

Uwagi o opozycji
i sytuacji kraju

Publikacja artykułu Jacka Kuronia „Sytuacja w kraju a program opozycji"
w 3 numerze *Biuletynu Informacyjnego* z bieżącego roku z uwagi na swą
treść i osobę autora jest ważnym wydarzeniem w niezależnym piśmienni-
ctwie. Kuroń stawia problemy zasadnicze, problemy wymagające analizy
uczciwej i zniuansowanej. Nasze uwagi noszą charakter dyskusyjnej *glossy*, a
ich celem jest precyzja kilku spraw, które uważamy za istotne.

Kuroń wiąże swe rozważania z możliwością gwałtownej eksplozji społecznego gniewu. Podzielamy w pełni jego troskę o możliwe konsekwencje, jednak sądzimy, iż problem funkcjonowania opozycji demokratycznej w społeczeństwie jest szerszy i od wizji bliskiego wybuchu częściowo uniezależniony.
Eksplozja może być efektem zablokowania normalnych dróg nacisku społeczeństwa na władze, ale organizowanie takiego nacisku poprzez oficjalne
struktury jest stałym sposobem antytotalitarnej samoobrony społecznej, jest
jej istotnym fragmentem od bardzo wielu lat, również wtedy, gdy sytuacja
nie jest aż tak napięta jak obecnie. Z tego powodu mylącym się wydać może
przeciwstawienie opozycji politycznej tak zwanemu „ruchowi rewindykacyj-
nemu".

W myśl artykułu Kuronia, opozycją polityczną nazwać można ruch niezależnych instytucji. Naszym zdaniem te niezależne instytucje są fragmentem
szerokiego ruchu rewindykacji praw obywatelskich, ruchu zmierzającego do
demokratyzacji i podmiotowości naszego społeczeństwa. Nie ma sensu wy-
liczać tu innych fragmentów tego ruchu – są to sprawy znane, od roli Koś-

---

Tekst pisany wspólnie z Janem Józefem Lipskim.

cioła katolickiego poczynając. Instytucje niezależne – banalna to prawda – nie mogłyby wcale funkcjonować, gdyby nie istniała szeroka sfera pośrednia między jawną opozycją a instytucjami przemocy, sfera pomiędzy na przykład KSS „KOR" a Biurem Politycznym KC PZPR. Ta sfera obfituje w bogactwo barw ideowych i postaw praktycznych, w tej sferze żyje i funkcjonuje ogromna większość naszego społeczeństwa. Relacje pomiędzy niezależnymi instytucjami a działaniami społecznymi podejmowanymi w tej sferze mają – dla teraźniejszości i przyszłości – znaczenie zasadnicze. Potrzebny jest tu pluralizm postaw i wzajemne, oparte na szacunku, zrozumienie niezbędności rozmaitych form oporu i działania. Inaczej grozi nam – jako społeczeństwu – utrata wspólnego języka. Inaczej grozi nam zatrucie atmosfery opozycyjnych poczynań przez ducha politycznej sekty. Ten aspekt problemu Jacek Kuroń pominął w swoich rozważaniach.

Natomiast co najmniej przedwczesnymi wydają się jego uwagi na temat relacji pomiędzy ruchem rewindykacyjnym i opozycją polityczną a rozmaitymi ugrupowaniami, frakcjami czy koteriami w łonie aparatu władzy. Po prostu – jak dotąd – nic konkretnego nie wiadomo o żadnych programowych konfliktach w łonie partii, a zatem wszelkie spekulacje na ten temat muszą mieć charakter całkowicie teoretyczny. Kuroń słusznie polemizuje z argumentacją, która odwołując się do jakichś mniemanych walk frakcyjnych – proponuje rezygnację z aktywności. Słusznie również przestrzega przed identyfikacją środowisk opozycyjnych z jakimś ewentualnym programem reformatorskim którejś z frakcji, jakie się być może w przyszłości wyłonią. Powtórzmy: są to rozważania całkowicie hipotetyczne, wszelako warto je podejmować, by przemyśleć historycznie doświadczenie zarówno Polskiego Października, jak i „Praskiej Wiosny". Wniosek zaś z tych doświadczeń wypływa taki, że jako wartości fundamentalnej musi opozycja strzec swej podmiotowości i odrębności. I taki również, że jedynym sensownym poparciem dla frakcji „liberalno-reformatorskiej" jest nacisk na władze jako całość. Oczywiście Kuroń ma rację: musi to być nacisk dokonywany w oparciu o konkretny program rewindykacyjny, a nie ogólnikowe, choćby najpiękniej brzmiące ideały i hasła. Wszelako owo poparcie nie usuwa bynajmniej konfliktu, lecz go przesuwa w inne miejsce. Bywało, że władza – czy pewne jej ośrodki – próbowała odwoływać się do społeczeństwa. Byłoby absurdem sądzić, że opozycja w takim momencie może uchylić się od zajęcia stanowiska politycznego. Byłoby nonsensem przypuszczać, że może to być stanowisko inne niż uwzględniające złożoną sytuację geopolityczną naszego kraju i pozbawione odpowiedzialności za los naszego narodu. Albowiem uznając, że spór o reformę państwa jest po prostu oszukańczą kłótnią między komunistami, opozycja ryzykowałaby samoizolację. To nieprawda, że żadne zmiany inspirowane przez grupy w partii nie mogą być dla społeczeństwa korzystne. Prawdą jest natomiast, że żadne nie mogą być wystarczające.

Zatem nie tyle polemiki, co wyprecyzowania i komentarza wymaga zagadnienie stosunku ruchu niezależnych instytucji, kształtowanych od prawie już trzech lat przez opozycję, do programu rewindykacji społecznych w dziedzinie instytucji istniejących oficjalnie, będących w jakimś stopniu, przeważnie znacznym, elementem istniejącego w tej chwili i zwalczanego przez opozycję systemu. Sprawa już wywołała sporo zamieszania i nieporozumień. Słyszy się niekiedy pytania, czy oto w artykule Jacka Kuronia zostało rzucone hasło rezygnacji z dotychczasowej taktyki tworzenia niezależnych instytucji społecznych na rzecz działania wewnątrz instytucji oficjalnych przeważnie opanowanych przecież przez partię komunistyczną, czy porzuca się dorobek faktycznie już stworzony na rzecz koncepcji wejścia w układy społeczne kontrolowane przez władze, do instytucji akceptowanych oficjalnie.

Jest to, oczywiście, grube nieporozumienie – ale nieporozumienie znamienne. Niecenzurowane wydawnictwa książkowe i periodyczne są najbardziej charakterystycznym wytworem tendencji tworzenia przez opozycję instytucji niezależnych. Prasa niecenzurowana nie tylko nie podlega cenzurze – ale prawie w ogóle nie ma styków funkcjonalnych z systemem oficjalnym. Piszę „prawie", bo przecież zdarza się zapewne często, że są to publikacje czytywane również przez ludzi z systemem związanych. Jest jeszcze jeden styk: egzemplarze tej prasy są systematycznie konfiskowane przez policję przy każdej okazji. I tak może, a nawet powinna, funkcjonować niezależna prasa w dzisiejszych warunkach. Natomiast związki zawodowe i organizacje studenckie muszą jednak działać na nieco innej zasadzie. Związek zawodowy, który postawi sobie zasadę nierozmawiania nigdy z władzą – nie jest żadnym związkiem zawodowym. Jednym z zadań wolnych związków zawodowych musi być właśnie zmuszanie władzy do rozmawiania, do pertraktacji: powinno się przedstawiać postulaty, toczyć rozmowy w sprawie wprowadzania ich w życie, w razie potrzeby grozić i w razie potrzeby groźby wykonywać, a nawet zawierać kompromisy. Związki zawodowe tu i teraz – bez względu na to, czy będą to związki tworzone obok oficjalnych, czy związki oficjalne od dołu opanowywane przez pracowników – to sposób na współdziałanie z władzą taką, jaka jest i na czasowe choćby partnerstwo, na stopniowe zmuszanie w ten sposób władzy totalitarnej do ustępstw. Działacz związków zawodowych, który mówi, że nie splami się rozmową z władzą, gdy trzeba na przykład wywalczyć inwestycje odpylające hale fabryczne – lepiej niech się zajmie inną działalnością.

Funkcje tak działającego związku zawodowego może z powodzeniem pełnić związek zawodowy oficjalny, jeśli zostanie odwojowany przez załogę, co dziś jest już możliwe. Jeśli dziś rady zakładowe są posłuszne partii i dyrekcji, a nie swym wyborcom – wynika to z bierności, braku odwagi i braku wyrobienia społecznego ogółu pracowników. I to właśnie będzie musiało się zmienić.

Innym przykładem może być próba odrodzenia patronatu opieki nad więźniami, podjęta w swoim czasie przez księdza Jana Zieję. Władze bezpieczeństwa uniemożliwiły powstanie tej jakże potrzebnej instytucji – a było jasne, że patronat założony w takim trybie, jak w swoim czasie powstał

KOR, nie spełni swej roli, gdyż nie dotrze do więzień. Być może przyjdzie niedługo czas, że władze będą musiały zgodzić się na patronat. Ale powiedzmy sobie wyraźnie: ta potrzebna społeczeństwu instytucja będzie musiała toczyć nieustanne pertraktacje z prokuraturą, milicją, sądami penitencjarnymi, Ministerstwem Sprawiedliwości, na co dzień zaś z władzami więziennymi. Takie przykłady można mnożyć.

Czy pracować metodą tworzenia niezależnych i nie uznawanych przez władze instytucji – czy metodą walki na terenie instytucji oficjalnych o ich odwojowanie dla społeczeństwa? Pytanie to przypomina klasyczny problem: „czy myć ręce, czy nogi"? Jedno i drugie!

Opozycja działa i walczy w społeczeństwie, którego przygniatająca większość nie decyduje się dziś jeszcze na nasze formy walki: wydają się one zbyt ryzykowne dla podejmujących walkę, a perspektywa zwycięstwa nad totalizmem przedstawia się ludziom jako odległa i niepewna. Ten stan umysłów będzie się zapewne stopniowo, a w pewnych sytuacjach rewolucyjnie zmieniać. Ale dziś jest, jak jest. Między opozycją zdeklarowaną i zdeterminowaną a grupami społecznymi – dość jednak licznymi, które swój interes widzą w utrzymaniu monopartii – istnieje tyle stopni pośrednich, że można mówić o ciągłości, o *continuum*. Niebezpieczne bywa zacieranie się granic w poglądach na sytuację i cele działania – ale jeszcze niebezpieczniejsze byłoby oderwanie się grup zmierzających do zmiany od biernej reszty społeczeństwa. To byłaby klęska i śmierć opozycji. Swoje sukcesy i możliwość egzystencji zawdzięczamy temu właśnie, że ci, którzy decydują się na pełne ryzyko życiowe – nie są odizolowani nieprzekraczalnym murem od tych, którzy może pomogą od czasu do czasu czynnie, od tych, którzy puszczą dalej przeczytaną, niecenzurowaną gazetę, którzy poprzestaną na nieregularnie płaconej składce pieniężnej, którzy tylko bardzo ostrożnie i po cichu sympatyzują. Od tych wreszcie, którzy dopiero są do zdobycia. Ludzi, którzy zaryzykowali wszystko, gniewa nieraz ta ostrożna (a czasami po prostu tchórzliwa) powściągliwość. I mimo wszystko lepiej, że dziś jest taka właśnie sytuacja, niż żeby wysoki mur odcinał aktywną opozycję od wielkiego zbiornika potencjalnej energii społecznej, która wcześniej czy później zacznie się wyzwalać.

To bardzo dobrze, że dziś już można wymienić oficjalnie działające stowarzyszenia o takim stopniu niezależności, że można mówić raczej o ograniczeniu swobody ich działania niż o zależności. Powinno ich być coraz więcej. To w niczym nie zagraża opozycji. Przeciwnie. Poszerza ją i wzmacnia. Co więcej, nie wolno nam pogardliwie uśmiechać się, gdy słyszymy, że inżynier lub lekarz mówi o swym odcinku pracy zawodowej jako o froncie walki podobnej do tej, którą toczy opozycja, lecz o froncie, na którym walczy się innymi metodami. Każdy wie, ile w tym bywa zakłamania, lecz każdy też wie, ile w tym bywa niekiedy heroizmu. Jak zwykle przeważają stopnie pośrednie. Jest zrozumiałe, że człowiek, który przed rokiem czy dwoma laty stracił swe szanse zawodowe, a nawet pracę, bo jest czynnym członkiem opozycji, słucha nieufnie o walce, którą toczą podobno od niego ostrożniejsi w swych instytucjach, co więcej, aż zbyt często ma podstawy do takiej nieufności – mimo to nie powinien jednak dystansować się negatywnie od takich postaw. Znaczna część tych, którzy głoszą taktykę ograniczonego i ostrożnego oporu, to dzisiejsi ostrożni sprzymierzeńcy, a jutrzejsi współuczestnicy otwartej walki o demokrację.

Pamiętajmy zawsze o tym, by nie wyobrażać sobie naiwnie, że władza PZPR w ostatniej instancji oparta na potencjale militarnym ZSRR zniknie lada miesiąc z dnia na dzień. Przed nami otwiera się perspektywa w końcu optymistyczna, ale jednak jest to perspektywa długiego współdziałania obok sprawowanych przez totalitatną monopartię rządów. Nie jest obojętne w takich warunkach, jakie koncepcje obrony monopolu władzy wezmą górę w tej partii i na jakie reformy będzie musiała się zdecydować pod naciskiem społeczeństwa. Skala możliwości jest ogromna. W każdej sytuacji opozycja będzie musiała strzec swej tożsamości – lecz nie może założyć, że pod żadnym warunkiem nie podejmie dialogu na konkretny temat wówczas, gdy otworzą się szanse poszerzenia swobód obywatelskich w Polsce.

Biuletyn Informacyjny nr 7 (33),
Warszawa wrzesień-październik 1979

O oporze

List z Białołęki

Mój Drogi,

Pytasz mnie jak stąd, z Białołęki, widać to, co na zewnątrz, jak oceniam szanse oporu, co myślę o perspektywach. Stąd widać inaczej. Nie pogubisz się w szczegółach, łatwiej uchwycisz zasadniczy kontur. Ale mniej wiesz. Ów brak szczegółów powoduje, że tracisz smak codzienności. Po pięciu miesiącach izolacji nie czujesz już melodii warszawskiej ulicy ani nastroju ludzi, z którymi przez lata obcowałeś. Weź na to poprawkę...

Pytasz, czy wierzę w sensowność politycznego podziemia. Nim na to odpowiem, pozwól, że ja zapytam: czy „Solidarność" – wedle Twojej oceny – była faktem o znaczeniu historycznym, czy też nieistotnym epizodem w polskich dziejach, czy była przypadkowym zbiegiem zdarzeń, niepowtarzalną deformacją procesu historycznego, czy też naturalną, utrwaloną instytucjonalnie, konsekwencją aspiracji i dążeń polskiego społeczeństwa? Jeżeli była epizodem, to można mniemać, iż rządzący komuniści wytrą jej ślady nie tylko z murów naszych miast, jeśli natomiast była autentycznym ruchem odrodzenia narodowego – to nie da się jej zastąpić sztucznymi tworami w rodzaju Komitetów Odrodzenia Narodowego, które powstają na polecenie wojskowych komisarzy, wtedy plan komunistów jest żałośnie nierealny i nawet najbardziej aktywna działalność ludzi WRON-y, tych z karabinami i tych zbrojnych w aparaturę podsłuchową, nie zlikwiduje „Solidarności".

O CO WALCZĄ, DOKĄD ZMIERZAJĄ?

Plan aparatu władzy wydaje się klarowny. Sprowadza się do ponownego wciśnięcia Polaków w kaftan totalitarnej dyktatury. Znów mamy być ubezwłasnowolnieni jako ludzie, jako społeczeństwo, jako naród. Cóż bowiem stało się w nocy z 12 na 13 grudnia? „Fabryki wzięto przemocą. Rozwiązano organizacje robotnicze i zdziesiątkowano je przy pomocy policji. Klasę robotniczą przekształcono w amorficzną, bezwolną masę, pozbawioną politycznej świadomości. Państwo miało odtąd do czynienia nie z organizacjami, lecz wyłącznie z jednostkami. Napoleon miał rację: wystarczy w określonym momencie być silniejszym". Ten fragment ujęty w cudzysłów nie jest moją diagnozą sytuacji politycznej po 13. 12. Jest cytatem. Tymi słowami Bertolt Brecht charakteryzował zdobycie Niemiec przez Hitlera. I tak będą historycy opisywać etap historii Polski po 13 grudnia 1981, jeśli WRON-a zrealizuje swój zamysł. Powiadam „zamysł" – nie „program" – bowiem programem ci panowie nie dysponują. Ich motywem działania jest paniczny lęk, który nazywają „polską racją stanu", ich ideologią jest uniformizacja, którą nazywają „porozumieniem narodowym", ich metodą jest brutalny terror, który nazywają „surowymi wymogami stanu wojennego", ich strojem jest wojskowy mundur, który odarli do reszty ze społecznego szacunku. Są brutalni, ale nieudolni, bezwzględni, ale śmieszni – nawet z rogatywki potrafili uczynić błazeńską czapkę sowieckiego lokaja.

Nie mają programu, nie mają zasad, nie mają autorytetu – mają tylko karabiny i czołgi. Jak długo jeszcze będą je mieli? Kiedy demokratyczna zaraza przeniknie do umysłów ludzi w zielonych mundurach? Wbrew temu, co piszą w swoich gazetach, wiedzą, że wojny nie wygrali, wygrali tylko bitwę kilkutysięcznej armii z bezbronnymi robotnikami. Ale przegrali coś, na czym każdej władzy zależy najbardziej: przegrali wiarygodność i szanse na wiarygodność. Nikt im nie wierzy, nikt im już nie wierzy. Z trupami górników „Wujka" pogrzebane zostały ostatnie szanse na zakorzenienie się komunizmu w społeczeństwie polskim.

Nie rozbili jednak „S". I wątpię, by się im to mogło udać. Opór społeczny przeciw WRON-ie nie jest dziełem grupy nieprzejednanych ekstremistów, ale wyrazem społecznej potrzeby. Ta potrzeba, nie znajdując miejsca w oficjalnych instytucjach, szuka poza nimi. Nie należy się dziwić, że podziemna „S" istnieje, dziwić by się należało, gdyby nie istniała.

Sytuacja jest ze wszech miar nowa, niepodobna do niczego, co znamy z przeszłości. Nigdy dotąd aparat partyjny nie był podrzędny wobec wojska, nigdy w ustroju komunistycznym wojsko nie sprawowało bezpośrednio władzy nad społeczeństwem. Trudno ocenić konsekwencje tego faktu – kompetencyjny spór w łonie elity władzy między cywilami a wojskowymi może przynieść rozliczne zaskoczenia.

RZUT OKA W PRZESZŁOŚĆ

Podziemie nigdy nie funkcjonowało efektywnie w ustroju komunistycznym. Komuniści niewiele zdołali dokonać, ale rozbijać społeczny opór, zwłaszcza w jego konspiracyjnej formie – potrafili. Tę umiejętność opanowaną mieli po mistrzowsku. Dość porównać funkcjonowanie podziemia w latach 1939-41 na terenie Generalnej Guberni i w okręgu lwowskim: konspiracja działała pod bokiem gestapo, ginęła będąc w zasięgu NKWD. Czemu tak się działo? Wydaje się, że hitlerowcy chcieli po prostu zagwarantować sobie spokój w podbitym kraju, dbali o przestrzeganie przepisów, ład i porządek. Nie zależało im na tworzeniu politycznej organizacji podbitego narodu, który planowali przekształcić w plemię niewolników. Nie pozostawiali Polakom żadnych złudzeń w tym przedmiocie. Nic nie przyrzekali, plutonom egzekucyjnym nie towarzyszyły ani obietnice lepszego jutra, ani wiernopodańcze deklaracje polskich zwolenników Hitlera.

Inaczej sowieccy konkwistadorzy. Ci metodycznie rozbijali wszystkie więzi społeczne, organizacje polityczne i kulturalne, zrzeszenia sportowe i rzemieślnicze, likwidowali wolności obywatelskie i konfiskowali własności, czynili człowieka nie tylko swym poddanym – czynili go swą własnością. W przeciwieństwie do hitlerowców narzucali Polakom własne formy organizacyjne, zezwalali ubogim na grabież mienia zamożnych, eksponowali wiernopoddańcze deklaracje, a skrywali egzekucje i wywózki. Imitowali ducha krucjaty, przybywali szerzyć Nową Wiarę. Zostawiali przy tym furtkę: teoretycznie każdy mógł się nawrócić na religię Przodującego Ustroju (nb. ludziom, którzy z pychą dziś deklamują, że Polska nie miała swojego Quislinga trzeba przypomnieć sylwetkę Wandy Wasilewskiej). Polacy mają dostatecznie wiele tytułów do narodowej dumy, by nie musieli zakłamywać własnej historii.

Obserwując sowiecką okupację Józef Mackiewicz, pisarz wielce kontrowersyjny i niezbyt mi sympatyczny, odnotował, że o ile hitlerowska okupacja robi z nas bohaterów, to sowiecka okupacja robi z nas szmaty. Było to możliwe dzięki owej piekielnej mieszaninie terroru z ideologią społecznej obietnicy, dzięki rewolucyjnej demagogii, która za cenę donosu nobilitowała pospolitą grabież, był to wynik niszczenia tradycyjnych struktur społecznej organizacji zespolony z pozostawieniem otwartych drzwi do Przodującego Ustroju. Wrota były dla każdego, kto pojął, iż na mocy nieuchronnych praw historycznych Stary Świat leży w gruzach. Zwycięski komunizm obiecywał również awans społeczny i poniekąd te obietnice zrealizował.

Był hojny! Pozwalał grabić mienie wyzyskiwaczy i wrogów ludu. Pod chłopskimi toporami padały szlacheckie dwory, płonęły biblioteki, rabowano bydło z pańskich obór. Rabowano sklepy i warsztaty rzemieślnicze, apteki i mieszkania prywatne, wczorajszych możnowładców i dzisiejszych oponentów spychano w nędzę i na dno upokorzenia. Tak zwalczano system oparty na wyzysku i własności prywatnej, tak realizowali komuniści zasady społecznego egalitaryzmu. Owo „równanie w dół" aktywizowało w ludzkich duszach to, co najgorsze, najniższe instynkty, najpodlejsze odruchy. Ale bywało skuteczne...

Tak zemściła się obiecana, lecz nigdy nie zrealizowana reforma rolna. Tak zemścił się wczorajszy brak troski o skrzywdzonych i poniżonych. Robotnicy

– rzecz prosta – awansowali do roli podmiotu władzy tylko w gazetach i propagandowych przemówieniach, ale trudno zaprzeczyć, iż droga do awansu stanęła przed niektórymi otworem. Z nizin społecznych, z obszarów nędzy i krzywdy, pochodzili działacze średniego szczebla – wierzchołki były zastrzeżone dla wybranych – aparatu władzy: sekretarze komórek partyjnych, członkowie rad narodowych, dyrektorzy przedsiębiorstw, pracownicy urzędów bezpieczeństwa. Ci ludzie stanowili bazę społeczną Przodującego Ustroju. Nie oni jednak stanowili o jego sile. W tym pierwszym, górnym i chmurnym, pionierskim i heroicznym okresie budowy ustroju komunistycznego – tak zresztą, jak i później – głównym czynnikiem siły władzy była bezsiła rozbitego społeczeństwa.

KOMUNIZM I OPÓR SPOŁECZNY

Wiele zmieniło się od tamtych lat. Odziani w rogatywki spadkobiercy Wandy Wasilewskiej nie mogą zaoferować ludziom z nizin sklepów do rabowania ani opróżnionych posad. Nie mogą zwalić winy za niedole na burżujów i obszarników, na rząd londyński i reakcyjne podziemie. Wszelako pamięć tamtych lat warto mieć na uwadze, rozwiązując rebusy dnia dzisiejszego.

Rządzone przez dyktatorów komunistycznych społeczeństwo szukało nowych i oryginalnych form oporu, form adekwatnych do sytuacji totalitarnej przemocy. Szukano w totalitarnym murze każdej luki, każdej szczeliny, chwytano się każdego sposobu, by ocalić naród przed losem zdezintegrowanej kupy piasku. Kiedy rozbite zostało podziemie z lat 1945-47, kiedy zniszczono legalną opozycję PSL, znaczna część inteligencji wybrała wewnętrzną emigrację. W systemie wiernopoddańczej deklaracji i sloganów skandowanych podczas pochodów, milczenie oznaczało opór. W tamtych latach wielu niepokornych właśnie milczeniem dokumentowało swój akt niezgody. Inni szukali jakichś form instytucjonalnej koegzystencji, korzystając zwykle z pojemnego wprzódy, choć kurczącego się bezustannie, opiekuńczego parasola Kościoła katolickiego. Środowisko skupione wokół *Tygodnika Powszechnego* zdecydowało się na obecność w życiu publicznym w sferze kultury i nauki, rezygnując świadomie z politycznych działań. Wszakże każdy artykuł publicystyczny o św. Stanisławie czy o kampanii wrześniowej, o turystyce czy archeologii – wszystko wtedy miało swój wymiar polityczny. Takie znamienne przemilczania nadawały pismu polityczny koloryt. Im bardziej brutalne stawały się ataki na Kościół, tym bardziej kurczyło się pole tematów, które mogły przez cenzorskie sito przeniknąć na łamy katolickiego tygodnika. *Tygodnik Powszechny* redagowany przez Jerzego Turowicza, bogaty w pióra Stommy, Zawieyskiego, Kisielewskiego, Woźniakowskiego i innych, był azylem dla czytelnika, był propozycją przetrwania, próbą ocalenia wartości fundamentalnych, zdrowego rozsądku i psychicznej równowagi w świecie opanowanym przez policyjny terror i ideologiczny obłęd. Prawdziwą zaporę dla totalitarnego aparatu władzy stanowił Kościół. Był instytucją broniącą tożsamości narodu, jego praw i wartości. Wspierał słabych, dodawał otuchy prześladowywanym.

Dzięki Kościołowi głównie, utajony opór narodu trwał nieprzerwanie, choć uczciwość nakazuje odnotować, że zmasowany terror zespolony z gigantycznym praniem mózgów i deprawowaniem sumień przynosił konkretne efekty. Wiele trzeba zakłamania, by temu przeczyć...

W okresie stalinowskim powstawały również organizacje konspiracyjne, wzorowane zwykle na modelu AK-owskim. Ich żywot był krótki, represje przeciw nim brutalne, a wieści o ich istnieniu dochodziły głównie z więzień i kronik sądowych. Episkopat – warto o tym przypomnieć – przestrzegał wtedy przed podziemiem jako drogą narodowego oporu.

Systemy dyktatorskie rozpadają się lub ewoluują. Kiedy rozpadają się – na skutek wstrząsów wewnętrznych lub zewnętrznych – fala społecznego buntu wynosi na wierzch rzeczników totalnej odmiany, „niezłomnych" oponentów i więzionych przeciwników. Kiedy ewoluują – aparat władzy rozchwiewa się i sam niejako rodzi ruch protestu i antagonistów ze swego wnętrza. System komunistyczny miał protest wpisany w swą ideologiczną naturę. Nie można bezkarnie głosić haseł egalitarnych i rozwijać system sklepów „za żółtymi firankami", nie można bezkarnie głosić idei robotniczej władzy i brutalnie tłumić strajki robotnicze przy pomocy policji, nie można bezkarnie ogłaszać się dziedzicem tradycji wolnościowej i tłumić przemocą każdy przejaw wolności we własnym otoczeniu. Dopóki komunizm był ideologią żywą, angażującą ludzi uczciwych, dopóty musiał w sposób naturalny rodzić własną herezję i negację – nazywał to rewizjonizmem. Rewizjonizm – nigdy dokładnie nie zdefiniowany przez swych wrogów i zwolenników – był ruchem umysłowym znamionującym korozje żelaznej ideologii aparatu. Próbując z założenia być ruchem naprawy Przodującego Ustroju, rewizjonizm próbował łagodzić i limitować totalitarny charakter systemu naruszając w ten sposób, choćby nieświadomie, sam rdzeń rządzącego komunizmu.

Nietotalitarny komunizm u władzy istnieć nie może. Albo staje się totalitarny, albo przestaje być komunizmem. Rolą rewizjonizmu było przygotowanie partii komunistycznej do konfrontacji z wybuchami społecznego gniewu po śmierci Stalina, wprowadzenie do partyjnych dyskusji elementów realnej codzienności i śladu moralnego języka. Rewizjoniści postulowali liberalizujące reformy polityczne, ale rewizjonizm nigdy nie przybrał kształtu programu politycznego. W starciu z konserwatywnym aparatem musiał przegrać. Dalej miał do wyboru: albo uznać pryzmat „aparatowej" wizji ładu społecznego i utożsamić się z władzą przeciw społecznym aspiracjom, albo też nadal formułować potrzebę reformy politycznej, aż do zerwania z partią komunistyczną. Tak czy owak przestawał być rewizjonizmem, owym ruchem epoki fermentu – stawał się fragmentem świata władzy lub po prostu opozycją. Rzecz charakterystyczna: protesty społeczne zaczęły się nasilać, gdy system stał się nieco mniej opresyjny. Kiedy terror łagodnieje, ludzie nabierają odwagi... Protesty społeczne z lat 1953-56 nie wyszły od rewizjonistów, ale nie były też dziełem środowisk trwających w niezłomnym oporze od 1945 r. Ceną tego oporu była bowiem izolacja: w wewnętrznej emigracji bądź w więzieniu. Bunty wychodziły z głębi społeczeństwa zdezorganizowanego i rozbitego, były pozbawione programu politycznego, łatwe do stłumienia i zmanipulowania. Nie były to ruchy społeczne czy polityczne (w klasycznym rozumieniu tych terminów), były to ruchy gniewu grup ludzkich, którym bieda nie przestała doskwierać, a szczypta odwagi pozwalała już na jawny protest.

Historia Polskiego Października ma dwa plany: jeden z nich, to społeczny bunt robotników, drugi – to ideowy bunt partyjnych rewizjonistów, pamiętać wszakże należy o historii stłumienia i pacyfikacji tych buntów. Analiza sposobów, które pozwoliły Władysławowi Gomułce uspokoić zrewoltowany kraj zasługuje na odrębne studium. Jedno jest pewne: Polski Październik nie został złamany siłą (choć akcja policyjna przeciw demonstracjom ulicznym po rozwiązaniu *Po prostu* jesienią 1957 roku zamieniła Warszawę w oblężone miasto). Październik został rozmyty. Kształt klęski przesądził, że nie powstały żadne instytucjonalne formy ruchu oporu. Październikowy ruch odnowy przekształcił się w „naszą małą stabilizację", której towarzyszył twardy i konsekwentny opór Kościoła, demonstrowany nieraz krytycyzm środowisk intelektualnych, ujawniające się od czasu do czasu niezadowolenie załóg robotniczych. Ale konspiracji nie było. Nie pojawiła się ona również na dużą skalę po studenckim buncie w marcu 1968 roku, ani po grudniowej (1970) rewolcie robotniczej. Zdarzały się tu i ówdzie – nader marginesowo zresztą – programy tworzenia podziemia i zakładania konspiracyjnych organizacji, nie odgrywały one jednak żadnej znaczącej roli. Nielegalne próby organizacyjne nabierały społecznego rezonansu dopiero wtedy, gdy ich twórcy zasiadali na ławie oskarżonych. Działalność opozycyjna szukała sobie innych form: jawnych i niejawnych, ale niejawność nie oznaczała zorganizowanego podziemia, np. w sposób niejawny kolportowano emigracyjne wydawnictwa i w sposób niejawny przerzucano materiały do tych wydawnictw, dyskusje w jawnych Klubach Inteligencji Katolickiej korespondowały z seminariami w prywatnych mieszkaniach, w odpisach krążyły skonfiskowane utwory – istniał ferment, opór i ruch niezależnych idei. Nie istniała jednak niezależna polityka polska. Ten stan rzeczy począł ulegać zmianie w 1976 roku. W tym okresie powstały pierwsze programy zorganizowania oporu społecznego i pierwsze organizacyjne inicjatywy. Sensem tych koncepcji i tych działań była jawność, jawność za wszelką cenę, aż do dobrowolnego odwiedzania lokali okupowanych przez Służbę Bezpieczeństwa, gdzie miał się odbywać jawny – choć nielegalny – odczyt Towarzystwa Kursów Naukowych. „Jawny, choć nie legalny" w tym nieco paradoksalnym sfromułowaniu zawiera się sedno ówczesnej taktyki. W sposób niejawny drukowano książki i gazety, na których widniały wszakże ujawniane nazwiska redaktorów i autorów. Jawność była sposobem podnoszenia poprzeczki zbiorowej odwagi, poszerzania „szarej sfery" rozciągającej się między nożycami cenzora a paragrafami kodeksu karnego, przełamywania bariery inercji i strachu w ludziach. Szansa sukcesu tkwiła w jawności, a nie w konspiracji.

Konspiracji w znaczących rozmiarach nie zrodziła zresztą ani sowiecka interwencja na Węgrzech, ani wojskowa „bratnia pomoc" dla Czechosłowacji. Również postalinowski komunizm nie znał konspiracji jako zjawiska zakrojonego na większą skalę. Warto zastanowić się, dlaczego. Nie był to już system totalnego terroru dla ogółu ani abstrakcyjnej obietnicy dla upośledzonych, był to jednak system, który potrafił zbudować stabilny układ relacji pomiędzy władzą a społeczeństwem. Próbując ową stabilność objaśnić, czeski intelektualista Antoni Liehm sformułował tezę o istnieniu „nowej umowy społecznej" pomiędzy elitą władzy a rządzonymi. Sens tej „umowy" polegał na tym, że aparat władzy nie utrudniał ludziom życia, a ludzie nie utrudniali aparatowi władzy rządzenia. Aparat nie ingerował zbyt brutalnie w życie prywatne i zawodowe obywateli, a obywatele nie ingerowali w strefy zastrzeżone dla partyjnej nomenklatury. Klasycznym przykładem funkcjonowania „nowej umowy społecznej" była gierkowska Polska i kadarowskie Węgry, ale elementy tego układu dało się zaobserwować i w innych krajach, łącznie z ZSRR.

Przypomnieć wypada, że na Węgrzech kurs kadarowski poprzedziły wyjątkowo brutalne represje, które odebrały wiarę w sens doraźnego oporu, w Polsce gierkowskiej liberalizm był naturalną konsekwencją strachu przed klasą robotniczą, której bunt wyniósł Gierka do władzy – był to także efekt konfliktów z państwami Zachodu, gdzie Gierkowi zależało na dobrej opinii.

Specyficzną cechą husakowskiej Czechosłowacji jest fakt, że „normalizację" rozpoczęli tam liderzy „odnowy", że do zaprzestania oporu społecznego wzywał sam Dubczek, że tysiące aktywnych działaczy „Praskiej Wiosny" emigrowało. Podziemie w Czechosłowacji po 68 roku obejmowało (i obejmuje) wąskie środowisko zdeklasowanych kontestatorów, jest bliższe w swym klimacie duchowym pierwszym gminom chrześcijańskim chroniącym się w katakumbach niż nielegalnemu ruchowi politycznego oporu.

KRES PSYCHOLOGII NIEWOLI

Słowem: system komunistyczny nie zderzył się z trwale funkcjonującą konspiracją. Najpierw zawdzięczał to krwawemu terrorowi i zręcznej socjotechnice, później nowej umowie społecznej, która jednak była możliwa tylko dzięki trwaniu stalinowskiego terroru w społecznej pamięci. Zawsze wszakże warunkiem komunistycznej dyktatury było rozbicie społecznych więzi; jedyną formą organizacji społeczeństwa był aparat władzy i jego instytucje, które służyły rozbijaniu ludzkiej solidarności i utrzymywaniu społeczeństwa w karności.

W konsekwencji ten system wykształcił psychologię specyficzną dla zbiorowości zniewolonych przez komunizm. Długie okresy apatii i depolityzacji przerywały gwałtowne wstrząsy polityczne, którym wszakże nie towarzyszył nigdy społecznie zrozumiały i akceptowany program reform oraz przemyślany plan polityki alternatywnej. Były to odruchy protestu, a nie ruchy na rzecz reform. Programy reformatorskie formułowane były w gabinetach i nie docierały do fabryk. W państwach komunistycznych nie funkcjonowała niezależna myśl polityczna – były zabiegi u władz i były wybuchy społecznego gniewu. Myśliciele i politycy polscy z początku XX wieku nazywali ten stan rzeczy psychologią niewolniczą. Piłsudski, Dmowski czy Abramowski, ludzie zwalczających się partii i obozów ideowych, zgodni byli w tym, że bunt niewolników niewiele ma wspólnego z ruchem na rzecz społecznej czy politycznej zmiany; zbuntowany niewolnik porzuca wprawdzie z dnia na dzień służalstwo, lecz łaknie głównie zemsty, co rzadko bywa konstruktywne. Zbuntowany niewolnik – w najlepszym razie – rozgląda się za lepszym carem, ale nie potrafi odnaleźć w sobie podmiotowości. Pozbawiono go wspólnoty, idei, języka. Jest sam na sam ze swoją nienawiścią, która równa się bezradności. Zrozumienie owej psychologii niewolniczej ma kapitalne znaczenie dla poprawnego rozszyfrowania mechanizmów społecznej apatii w ustroju komunistycznym. Z zewnątrz widać tylko nagie fakty: akademie, pochody, 100% frekwencję w wyborczej farsie, wysokie upartyjnienie w zakładach pracy. I widać bunty, płonące komitety, dysydenckie apele i dysydencką samotność. Aliści czytając między wierszami faktów, łatwo znaleźć wspólny mianownik tych zdarzeń – to właśnie psychologia niewolnicza.

Twierdzę, że sierpniowy bunt robotników i działania „S" położyły kres tej psychologii. Przez te 15 miesięcy ludzie poznali smak wolności, poznali swą solidarność i siłę, poczuli się na nowo wspólnotą obywatelską i narodową. Nie chcę idealizować „S", jej działań i działaczy. Wiem, ile tam było pozostałości psychologii niewolniczej, ile tam było demagogii i małości. Są to wszakże nieodłączne fragmenty każdego masowego ruchu i nieuchronny spadek lat niewoli. „S" była pierwszy ruchem masowym, który istniał przez wiele miesięcy, głęboko zakorzenił się w polskich sercach i umysłach, w zakładach pracy i w prywatnych mieszkaniach. Pozwala to sądzić, że ruch oporu przeciw WRON-ie ma realną bazę, że podziemie ma szanse przetrwać kolejne akcje policyjne. Szansą dla tego ruchu jest tradycja „S" i dorobek przedsierpniowej opozycji demokratycznej, całe doświadczenie historyczne działań podziemnych w XIX i XX wieku służy dziś jako księga wiedzy o wartościach i metodach nielegalnego oporu. Tę księgę trzeba dziś na nowo odczytać, by zaadoptować dawne wzory do nowych sytuacji.

Różne zarzuty stawiano Polakom na przestrzeni ich burzliwych dziejów, ale nikt nie twierdził, że nie potrafią konspirować.

KSZTAŁT PODZIEMIA

Aparat władzy jest tego świadomy: w audycjach radiowych, w programach TV, w artykułach propagandowych powraca wciąż ta sama nuta lęku – lęku przed podziemiem. Głosy te świadczą o dziwacznym renesansie ideologii państwowotwórczej i obawie przed konspiracją godnej krakowskich konserwatystów. Powiada się więc, że najwyższą wartością dla narodu jest państwo, że postawy antypaństwowe prowadzą do zguby narodowej, że wokół państwa wszyscy winni zjednoczyć swe wysiłki etc, etc.

Tak brzmią perswazje dla opinii publicznej, do opinii partyjnej mówi się otwarcie o walce z kontrrewolucją. Zabawni ludzie! Przypominać Polakom, którzy tyle dziesięcioleci walczyli o swe państwo, że jest ono wartością, to doprawdy zbędna gorliwość. Ale mowa tu o własnym państwie, suwerennym podmiocie, państwie ludu rządzonym przez lud w interesie ludu. I mowa tu o państwie, którego dobrodziejstwo wynika z faktu, iż jest ono ostoją prawa. Gdy władza w państwie została skonfiskowana przez szajkę gangsterów, która narzuca swą wolę narodowi, to postawa „państwowotwórcza" jest zwyczajnym udziałem w przestępstwie kryminalnym. Opór wobec takiego „państwa" jest naturalny, a obywatelskie nieposłuszeństwo staje się jedyną postawą godną społecznego szacunku.

Stosunek aparatu władzy do praw człowieka ma tu znaczenie szczególne. „Za pomocą pojęcia praw człowieka – powiadał Tocqueville – ludziom udało się określić, czym jest samowola i tyrania. Dzięki niemu każdy obywatel może zachować niezależność nie popadając w sobiepaństwo i podporządkować się unikając upodlenia. Podporządkowując się przemocy człowiek płaszczy się i poniża, ale podporządkowując się prawu do władzy, które sam przyznał bliźniemu, staje nawet w pewnym sensie ponad tym, który nim rządzi. Bez cnoty nie ma wielkich ludzi, bez poszanowania praw człowieka nie ma wielkich narodów, a nawet społeczeństwa. Cóż jest bowiem warta wspólnota istot rozumnych i inteligentnych, które spaja jedynie siła?" Praw człowieka żaden naród nie dostał w prezencie. Te prawa trzeba zawsze zdobywać w walce. Pytanie brzmi: jak tę walkę prowadzić?

Należę do tych, którzy przez ostatnie kilkanaście lat krytykowali koncepcje działań konspiracyjnych. Dziś opowiadam się za tworzeniem podziemia. Nie mamy wyboru. Za nas dokonał wyboru Jaruzelski.

Taki jest na dzisiaj nakaz polskiego honoru i taki jest nakaz polskiego rozumu. Honoru – bo naród, który w pokorze znosi, jak mu konfiskują wolność, na tę wolność nie zasługuje. Rozumu – bo naród, który nie dostrzega realnej szansy na odzyskanie swojej wolności i z tej szansy nie korzysta – nigdy wolności nie osiągnie. Dziś trudno o optymizm. Któż jednak przez dziesięciu laty przewidział istnienie demokratycznej opozycji, niezależnej prasy, wreszcie Sierpnia 80 i „S"? Rzecz prosta: to, co było, nie może stanowić modelu do kopiowania, ale jest cenną tradycją i bezcennym dziedzictwem, jest dowodem, ile mogą zdziałać ludzie, którzy pragną zrobić coś sensownego dla swego kraju.

Podziemie jest dziś faktem dokonanym. Otwartym zostaje problem form jego istnienia. Powiedzmy może najpierw, czym być nie powinno. Nie powinno więc być państwem podziemnym dysponującym rządem narodowym, parlamentem i siłą militarną. N i e   m o ż e   b y ć   p a ń s t w e m

p o d z i e m n y m,   b o   n i e   m a   n a   t o   n a r o d o w e g o   m a n-
d a t u. Nasz kraj potrzebuje dziś różnych rzeczy, ale nie potrzebuje samo-
zwańczych rządów narodowych. Potrzebuje reprezentacji demokratycznej,
ale nie pseudoparlamentu, bo o niczym innym w warunkach konspiracji mowy być nie może. Państwo podziemne mogło funkcjonować w warunkach
okupacji hitlerowskiej, kiedy nie było dróg pośrednich i trwała wojna. Tylko
człowiek zaślepiony może zestawiać mechanicznie sytuację GG z rządzoną
przez WRON-ę Polską. Dotyczy to zwłaszcza konspiracji zbrojnej i wszelkich prób akcji terrorystycznych. To trzeba wyraźnie sformułować – akcja
zbrojna może być dzisiaj dziełem ludzi głupich lub prowokatorów i powino-
ścią podziemia jest chronić społeczeństwo przed działaniami tego typu. Terroryzm nic konkretnego nie przynosi poza realizacją aktu zemsty, natomiast
nakręca spiralę terroru, wzmaga nienawiść i okrucieństwo, zniechęca szerokie kręgi społeczeństwa do działań podziemia.

Nie terroryzm jest dziś w Polsce potrzebny. Potrzebny jest szeroki ruch
podziemia na rzecz rekonstrukcji społeczeństwa cywilnego, ruch obejmujący
miasta i wsie, zakłady pracy i instytuty naukowe, wyższe uczelnie i szkoły
średnie. Tak szeroki zakres musi objąć ruch podziemny „S". Kształt instytucjonalny tego ruchu pozostaje sprawą otwartą: jasne jest, że musi obejmować rodzaj kas oporu, samopomoc dla zagrożonych represjami karnymi czy
redukcjami z pracy, jasne jest, że potrzebny jest ruch koncepcyjny, żeby społeczeństwo miało wypracowaną wizję demokratycznej Polski, potrzebny jest
ruch wydawniczy, żeby refleksja o Polsce i świecie, obiegi idei, kultura umysłowa i wiedza społeczna mogły funkcjonować. I potrzebna jest jakaś – wy-
łoniona z działaczy „S" – instytucja nadrzędna, raczej centrum, które może
się odnosić do podstawowych zagadnień narodowego bytu. Pytanie o rolę
takiego centrum jest zasadnicze, nic więc dziwnego, że wzbudza rozliczne
spory. Wydaje się, że istnienie takiego centrum jest niezbędnym warunkiem
skuteczności działań, ale połączone jest z niemałym ryzykiem.

Tylko zorganizowany nacisk – aż po strajk generalny – może wymusić na
WRON-ie ustępstwa – tak wygląda jedna strona medalu. Z drugiej wszakże
strony, nie wydaje się realną wizja centralistyczno-hierarchicznej organizacji,
na wzór partii leninowskiej, która będzie sterować całością narodowego oporu. Życie jest zawsze bogatsze od organizacyjnych struktur, a siła podziemnej organizacji związkowej tkwić musi w jej zakorzenieniu w zakładach pracy, a nie tylko w aparacie złożonym z zawodowych konspiratorów. Taki aparat, z natury swojej zorganizowany w sieć pozazakładową, jest niezbędny dla
utrzymania międzyśrodowiskowej więzi, dla funkcjonowania prasy niezależnej, dla organizowania wewnętrznych struktur związku, dla przygotowywa-
nia akcji typu ulotkowego. Ale aparat taki, wyobcowany ze środowisk żyją-
cych dniem codziennym stanu wojennego, łatwo może utracić kontakt z rzeczywistością, łatwo może stać się armią z generałami, lecz bez wojska. Wydaje się, że dialektyka konfliktu pomiędzy dążeniem do utrzymania masowej
bazy ruchu a potrzebą sprawnego funkcjonowania struktury kadrowej pod-

ziemnego związku jest po prostu nieusuwalna. Ten konflikt jest wpisany w samą naturę tego ruchu i może być przezwyciężony tylko wtedy, gdy będzie zrozumiały i klarowny. Samoświadomość działaczy może tu odegrać kapitalną rolę. Oni właśnie muszą pojmować na co dzień, że ruch oporu ma sens tylko wtedy, kiedy potrafi stworzyć formy działania dostępne dla każdego Polaka, kiedy utrzyma formułę ruchu otwartego i tolerancyjnego, kiedy stale będzie pamiętać, że do demokracji wiodą różne drogi, a „Mazurka Dąbrowskiego" można grać na różnych fortepianach. Szeroka formuła nie ma tu oznaczać, że każde działanie pomyślane jako świadome działanie na niekorzyść WRON-y jest sensowne. Na przykład pojawiająca się tu i ówdzie idea „żółwia", czyli hasło „pracuj powoli", nie wydaje się rozsądne. Podczas wojny sens tego hasła był oczywisty: robotnicy polscy pracowali na potrzeby hitlerowskiej armii. Nie da się dziś sensownie orzec, że cały owoc pracy jest użytkowany na szkodę narodowych interesów. Leninowskie hasło „im gorzej, tym lepiej" jest dziś nonsensem, a zniszczenie etosu pracy może drogo Polaków w przyszłości kosztować. Szukać trzeba sposobów, które rozwijać będą społeczeństwo cywilne, a nie takich, które będą po prostu dokuczliwe dla „junty".

Nade wszystko jednak stworzyć ludziom trzeba jakąś strategię nadziei, pokazać sensowną perspektywę ich wysiłków i ryzyka. Bez takiej strategii, bez wiary w skuteczność działań – podziemie nie zbuduje szerokiego oporu narodowego. Będzie świadectwem moralnym lub odruchem gniewu – nie będzie ruchem świadomym swych politycznych celów, ruchem uzbrojonym w cierpliwość i konsekwencję, ruchem, który może zwyciężyć.

„NAGŁA ZMIANA" I „DŁUGI MARSZ"

Podstawowe cele podziemnej „S" są oczywiste: budowa autentycznego społeczeństwa, wolność Polski i wolność człowieka w Polsce. Żaden cud polityczny Polakom nie pomoże, o ile nie pomogą sobie sami, nigdy nie narodzi się polskie państwo demokratyczne, jeśli nie będzie demokratycznych struktur w społeczeństwie. Pomijając podziemie, stwarza się już dzisiaj bazę dla polskiej demokracji. Jest wymiar moralny. Doniosłość tego wymiaru społecznego jest oczywista. Parafrazując Tadeusza Konwickiego należałoby powiedzieć, że w istnieniu podziemia jest nie tylko sens. Jest i mus. Inaczej skarlejemy i znikniemy, utracimy godność narodową. Wiem naturalnie, że żadne ogólnikowe wartości moralne nie zastąpią konkretnej politycznej perspektywy. Spróbujmy ją nakreślić.

Namysłu wymagają dwa scenariusze możliwych zdarzeń: scenariusz „nagłej zmiany" i scenariusz „długiego marszu". Scenariusz „nagłej zmiany" zakłada gwałtowny i spontaniczny wybuch społecznego niezadowolenia. Ten wybuch – nawet krwawo stłumiony – może spowodować polaryzację w łonie władzy i na nowo postawić problem kompromisu z „S". Podziemie musi przygotowane być zarówno na sam wstrząs, jak i na późniejsze negocjacje.

Należy rozważyć, jak zapobiec rozlewowi krwi i wesprzeć słuszne żądania rewindykacyjne, należy szczegółowo opracować program ewentualnego porozumienia społecznego, który musi zakładać odwołanie stanu wojennego, powszechną amnestię dla jego ofiar (uwięzionych, zwolnionych z pracy itp.), instytucjonalizację umowy społecznej. Wydaje się, że tylko spektakularna porażka planów pacyfikacyjnych WRON-y może przywrócić na porządek dzienny sprawę autentycznego kompromisu między aparatem władzy a społeczeństwem. Ten aparat każdego dnia nas przekonuje, że inaczej nie cofnie się nawet o milimetr.

Nie oznacza to wszakże stawki na „zderzenie czołowe" podziemia z aparatem. Dziś każda konfrontacja prowadzić musi do tragedii, bowiem WRON-a jest zdeterminowana i nie cofnie się nawet przed widmem rzeki krwi, by ocalić swe panowanie. Kompromis musi zakładać uznanie realiów aparatu władzy. Jeśli jednak ma być rzeczywistym kompromisem, musi również precyzować jasno, co oznacza „kierownicza rola partii w państwie" i co oznacza „respektowanie międzynarodowych sojuszy". Granicą kompromisu jest zachowanie podmiotowości Związku. NSZZ „S" może zdecydować się na reorganizację swej struktury i rewizję swego programu, ale może to uczynić tylko na mocy suwerennej decyzji swego zjazdu. Zgoda na ingerencje aparatu władzy w wewnętrzne sprawy „S", czyli na kierowniczą rolę PZPR w niezależnym i samorządnym związku zawodowym, nie wiedzie do kompromisu, lecz do zniesienia tego związku. Również istotna jest kwestia tzw. sojuszy międzynarodowych. Trzeba raz na zawsze oddzielić dążenie do prawdy o dziejach stosunków polsko-rosyjskich od antysowieckiej propagandy politycznej. Dążenie do prawdy o swych dziejach jest naturalnym prawem każdego społeczeństwa.

Ocena aktualnej sytuacji międzynarodowej wymaga chłodnego rachunku aspiracji i możliwości, potencjalnych strat i ewentualnych zysków. Jasne określenie tej problematyki ma na tyle doniosłe znaczenie, że winno stać się przedmiotem refleksji niezależnie od rozmów z PZPR czy WRON-ą. Jest to centralny problem dla każdej polityki polskiej. Również dla strategii „długiego marszu". Strategia ta zakłada chroniczną niemal nieprzyswajalność przez rządzącą elitę nauk płynących z powojennych doświadczeń i długotrwałą wojnę pozycyjną pomiędzy zorganizowanym społeczeństwem cywilnym a aparatem władzy. W tym czasie w ZSRR mogą nastąpić istotne zmiany, które trudno dziś antycypować, ale na które trudno też liczyć. Niezależnie wszakże od zmian, Polska pozostanie w sferze politycznej uwagi każdego państwa rosyjskiego. I z tym państwem trzeba będzie umieć ułożyć stosunki. Innymi słowy: przychylam się do opinii Stefana Kisielewskiego, że społeczeństwo nasze winno samodzielnie podjąć problem stosunków polsko-rosyjskich. Zgoda, dziś to wygląda na fantasmagorię. Ale kiedy sprawa stanie się aktualna, brak przemyślanej koncepcji będzie świadectwem niewybaczalnej krótkowzroczności. Pominąć tu wypada wieloaspektowość tej problematyki. Poprzestańmy na przypomnieniu, że punktem wyjścia do możliwej analizy stosunków polsko-rosyjskich może być ponowne przyjrzenie się treści układów jałtańskich, które – lokując Polskę w sowieckiej strefie wpływów polityczno-militarnych – pozostawiają Polakom możliwość wyboru systemu władzy. Rządy PZPR nie są zawarowane w postanowieniach Jałty, są konsekwencją terroru, sfałszowanych wyborów i złamania porozumień jałtańskich przez Stalina.

Koncepcja „długiego marszu" musi zakładać izolację WRON-y i PZPR, a zatem postępujący upadek wiarygodności dotychczasowego systemu rządów, także z sowieckiego punktu widzenia. Niemożliwe jest – bez zasadniczej rewizji politycznej mapy świata – że ZSRR po prostu z Polski zrezygnuje, ale możliwa jest sytuacja, w której z kremlowskiej perspektywy, PZPR będzie zupełnie niewiarygodna, jej armia niepewna i skłonna do buntów, a interwencja militarna w Polsce – zbyt kosztowna politycznie. Na taki moment należy społeczeństwo polskie przygotować. Stałe rozniecanie antysowieckich emocji kosztem całkowitego zaniku myśli politycznej o stosunkach polsko-rosyjskich jest absurdem, który może wieść prosto do katastrofy. Strategia „długiego marszu" wymaga konsekwencji, realizmu i cierpliwości. To nie są frazesy. To wizja działań żmudnych, ryzykownych, często nieefektownych, to wizja represji i cierpień, to wreszcie wizja prac nad reformą gospodarki i administracji, systemu prawnego i oświatowego oraz nad upowszechnieniem tej wizji „Polski reformatorskiej" w powszechnej świadomości. Troska o kształt tej świadomości warunkuje skuteczność poczynań. Jak nigdy dotąd, w strategię ruchu oporu musi być wpisana zasada edukacji narodowej na poziomie elementarnym. Powtórzyć wypada dzisiaj słowa z „Roty" – „Twierdzą nam będzie każdy próg". Dlatego niezbędne jest sformułowanie, idąc na przykład śladem propozycji opracowanych przed kilku laty przez PPN – programu dla polskich rodzin, programu edukacji społecznej każdego dziecka. Powiedzmy szerzej: niezbędne jest sformułowanie rodzaju obywatelskiego katechizmu, który określa podstawowe obowiązki i wykroczenia dla Polski epoki stanu wojennego. Jedna jest tylko instytucja, która może zaproponować taki program rodzinny i taki katechizm, i od której społeczeństwo takie zalecenia przyjmie. Tą instytucją jest Kościół katolicki.

KOŚCIÓŁ STANU WOJENNEGO

O fenomenie Kościoła katolickiego w Polsce pisano wielokrotnie. Warto pamiętać, że w chwili obecnej rola Kościoła wzrosła niepomiernie. W obecnym konflikcie między władzą a społeczeństwem Kościół jest jednocześnie stroną i mediatorem. Jest stroną, ponieważ wyraża fundamentalne aspiracje społeczeństwa i stanowi jedyny oficjalnie funkcjonujący bastion społecznego oporu, jest wszakże zarazem mediatorem, budowniczym mostów porozumienia między rządzącymi z rządzonymi. Jeszcze przed 13.12.81 roku ksiądz Józef Tischner określił w trakcie jakiejś dyskusji rolę Kościoła na politycznej scenie jako „świadka", a nie jako instytucji politycznej. Wydaje się – jeśli dobrze tę myśl pojąłem – że ów świadek miał gwarantować rzetelność porozumień i troskę o to, by się dokonywały w duchu fundamentalnych wartości chrześcijaństwa: prawdy, godności ludzkiej i pojednania. Dorzuciłbym do tego funkcję nauczycielską.

Nieporozumieniem jest – myślę – oczekiwać od Kościoła programu politycznego, ale rodzaj obywatelskiego katechizmu na czas stanu wojennego doskonale mieści się w obrębie duszpasterskiej troski o stan moralny narodu. Byłoby zrozumiałe, gdyby projekt takiego katechizmu stał się przedmiotem publicznej dyskusji, na podobieństwo tez Rady Prymasowskiej o porozumieniu.

Do powyższego rozróżnienia przywiązuję wagę. Istnieje niebezpieczeństwo lokowania w Kościele nadziei, których on zaspokoić nie może. Ludzie mogą poszukiwać w kościelnych dokumentach konkretnych wskazań politycznych, mogą dopatrywać się w Episkopacie kierownictwa politycznej opozycji, mogą wreszcie samych siebie rozgrzeszać z konformizmu mniemając, że poczynania Kościoła zastąpić mogą ich własną aktywność. Byłby to fałsz myślenia „unikowego", byłaby to faktyczna abdykacja z odpowiedzialności za los własnego narodu. Dodać wypada, że Kościół jest dziś nauczycielem całego społeczeństwa, fatalne więc i opłakane w skutkach byłyby próby zawłaszczenia tego autorytetu przez niektórych tylko działaczy, pożałowania godne byłoby ukrywanie konkretnych koncepcji programowych czy taktycznych za szyldem katolickiej wiary i symboliki. I jeszcze jedno: Kościół jest nieomylny w sprawach dogmatów wiary, ale może się mylić – mylił się nieraz w przeszłości – w diagnozie społecznej sytuacji. Dotyczy to tym bardziej poszczególnych kapłanów. Tu obowiązuje normalny krytycyzm przynależny każdej ludzkiej wypowiedzi na temat życia społecznego.

Kiedy czytam opinie znanego duszpasterza z Gdańska, który wyrokuje, iż współczesnej młodzieży nie są potrzebni „ludzie z marmuru" ani „ludzie z żelaza", to mam prawo w tym mętnym sformułowaniu doszukać się fałszywego tonu. Mam prawo sądzić, że potrzeba i takich filmów, jak dwa przejmujące dzieła A. Wajdy, i twardych bezkompromisowych charakterów, którymi Wajda obdarzył swoich bohaterów. Nie takich ludzi trzeba się lękać dzisiaj, lecz osobników o drewnianych głowach i gumowych kręgosłupach. Ta marginesowa refleksja godna zdaje się być odnotowania, gdyż próby wydzielenia z „S" wartości i tradycji pomieszczonych w filmach Wajdy mogą być dzisiaj sposobem rozbicia jedności ruchu oporu, likwidacji jego pluralistycznego charakteru. Konkretne działania podejmowane przez Kościół: obrona skrzywdzonych i poniżonych, pomoc prześladowanym i ich rodzinom, głośno wypowiadane słowa prawdy i troski o pokój społeczny stwarzają doniosłe fakty dokonane w życiu narodu. Poprzez te działania odradzają się inicjatywy i powstają kolejne wyspy ludzkiej podmiotowości, tą drogą naród otrząsa się z grudniowego szoku. Ruch oporu – w całej swojej wielopostaciowości i pluralizmie form – odradza się na nowo. Na nowo Kościół rozpościera nad tym ruchem swój opiekuńczy parasol.

WIDMO „BIESÓW"

Podziemie nigdy nie wypełni wszystkich potrzeb społecznego ruchu oporu. Może być tylko fragmentem takiego ruchu i interes narodowy wymaga, by szukać wspólnego mianownika dla różnych działań, różnych temperamentów i różnych modeli troski o wspólną ojczyznę. Ruch oporu musi być zarazem szkołą wolności i demokracji; jaki będzie ten ruch, taka będzie Polska, która wyłoni się ze stanu wojennego. Nad każdym podziemiem unosi się jednak cień „biesów" z powieści Dostojewskiego. Każda konspiracja demoralizuje, w jej mrokach kwitnie duch sekty posługującej się własnym językiem, opartej na kręgach wtajemniczenia, na taktyce, której wszystko jest podporządkowane, na instrumentalnym stosunku do prawdy i lekceważeniu wartości politycznie obojętnych. Formuje się specyficzny typ działacza-konspiratora, rodzaj zawodowca obdarzonego cechami tyleż przydatnymi w podziemiu, co niebezpiecznymi później. Taki działacz musi podejmować decyzje arbitralne, musi być nieufny wobec ludzi nowych i obcych. Demokratyzm nie jest cnotą, której konspiracja wymaga, pluralizm nie jest stylem, któremu konspiracja sprzyja. Działanie w podziemiu izoluje od smaku i zapachu codziennej normalności, wykrzywia perspektywę, rodzi groźny maksymalizm i nietolerancję, wiedzie do partykularyzmu w myśleniu, postaw fanatycznych. Konspiracja wymaga nieposłuszeństwa wobec wroga, lecz i posłuszeństwa wobec podziemnej centrali, głosi równość ludzi, lecz sama wymaga hierarchicznego podporządkowania. Konspiracja żyje duchem manicheizmu: „kto nie z nami, ten przeciw nam". Powstaje do walki z policyjną opresją, ale jest dla policji wymarzonym terenem działania. W zderzeniu z konspiracją policja rozkwita: penetruje świat podziemia, montuje prowokacje. Bez podziemia policja polityczna wiedzie żywot frustrata, dzięki niemu staje się potęgą, staje się państwem w państwie. Czasem jest to suwerenne państwo w niesuwerennym państwie.

Działania policji, nakierowane na montowanie prowokacji, rodzą w świecie podziemia rodzaj antyprowokatorskiej histerii, bywa, że analizę społecznych procesów zastępuje śledztwo prowadzone przez podziemny kontrwywiad. Totalitarny reżim w każdym kryzysie widzi rękę konspiracyjnego wroga, antytotalitarne podziemie w każdym niepowodzeniu zaczyna dostrzegać palec tajnych agentów policji. Oto wizerunek zagrożeń towarzyszących podziemiu. Tak piszą zwykle polityczni i ideowi wrogowie konspiracji. Pewnie dlatego rzadko te uwagi bywają życzliwie przyjmowane. Konspirator idealizuje podziemie i trudno mu się dziwić, ale właśnie dlatego trzeba mu stale przypominać, że prawdziwą klęskę zgotuje mu nie policyjny terror, lecz wroga obojętność społecznego otoczenia. Podziemie oderwane od zaplecza skazane jest na degenerację i uwiąd.

Te mechanizmy bystro dostrzegane i chętnie wykorzystywane przez wrogów lepiej widać z zewnątrz. Kiedy sam znajdę się znów w podziemiu, kiedy znów zaprzątnięty będę unikaniem szpiclowskiego oka, organizacją konkretnego zebrania, napisaniem konkretnej ulotki – wtedy sam o tym wszystkim zapomnę, oślepnę na te niebezpieczeństwa, nie starczy mi sił, czasu i odwagi, by je dostrzegać, analizować i opisywać. Dlatego piszę o tym dzisiaj, siedząc bezpiecznie za kratami Białołęki.

SZCZYPTA GODNOŚCI

Podziemie musi umieć odczytywać społeczne potrzeby i znajdować elastyczne sposoby ich zaspokajania, musi być dla społeczeństwa atrakcyjne i musi mu być rzeczywiście potrzebne. To są komunały. Żeby jednak pozostać im wiernym, trzeba jasno sobie i bliźnim uświadomić, że nierealistyczna jest rachuba na powrót do sytuacji sprzed 13.12.81, rachuba na spektakularny tryumf, kiedy to cnota zostanie wynagrodzona, a występek ukarany. Podziemna ,,S" nie może dążyć do zemsty, lecz do zbudowania demokratycznej alternatywy. Demokracja nie jest rozwiązaniem ani prostym, ani łatwym, rodzi się w bólach, utrwala wśród konfliktów, a swe zalety ujawnia dopiero po długim czasie. Dlatego nie należy sobie i bliźnim obiecywać złotych gór, nie czeka nas żadne prędkie i definitywne rozwiązanie polskich kłopotów, czeka nas ryzyko, mozół i rozczarowanie. Taka jest zwykle cena wolności.

Myślę, że podziemiu nie jest dziś potrzebny etos moralny i kształt organizacyjny armii czy partii typu leninowskiego. Potrzebna jest wspólnota dążeń i solidarność działań. I szacunek dla odrębności. I jeszcze zgoda na pluralizm. Myślę, że podziemie nie powinno obiecywać żadnego świata bez konfliktów. Myślę, że powinno proponować program działań praktycznych na rzecz reform, program społecznej samoobrony, kontakt z autentyczną kulturą i jej wartościami, udział w prawdziwym życiu obywatelskim i umysłowym. I jeszcze tylko szczyptę godności, szczyptę braterstwa. I codzienny łyk prawdy. Tej prawdy, że każdy kompromis ma kształt prowizorium, że każde rozwiązanie polityczne jest pozorne, albowiem poza śmiercią – powiada filozof – wszystkie rozwiązania są pozorne. Tak oto myślę.

Pozwól mi na koniec na refleksję nader osobistą. Zaangażowanie w politykę w systemie totalitarnej dyktatury jest zawsze wypadkową dwóch motywacji ludzkich, zawsze oscyluje między świadectwem moralnym a kalkulacją polityczną. Jeśli gubi jeden z tych motywów – staje się albo nieskuteczną moralistyką, albo niemoralną manipulacją. Jedno i drugie jest niebezpieczne, ale jedno i drugie bywa nieuchronne. By znaleźć się w podziemiu trzeba splunąć na stabilizację zawodową i życie rodzinne. Trzeba wliczyć w koszta więzienie i samotność. Trzeba postawić się poza nawiasem legalności, trzeba więc porzucić racje taktyczno-polityczne na rzecz zasadniczych opcji moralnych. Wszelako, żeby móc w tym podziemiu efektywnie działać, trzeba ciągle porzucać racje etyczne na rzecz polityki. *Politique d'abord!* Trudno z tym polemizować... Ale dlatego właśnie sądzę, że podziemiu potrzebni są również ludzie, dla których większą wartością niż polityczna skuteczność jest moralne świadectwo i nie traktują podziemia jako wylęgarni pretendentów do przyszłej elity władzy, ludzie, którzy rozumieją, że ich polityczne zaangażowanie skończy się w „normalnych" czasach, kiedy podziemie nie będzie już potrzebne i którzy twierdzą, że te „normalne" czasy wymagają zwykle innych cnót, innych charakterów, innych umiejętności.

Takie myśli przychodzą mi do głowy w Białołęce po 20 tygodniach tej najdziwniejszej z polskich wojen.

P. S. Już po napisaniu tego tekstu zapoznałem się z niektórymi głosami w dyskusji toczącej się na łamach niezależnej prasy związkowej. Czytelnik łatwo dostrzeże zbieżność wielu moich uwag z tezami tamtych artykułów. Szczególnie bliskie wydały mi się różniące się nieco od siebie wzajem, lecz zbieżne w głównych kierunkach dociekań – myśli pomieszczone w artykułach Zbigniewa Bujaka, Wiktora Kulerskiego i Zbigniewa Romaszewskiego.

maj 1982 *Krytyka* 13/14, Warszawa 1983, *Aneks* nr 28, Londyn 1983

Szkice

Cienie zapomnianych przodków

Pisanie o sobie nie jest rzeczą łatwą. A przecież musi być to tekst o mnie, bo o Nim napisano już tony papieru. Nie prowadziłem badań źródłowych, niewiele więc mógłbym dodać do benedyktyńskiej pracy Poboga-Malinowskiego. Nie piszę też biograficznego eseju – zrobią to pewnie inni, lepiej przygotowani. Cóż to zatem ma być? Ma to być tekst o Nim w mojej duchowej biografii; o tym, dlaczego jest to postać tak ważna – dla mnie. Nie potrafię uogólnić doświadczeń mojej generacji. Nie wiem, jak u innych tradycja rodzinna zderzyła się przekazem szkolnym, jak u nich opowieści rodziny i przyjaciół korespondowały z propagandą. Dlatego piszę w pierwszej osobie liczby pojedynczej. Ma to być świadectwo pojedynczego, może nietypowego człowieka.

*

Zasadniczą cechą ustroju, w którym żyję, jest dążenie do zawładnięcia umysłem ludzkim. Zaczyna się to w szkole poprzez budowanie takiego świata duchowego, gdzie wszystko jest jasne, jednoznaczne i „dookreślone". „Dookreślenie" przez konieczności władzy nie polega li tylko na modelowaniu wizji teraźniejszości. Modelowana jest i przeszłość. Nic dziwnego zresztą: kto rządzi wyobrażeniami o przeszłości, ten manipuluje myśleniem o teraź-

Esej nadesłany pod pseudonimem Bartłomiej na konkurs ogłoszony przez Instytut im. Józefa Piłsudskiego w Londynie pt. „Józef Piłsudski w oczach młodych pokoleń Polaków i Polek" w roku 1973 i nagrodzony I-szą nagrodą.

niejszości i przyszłości. Dzieje się tak zwłaszcza w kraju, gdzie tak często historia jest maską dla sporów o współczesność. Odkłamanie przeszłości bywa nader często odnalezieniem własnej tożsamości. Klucz do przeszłości otwiera drzwi niejednego z dzisiejszych sezamów. Tak było i ze mną. Nie była to droga łatwa. Urodzony już po wojnie, traktowałem otaczającą mnie rzeczywistość jako coś zupełnie naturalnego, jako świat oparty na prawdzie i sprawiedliwości. Najpewniej byłem nietypowy. Inni mieli inne doświadczenia. Ogromna część polskiej inteligencji została w 1945 roku zepchnięta w piekło ubeckich kazamatów, zmuszona do emigracji zewnętrznej i wewnętrznej. Resztę zmuszono do kolaboracji z wrogiem, którego nienawidzili i którym pogardzali. Nieliczni tylko mogli mniemać, że otworzyła się szansa przestawienia Polski na nowy tor cywilizacyjny: na tor postępu społecznego, demokracji i humanizmu. Takimi ludźmi byli komuniści. Moi rodzice byli przedwojennymi komunistami. Dla jasności: polskimi komunistami pochodzenia żydowskiego.

***

Nie upewniano mnie nigdy w domu, że żyję w najlepszym ze światów, ale i nie wspominano przy mnie, jak to dobrze było przed wojną. Bo nie wszystkim przed wojną było dobrze. W tej niepodległej Polsce byli ludzie biedni, poniżeni, skrzywdzeni i prześladowani. Komunistami stawali się nie dla pieniędzy i posad rządowych, ale dla godnego życia. Dlatego może nigdy nie przeciwstawiałem złej Polsce powojennej dobrej Polski przedwojennej. I dziś zresztą tego nie robię.

Na moją ówczesną wizję przedwojennej Polski kładł się ogromnym cieniem ten, który nią rządził: Józef Piłsudski, dyktator odpowiedzialny za Brześć i Berezę, twórca faszystowskiej konstytucji, wróg postępu.

***

Początek krytyki rzeczywistości polskiej był dla mnie wynikiem konfrontacji idei głoszonych oficjalnie z praktyką codzienności. Łacno doszedłem do przekonania, że rewolucja została zdradzona, idee socjalizmu zaniechane, że demokracja polityczna i społeczna istnieje tylko na papierze. Rzadko jednak sięgałem do przeszłości międzywojennej; najwyżej po to, by piękną postać Wery Kostrzewy przeciwstawić ponurym, cynicznym i dyktatorskim władcom mojego kraju.

Tak zwaną „kwestię narodową" uważałem za załatwioną, nie rozumiałem emocji, które wzbudziła książka Załuskiego. Autora „Siedmiu grzechów..." uważałem za nacjonalistę (w czym się nie myliłem), a emocje skłonny byłem uznać za rudymenty świadomości właściwej narodom podbitym. Polskę *Anno Domini* 1963 uważałem za kraj suwerenny od czasów Polskiego Października (w czym myliłem się głęboko i fundamentalnie).

**
*

Prawdziwym wstrząsem był dla mnie 1968 rok. Nie napisano dotąd monografii o wypadkach marcowych. Przyszłemu monografiście polecam zastanowienie się nad takim oto problemem: jakie tradycyjne kultury polityczne odżyły w tym czasie? Pouczającą mogłaby być choćby analiza prasy, która pod pewnymi względami miała więcej swobód niż kiedykolwiek indziej. Ostatecznie nawet zaraz po przełomie październikowym w 1956 roku cenzura konfiskowałaby artykuły na przykład jawnie antysemickie. Momenty kryzysu systemu ujawniają fragmentarycznie rzeczywisty obraz świadomości społecznej. Kryzys 1956 roku ujawnił zarysy polskiej myśli demokratycznej. Kryzys 1968 roku ujawnił fragmentaryczny zarys tego, co w polskiej myśli wsteczne, tępe, szowinistyczne, nasycone ksenofobią. Była to – wedle celnego określenia Władysława Bieńkowskiego – „rewolucja obskurantyzmu".

Można, naturalnie, powtarzać nadal, że to nie naród, że to tylko straszni komuniści, te rządzące potwory, podzielili się na głosy i – jak w epoce stalinowskich procesów – donośnym rykiem żądali: „krwi!". Taki pogląd jest – moim zdaniem – braniem złudzeń i życzeń za rzeczywistość. Zasadnicza różnica pomiędzy rokiem na przykład 1952 a 1968 polega na tym właśnie, że w 1968 roku antyinteligencki i antysemicki pogrom dokonywał się przy – mniej lub bardziej czynnej – akceptacji niemałej części społeczeństwa. Komunizm wytworzył w Polsce swoją specyficzną podkulturę, której rdzeniem był tradycyjny nacjonalizm. Nie mógł ten czynnik zostać wyzyskany do końca ze względu na obecność Wielkiego Brata. Ale przecież wystarczyły te liczne aluzje w prasie i stugębna plota, by w ubeckim opryszku niemała część opinii ujrzała bohatera narodowego, patriotę i niepodległościowca. Jacy Polacy mogli tak uważać? Czy była w Polsce tradycja uzasadniająca takie przeświadczenie? Czy rycerze Ciemnogrodu kreujący się na jedynych godnych imienia Polaka mieli się do czego odwoływać? Czy byli już p r z e d t e m w Polsce ludzie, dla których udział w pogromie Żydów był legitymacją do narodowej dumy?

**
*

Jeśli ktokolwiek sądził, że październik 1956 roku uczynił Polskę krajem suwerennym, jeśli lekkomyślne wnioski wyciągał z przypadku albańskiego lub rumuńskiego (jak na przykład niżej podpisany), tego lekcja czechosłowacka wyleczyła ze szkodliwych złudzeń. Wtedy odkryte zostały wszystkie karty politycznego pokera. Podczas tej lekcji okazało się, że suwerenną Polską rządzi Wielki Brat; że polscy bohaterowie nagonki antysemickiej kroczą na czele wojsk niosących „bratnią pomoc chłopom i robotnikom Czechosłowacji jęczącym w okowach zachodnioniemieckiego rewizjonizmu".

Niestety, ta ironia jest tu zupełnie nie na miejscu. Uśmiechnąć się może tylko ten, kto nie rozmawiał z warszawiakami˙– różnej kondycji społecznej –

bezpośrednio po interwencji. Kiedy relacjonowałem te rozmowy kolegom, którzy sierpień 1968 roku spędzili w więzieniu, nie chcieli mi wierzyć. A przecież nie fantazjowałem! Spora część warszawskiej ulicy zaaprobowała duchowo udział wojsk polskich w niszczeniu wolnościowej zarazy u południowych sąsiadów; tej zarazy, która mogła się wszak i na Polskę rozszerzyć. I znów postawiłem sobie pytanie: któż to w naszej historii gotów był sprzymierzyć się z rosyjskim zaborcą, by wytępić rewolucyjną zarazę? Któż to patriotyzmem nazywał współdziałanie z żandarmem Europy?

⁂

Słabością ludzkiego umysłu jest szukanie analogii. W spotkaniu z totalitarną rzeczywistością jesteśmy bezradni, bezsilni, szukamy jakichś sytuacji, które wskazać by mogły, jak inni, w innym czasie, zachowywali się, stając wobec dylematów podobnych do naszych. I wtedy właśnie – w 68 roku – przeczytałem relację o spotkaniu Dmowski–Witte w 1905 roku, i wtedy wyłoniły się z cienia twarze aktorów tamtych wydarzeń: ludzi, którym dane było w jednym życiu doznać najczarniejszych beznadziei i ujrzeć biało-czerwony sztandar na Zamku Królewskim w Warszawie. Niepodległość stworzyła nową perspektywę do myślenia o orientacjach polityki w ciągu ubiegłych lat dwudziestu. Jaśniej było widać, które działania tę niepodległość przybliżały, a które oddalały; jaśniejszą stała się także istota sporu o kształt niepodległości.

Co mnie uderzyło w rozmowie Dmowskiego z Wittem? Oto polski polityk komunikuje rosyjskiemu premierowi, że ruchy rewolucyjne w Polsce są dziełem przybyłych z Rosji Żydów i że jedynym remedium na ten stan rzeczy jest przekazanie władzy w Warszawie Polakom, którzy sami ukrócą działania socjalistycznych bojówek.

Na czele tych bojówek stał, lżony i poniewierany przez endeckich żurnalistów, Józef Piłsudski, najwyraźniej powolne narzędzie w rękach rosyjsko-żydowskich agitatorów, bez których – jak dowodziły endeckie gazety – Polakom nigdy by nie przyszło do głowy walczyć o sprawę niepodległości i społecznej reformy.

⁂

Piłsudski wyłonił się z nocy, która zapadła w Królestwie Polskim po klęsce powstania styczniowego. Najsampierw ważna wydała mi się być analiza tej „nocy", przyjrzenie się z bliska, jak ludzie wtedy myśleli i postępowali.

Milczenie, wewnętrzna emigracja – takie było najczęściej rozwiązanie. Zrozumiały i zasadny bezpośrednio po klęsce, w czas jakiś później wybór ten nabrał charakteru dwuznacznego. Obrona języka ojczystego, obyczaju i tradycji w zaciszu domowego ogniska, obrona substancji narodowej w czterech ścianach własnego domu i podczas przygodnych kontaktów z sąsiadami czy kuzynami, wytwarzała osobliwy rodzaj patriotyzmu i szczególny typ patrioty.

Patriota taki manifestował swą polskość spożywaniem tradycyjnego barszczu i śpiewaniem okolicznościowych kolęd wtedy, kiedy inni już spiskowali. On nie spiskował. Dla niego spiski były dziełem Moskali i nieodpowiedzialnych demagogów, którzy narażali naród na kolejne hekatomby represji.

Obrona „substancji narodowej" poprzez redukcję jej do sfery języka i obyczaju prowadziła do zapoznania istoty konfliktu Polaków z carską Rosją. Istotą działania rosyjskiej szkoły była nie tylko rusyfikacja językowa, ale także – może głównie – „rusyfikacja" duchowa, zdeprawowanie umysłu, przyuczenie do życia w kłamstwie i niewoli. Obrońcy „substancji narodowej" bronili polskiej formy, gubiąc jej istotną zawartość. Dziś powiedzielibyśmy, że byli narodowi w formie i rosyjscy w treści.

„Rosyjscy" – jakże niezręcznie dziś używać tego sformułowania. Dziś, kiedy antyrosyjskość bywa maską dla postaw zachowawczych i dla zwyczajnego konformizmu. W tamtych czasach antyrosyjskość pozwalała endekom wzywać polską młodzież studencką do bojkotu demonstracji wolnościowych akademików-Rosjan. Dzisiaj antyrosyjskość pozwala łaskawym okiem spoglądać na obrzucanie wyzwiskami („reakcyjny słowianofil") Sołżenicyna przez polskich pismaków. Wszak to Rosjanin!

Słyszałem, jak któryś z aktualnych obrońców „substancji narodowej" powiedział: „Bójmy się Sołżenicyna!". Ktoś mu odrzekł: „Ja się boję Breżniewa, choć on może i nie jest słowianofilem". Ten drugi miał rację. Polski szowinizm nasycony ze swej natury antyrosyjskością (to tylko jedna z postaci ksenofobii) prowadzić może (choć nie musi) do postawy wiernopoddańczej. Klinicznym, chemicznie czystym wyrazem tej postawy są Moczar i Piasecki.

Czy Piłsudski był antyrosyjski?

*

Tak, Piłsudski był antyrosyjski. Ale może warto sobie uświadomić, że jego bunt nie był buntem tylko przeciw Rosji. Był także buntem przeciw znacznej części społeczności polskiej. Przeciw konformizmowi, gnuśności umysłowej i moralnej, wstecznictwu własnych rodaków. Piłsudski rozumiał doskonale, że aby odzyskać niepodległość nie wystarczy pokonać Rosji; że trzeba, aby Polacy chcieli tej niepodległości. Działalność kierowanej przezeń Polskiej Partii Socjalistycznej była wychowywaniem Polaków ku niepodległości. Jak wychowywano Polaków? Gazetą. Wolnym, niepodległym, niecenzurowanym słowem drukowanym. Społeczeństwo żyjące w niewoli musi wyprodukować z siebie literaturę nielegalną, bo musi znać prawdę o sobie samym, widzieć swój obraz niezafałszowany, słyszeć swój głos autentyczny. Istnienie nielegalnej literatury jest niezbędnym etapem w walce z duchowym zniewoleniem.

Piłsudski – redaktor nielegalnego *Robotnika* – świetnie zdawał sobie sprawę z takiego stanu rzeczy. W pięknej gawędzie o „bibule" – uogólnił tam doświadczenia ówczesnego „samizdatu" – kładł nacisk na potrzebę walki o ludzkie umysły, o niezafałszowane uczucia, o prawdę. Była w tej opowieści

zawarta nie tylko fabularna relacja o przygodach kolporterów wolnego słowa, ale i instruktaż: co robić i jak to robić? Jak drukować broszury w kraju,
jak przemycać książki z emigracji. Nigdy nie przyjął Piłsudski tej absurdalnej
perspektywy, w której ludzie z emigracji sami postawili się poza polską spo-
łecznością.

Sam był czas jakiś emigrantem, wiedział, że dla społeczeństwa
podbitego emigracja jest skarbem bezcennym, jest okiem i uchem na świat,
jest ustami, które mówią bez knebla i które oddychają świeżym powietrzem,
wprowadzając je do organizmu.

A my? Pamiętamy proces „taterników". Oskarżono ich o szmugiel literatury (między innymi Gombrowicza, Wierzyńskiego, Herlinga-Grudzińskiego). Dostali wyroki. Nie wyroki jednak – chociaż drakońskie – mną wstrząsnęły, ale reakcja niektórych mądrali z warszawskich kawiarni. „Oto skutki
dziecinnady konspiracyjnej" – powiadali intelektualiści, którzy drukowali
wprawdzie w szmacie Wilhelmiego, ale współpracę z emigracyjnym miesięcz-
nikiem zawsze potępią. Dlaczego? Ano dlatego, że zbyt prawicowy (lub zbyt
lewicowy), że nadto radykalny (lub za mało radykalny), a w gruncie rzeczy
dlatego, że strach i wewnętrzne zniewolenie nakazuje im włożyć knebel do
własnych ust i wyrzec się elementarnego zawodowego obowiązku: o b o-
w i ą z k u m ó w i e n i a p r a w d y.

⁂

Myślałem o Piłsudskim, czytając artykuł Leszka Kołakowskiego „Sprawa
polska". Któż celniej niż on – ten panicz z Zułowa – rozumiał, że naród,
który o swą wolność nie umie i nie chce walczyć, na tę wolność nie zasługuje; że się oducza od życia w wolności.

Naród żyjący w niewoli nie może składać się wyłącznie z bohaterskich
konspiratorów. Musi mieć swoich „organiczników", budowniczych fabryk i
mostów, nauczycieli w szkołach, lekarzy, nawet ugodowych wobec zaborcy
administratorów. Ale biada takiemu narodowi, który swych spiskowców
uważa za niedowarzonych młodzików czy wynarodowionych demagogów,
który w tych najlepszych widzi obcą inspirację czy obcą kiesę, który rząd
dusz oddaje tym rozumnym konformistom, dbałym o sprawę polską tożsamą
ze sprawą własną – bowiem taki naród niszczeć musi.

To, co realne, rzadko bywa tożsame z tym, co dobre: myślenie „realis-
tyczne" w polityce często rozmija się z materialną rzeczywistością.

⁂

Nie wiem, czy potrafię zrozumieć dylematy tamtych ludzi, ale złość Piłsudskiego z powodu nazywania każdej podłości działaniem realistycznym jest mi
jakoś bliska. Któż w końcu okazał się realistą? Czyż optujący za współpracą
z carską Rosją Roman Dmowski? Ten najlogiczniejszy z polskich myślicieli
politycznych, zręczny gracz, chłodny realista nie dostrzegł przecież i nie zro-
zumiał dynamiki procesów społecznych w rosyjskim imperium. Akceptując –

„realistycznie" – obecność (na czas nieokreślony) rosyjskich pułkowników w Warszawie, skoncentrował się na wychowywaniu społeczeństwa polskiego w duchu swej ideologii „nowoczesnego Polaka". „Nowoczesny Polak" miał słuchać rosyjskiego generał-gubernatora, rozbijać żydowskie sklepy i czekać na zmianę koniunktury międzynarodowej. Wtedy zjednoczone zostaną, być może, pod berłem rosyjskiego cara wszystkie ziemie polskie, to znaczy, oprócz Warszawy także Poznań i Kraków znajdą się w zasięgu kozackiej nahajki. Z rozmaitymi „socjałami" – dostrzegał tu Dmowski na ogół żydowską rękę – winien „nowoczesny Polak" podjąć pryncypialną polemikę. I podjął tę polemikę w 1905 roku – za pomocą bojówek endeckich uzbrojonych w kastety i rewolwery, które pomagały rosyjskim żołdakom wyplenić rewolucyjną zarazę.

Piłsudski nie był taki nowoczesny. Skierowywanie namiętności narodowych w koryto prorosyjskiego w skutkach antysemityzmu potępiał, widząc w tym – słusznie – naśladowanie rosyjskiej „czarnej sotni". Zastępowanie walki z caratem rozbijaniem żydowskich sklepów uważał za podłość i głupotę; współpracę ze stójkowymi w łamaniu robotniczych strajków nazywał po imieniu – zdradą.

Realizm, realizm... Czy bez tych romantyków socjalizmu, podnoszących rękę na kolosa (dopiero później okazało się, że miał on gliniane nogi) byłaby Polska? Czy Polacy „wybiliby się na niepodległość", gdyby zabrakło tych, którzy o potrzebie niepodległości wciąż powtarzali? Czy szubienica, na której zginął Montwiłł-Mirecki, towarzysz Piłsudskiego z socjalistycznej bojówki, nie stała się wezwaniem dla następnych? Czy może istnieć naród bez imponderabiliów?

Naród bez imponderabiliów, naród wyrzekający się obrony tego, co nieuchwytne czasem i niemożliwe do nazwania, wyrzeka się własnej kultury, stacza się do poziomu plemienia. Realizm i ugoda bywają cnotami u polityków, ale są to cnoty, którym trzeba patrzeć na palce. Są to bowiem cnoty wallenrodyzmu – udawać kogoś innego, niż się jest, zamaskować prawdziwą twarz i rzeczywiste dążenia. Jakże często – widzimy to dziś zwłaszcza – maska na twarz nałożona staje się prawdziwym obliczem; jakże często instrument do realizacji wartości staje się wartością samą w sobie i dla siebie. Owocem takiego realizmu są Bolesławowie Piaseccy pokrywający własną nikczemność płaszczem patriotycznej tradycji. „Wallenrodyzm staje się znikczemnieniem" – zakonkludował w 1904 roku Stanisław Witkiewicz. Świadom tego był i Piłsudski, rehabilitując tradycję oporu i wzywając do oporu. Tłumaczył Grabcowi-Dąbrowskiemu: „Każde pokolenie krwią swoją musi przypomnieć, że Polska żyje i z niewolą się nie pogodzi".

Dla naszych uszu brzmi to jak przesłanie zza grobu. Karmieni papką „realizmu" widzieliśmy, jak „wallenrodzi" po 56 roku przepoławiają się. Wchodząc do aparatu władzy szybko zapominali o racjach, które nakazywały im to „włączenie się w rzeczywistość", i rychło zaczynali uważać swój udział we władzy za wartość samoistną i naczelną.

⁎

Piłsudski tłumaczył, co jest ich wspólnym obowiązkiem wobec narodu. Ale przecież nie były to jedyne motywy jego postępowania. W liście do Feliksa Perla, pisanym tuż przed akcją bezdańską, pisał: „Walczę i umrę jedynie dlatego, że w wychodku, jakim jest nasze życie, żyć nie mogę, to u b l i-ż a – słyszysz! – ubliża mi, jako człowiekowi z godnością i nie niewolniczą. Niech inni się bawią w hodowanie kwiatów czy socjalizmu, czy polskości, czy czego innego w wychodkowej (nawet nie klozetowej) atmosferze – ja nie mogę! To nie sentymentalizm, nie mazgajstwo, nie maszynka ewolucji społecznej, czy tam co, to zwyczajne społeczeństwo. Chcę zwyciężyć, a bez walki i to walki na ostre, jestem nie zapaśnikiem nawet, ale wprost bydlęciem, okładanym kijem czy nahajką".

Ten list przedrukowała paryska *Kultura* w 1968 roku. Była to data nieprzypadkowa. Nigdy – tak jak wtedy właśnie – nie oddychało moje pokolenie w atmosferze gnojówki, która lała się nieustannie, codziennie, szerokim strumieniem przez szpalty gazet. Głos Piłsudskiego sprzed sześćdziesięciu lat był dla mnie zbawienny: ktoś wreszcie przydał właściwą proporcję sferze spraw niepojętych dla mnie, niewytłumaczalnych w tradycyjnych kategoriach: ależ tak, wychodek jest wychodkiem i nie wymaga żadnych subtelnych rozważań.

I – co również ważne – jest to perspektywa już nie tylko narodowa, ale czysto ludzka. To już nie żadne racje patriotyczno-polityczne, tylko moje, moje własne dobro nakazuje mi walkę, która ocala przed pogrążeniem się w tej anonimowej, bezkształtnej masie zdeprawowanych, zniewolonych, posłusznych...

⁎

W popularności „Wesela" Wyspiańskiego, w aktualności tej sztuki jest coś głęboko niepokojącego. Nie jest to przecież aktualność polegająca na tanich aluzjach („Chińczycy trzymają się mocno"), tylko aktualność problematyki. Jest to zapis „niemożności" polskiej inteligencji, głębokiego rozdarcia pomiędzy inteligencją i tak zwanym „ludem".

Film Andrzeja Wajdy – oglądany wkrótce po Grudniu i z żywą pamięcią Marca – ponownie przywołał ten centralny problem polskiej historii i polskiej rzeczywistości. Owo rozszczepienie usiłował Piłsudski przezwyciężyć poprzez czyn. Oceniał polską inteligencję bardzo surowo: „histeryczne panny, nie znoszące drapania po szkle, ale znoszące pranie ich po pysku". Pisał o „zdziecinniałym z tchórzostwa społeczeństwie", o „społeczeństwie, które walczyć o siebie nie umie, które cofa się przed batem, spadającym na twarz". Jakie postępowanie doradzał inteligentowi? Inteligent miał wyjść z kawiarni, pisać nielegalne broszury, redagować nielegalną gazetę, prowadzić nielegalne wykłady na nielegalnym uniwersytecie. W ten sposób miał przełamać swoją samoizolację, miał stać się konstruktorem ruchu robotniczego i mózgiem tego ruchu. Miał być wychowawcą społeczeństwa. Do czego chciał wychowywać społeczeństwo polskie Piłsudski? Jak chciał to robić? Miało to być „wychowanie do niepodległości". Spodleni i zdeprawowani – mniemał Piłsudski – nie będą chcieli i nie potrafią Polacy walczyć o niepodległość. Stąd potrzeba edukacji narodu; upowszechnienia programu przeobrażeń społecznych, programu walki z Rosją wspólnie z narodami przez Rosjan podbitymi, programu przyszłej Polski.

Wychowywał Piłsudski gazetą, książką i – nade wszystko – czynem. Nie wolno – powtarzał – akceptować tego oswojenia z niewolą; nie wolno milczeć, kiedy gwałcone są imponderabilia. Rezygnacja z imponderabiliów to rezygnacja z odrębności kulturowej, to zgoda na kulturowe wyniszczenie.

Nikogo nie piętnował Piłsudski z taką pasją, jak witających cara Mikołaja II w Warszawie polityków ugodowych. W rozkolportowanej wtedy odezwie Centralnego Komitetu Robotniczego PPS towarzysz „Wiktor" (pseudonim Piłsudskiego) pisał:

„Po raz pierwszy Warszawa ma spotkać cara, nie jako okuta w łańcuchach i wstrząsająca nimi groźnie buntownica, lecz jako uległa niewolnica, pokornie leżąca u stóp swego pana.

Tak przynajmniej zapowiadają ci, którzy wyzbywszy się ostatków godności ludzkiej w wyobraźni już zmieniają swą pokorę na ruble, ordery i posady. Gwałtem chcą zmusić wszystkich, by okrzykami hucznymi zagłuszyli jęki, wydobywające się z ziemi, przesiąkniętej krwią bohaterów, a świątecznym strojem i wesołym wyglądem rozchmurzyli czoło kata [...]. Lecz hańba ta nas nie dotknie – zostanie ona w całości udziałem tych, którzy zawsze szukali u władzy oparcia dla swych celów samolubnych. Nie chcą oni Polski wolnej, bo ciemna ich robota wymaga mroku, jaki właśnie stwarza niewola. Krwią naszą i potem zdobyte bogactwa dziś bałwanowi ucisku obracają na kadzidło, a za ten tryumf, zgotowany carowi, zapewniają sobie nowe zyski i nagrody, dalsze panowanie nad nami przy pomocy policji, żandarmów i wojska. Raz jeszcze kosztem ludu pracującego klasy posiadające zawierają sojusz z najeźdźcą. [...] Musimy pozostać niemymi świadkami szopek powitalnych i służalstwa tych, co cisnąć się będą dla okazania carowi swej wiernopoddańczości. Patrząc na tę wystawę podłości o różnych barwach i odcieniach, możemy tylko z dumą wskazać na nasz sztandar czerwony, gdzie ugodowe błoto nie sięga".

Wypowiedziana pełny głosem prawda o „ugodowym błocie" pełniła funkcje oczyszczające. Podbity, zniewolony naród odzyskiwał swój nieskłamany głos, odzyskiwał godność.

*

Piłsudski był spadkobiercą tradycji romantycznej. Rósł w kręgu poezji Wieszczów, kochał utwory Mickiewicza i Słowackiego. Już z tych choćby powodów nader interesujący był jego stosunek do inicjatywy wybudowania pomnika Mickiewicza w Warszawie. Inicjatorem tej akcji była grupa polityków ugodowych.

Towarzysz „Wiktor" jasno precyzował swój punkt widzenia:

„Stała się rzecz dziwna. Oto w kraju, gdzie rozpanoszyła się najohydniejsza niewola i ucisk, wznosi się pomnik człowieka, co słowem, pieśnią i czynem rwał okowy ciążące ojczyźnie; w mieście, gdzie dzieci karzą za polską mowę, czci się urzędownie największego poetę polskiego! Czyżby opadły więzy nas krępujące? Nie! Dziwne to zjawisko zawdzięczamy politycznemu kuglarstwu naszych handlarzy patriotyzmu, dla rządu jest ono [...] uroczystością pokojową, bo godzi patriotyzm polski z niewolą moskiewską".

Przytoczony fragment nielegalnej ulotki zasługuje na baczną uwagę: oto Piłsudski dostrzegł, w jaki sposób potężny cień Wieszcza może maskować brudne poczynania ugodowców. Warto mieć tę prawdę w pamięci dzisiaj: biało-amarantowy sztandar, orzeł z koroną, Zamek Królewski w Warszawie – wszystko to może być narzędziem sowietyzacji i duchowego wynarodowienia; może być legitymacją dla rezygnacji z walki o wolność, może być kneblem dla inaczej myślących.

Socjalistów często oskarżano o narodową obcość; o to, że są „rosyjskim nasieniem", „żydowskim narzędziem", „sługami Hakaty" i tym podobne. Piłsudski z pogardą odrzucał te oskarżenia. Uważał polemikę z tymi – endeckimi z ducha – koncepcjami za bezprzedmiotową i uwłaczającą jego godności. I o tym także pamiętać dziś należy – kiedy lżą, poniewierają i oskarżają o zdradę narodu – patrzcie uważnie na ręce tych patriotów knuta!

**
*

Piłsudski nie był nacjonalistą. Nie uważał za właściwe ani zdrowe organizowanie świadomości narodowej wokół nienawiści do innych narodów.

Ukształtował go specyficzny klimat Wileńszczyzny, wspólnej ojczyzny ludzi różnych narodów, kultur i religii; wielojęzycznej mieszanki, ziemi, na której Litwin współżył z Białorusinem, Żyd z Tatarem, a Polak z Karaimem. Przyzwyczajenie do odmiennego obyczaju, wstręt do ksenofobii były u ludzi tych stron (także z Kresów) częstsze niż w Polsce centralnej. Polska jawiła się Piłsudskiemu jako ojczyzna wielu narodów; wspólnota wielu kultur; chciał, by była państwem, z którym solidarni będą nie tylko Polacy, ale i Litwini, Ukraińcy, Żydzi. (Pięknie pisał o tym na łamach *Znaku* w nie zauważonym przez krajową opinię eseju „Tutejsi" Antoni Gołubiew). Idei rosyjskiego imperium przeciwstawiał „socjalista z Zułowa" ideę Rzeczypospolitej wielu narodów. Rosję, która była „więzieniem narodów" i „żandarmem Europy" (określenia Lenina), chciał rozsadzić irredentystycznymi ruchami rewolucyjnymi narodów podbitych. Alternatywnym rozwiązaniem problemów politycznych tej części Europy miała być federacja polsko-litewsko-ukraińska.

W takim państwie – jeśli miało być atrakcyjne również dla nie-Polaków – nie mogło być miejsca dla dyskryminacji narodowościowej i religijnej, getta ławkowego, pogromów antyżydowskich i pacyfikacji antyukraińskich. Myśli o federacji musiał Piłsudski później zaniechać, w czym niemały udział miała szowinistyczna propaganda endecka. Z okresem II Rzeczypospolitej nie kojarzą nam się dzisiaj bynajmniej wspomnienia sielanki w stosunkach polsko-ukraińskich czy polsko-żydowskich. Po II wojnie światowej Polska stała się państwem jednolitym narodowościowo, ludzie mówiący innymi językami stanowią dziś mikroskopijną mniejszość. Cóż więc zostało ze starych marzeń towarzysza „Wiktora"?

Nie wszystko chyba zaginęło. Ważne są nie tylko propozycje rozwiązań realnych problemów społecznych; ważny jest także sam styl myślenia o społeczeństwie. Endecki styl myślenia, zaadaptowany przez rządzących Polską komunistów, nakazywał chlubić się jednolitością narodową. Ktoś bliski mi powiedział, że było to zastąpienie barwnej, różnokolorowej, wielokwietnej łąki jednolitą kupą piasku, gdzie każde ziarnko do drugiego było podobne. Cnotą takich ziarenek jest kultywowanie uniformizmu, niechęć do tego wszystkiego, co różne, odrębne, podatność na endecki styl myślenia. To nieprawda, że endecki antysemityzm był li tylko instrumentalną odpowiedzią na nierozwiązalną inaczej kwestię żydowską. Antysemityzm był sposobem rozumienia świata właściwym ziarenkom, był takim sposobem, który pozwalał na rozpętanie masowej awantury antyżydowskiej w kraju praktycznie pozbawionym Żydów.

Otóż styl myślenia Piłsudskiego był doskonale szczelny, nieprzemakalny dla zarazków szowinistycznej demagogii. Dziś, gdy awersją do wszystkich sąsiadów (Ukraińców, Czechów, Rosjan, Niemców) każda, najgłupsza i najbardziej wsteczna władza żonglować może dowolnie i krótką kampanią prasową rozbudzać namiętności, ogłupiać ksenofobią, deprawować nienawiścią do odmieńców – dziś właśnie warto przypomnieć utopię tego szlachcica z Wileńszczyzny, którego spotkały za takie marzenia potwarze i kalumnie „rdzennych", lechickich wrogów.

**
*

Mówienie o problemie antysemityzmu należy w Polsce do przedsięwzięć najtrudniejszych i najbardziej ryzykownych. Składa się na to skomplikowany ciąg przyczynowo-skutkowy, który – wraz z eksplozją 68 roku – został poddany ciekawej analizie w pracy Władysława Bieńkowskiego „Hamulce i motory socjalizmu". Analiza Bieńkowskiego była tym ciekawsza, że potępiając jednoznacznie praktyki rasistowskie, potrafił autor dostrzec całą złożoność problemu. Nie jest to w Polsce częste: w wyniku ostrej polaryzacji opinii publicznej u schyłku II Rzeczypospolitej na tle stosunku do „getta ławkowego" doszło do sytuacji, w której każdy krytyk społeczności żydowskiej lub jej przedstawicieli czy nawet Polaków pochodzenia żydowskiego narażał się na zarzut antysemityzmu. Zjawisko to wystąpiło z jeszcze większym nasileniem po 1968 roku. Zmarły na obczyźnie poeta Arnold Słucki tłumaczył swą decyzję opuszczenia kraju tym, że nie może żyć w społeczności składającej się z filosemitów i antysemitów. Piłsudski nie był filosemitą. W swoich artykułach wielokrotnie krytykował filorosyjską politykę „Bundu" – partii żydowskich socjalistów. Działając wśród proletariatu żydowskiego „Bund" popularyzował rosyjską literaturę i – tym samym – rosyjską kulturę. Nie byłoby to niczym nagannym, ale zbiegało się skądinąd z rusyfikatorską polityką zaborcy i w tych warunkach powodowało ciążenie znacznych grup ludności w stronę Rosji. Piłsudski krytycznie oceniał obojętny lub niechętny stosunek „Bundu" do polskich aspiracji niepodległościowych. Nie miało to jednak nic wspólnego z antysemityzmem, albowiem nigdy krytyka ta nie prowadziła do rozpalania narodowej nienawiści. Nigdy też nie uważał Piłsudski Żydów za intruzów na ziemi, którą zamieszkiwali od setek lat; nigdy – wreszcie – nie stosował paragrafów aryjskich w doborze przyjaciół i współpracowników.

W sytuacji, gdy deklamacja zastępuje refleksję, gdy tak łatwo narazić się na zarzut antysemityzmu (nie ominęło to nawet Antoniego Słonimskiego), warto pamiętać, że zdrowy rozsądek nie jest tożsamy z filosemityzmem, a najpiękniejsze deklaracje przeciw antysemityzmowi nie mogą zastąpić trzeźwej analizy korzeni tego groźnego schorzenia. Korzenie te nie tkwią wyłącznie w winach społeczności polskiej. Analiza negatywnych zjawisk, które zachodziły w łonie społeczności żydowskiej, jest równie niezbędna i żadną miarą nie może być poczytana za rasizm, tak jak nie byli rasistami piszący na ten temat Prus, Żeromski, Dąbrowska czy Słonimski.

Nie może też służyć do oskarżenia wszystkich Polaków o antysemityzm, oskarżenia równie absurdalnego, co wygodnego dla komunistycznej elity władzy, którą w taki sposób utożsamia się z narodem.

**

Ksawery Pruszyński – wychowanek Kresów – pisał przed trzydziestoma laty:

> Wyrastaliśmy w przekonaniu, że jesteśmy pogrobowcami wielkiej ojczyzny, [...] która trwa, choć podbita, pomiędzy dwoma morzami. [...] Gdyby nam powiedziano, że Gdańsk nie jest polski, zdziwilibyśmy się niezmiernie. Gdyby nam powiedziano, że Kijów nie jest polski, zdumienie nasze byłoby jeszcze większe. Ale gdyby nam powiedziano, że nasza ojczyzna jest jednolita narodowo, obsiada dorzecze Wisły od Karpat do morza, że nie ma w niej miejsca ani dla ruskich chłopów, ani dla cerkwi, ani dla starej Szomsteinowej, tobyśmy się zapewne zdziwili najwięcej, my, którzyśmy wyrośli jeszcze, ostatni zapewne Polacy, w świecie idei powstania styczniowego, Polski–Litwy–Rusi, którym opowiadano, że przedstawiciele trzech wyznań kroczyli

na przedpowstańczym pogrzebie pięciu poległych... [...] Po latach nie umiałbym powiedzieć, co przetrwało we mnie z owego dzieciństwa. [...] Otóż najpierw, prawdopodobnie, pewien duch dziejów Polski. Pojmowanie Rzeczypospolitej jako wielonarodowego imperium. Nie odraża od innych ludów, ale przeciwnie, pociąga. Nietraktowanie mniejszości narodowych jako *malum necessarium*, ale jako cennych, poszerzających moją ojczyznę, bogacących wspólny dom składników. [...] Kreślę jeszcze to wspomnienie dlatego, że zapewne takich dzieciństw jak moje w Polsce nie będzie nigdy. Światy nowe, klasy idące, będą zawsze miały setki sposobności do opisania swoich kolebek! Mój – nie. A jednak sądzę, że w miarę wyżywania się nacjonalistycznych szałów ludzkości, w miarę zastanawiania się Polaków nad wystawianiem narodowi swojemu takiego gmachu, by go nie zmiatały co drugie burze dziejowe, myśl polska, myśl młodych Polaków podążać będzie, rad szukając, ku owej dalekiej i niedalekiej przyszłości. Będzie starała się odkryć z gruzów i wykopalisk historii, jak wzniesiono tak wielki gmach, który dał tyle wieków spokoju i tylu pokoleniom zapewnił wolność? Będzie próbowała rozpoznać, jakim to sposobem potrafiła łączyć tak silnie różne cegły, kamienie, bele dębowe, owa budowa? [...] Prędzej czy później pójdzie myśl polska, uważna i skupiona, ku tamtym szlakom i czasom. Wyjdzie na wielkie drogi czarnego szlaku, gdzie dziś wieje zadymka historii. Będzie iść w tej zadymce po wertepach oświeconych słabym kagankiem, potykać się, grzęznąć – i szukać. [...] Aż dojdzie".

Dziś kroczymy we mgle. Nie wiemy, co przyniesie przyszłość, jak długotrwały będzie aktualny układ sił politycznych, jak długo jeszcze stan posiadania ZSRR będzie nienaruszony. Jedno wszelako wydaje się być bezsporne: będziemy musieli żyć, sąsiadując z innymi narodami. I od nas samych zależy, czy potrafimy znaleźć jakąś rozumną formułę koegzystencji, czy też pogrążymy się w odmętach plemiennej nienawiści. Jeśli zaś spróbujemy odnaleźć tę formułę tolerancji i zgody, to patronować naszym poszukiwaniom będzie zza grobu redaktor *Robotnika*, wódz socjalistycznej bojówki, partyzant z twarzą nietzscheańską, on – Józef Piłsudski.

*

Polska skazana była – przez geografię i historię – na sąsiedztwo z Rosją. Jaki miał do Rosji stosunek Piłsudski? Uważał Rosję za najniebezpieczniejszego z zaborców. Bał się Rosji i jej nienawidził. Nienawidził systemu państwowego imperium. Pisał:

„Niewola moskiewska tym się różni od wszelkiej innej, że oprócz krzywdy i ucisku naród ujarzmiony znosić musi stale upokorzenia. Rząd carski za przykładem wszystkich despotów Wschodu lubuje się w zewnętrznych przejawach uległości i pokory, w obrażaniu godności ludzkiej niewolnika. Nie dosyć mu uderzyć nahajką, chce on jeszcze, by uderzony pocałował narzędzie tortury; mało mu powalić przeciwnika, trzeba jeszcze wymierzyć zwyciężonemu policzek. [...] Bezczelne naigrywanie się z uczuć ludzkich wchodzi w system rządzenia, bo tylko ludzie, pozbawieni godności przez ciągłe jej deptanie, mogą znosić tak ohydną niewolę, jak carska".

O istocie państwa rosyjskiego pisał:

„Cechą każdego rządu absolutnego jest usunięcie wszelkiej kontroli społeczeństwa nad czynnością prawodawczą. Stąd, jako naturalny skutek, wynika i osłonięcie grubą powłoką tajemnicy wszystkich kroków przygotowawczych, połączonych z prawodawstwem. Wiadomości o stanie tej lub owej części państwa, sprawozdania z czynności urzędników, projekty reform i wnioski prawne, obrady ciał prawodawczych – wszystko to najczęściej skrzętnie jest ukryte dla oka ludzi, do kasty urzędniczej nie należących".

Strukturę społeczną i prawną Rosji uważał za znakomicie przystosowaną do tej niewolniczej organizacji państwa. Nie widział szans na ewolucję w stronę form demokratycznych. Krytycznie odnosił się także do wewnątrzrosyjskiej opozycji. Rosyjskim liberałom nie ufał. Pogardzał ich kunktatorstwem i ugodowością, przestrzegał przed ich podatnością na wielkorosyjski nacjonalizm.

Pisząc o rosyjskim obozie rewolucyjnym, zwracał uwagę na jego słabość, na właściwą ruchom doktrynerskim głuchotę i niechęć wobec ruchów wyzwoleńczych narodów podbitych, a także na paradoksalne przejmowanie wizerunków narodów podbitych uformowanych przez słowianofilską prawicę. (W ten sposób zawędrował na łamy rosyjskiej prasy rewolucyjnej pogląd, że powstanie styczniowe było dziełem reakcyjnej szlachty i księży katolickich).

Piłsudski jednoznacznie sprecyzował swój punkt widzenia w artykule „Z powodu jubileuszu Puszkina", gdzie pisał:

„Obcą jest nam wszelka nienawiść plemienna i narodowościowa. Bojownicy wolności wszystkich krajów i narodów są naszymi braćmi. Umiemy hołd oddać wszelkiej myśli, w jakimkolwiek języku się zrodziła, umiemy uczcić wszelkiego poetę i myśliciela, jakikolwiek naród go wydał. Ale w przypadku obecnym mamy do czynienia wcale nie z poetą, który wcielał ducha wolności w słowo i przez to stał się drogim dla wszystkich uciskanych i wyzyskiwanych. Przeciwnie, jak to powiedzieliśmy, Puszkin z walką przeciwko niewoli nic wspólnego nie miał, a nawet niekiedy tę samą niewolę pochwalał. Rzeczą jest więc naturalną, że żaden świadomy robotnik polski w obchodzie puszkinowskim udziału wziąć nie może".

Z dzisiejszej perspektywy ten sąd o Puszkinie może wydawać się przesadnie jednostronny i wąskopolityczny. Wszelako wówczas nie chodziło o sprawę literacką, o hołd dla geniuszu poezji. Była to impreza czysto polityczna –

szło o hołd dla zaborcy, o umocnienie jego panowania, o jeszcze jedno pognębienie kultury polskiej. Piłsudski był zdania, że tylko Rosja słaba, Rosja nie-imperialna, może być państwem demokratycznym. Wychodząc z tych przesłanek, nie poparł sił kontrrewolucji rosyjskiej, albowiem nie wierzył w siłę bolszewików i trwałość ich władzy. Nie dopuszczając do bolszewizacji Polski, nie zapobiegał bolszewizacji Rosji (co bardzo miał mu za złe Marian Zdziechowski, który – jeden z pierwszych – pojął istotę systemu bolszewickiego).

**

Piłsudski nie dopuścił do bolszewizacji Polski. Symbolem tego był „cud nad Wisłą". Jakże wiele wody musiało w Wiśle upłynąć, zanim zrozumiałem istotę tego wydarzenia. Ileż to lat powtarzałem sobie sam taki – mniej więcej – wywód: rosyjska rewolucja zaczęła gnić po śmierci Lenina. Stalinizm osądzać należy najsurowiej, ale nie z pozycji antykomunistycznych. Wojna polsko-sowiecka była wojną międzynarodowej Rewolucji z burżuazyjną Polską. Rozważając ten konflikt nie mam powodu sądzić, iż to, co plemienne, ważniejsze jest od tego, co społeczne: polscy robotnicy walczyli o socjalizm, w czym im Armia Czerwona pomagała; ze strony polskiej nie była to wojna o wolność narodową, lecz o kapitalistyczny kształt państwowości.

W ostateczności gotów byłem uznać analogię z sytuacją hiszpańskiego chłopa, który bronił swej feudalnej ojczyzny przed niosącą reformy na bagnetach armią napoleońską. Obecnie cały ten problem jawi mi się odmiennie: zwycięstwu nad bolszewikami w 1920 roku zawdzięczamy dwadzieścia lat niepodległej myśli polskiej, którą do dziś żywią się kolejne generacje. Tak, dzisiejszy opór przeciw sowietyzacji jest możliwy w niemałym stopniu dzięki tej szansie czerpania z dorobku kulturowego II Rzeczypospolitej, która istniała dzięki militarnemu zwycięstwu Piłsudskiego nad Budionnym. Kto wie, czy gdyby w bitwie pod Radzyminem zwyciężyła Armia Czerwona, gdyby Polską zaczął rządzić Rewolucyjny Komitet Tymczasowy – czy dziś nie zamieszkiwałbym na Kołymie lub w Birobidżanie, czy mówiłbym po polsku, czy kolejne pokolenia polskiej inteligencji nie karmiłyby białych niedźwiedzi syberyjskich, czy kultura polska mogłaby uniknąć hekatomby, która spotkała kulturę rosyjską w stalinowskim imperium.

Właśnie z dzisiejszej perspektywy dwudziestolecie międzywojenne – nie myślę zresztą tego czasu idealizować – było w historii ostatnich dwustu lat okresem *pieriedyszki*, swobodnego oddechu, który wyzyskano na zbudowanie nowych zrębów kultury narodowej.

Nie wolno o tym zapominać nawet wtedy, gdy nam dowodzą, że dla wielu zwycięstwo nad bolszewikami oznaczało zaniechanie reformy rolnej i innych reform społecznych. A już szczególnie nie powinni o tym zapominać reprezentanci myśli lewicowej, ci wszyscy, którzy (między innymi autor tych rozważań) przyznają się do tradycji lewicy ruchu robotniczego – tradycji, która zrodziła r ó w n i e ż Tymczasowy Komitet, Dzierżyńskiego i Marchlewskiego.

**

Antysowiecka polityka Piłsudskiego była w pewnej mierze kontynuacją jego starej linii politycznej. Jak i uprzednio, nie ufał żadnej Rosji: carskiej, liberalnej i rewolucyjnej. Czy dziś, w naszej odmienionej sytuacji, należy rozumować analogicznie? Z pewnością warto uświadomić sobie determinanty i tradycje rosyjskiej myśli politycznej; tak myśl oficjalną, jak i opozycyjną należy krytycznie rozszyfrować. Ale zgubne jest przeciwstawienie mieliznom, fałszom i mitom rosyjskiej myśli – polskiego szowinizmu. Mogą mnie razić pewne sformułowania czy wątki w twórczości Sołżenicyna, ale załatwienie tego świętego XX-go wieku mianem „Moskal" jest groźnym świadectwem duchowego zniewolenia. Dzisiaj patrzymy na Rosję nie tylko z nienawiścią, ale i z nadzieją; nie tylko z gniewem, ale i z podziwem. Dla „sprawy polskiej" działania Sołżenicyna, Sacharowa, Amalrika mają znaczenie trudne do przecenienia.

Alternatywa, wobec której stał Piłsudski, brzmiała: stawka na rosyjską opozycję *versus* rachuba na irredentę narodów ujarzmionych. Był to centralny dylemat polskiej myśli niepodległościowej. Takiej alternatywy nie ma współczesny polski inteligent. Stoi natomiast wobec dylematu: wsłuchiwać się w odgłosy paryskiej kawiarni i amerykańskich *happening*'ów lub przeżuwać pseudopatriotyczną papkę *à la* Zbigniew Załuski, czy też bacznie pochylić się nad rosyjską kulturą podziemną, nad literaturą czeską i słowacką, nad kinematografią węgierską, nad produkcją umysłową Litwinów, Białorusinów i Ukraińców. Idzie tu nie o konkretne działanie polityczne, choć i na to zapewne przyjdzie czas. Już dziś natomiast ważne jest nastawienie myślowe, priorytety intelektualne, typ edukacji narodowej. Ważne jest wykształcenie wśród polskiej inteligencji gotowości do współżycia z sąsiadującymi narodami i umiejętności odczytywania kultury tych narodów.

**

Z powyższych uwag wynika, że najbardziej podoba mi się „wczesny", niepodległościowo-socjalistyczny Piłsudski. Logiczną konsekwencją tego „wczesnego" okresu był czyn legionowy, który przyniósł Polsce niepodległość. Wywalczyli tę niepodległość ludzie wychowani w PPS, Związku Walki Czynnej i Legionach, zwolennicy idei republikańskich i demokratycznych, których uwieńczeniem była konstytucja marcowa. Było to, oczywiście, możliwe dzięki sytuacji międzynarodowej: wojnie światowej i rewolucji rosyjskiej. Ale bez tego subiektywnego elementu, który wnieśli Polacy w układ sił międzynarodowych, nie byłoby powodów dla zaprzątania możnych tego świata „sprawą polską". Niepodobna – po latach – nie widzieć w tym wielkiego wkładu legionistów i ich Komendanta w kulturę polską, w Polskę. Ale nie można też nie dostrzegać, że już wtedy rozpoczęły się negatywne procesy związane z „opuszczeniem czerwonego tramwaju na przystanku niepodległość". Z początku było to przerzucenie ciężaru działań na militaria. W okresie Związku Walki Czynnej Piłsudski pisał już niemal wyłącznie o problematyce wojskowej. Z czasem próbuje przeobrazić PPS w niepodległościową organizację paramilitarną. Wprowadza politykę tajnych konwentykli, która później doprowadzi do uformowania legionowej sitwy i niebezpiecznej kombatanckiej mitologii. (Moczar miał wzory, kiedy budował w ZBOWiD-zie własną ekipę polityczną.) Przeciw tym poczynaniom wystąpiła grupa działaczy socjalistycznych z Feliksem Perlem, dawnym wpółredaktorem *Robotnika*. Tak zaczął się konflikt Piłsudskiego z niepodległościowym polskim socjalizmem.

Konflikt ten trwał do Jego śmierci, przechodząc różne fazy i rozmaite nasilenia. Sympatia moja w tym sporze była i jest po stronie antagonistów Marszałka.

**
*

Nie napisałem – i nie zamierzałem tego zrobić – laurki dla Józefa Piłsudskiego. Dla mojej – tylekroć okłamywanej – generacji najważniejsza jest prawda. Starałem się napisać prawdę o doświadczeniach z początku naszego wieku, bo uważam je za najważniejsze. Z tych doświadczeń wyrosła Niepodległość. Wszelako pisząc o swoim, bardzo osobistym, widzeniu postaci Piłsudskiego i jego roli, nie chciałbym zapominać o stronach mrocznych. I tak: przewrót majowy był złamaniem zasady konstytucyjnej. Konflikty z Sejmem przygotowały hańbę Brześcia. Brześć, ten rzadko przedtem w naszych dziejach spotykany sposób walki z opozycją, był fragmentem niszczenia kultury politycznej narodu. Z ducha Brześcia wyrosła Bereza, Ozon i groźny obyczaj elity władzy, która poczęła traktować państwo i naród jak swój prywatny folwark.

Brześć, Bereza i Ozon są dzisiaj wzorami dla wrogów demokracji w Polsce, a nie dla walczących o wolność. Mitologizując te poczynania, sakralizując wszystkie okresy i wszystkie aspekty działalności Marszałka nie oddaje się „sprawie polskiej" dobrej przysługi. Zakłamania służą zawsze wrogom wolności.

**
*

Piłsudski zmarł w 1935 roku. W ostatnich latach odsunęło się od niego wielu dawnych towarzyszy; otaczał go wciąż zwiększający się „rój pochlebców i cwaniaków". A przecież przywódcy PPS, kto wie, czy nie również niedawni więźniowie brzescy, żegnali „Ziuka" idąc w pogrzebowym kondukcie. Dlaczego wzięli udział w tym pożegnaniu? Żegnali zapewne swoją młodość, kawał własnego życia. Ale chyba nie tylko... Żegnali człowieka, który dał Polsce i Polakom poczucie godności – tak niezbędne dla zdrowia narodu, jak tlen dla zdrowia ludzkiego organizmu.

Dlatego właśnie Piłsudski do dziś pojawia się jako problem osobiście odczuwany przez polskich inteligentów, pamiętających tamten czas. Odnaleźć go można w powieściach Newerlego i Brandysa, eseistyce Kisielewskiego i Mieroszewskiego, w „Dziennikach" Lechonia czy „Alfabecie wspomnień" Słonimskiego.

Oby częściej trafiał do umysłów i wielogodzinnych nocnych sporów moich rówieśników. Oby, tak jak on, potrafili żyć w godności.

Warszawa 1973   *Kultura* 5/332, Paryż 1975

Ugoda, praca organiczna, myśl zaprzeczna

Węzłowy spór polskiej historiografii w dziewiętnastym wieku nieprzypadkowo obracał się wokół pytania o źródła upadku Polski. Z rozmaitych odpowiedzi na to pytanie, jakich udzielały różne szkoły historyczne, wynikały rozmaite diagnozy teraźniejszości i różne propozycje terapii. Na przykład prace historyków konserwatywnych ze „szkoły krakowskiej", w których odnaleźć można potępienie całej tradycji insurekcyjnej, które redukują działania powstańczo-konspiracyjne do właściwego – podobno – Polakom zastępowania polityki rozumu i odpowiedzialności polityką nieodpowiedzialnego sentymentalizmu; te prace w mniejszym stopniu dawały świadectwo prawdzie o powstaniach, a w większym pozwalały na wejrzenie w kanony myślenia konserwatystów o bieżącej strategii politycznej.

„Kiedy Jan rzecze coś o Pawle, świadczy to o Janie, a nie o Pawle" – mawiał Baruch Spinoza. Warto o tej maksymie pamiętać, czytając opublikowane niedawno „Sylwetki polityczne XIX wieku" Wojciecha Karpińskiego i Marcina Króla, a także Małgorzaty Dziewulskiej-Król. Ta próba syntetycznego spojrzenia na dzieje polskiej myśli politycznej w ubiegłym stuleciu jest fragmentem szerszych prac badawczych autorów. W książce pomieszczone zostały skrócone wersje większych opracowań. Karpiński na łamach *Twórczości* i *Znaku* ogłosił eseje o Kamieńskim, Rzewuskim i Gurowskim, natomiast Król pomieścił w „Archiwum historii filozofii i myśli społecznej" prace o krakowskich konserwatystach. Tenże autor pisał o Hotelu Lambert w *Znaku*, a o Aleksandrze Wielopolskim w *Więzi*. Skróty nie wyszły na korzyść tekstom, pozbawiły je „mięsa historycznego" w postaci bogatego i in-

---

Ogłoszone pod pseudonimem Andrzej Zagozda.

teresującego materiału erudycyjnego, zebranego przez autorów. Zostały tylko szkielety konstrukcji intelektualnych, nie zawsze dostatecznie obszernie uargumentowane i udokumentowane. Nie ułatwia to zadania polemiście, który chciałby uniknąć zarzutu wypaczenia myśli autorów. Powiem od razu: zasadniczy przewód myślowy Karpińskiego i Króla uważam za fałszywy. Nie przeszkadza mi to docenić znaczenia ich książki i nierzadko zazdrościć im umiejętności efektownego formułowania myśli. Dobrze się dzieje – sądzę – że podjęta została próba ponownego opisania polskiej myśli politycznej XIX wieku; dobrze, że jest to próba niekonwencjonalna i przez to dyskusyjna. Dobrze, że istnieją różne sposoby myślenia o polskiej historii, dlatego należy się autorom wdzięczność, ale dlatego też winno im zależeć na otwartej, uczciwej polemice, a nie na zdawkowych komplementach. Tyle wstępnej ekskuzy.

Trzy spostrzeżenia zdają mi się w tej książce szczególnie cenne. Po pierwsze: uwypuklona została rola emigracji w polskim życiu politycznym czasu zaborów. Na tle historii innych narodów rola polskiej emigracji była w owym czasie wyjątkowa, polscy wygnańcy wskazali drogi i metody oporu, jaki mogła, przeciw zniewoleniu, stawiać kultura podbitego narodu. W dziejach emigracji porozbiorowej tkwi oryginalny wkład Polaków do europejskich tradycji walki z tyranią. Po wtóre: autorzy przypomnieli mądrą i płodną tezę o pozaartystycznych funkcjach ówczesnej literatury polskiej. „Literatura – czytamy w szkicu o Klaczce – otrzymała u nas rangę społecznej instytucji. Musiała spełniać te rozległe funkcje, które gdzie indziej były domeną odpowiednich ciał politycznych". Narzucał ten stan rzeczy szczególną odpowiedzialność za słowo. „Odpowiedzialność ta jest szczególną koniecznością – zauważa słusznie Dziewulska w szkicu o Słowackim – w sytuacji narodu nie mającego samodzielnego bytu politycznego, to znaczy w sytuacji, jak to mówił Norwid: «bezwzględnej ważności słowa». Słowo musi wtedy zastąpić akt polityczny. Odpowiedzialność za słowo wyraża się koniecznością uprawiania dodatkowej refleksji; co oznacza to zdanie, ten wiersz, w konkretnej sytuacji politycznej kraju i w sytuacji moralnej jego obywateli!" Literatura polska XIX wieku podjąć musiała obronę imponderabiliów; obronę tych wszystkich wartości, które codziennie były deptane przez praktykę polityczną zaborców, a których podbita społeczność nie mogła się wyrzec, jeśli chciała ocalić swą narodową tożsamość. Zrozumienie wagi imponderabiliów uważam za trzecią istotną zaletę „Sylwetek politycznych".

Stosunek do imponderabiliów jest jednym z najważniejszych kryteriów wartościowania omawianych koncepcji politycznych. Ich obronę umożliwić miała afirmacja tradycji pojmowanej jako „zrozumienie przekazanych przez historię wartości indywidualnych i ogólnych". Wartości te – zdaniem autorów „Sylwetek..." – nakładają ograniczenia na polityczne spekulacje „czystego rozumu, stanowią jakby ideę regulatywną, która gwarantuje sensowność dedukcyjnych systemów". Tę ideę regulatywną odnajdują autorzy w myśli konserwatywnej, specyficznie zresztą pojmowanej. „Konserwatyzm nie oznacza – czytamy w szkicu o Norwidzie – zachowania wszystkiego i za każdą cenę, jest opowiedzeniem się za wartościami stałymi i sprawdzonymi, choćby były w sprzeczności z polityczną teraźniejszością". Do wyznawców takiego konserwatyzmu zaliczeni zostali Krasiński, Klaczko, Norwid i późny Mochnacki. „Łączyła ich wiara w pewne pozapolityczne wartości, nawiązywanie do przeszłości, do faktu, że Polska była kiedyś niepodległa, przeświadczenie o zaletach ewolucyjnego narastania przemian społecznych, uznanie naszej przynależności do świata zachodniego". Tak pojmowana idea regulatywna ocalić miała – według ich poglądu – polskie życie umysłowe od kapitulacji duchowej przed caryzmem i od aprobaty dla ideologii skrajnego radykalizmu społecznego, zespolonego z heglowską wizją historii.

Autorzy nie precyzują, co rozumieją przez „pewne pozapolityczne wartości", a co przez „wartości sprawdzone". Czyni to polemikę niemożliwą. Trudno jednak nie odnotować, że w polskiej historii XIX wieku „sprawdziło się" chyba wszystko: wierność i zdrada, rewolucja i reforma, ugoda i insurekcja, emigracja i kolaboracja. Dlatego posługiwanie się takimi sformułowaniami, jak „wartości sprawdzone" czy „rozwój organiczny" jest równie ryzykowne, jak bezkrytyczne używanie terminów „lud", „naród", „obiektywne prawa historii". Jedno i drugie sprawia wrażenie ucieczki od konkretu w stronę metafor, zbitek pojęciowych i abstrakcyjnych formuł. Autorzy „Sylwetek..." sądzą, że zbitki takie występują jedynie w pismach publicystów hołdujących metodzie heglowskiego historyzmu. Wydaje się, że konserwatywna idea regulatywna nie chroni przed „narzucaniem dziejom dogmatycznych praw", albowiem totalna negacja metod rewolucyjnych jest równie bezrozumna, co totalna ich afirmacja.

Równie ogólnikowe są i inne kryteria. Jeśli autorzy piszą o idei przynależności Polski do świata zachodniego, to przypomnieć wypada, że tyle było wersji polskiego okcydentalizmu, ile było polskich obozów ideowych. Okcydentalistą był Krasiński i był nim Jarosław Dąbrowski; okcydentalistami byli ultramontanie i socjaliści. Przekonanie o zaletach rozwoju ewolucyjnego wspólne było wielu publicystom, ale niewiele znaczyła ta wspólnota wobec sporu o kierunek ewolucji, który tożsamy był ze sporem o program społecznych przeobrażeń. Na ten temat autorzy właściwie nie wypowiadają swego sądu, a przecież był to jeden z najistotniejszych dylematów polskiej myśli politycznej. To przemilczenie prowadzi od znamiennego przesunięcia akcentów. Bolesław Limanowski zainteresował Karpińskiego wyłącznie jako krytyk Waryńskiego i Róży Luksemburg, choć nestorowi polskiego socjalizmu zdarzało się pisać krytycznie również o programie konserwatystów i trudno sobie zrekonstruować jego myśl polityczną bez tego układu odniesienia. Wygląda na to, że Karpiński uczynił wszystko, by Limanowskiego, a także Henryka Kamieńskiego, „ocalić" na wypadek ewentualnej konfrontacji ich myśli z konserwatywną „ideą regulatywną". Ale większość „sylwetek" nakreślona została z perspektywy historiografii konserwatywnej. Sprawia to wrażenie, jakby autorzy starannie przeczytali wszystkie pisma krytyczne Krasińskiego czy stańczyków o obozie demokratycznym, natomiast z rzadka tylko i jakby niechętnie sięgali do pism strony przeciwnej. A jeśli już czytali te teksty, to tylko po to, aby utwierdzić się w przyjętych apriorycznie hipotezach.

Dokonując zasadniczej klasyfikacji polskiej myśli politycznej, Karpiński za podstawowy uznaje podział na myśl niepodległą i myśl zaprzeczną. Myśl zaprzeczna to taka myśl, która za cenę wierności własnemu dogmatyzmowi i własnej wewnętrznej logice prowadzi do zerwania kontaktu z rzeczywistością; to myśl, która zaprzecza realiom i wartościom. W polskich warunkach były to realia i wartości narodowe, którym zaprzeczenie wiodło do ekspatriacji i apostazji.

„Ujmowanie związku jednostki ze wspólnotą w sztywne schematy i próba ich konkretnej realizacji jest objawem duchowego jakobinizmu. Jednym z przykładów tej postawy jest zastosowanie jej do idei narodu. Wówczas patriotyzm zostaje podporządkowany schematycznej historiozofii: zasada narodowa staje się uzależniona od wszechobejmującej polityki. W tym momencie ideologiczny dogmatyzm rodzi narodowy oportunizm. W ramach tej postawy rzeczywiście trudno było znaleźć uzasadnienie dla dalszej walki o niepodległość Polski. Rzewuski jest wyrazicielem jakobinizmu prawicy, ale w polskich warunkach ta postawa spowodować musi dalsze konsekwencje: rezygnację z walki o narodową suwerenność – w «Mieszaninach obyczajowych» zaprezentowano teorię, którą możemy anachronicznie określić jako prawicowe wcielenie luksemburgizmu w myśli polskiej".

Tak brzmi kanon koncepcji Karpińskiego na temat myśli zaprzecznej. Rozwijając to rozumowanie łatwo dojść do takiego przeprowadzenia linii podziału w polskiej literaturze politycznej, że po jednej stronie znalazłby się obok Henryka Rzewuskiego – Ludwik Waryński, a przy Kazimierzu Krzywickim – Róża Luksemburg, zaś po drugiej – Roman Dmowski i Bolesław Limanowski, Zygmunt Krasiński i Henryk Kamieński, Paweł Popiel i Jarosław Dąbrowski. „Skrajności się przecinają" – powiadano już w XIX wieku i z tego stwierdzenia, płodnego przy analizie ruchów totalitarnych, zdaje się Karpiński czynić punkt wyjścia do rozważań o sporach politycznych w podbitej Polsce. Każda nowa próba przemyślenia polskich dylematów z XIX wieku poszerza naszą wiedzę i otwiera nowe perspektywy. Propozycja metodologiczna Karpińskiego prowadzi jednak do takiego podziału, który nic nie dzieli, i do takiego uproszczenia, które nic nie uprasza.

Zastanówmy się: Rzewuski, Gurowski czy Kazimierz Krzywicki nawoływali do apostazji narodowej. Tłumaczyli Polakom, że ich odrębność narodowa nie ma sensu ani racji bytu; że ich walka o tożsamość kulturową jest sprzeczna z kierunkiem ewolucji świata, która prowadzi od pochłonięcia słabszych organizmów narodowych przez silniejsze. Polacy mieli stać się nie tylko lojalnymi poddanymi cara, ale i trwałym fragmentem rosyjskiego narodu. Żadną miarą nie da się wyprowadzić takich wniosków z programów pierwszych socjalistów. Hasło: „precz z narodowością", pojawiające się w pismach Waryńskiego czy Diksztajna, miało inny sens, nie oznaczało wezwania do apostazji. Dla „proletariatczyka" nie znaczyło to „precz z narodowością polską", ale „precz z przegrodami dzielącymi narody"; „proletariaczycy" nie wzywali Polaków do autorusyfikacji, lecz do socjalnej rewolucji antycarskiej; zaś likwidację ucisku narodowego utożsamiali z rewolucyjną likwidacją systemu kapitalistycznego.

Podkreślić jednak wypada, że o ile ekspatriacja nie była nigdy programem socjalistów, o tyle mogła ona być uboczną konsekwencją afirmacji schematów, zapoznających kategorie narodowe. Pisała o takich ewolucjach Eliza Orzeszkowa, podobnie rekonstruował swą myśl Władysław Studnicki, zafascynowany – jak Gurowski – przede wszystkim siłą. Pisał Studnicki, że właściwy mu był „antypatriotyzm – moskalofilizm rewolucyjny... Rozwijać się w niewoli – rozumował – niepodobna. Naród musi mieć byt państwowy albo nie być. Kwestia narodu to sprawa paru pokoleń. Zrusyfikujemy się i zgermanizujemy się, a będziemy mieli własny byt państwowy, potomkowie nasi będą szczycić się swą wielką rosyjską lub niemiecką ojczyzną. Kwestia społeczna ważniejsza od narodowej". Tak wyglądało rozumowanie Studnickiego (był to więc w pewnym sensie lewicowy odpowiednik Rzewuskiego), ale inaczej rozumował Waryński i redaktorzy *Walki klas.* Nigdy w pismach „proletariatczyków" nie pojawiła się teza, że „naród musi mieć byt państwowy albo nie być". Przeciwnie: jak Świętochowski, stańczycy czy Spasowicz oddzielali od siebie pojęcia narodu i państwa.

Ekspatriacja niektórych socjalistów, którzy stawali się socjalistami niemieckimi lub rosyjskimi, nie dokonywała się na zasadzie afirmacji rewolucyjnej doktryny. Był to proces równie częsty wśród niesocjalistów, wśród tych wszystkich, którzy ocierali się blisko o krąg kultury rosyjskiej czy niemieckiej. Tytułem przykładu wymieńmy polskich uczonych, którzy działając w rosyjskim środowisku pisali i wykładali po rosyjsku (na przykład Tadeusz Zieliński). Inny przykład to potomek znakomitej rodziny, wierny poddany i lojalny urzędnik niemieckiego cesarza – Bogdan Hutten-Czapski.

Socjaliści, nazywani przez współczesnych „czerwonym internacjonałem", nie byli apostatami, tak samo jak nie byli apostatami zwani „czarnym internacyonałem" ultramontanie. Jedni i drudzy nie odrzucali wartości narodowych, ale wpisywali je w szerszy kontekst, podporządkowywali innym wartościom, które uważali za ważniejsze. Dla socjalistów taką wyższą wartością była idea powszechnej rewolucji społecznej; dla ultramontanów były to wartości chrześcijańskie utożsamione ściśle z praktyką polityczną Stolicy Apostolskiej.

Pośród ciekawych rozważań o blaskach i cieniach moralistyki autorzy nie wspomnieli, iż zmartwychstańcy o tyle tylko angażowali się w sprawę polską, o ile była ona tożsama z dążeniami politycznymi Watykanu. Socjaliści unikali frazeologii, albowiem redukowali patriotyzm do wiernego trwania przy Kościele. W tej redukcji posuwali się aż do zakazu śpiewania pieśni „Boże coś Polskę", którą podczas nabożeństwa w paryskim kościele zaintonowali polscy emigranci. Miast idei patriotycznej, ksiądz Kajsiewicz dopa-

trzył się w tej pieśni ducha nienawistnej „Rewolucji". Zestawiając zmartwychwstańców z proletariatczykami nie proponuję żadnego efektownego
uogólnienia. Przeciwnie: jest to ilustracja jednego z wielu paradoksów, w
które obfituje historia polskich idei. Ale to zestawienie pokazuje, jak różne
miary stosują autorzy „Sylwetek..." i jak łatwo przychodzi im przymknięcie
oczu na „nihilizm" narodowy w wariancie ultramontańskim.

   Zestawienie idei Henryka Rzewuskiego z programem Róży Luksemburg –
a to zdaje się proponować Karpiński – jest nieporozumieniem jeszcze bardziej rażącym, niż gdyby rzecz tyczyła się przywódców partii „Proletariat".
Waryński w swych wystąpieniach politycznych akcentował potrzebę walki z
uciskiem ekonomicznym czy politycznym, a nie z uciskiem narodowym. Inaczej Róża Luksemburg, która przywiązywała dużą wagę do walki z wynaro-
dowieniem, z germanizacją i rusyfikacją. Jej artykuły na ten temat są łatwo
dostępne i nie ma powodu ich w tym miejscu streszczać. Powiedzmy krótko:
nigdy, w żadnym artykule nie nawoływała Róża Luksemburg do apostazji,
nigdy nie twierdziła, że Polacy powinni zrezygnować ze swej polskości i stać
się Rosjanami czy Niemcami. Prawdą jest natomiast, że Róża Luksemburg
nie formułowała programu państwowej niepodległości. Tylko że przypominając to, warto zapytać, jaki obóz polityczny formułował w owym czasie taki
program? Może krakowscy stańczycy?

   Programy partii politycznych w Królestwie w 1906 roku zestawił Wilhelm
Feldman w swej znakomitej pracy o dziejach polskiej myśli politycznej. Data
dobrana została nieprzypadkowo – był to moment, w którym programy
przestały być li tylko konstrukcjami intelektualnymi czy instrumentami pro-
pagandowymi, a stały się świadectwami rzeczywistych działań politycznych.
Lektura feldmanowskiej tabeli jest nader pouczająca. Wynika z niej, że program niepodległego państwa polskiego formułowała w owym czasie Polska
Partia Socjalistyczna (oba jej odłamy: dla PPS-Frakcji Rewolucyjnej był to
program minimum; dla PPS-Lewicy był to cel dalszy). Endecja i SDKPiL
wysuwały hasło autonomii. Podług endeków zakres tej autonomii miał być
warunkowany rozmiarem ustępstw wyjednywanych od rządu carskiego; podług SDKPiL zakres autonomii wyznaczyć miała konstytuanta w Petersburgu,
uformowana w wyniku zwycięskiej rewolucji antycarskiej. Programem endeckim był sojusz z partiami rosyjskiej prawicy i starania u rządu; programem SDKPiL był sojusz z partiami rosyjskiej rewolucji. Sojusz, a nie utoż-
samienie, o czym świadczyły ciągłe polemiki Róży Luksemburg z socjalistami rosyjskimi.

   Te dwa programy wynikały z dwóch skrajnie różnych reakcji na wieść o wybuchu rewolucyjnym w Rosji. SKDPiL przystąpiła natychmiast do organizowania wystąpień politycznych, strajków i demonstracji polskich robotników, natomiast wódz endecji Roman Dmowski udał się do Petersburga na pertraktacje z rosyjskim rządem. W trakcie rozmowy z rosyjskim premierem, Sergiu-
szem Witte, Dmowski mocno podkreślał antyrewolucyjność nastrojów polskiego społeczeństwa. Wyraził pogląd, że odłączenie Polski od Rosji jest nieosią-

galnym marzeniem. Liczył na to, że rząd carski osłabiony będzie bardziej skłonny do przyznania Polsce autonomii. Winnymi nastrojów rewolucyjnych w Królestwie byli – zdaniem Dmowskiego – przybywający z Rosji Żydzi. „Przynieśli oni ze sobą – tłumaczył Dmowski Wittemu – (...) metody walki bombami i brauningami". Brauningi i bomby – to były symbole pepesowskich, niepodległościowych „bojówek". W taki sposób podsumował przywódca Narodowej Demokracji pierwsze masowe i zbrojne wystąpienie polskich robotników przeciwko niewoli narodowej i społecznej. Endecy wystąpili przeciw demonstrującym i strajkującym socjalistom. Łamali strajki, rozpędzali wiece. Czy działając w ten sposób reprezentowali myśl niepodległą, czy myśl zaprzeczną?

Nie jest intencją tych wywodów – podkreślmy to wyraźnie – afirmacja „narodowych" koncepcji „Proletariatu" i SDKPiL.

Przypomnieć trzeba w tym miejscu opinię Fryderyka Engelsa, który podejmując tę problematykę pisał:

„Historia dowodzi, że naród, dopóki brak mu niezależności narodowej, nie ma warunków, by chociażby poważnie przedyskutować jakiekolwiek wewnętrzne sprawy. (...) Póki Polska jest podzielona i ujarzmiona, póty nie może się w samym kraju rozwinąć silna partia socjalistyczna. (...) Każdy polski chłop i robotnik, który budzi się z otępienia i zaczyna brać udział w sprawach ogólnych, napotyka przede wszystkim fakt ujarzmienia narodowego jako pierwszą przeszkodę na swej drodze. Usunięcie tej przeszkody jest podstawowym warunkiem wszelkiego zdrowego i swobodnego rozwoju. Polscy socjaliści, którzy nie wysuwają wyzwolenia kraju na naczelne miejsce swego programu, przywodzą mi na myśl socjalistów niemieckich, którzy nie żądaliby przede wszystkim zniesienia ustawy przeciw socjalistom, wprowadzenia wolności prasy, zrzeszeń i zgromadzeń. Aby móc walczyć, trzeba najpierw mieć grunt pod nogami, powietrze, światło i przestrzeń. W przeciwnym razie wszystko pozostaje czczą gadaniną".

Engels zauważył głęboko i wnikliwie, że „międzynarodowy ruch proletariacki możliwy jest tylko wśród narodów niezawisłych". Albowiem nie ma innej drogi realizowania ideałów uniwersalistycznych jak poprzez wspólnotę narodową.

Ale kiedy określa się program SDKPiL jako wyraz myśli zaprzecznej, jako „samozwańcze deklarowanie praw dziejów, odsłanianie *Zeitgeistów* i padanie przed nimi na kolana", to warto pewne fakty uświadomić sobie jasno. „Deklarując samozwańcze prawa dziejów", socjaldemokraci kierowali antycarskimi wystąpieniami klasy robotniczej, organizowali strajki i nielegalne związki zawodowe; „padanie na kolana przed Zeitgeistem" prowadziło ich do cel więziennych, na zesłanie w głąb Syberii, na carskie szubienice. Owocem ich „myśli zaprzecznej" była aktywizacja środowisk robotniczych i inteligenckich w walce z caryzmem.

Nie sądzę, by – mimo tych czy innych zastrzeżeń – autorzy ulokowali zmartwychwstańców i endeków w kręgu „myśli zaprzecznej". A przecież praktycznym efektem działań zmartwychwstańców była w najlepszym razie wewnętrzna emigracja, a zwykle konformizm i bierność. Natomiast przypadek endecki jest przykładem nieuchronnej degeneracji myśli nacjonalistycznej. W tej myśli ważniejszy od konkretnego – często zmienianego – programu był styl myślenia, kształtujący mentalność „egoizmu narodowego". Ta mentalność ułatwiała metamorfozy programu. Pozwalała zamienić hasło „niepodległego państwa" i postawę totalnej wrogości wobec całego narodu rosyjskiego (1903) na hasło autonomii i postawę współdziałania z caryzmem (1907); pozwalała na wspólne z rosyjską czarną sotnią wystąpienia przeciw powszechnemu i równemu prawu wyborczemu, skoro dotyczyło ono innoplemieńców. Zamieszkującym ziemię polską nie-Polakom endecy mieli do zaproponowania tylko nienawiść. Wiele można by napisać o owocach tej polityki, ale ograniczę się do przypomnienia opinii Bolesława Prusa. Autor „Lalki" pisał w cotygodniowym felietonie:

„W dniu 3 maja sześćdziesięciu wyborców przed mianowaniem posłów było na nabożeństwie w Katedrze Świętego Jana. (...) Ale dlaczego było ich tylko sześćdziesięciu? Ponieważ dwudziestu innych było Żydami. O, to bardzo poważny powód! A jednak, drodzy panowie, ja sam na własne oczy, w roku 1862 widywałem Żydów w kościołach... Stary Zakon nie powstrzymał ich od udziału w uroczystości «narodowej», bo ci, którzy wówczas reprezentowali naród polski, nie byli podobni do dzisiejszych narodowych demokratów (...) Oni reprezentowali wolność dla wszystkich, nie zaś hasło: «my tu jesteśmy gospodarzami» (...) I w tym jest tragiczność położenia, że my, którzy mamy szansę korzystać z wolności, jesteśmy niżsi, daleko niżsi od naszych poprzedników, którzy za nią tylko... umierali albo szli na Syberię! Miły Boże, gdzie myśmy się nie spotykali z Żydami w roku 1863... W salach obrad i w lokalach spiskowych, i w kościołach, i w więzieniach, i na placach potyczek, i na etapach, i pod szubienicami. I dopiero trzeba było pojawienia się prawdziwych polskich narodowych demokratów, ażeby już dawniej nadpsute stosunki zabagniły się po szyję".

Oczywista, jest to dosyć jednostronna charakterystyka endecji. Rozpatrując rzecz spokojnie i obiektywnie, trzeba dostrzegać i zasługi tego ruchu w procesie rozbudzania świadomości narodowej Polaków na początku XX wieku. Bezsporne jest także, iż Roman Dmowski był jednym z wybitnych polskich pisarzy politycznych. Jego precyzja sformułowań, jasność i logika wywodów – to były wzory dla całej plejady polskich publicystów politycznych. Ale pisarstwo przywódcy endecji przyniosło także szkody. Odrzucał on w imię realizmu politycznego sentymentalne marzenia o ponadnarodowych wartościach humanistycznych, po czym ten skrajny realizm doprowadził go do sojuszu ze skrajną reakcją w Rosji. Dmowski z pewnością chciał niepodległej Polski; dość przypomnieć jego polemiki z obozem ugody przed 1904 rokiem czy też jego działalność w czasie pierwszej wojny światowej. Wszelako jego sposób rozumienia idei polskości, nasycony obskurantyzmem, szowinizmem i ksenofobią, zaciążył katastrofalnie na mentalności całego wielkiego obozu politycznego w Polsce.

Przeciwni akcji zbrojnej i postulatom niepodległościowym byli w latach 1905-1906 także konserwatyści. Autonomię uznawali oni za cel odległy; aktualnie zmierzali do wytargowania od rządu ustępstw w zakresie języka i samorządu. Głosili potrzebę ścisłego związku z Rosją i wyrażali gotowość współdziałania z rosyjskimi partiami porządku i prawa. W zbrojnym ruchu niepodległościowym widzieli konserwatyści zagrożenie ciągłości i „organiczności" stosunków społecznych.

Pojęcia takie, jak „ciągłość", „tradycja" czy „organiczność" nie są terminami jednoznacznymi. A przynajmniej nie były jednoznaczne dla socjalistów-irredentystów z początków naszego stulecia. Mówiąc o ciągłości i tradycji obie strony miały różne rzeczy na myśli. Dla konserwatystów tradycja godna kontynuacji to myśl ugodowa, to Adam Czartoryski (do 1830 roku) i Drucki-Lubecki, Wincenty Krasiński i Aleksander Wielopolski, Paweł Popiel i Murycy Mann. Socjaliści odwoływali się do tradycji insurekcyjnej, do Lelewela i Mochnackiego, do Stanisława Worcella i Edwarda Dembowskiego, do Henryka Kamieńskiego i Jarosława Dąbrowskiego. Podług konserwatystów każda insurekcja była „rewolucyą", zjawiskiem nieorganicznym i zerwaniem ciągłości; podług pepesowców zerwaniem ciągłości była totalna krytyka powstań narodowych i takie wyszydzanie powstańców, jakie zaprezentowali krakowscy konserwatyści w „Tece Stańczyka". To, co dla zachowawców było kontynuowaniem wspaniałych tradycji polskiej przeszłości, to samo dla socjalistów było kultywowaniem świata krzywdy społecznej i politycznego zniewolenia ludzi pracy; co dla jednych było realizmem i umiarkowaniem, drugim jawiło się jako serwilizm wobec zaborcy.

Czytając stare polemiki widzi się wyraźnie, iż akceptacja tradycji czy ciągłości po prostu niewiele oznacza. Zawsze ważny jest wybór tradycji; pozwala to na rozpoznanie, jakie wartości chcą realizować i kontynuować ci wszyscy, którzy mówią o potrzebie ciągłości. Ale nawet totalnie negatywny stosunek do przeszłości nie zawsze uprawnia do jednoznacznego osądu. Przecież antytradycjonalizm jest chorobą młodzieńczą każdego ruchu; przecież nawet ruchy programowo konserwatywne rozpoczynają od zakwestionowania tego, co było przed ich narodzinami.

Myśl lewicowa przez wiele lat dostrzegała w zbyt małym stopniu tę problematykę. Nie ma powodu, by badając historię zapominać o tym. Materiały sesji poświęconej krakowskiej szkole historycznej wskazują, że spotykane przed laty jednostronne i prymitywne negacje dorobku kulturalnego i intelektualnego konserwatystów należą dziś do przeszłości. Przywracanie właściwej proporcji dawnym sporom jest niezbędne. Na tym między innymi polega zasługa książki Mariana Brandysa „Koniec świata szwoleżerów", gdzie racje Wincentego Krasińskiego i „klanu" Łubieńskich zostały starannie wyważone. Co innego jednak przywracać proporcje, a co innego pisać historię Polski *á rebours* rozmaitych jednostronności sprzed ćwierćwiecza. Dlatego myślę, że nie każda krytyka programów radykalnej lewicy winna być dziś bezkrytycznie powtarzana. Dotyczy to zwłaszcza powtarzania krytyki konserwatystów. Taka powtórka to nic innego, jak – cytuję tu celne określenie Tomasza Burka – „zastępowanie głupstwa wczorajszego głupstwem przedwczorajszym". Nie warto – mówiąc słowami Engelsa – rehabilitować „czczej gadaniny", czyli uproszczeń myśli lewicowej, ale nie warto także zastępować tych uproszczeń koncepcjami Stanisława Tarnowskiego, którego zbiór szkiców – „Z doświadczeń i z rozmyślań" – Stefan Żeromski najsłuszniej nazwał „kapitalnym przyczynkiem do historii obłudy ludzkiej".

Z porównania wizerunków stańczyków z portretami Niemojowskich, Świętochowskiego czy Spasowicza jedno wynika bezspornie: zdaniem autorów „Sylwetek..." łatwiej, wygodniej i bezpieczniej było żyć i działać pod berłem monarchy austriackiego. Wszelako emigracja wszystkich Polaków do Galicji nie mogła być programem politycznym. Jak należało postępować mieszkając w Poznańskiem i w Królestwie?

Nie znalazłem odpowiedzi na to pytanie w szkicu o „Kaliszanach", o Wincentym i Bonawenturze Niemojowskich. Jest to szkic ciekawy, ciekawy także ze względu na swą poetykę, którą nazwałbym „korepetytorską". Krytyka polityki „Kaliszan" przeprowadzona została z perspektywy zdumiewającej, bowiem układem odniesienia stały się podejmowane niemal pół wieku później działania krakowskich stańczyków. Można rozumieć pogląd – wyznawany między innymi przez Bobrzyńskiego – że jedynym rozwiązaniem była linia Lubeckiego, któremu Niemojowscy niewątpliwie bruździli; można też rozumieć krytykę „Kaliszan" z pozycji insurekcjonistów, z pozycji Towarzystwa Patriotycznego czy Maurycego Mochnackiego, którzy odrzucali legalizm i parli do powstania. Ale nie sposób rozumieć krytykę polegającą na przyrównaniu działań opozycji kaliskiej do praktyki politycznej stańczyków, bowiem były to sytuacje radykalnie odmienne.

Jeśli natomiast optuje się za linią Lubeckiego – a i tak można zinterpretować stanowisko autorów – to wtedy warto dopowiedzieć sobie, jakie były konsekwencje tej postawy: była to całkowita rezygnacja społeczności polskiej z aspiracji politycznych, zgoda na sytuację, w której konstytucja była świstkiem papieru; była to zgoda na deptanie prawa i aprobata dla wszechwładzy tajnej policji; była to – na koniec – koncepcja ugody polsko-rosyjskiej, w której stronę polską reprezentował serwilista Wincenty Krasiński, a stronę rosyjską oprawca – senator Nowosilcow.

Autorzy zarzucają Niemojowskim ideologiczne doktrynerstwo. Myślę, że przeceniają oni rolę doktryn w praktyce politycznej. Doktryna bowiem bywa zwykle uzasadnieniem polityki, rzadko bywa jej źródłem. Opozycja sejmowa Niemojowskich – popierana przez niemałą część stanu szlacheckiego – wynikała z realnej sytuacji gwałcenia konstytucji, a nie z doktryny, choć doktrynalnie – prawniczym legalizmem – była motywowana. Koncepcja Niemojowskich była następująca: brać za dobrą monetę literę Konstytucji i w ramach legalnych bronić wolności. Jeśli nawet popadali przy tym w „prawnicze" doktrynerstwo, to jakże ich działalność była potrzebna w warunkach pogardy dla prawa. O ileż gorzej było, gdy wśród posłów na sejm brakowało „doktrynerów" praworządności.

Nie trafia do mnie argument, że bracia Niemojowscy pozostawali pod wpływem myśli Benjamina Constanta i francuskiego liberalizmu. Nie mogę uważać tego za zarzut, bo trudno mi uznać, iż mankamentem jakiejś doktryny czy ideologii jest jej kontakt czy związek z myślą cudzoziemską. Jest to równie niemądre, jak niemądre byłoby oskarżenie Rzewuskiego o czerpanie inspiracji z de Maistre'a. Nigdy nie przyszłoby mi do głowy powtarzać – za Adamem Asnykiem – zarzutu pod adresem stańczyków, iż pisali swe prace pod wpływem niemieckiej historiografii. Lęk przed obcymi ideami i niechęć do tego, co cudzoziemskie, wydają mi się wątpliwymi cnotami polskiej kultury.

Na temat „Kaliszan" mam zresztą pogląd radykalnie odmienny od opinii pomieszczonej w „Sylwetkach...". Sądzę – za Jerzym Jedlickim – że Wincenty i Bonawentura Niemojowscy – „ojcowie założyciele polskiego plemienia niepokornych, stworzyli i na dużą skalę upowszechnili nowy i na wskroś europejski sposób działania bezkrwawego, ale i bezkompromisowego, w obronie wolności, prawa i interesu narodowego". Autorzy „Sylwetek..." widzą to inaczej. Ich zdaniem postawa liberałów z Kaliskiego była politycznie jałowa, a jedynym jej pozytywnym rezultatem była przyznana Niemojowskim palma męczeństwa. „Cóż to za osobliwe oszołomienie umysłu – czytamy w szkicu o „Kaliszanach" – brać na siebie rolę opozycji w z góry oznaczonym przez przeciwnika zakresie i spalać się w walkach o czystość czegoś tam, czystość w abstrakcyjnej postaci, która nikomu na nic nie jest potrzebna...".

Nie sposób pojąć, dlaczego działanie opozycyjne w zakresie wyznaczonym wszakże wtedy przez legalnie obowiązujące przepisy prawne, autorzy uważają za „osobliwe oszołomienie umysłu". Czy dlatego, że „carski imperializm nie uznawał pojęcia prawa i wolności", Polacy winni zrezygnować ze swych, uroczyście gwarantowanych przez monarchię, politycznych uprawnień? Pogląd taki wydaje się nieporównanie bardziej „osobliwym oszołomieniem umysłu".

Nie rozumiem, dlaczego walkę o przestrzeganie prawa nazywa się „walką o czystość czegoś tam", a już całkiem nie potrafię pojąć, na jakiej podstawie autorzy sądzą, że owo „coś tam" (czyli praworządność i swobody polityczne) nie były Polakom potrzebne. Nie sądzę, by działalność Niemojowskich była politycznie jałowa. „Ten wzór hartu moralnego – słusznie pisze Jedlicki w cytowanym wyżej artykule – cywilnej odwagi, godności połączonej z kunsztem politycznej taktyki stwarzał wielką szansę wyjścia poza przeklętą polską alternatywę ugody – i kamieni na szaniec". Jeśli prawdziwe było porzekadło, że „Polacy umieją z godnością umierać, ale nie umieją z godnością żyć"; jeśli prawdziwa była opinia, że „Polakowi łatwiej przychodzi stracić życie w czasie wojny niż posadę w czasie pokoju", to było tak dlatego, że warunki obiektywne nie pozwoliły na wykorzystanie doświadczeń Niemojowskich w dostatecznym stopniu. Działalność opozycji kaliskiej była dla Polaków z

„Kongresówki" wielką szkołą kultury politycznej, albowiem nie może być mowy o rozwoju kultury politycznej tam, gdzie nie ma jawnej dyskusji i otwartej kontrowersji. Tego nie zapewniali ani spiskowcy (bo nie mogli), ani ugodowcy (bo nie chcieli).

Na koniec: nie rozumiem, co znaczy stwierdzenie, że Niemojowscy „zapominali o odrębności polskiej tradycji i polskiej sytuacji politycznej", bo nie wiem, o jaką tradycję autorom „Sylwetek..." chodzi, co mają tu na myśli. Natomiast opinia, że „Kaliszanie nie dostrzegali potrzeby rozwijania oświaty i że nie interesowały ich żadne formy pracy organicznej", ta opinia polega chyba na nieporozumieniu. Niemojowscy – przypominał o tym ostatnio Marian Brandys w „Końcu świata szwoleżerów" – upowszechniali nowoczesną kulturę agrarną, działali w Towarzystwie Kredytowym Ziemskim, organizowali Towarzystwa Czytelnicze w Kaliskiem.

Autorzy wiele miejsca poświęcają problemowi ugody. Stanowi to jeden z powodów atrakcyjności ich książki, bowiem problem jest równie istotny, co złożony. Aliści w trakcie lektury trudno nie zauważyć, że, pisząc o negatywnych aspektach ugody, autorzy starannie omijają konserwatywne uzasadnienia potrzeby lojalności wobec zaborcy. Nie przeczy temu krytyka Rzewuskiego, bowiem Karpiński doszedł do wniosku, że w gruncie rzeczy Rzewuski nie konserwatystą był, lecz doktrynerem.

Doktrynerem, a nie konserwatystą, okazał się także margrabia Aleksander Wielopolski. Nie potrafiłem doszukać się lojalistycznych konsekwencji konserwatyzmu księdza Kajsiewicza w szkicu o zmartwychwstańcach, natomiast obdarzono tam mało zaszczytnymi określeniami Świętochowskiego i Spasowicza. Zaakceptowani zostali – jako przykład mądrej ugody – jedynie krakowscy stańczycy. Stańczyków chwalą autorzy „Sylwetek..." za realizm i wystąpienie przeciw „polityce szumnych frazesów i zbrojnych utarczek". Takie ujęcie problemu sugeruje, że przeciwnicy Tarnowskiego i Koźmiana, demokraci galicyjscy, byli zwolennikami powstań i spisków. Było inaczej. Obóz demokratyczny w Galicji, a więc Franciszek Smolka, Tadeusz Romanowicz czy Adam Asnyk wcale nie nawoływali do insurekcji i konspiracji, nie uciekali w marzycielstwo i frazesy, nie byli ani zwolennikami totalnej negacji, ani politycznego awanturnictwa. Mieli oni konstruktywny program pracy organicznej, organizowali szkolnictwo ludowe, kontynuowali tradycję niepodległościową.

Autorzy przytaczają – bez polemicznego komentarza – stańczykowskie opinie o obozie demokratycznym, dyskretnie przemilczając przy tym repliki Romanowicza czy Asnyka. „Demokraci – czytamy – nie wyszli poza piękne słowa, a za to umieli z zapałem krytykować tych, którzy wykonywali konkretne zadania". Jest to typowa opinia władzy o opozycji i dziwić się wypada, że autorzy ją bezkrytycznie powtarzają. Jeszcze dziwniejsze jest, że nie wspominają w tym miejscu choćby o Towarzystwie Oświaty Ludowej, wspaniałej inicjatywie demokratów galicyjskich, która była chyba czymś więcej niż „pięknosłowiem".

Autorzy przypominają często deklaracje stańczyków o przywiązaniu do tradycji i cywilizacji „zachodniego łacińskiego świata". Przypomnieć zatem wypada, że demokraci nie byli zwolennikami cywilizacji orientalnej, bowiem idee demokratyczne, idee wolności i równości także zostały zrodzone przez cywilizację „zachodniego łacińskiego świata". Wybór pomiędzy stańczykami a demokratami nie jest wyborem między okcydentalizmem a orientalizmem, lecz między konserwatywnym legitymizmem a nowoczesnym demokratyzmem. Wybieram ten ostatni. Dlatego nie bez sceptycyzmu czytam zachwyty nad tezą Tarnowskiego, że „wobec braku niezależności państwowej o przetrwaniu narodu decydowała będzie ciągłość więzi wewnętrznych". Sformułowanie to – samo w sobie – nic nie znaczy. Szkoda, że te ogólniki nie zostały przełożone na język konkretów. Może wtedy zostałaby przypomniana debata sejmu galicyjskiego (1880 rok), podczas której spierano się o oświatę. W trakcie tej debaty zabrali głos między innymi Szujski i Wodzicki. Autor „Kilku prawd z dziejów naszych", programowego szkicu stańczyków, i rektor Uniwersytetu Jagiellońskiego, Józef Szujski, wypowiedział się za obniżeniem okresu obowiązkowego nauczania z lat sześciu na cztery.

„Napełniając głowę dziecka różnorodnymi wiadomościami – tłumaczył Szujski – natchnęłoby ją tylko aspiracjami do szkół wyższych. A więc cel znowu chybiony, bo zamiast, ażeby tę naukę uczynić pożyteczną i na gruncie spożytkować, na to by się ona tylko przydała, aby jak największą liczbę uczniów napełnić aspiracjami nad stan, zniechęcić ich do stanu włościańskiego, a tylko kazać im się piąć po drabinie nauki ku szkołom wyższym".

Uzupełnił te wywody Henryk hr. Wodzicki, współautor „Teki Stańczyka", który zauważył, że „to wydobywanie jednostek z pewnych warstw społecznych sprawia wiele złego w naszym kraju, bo zrywa wszelką tradycję". Tak oto wyglądała w praktyce konserwatywna troska o „ciągłość więzi wewnętrznych" i „dogmatyczne czuwanie" nad tradycją.

Stańczycy – warto o tym pamiętać – nie uważali Galicji za „polski Piemont". Dowodzili, że naród winien egzystować w swej kulturze, a nie w odrębnym państwie. Co najmniej od 1871 roku odrzucali program niepodległościowy, zastępując go koncepcją austro-polską. Z legalizmu i potępienia *liberum conspiro* uczynili dogmat, który obowiązywać miał nie tylko w Galicji. Rozciągnęli te zasady na wszystkie trzy zabory, opowiadając się za polityką trójlojalizmu. W Królestwie eksponentem orientacji stańczykowskiej był między innymi Antoni Wrotnowski, autor głośnych „Porozbiorowych aspiracji narodu polskiego". Książka Wrotnowskiego była propozycją ugody polsko-rosyjskiej, opartej o wspólne dążenie do konserwacji hierarchii społecznej. Zasadnicza teza tej książki brzmiała: Polacy zmienili swe dotychczasowe aspiracje niepodległościowe i zarzucili metody spiskowo-insurekcyjne; Polacy deklarują gotowość ugody z monarchą pod warunkiem porzucenia przez Rosję polityki „panrossyanizmu" (rusyfikacji) i przyznania narodowi polskiemu autonomii. Karpiński odczytał sens tej książki inaczej – podług niego książka Wrotnowskiego była świadectwem polskich aspiracji niepodległościowych. Teza ta zdumiewa jeszcze bardziej w zestawieniu z oceną działalności Świętochowskiego czy Spasowicza. W „Sylwetkach..." zarzuca się Świętochowskiemu „rezygnację z idei niepodległości". Jest to w pewnym sensie zarzut słuszny; pytanie tylko, w jakim kontekście się go formułuje. Wybitny polski socjalista Feliks Perl pisał o Świętochowskim i podobnym mu w tendencji publicystach bardzo surowo: „(...) nasz liberalizm mieszczański narodził się (...) w takiej nieszczęśliwej porze, że gotów był walczyć ze wszystkim – z Bogiem, z tradycją, z romantyzmem – byle nie z caratem (...) Na wyżynach filozoficznych Świętochowski snuł dumne rozmyślania o wolności ducha, o prawach jednostki, o ludzkości i jej ideałach powszechnych, kosmopolitycznych. A gdy schodził na padół, to gromił «marzenia», szydził z «wielkiej polityki», pozytywistyczny sztandar postępu zatykał na kanalizacji warszawskiej (...), idealizował wywóz towarów do Rosji (...) i tworzył prawdziwą filozofię niewolnictwa".

Ocena Perla wydaje się jednostronna i krzywdząca dla Świętochowskiego, ale w ustach socjalisty czynnie walczącego z caratem o niepodległe państwo polskie taki osąd jest zrozumiały. Wszelako – gdy podobne zarzuty padają ze stanowiska konserwatywnego – muszą szokować.

Dla autora szkicu o Świętochowskim argumentem na rzecz tezy o ugodowości czy wręcz „rezygnacji z niepodległości" Posła Prawdy jest poparcie przezeń inicjatywy Zygmunta Wielopolskiego. Myślę, że jest to interpretacja powierzchowna i uproszczona. Napisany przez Zygmunta Wielopolskiego „list otwarty do Katkowa", niezależnie od swej ugodowości był – obiektywnie rzecz biorąc – próbą uniemożliwienia nowej kampanii antypolskiej, którą Katkow próbował rozpętać, wykorzystując fakt, że car Aleksander II zginął od bomby rzuconej przez Polaka, Ignacego Hryniewieckiego. Z tych to powodów Świętochowski skłonny był dać Zygmuntowi Wielopolskiemu pewien kredyt. Można tych racji nie podzielać, ale warto o nich pamiętać. Tym bardziej, że Świętochowski daleki był od utożsamiania się z Wielopolskim-juniorem. „My osobiście – pisał – nie nosimy przy boku szabli na usługi pana Zygmunta, a nawet przekonania społeczne i umysłowe stawiają nas na przeciwległym do niego krańcu (...)".

Autorzy „Sylwetek..." piszą:

„Świętochowski poparł Zygmunta Wielopolskiego, napisał nawet, że «idea zbrojnych powstań w społeczeństwie naszym zamarła, jej wyznawcy i obrońcy albo wyginęli, albo wymarli (...)». Intencje powodowały nim szlachetne, ale wymowa tych słów była obiektywnie szkodliwa, zaś adresat niezbyt ponętny".

Wystąpienie Świętochowskiego stanowiło błąd taktyczny i polityczny. Nasuwa się jednak pytanie: czy adresat stawał się bardziej ponętny, gdy kierował doń swe propozycje ugody wychwalany przez stańczyków Antoni Wrotnowski? Zacytowana jako *horrendum* opinia Świętochowskiego o zmierzchu idei powstań zbrojnych w społeczeństwie polskim nie różni się niczym od poglądów konserwatystów. Jeżeli powiada się, że wymowa słów Świętochowskiego była obiektywnie szkodliwa, to rozszerzyć trzeba tę ocenę – konsekwentnie – na wszystkie programy ugody z carską Rosją. Za taką ugodą opowiadali się – przypomnijmy to raz jeszcze – również stańczycy, o czym w książce Karpińskiego i Króla nie ma ani słowa.

Poseł Prawdy – poza epizodem listu do Zygmunta Wielopolskiego – nie sformułował programu politycznej ugody. Nie zajmował się właściwie polityką w ścisłym znaczeniu tego słowa; zajmował się edukacją polityczną swych czytelników. Jego stanowisko w sprawie wojny serbsko-tureckiej, jego ujmowanie się za walczącymi o wolność narodową Serbami nie wynikało bynajmniej, jak to czytamy w „Sylwetkach..." z „naiwnego humanizmu", ale z wierności zasadom. Wystąpienie przeciw walczącym o wolność Serbom z tej tylko racji, że popierała ich Rosja, oznaczało – według Świętochowskiego – rezygnację z pryncypiów dla racji kawiarniano-politykierskich. Świętochowski nie miał żadnego realnego wpływu na rozwiązanie konfliktu bałkańskiego, nie widział żadnego sensu w rezygnacji z zasad dla racji taktyki politycznej.

Serbowie byli popierani przez carat, a Turcja była wrogiem carskiej Rosji. Ale Serbowie walczyli o to, co było marzeniem Polaków: o narodową niepodległość. Poseł Prawdy sądził – chyba nie bez racji – że nie można wychowywać własnego narodu w przekonaniu, iż zasługuje na lepszy los od innych narodów. Świadom jestem, że ta dyrektywa ogólna ma walor teoretyczny; że konkretna polityka popada często w konflikt z pryncypiami ideologicznymi. Wszelako wtedy tylko jest to konflikt rzeczywisty, gdy istnieje możliwość prowadzenia rzeczywistej polityki. Podczas wojny serbsko-tureckiej Polacy nie mieli takiej możliwości, nie mieli żadnego wpływu na sytuację międzynarodową. W tym stanie rzeczy szydzenie z Serbów i sympatia dla tureckiego zaborcy nie świadczyły bynajmniej o politycznym rozsądku, a popieranie powstania podbitego narodu nie było wcale – wbrew opinii autora szkicu o Świętochowskim – „szlachetną naiwnością". Albowiem dla podbitego i zniewolonego narodu afirmowanie podłości jest zawsze głupotą, a obrona prawdy i moralności w myśleniu o polityce nie jest wcale naiwnością: jest jedynym realnym programem działania dla intelektualistów (a był nim przecież Świętochowski).

Autorzy „Sylwetek..." zdają się sugerować istnienie związku pomiędzy pozytywistycznym światopoglądem Posła Prawdy a ewolucją jego poglądów w stronę antysemityzmu. Trudno przystać na takie *iunctim*. Przeczy temu z jednej strony choćby przykład Bolesława Prusa, a z drugiej także długa lista antysemitów, którzy z pozytywizmem nie mieli nic wspólnego. Słabym argumentem jest stwierdzenie, że Dmowski i Popławski byli uczniami pozytywistów. Uczniami pozytywistów byli również Ludwik Krzywicki i Wacław Nałkowski. Świętochowskiemu zarzuca się w „Sylwetkach...", „że postulat pracy organicznej miał w znacznym stopniu formalny charakter. Albowiem jeżeli idee przewodnie są tylko mglisto określone, a brak jest konkretyzacji, jaką bywa działalność polityczna, wówczas ogólnikowe apele są jałowe". W cytowanym wywodzie autorzy abstrahują od konkretnej sytuacji historycznej, w której przyszło Świętochowskiemu działać. Jasny program polityczny – jeśli nie był to program ugody z carską Rosją – był wtedy niemożliwy do sformułowania na łamach legalnej prasy. Rezygnując z rozwiniętego programu działań politycznych, Świętochowski koncentrował uwagę swoich czytelników na programie przeobrażeń gospodarczych, społecznych, obyczajowych. Uważając walkę zbrojną o wydobycie kraju z niewoli za nierealną, pragnął wydobyć swój kraj z zacofania, z wstecznictwa, z prowincjonalizmu kulturalnego. Krytykował konserwatyzm myślowy, zwalczał klerykalizm. W tym, a nie w potępieniu czynu zbrojnego, tkwiło sedno konfliktu Świętochowskiego ze „starą" prasą; konfliktu, w którym zresztą racje były po obu stronach.

Atakując klerykalizm, Świętochowski bywał daleki od obiektywizmu i zdrowego rozsądku. Odstręczał tym wielu ludzi, skądinąd mu bliskich. Do takich należał Stanisław Krzemiński, człowiek przekonań demokratycznych, daleki nie tylko od klerykalizmu, lecz i ortodoksji katolickiej. Ale Krzemiński był zdania, że „Kościoła (...) w Polsce szarpać nie wolno, gdyż lgnienie do niego ogólne (...) jest jednym ze składników narodowości polskiej, a wszelkie osłabienie wiary religijnej (...) musi być i osłabieniem samej narodowości (...)". Pogląd Krzemińskiego na rolę Kościoła podzielany był także przez innych pisarzy dalekich od katolickiej ortodoksji. Podobnie myślał Stefan Żeromski, podobnie myśleli również światli Rosjanie – Aleksander Hercen czy Aleksander Pypin. Opinie te nie miały – rzecz prosta – waloru ponadhistorycznego. Odnosiły się do konkretnej, szczególnej sytuacji, ale trzeba było zacietrzewienia Świętochowskiego, by owej sytuacyjnej specyfiki nie dostrzegać.

Wiele można zarzucić jeszcze Świętochowskiemu i jego programowi. Drażni jego specyficzny kosmopolityzm, jego pasja prowokowania opinii publicznej, jego przesadny krytycyzm wobec tradycji insurekcyjnych. Ale drażni także, jeśli wini się Świętochowskiego za to, co było wynikiem niezależnych odeń warunków politycznych i jeśli uznaje się za wady te fragmenty jego myśli, które przestają być wadami w publicystyce krakowskich stańczyków. To samo tyczy oceny Spasowicza. „Złudzeniem była – czytamy o spasowiczowskim programie – tak daleko posunięta koncepcja ugody z Rosją (...) Błędna była doktryna, a nie praktyka codziennej działalności polityczno-kulturalnej. Do ugody muszą być skłonni obaj ewentualni partnerzy. Carat zaś skłonności takich nie ujawniał". Zgodzić się trzeba z tą uwagą, ale przypomnieć wypada, że spasowiczowska doktryna ugody spotkała się z pełną aprobatą krakowskich konserwatystów. Jeśli coś ich od Spasowicza różniło, to kult arystokracji, uwielbienie monarchizmu, niechęć do idei reform społecznych.

Czytając „Sylwetki..." odnosi się wrażenie, iż autorzy – pisząc o sytuacji w

Królestwie – odrzucają właściwie wszystkie postawy sprzed 1890 roku. Jeśli natomiast esej Karpińskiego o Wrotnowskim (pomieszczony w *Twórczości*) jest wyrazem poglądu, że słuszna i rozumna była polityka warszawskich konserwatystów, to trudno oprzeć się wrażeniu, iż całościowa konstrukcja proponowana przez autorów „Sylwetek..." daleka jest od wewnętrznej konsekwencji.

Gdyby przebadać dzieje polskiej myśli w XIX wieku pod kątem jej stosunku do Rosji, to wyodrębnić można – zasadniczo rzecz biorąc – dwa punkty widzenia, dwie optyki. Pierwsza to optyka Zygmunta Krasińskiego, Juliana Łukaszewskiego, Agatona Gillera; druga to optyka Adama Mickiewicza, Cypriana Norwida, Jarosława Dąbrowskiego. Zygmunt Krasiński pisał o Rosji i Rosjanach w ogóle w kategoriach najbardziej negatywnych: „Rossya – tłumaczył – jest wytworem i zbiorem pierwiastków najbardziej złowrogich i najbardziej rozkładowych, jakie są w historii".

Z tej perspektywy myślowej nie było możliwe żadne porozumienie żadnej hipotetycznej Polski z żadną hipotetyczną Rosją. Inaczej rozumował Mickiewicz pisząc „Do przyjaciół Moskali", inaczej rozumował także Norwid. „Do słowa Moskal, do słowa Moskwa – pisał Norwid w cytowanym przez Karpińskiego «Memoriale o prasie» – przywiązywanie ohydy jest zarazem przeciwhistoryczną i przeciw-polityczną działalnością". „Kto nastaje na Rosję w ogóle – pisał w innym miejscu – wywołuje ogólny – rosyjski – patriotyzm, czyli pracuje dla nich". Podług Norwida „granicząc z Rosją trzeba w niej mieć swą partię – inaczej albowiem spotykają się dwa monolity, nic pośredniego nie mające – a skoro dwa monolity się zetrą ze sobą, zostaje nicestwo i trzaskanie się sił ostateczne. Moskwa mogła mieć swą partię w Polsce Republikańskiej... ale Polacy w Rosji nigdy się o to nie pokusili – sensu tyle politycznego nie mając!"

Konsekwencją myśli Krasińskiego był albo program konsekwentnej, nieprzerwanej insurekcji, albo też – zewnętrzna bądź wewnętrzna – emigracja. Myśli analogiczne odnaleźć można we wszystkich obozach politycznych: od Klaczki po Hauke-Bosaka. Program ugody z Rosją był możliwy tylko przy założeniu, że w społeczeństwie rosyjskim są siły zainteresowane porozumieniem z Polakami. Ale założenie takie nie przesądzało jeszcze o ugodzie. Jego konsekwencją mogło być także szukanie wśród Rosjan sojuszników do walki z caryzmem. Różnych szukano sojuszników. Szukał ich Wielopolski, ale i Jarosław Dąbrowski, za sojuszem z Rosją byli Wrotnowski, Spasowicz, Dmowski, ale i Wróblewski, Waryński czy Leon Wasilewski.

Wrotnowski dążył do związków z Rosją konserwatywną, z Rosją przeciwną reformom w Królestwie, i Rosją tolerującą narodowość polską jako element zachowawczy, antyrewolucyjny, gwarantujący trwałość feudalnego ładu w imperium. Spasowicz i bliski mu Aleksander Lednicki szukali porozumienia z Rosją liberalną, oświeconą, przejętą nowoczesnymi ideami Zachodu, z Rosją walczącą o prawa człowieka i parlamentaryzm, z Rosją rozumiejącą potrzebę modernizacji systemu politycznego, gospodarczego i administracyj-

nego. Dmowski wyciągał rękę do Rosji przerażonej, lękającej się rewolucji.
Wróblewski, Waryński, Leon Wasilewski nawiązywali łączność z Rosją
zbuntowaną, podziemną, nieoficjalną; z Rosją nielegalnej literatury i nielegalnych kółek studenckich, z Rosją strajkującą i wiecującą; z Rosją głoszącą
potrzebę rewolucyjnej likwidacji carskiego samowładztwa (skoro „pokojowe'" metody zawiodły...) i deklarującą prawo Polaków do samodzielności
narodowej. Różne były Rosje. Imperialna i despotyczna polityka caratu i
fakt oparcia dla niej w rosyjskiej elicie władzy nie przesądzały bynajmniej o
słuszności wyboru optyki Zygmunta Krasińskiego. Te tendencje caryzmu
opisywali zresztą także Rosjanie: Hercen i Czernyszewski, Sałtykow-Szczed-
rin i Czechow. Jeśli przyjąć, że warunkiem koniecznym unicestwienia imperializmu i despotyzmu była demokratyzacja Rosji, to dążenie do współpracy
z tymi z Rosjan, którzy chcieli swój kraj zdemokratyzować, było postępowaniem zasadnym. A przecież – koniec końców – do tego, do szukania takich
sojuszników sprowadzała się linia Spasowicza i Lednickiego.

Przyjmijmy na moment – za autorami „Sylwetek..." – że działania tych
ludzi niewiele przyniosły w politycznej praktyce (choć świetny szkic Wacława Lednickiego o „polsko-rosyjskiej *entente cordiale*" świadczy o czymś
przeciwnym). Ale czy nie był to taki moment historyczny, kiedy solidarność
polskiej i rosyjskiej opozycyjnej elity umysłowej miała doniosłe znaczenie
moralne i kulturowe, a przez to i wymiar polityczny? Autorzy „Sylwetek..."
piszą o „naiwności" Spasowicza i jego „złudzeniach". Wiele w tym prawdy.
Ale czy można to jednak odnieść do jego koncepcji sojuszu z rosyjskimi
liberałami? Spasowicz postępował zasadnie i rozumnie, współpracując z rosyjską profesurą i rosyjską palestrą walczącą o swobody polityczne. Naraził
się przez to na represje, stracił katedrę uniwersytecką. Czy lepiej by uczynił
– z polskiego, a nie „naiwnie humanistycznego" punktu widzenia – gdyby
pozostał z boku, uznając, jak tylu innych, konflikt rosyjskich demokratów z
caryzmem za „wewnętrzną sprawę Moskali"?

Trudnawy Spasowicz bywa mi bliższy od błyszczącego niepospolitą inteligencją Zygmunta Krasińskiego; bliższy zrozumiałym wtedy przekonaniem,
że byli różni Rosjanie: ci, którzy wieszali, ale i ci, których wieszano. Wszelako przyznać trzeba, iż dokonana przez Krasińskiego analiza istoty caryzmu
zdumiewa przenikliwością. Autor „Nieboskiej komedii" nie wskazywał
wprawdzie Polakom żadnego sensownego modelu współżycia z Rosją, ale
wskazywał na te cechy – społeczne, polityczne i kulturowe – systemu carskiego samowładztwa, które czyniły to współżycie niemożliwym. Dzięki swej
genialnej intuicji potrafił przewidzieć pojawienie się rosyjskich biesów, które
później uosabiali dwaj ludzie: Mikołaj Milutin i Sergiusz Nieczajew. Poeta
dostrzegał w tych biesach zagrożenie fundamentalnych wartości kultury europejskiej. Warto w tym miejscu przypomnieć – za Karpińskim – o istotnych
podobieństwach w poglądach na istotę caryzmu pomiędzy Krasińskim a Ka-
rolem Marksem.

Autor „Irydiona" nie miał nic wspólnego z zaściankowością czy nacjonalizmem i nie taki sens miały jego pisma polityczne. Ale myśli zawarte w tych pismach, odpowiednio „spłaszczone", sprymityzowane i wyrwane z kontekstu bez trudu mogły stać się instrumentem w procesie nacjonalistycznej deprawacji umysłów. Całkowicie wolni od nacjonalizmu – świadczy o tym choćby szkic o Popławskich – są również autorzy „Sylwetek...". Z tym większym zdziwieniem odnajdywałem w tekście sformułowania bliskie mętniactwu nacjonalistów. Myślę tu o pojawiających się marginesowo uwagach o narodowych tradycjach (polskich i obcych), a zwłaszcza o sformułowaniu następującym: „Naród, który zgubi swoją ideę, choćby nosiła znak szaleństwa, obumrze". Być może Małgorzacie Dziewulskiej-Król – autorce tego sformułowania – chodzi o to, że podbity naród musi kultywować ideę niepodległościową pod zagrożeniem autolikwidacji. Chcę wierzyć, że w cytowanym zdaniu idzie tylko o tę banalną prawdę, przesłoniętą przez stylistyczny zawijas. W innym razie nie rozumiem tego zdania. Nie wiem, co to znaczy, że jakiś naród ma jakąś swoją specyficzną ideę, którą w dodatku może zgubić. Wiem natomiast, że w czasach bezwzględnej ważności słowa należy takich mętnych ogólników unikać. Inaczej można się znaleźć w nieoczekiwanym i niepożądanym towarzystwie piewców „idei narodu".

Czytając „Sylwetki..." można w trakcie lektury układać sobie własną, osobistą listę bohaterów XIX-wiecznej polskiej epopei. Nie myślę zarzucać autorom, że kogokolwiek pominęli, bowiem ich książka nie jest podręcznikiem, tylko tomem esejów. Wszelako, gdy układam sobie w głowie własną listę, to wciąż przychodzą mi na myśl dwaj ludzie: Jarosław Dąbrowski i Stanisław Krzemiński. Pierwszy był człowiekiem czynu, ale w nielicznych wystąpieniach publicystycznych sformułował podstawowe tezy nowoczesnej myśli politycznej Polaków i najprecyzyjniej sformułował konkretny program zadań emigracji polskiej XIX wieku. Na przykład uznanie praw narodu ukraińskiego było dla Dąbrowskiego warunkiem koniecznym niepodległości Polski. Krzemiński był z profesji publicystą, autorem świetnej książki „25 lat Rosji w Polsce", ale swymi uczynkami stworzył najdoskonalszy model „organicznika-niepodległościowca". Był on realistą w najgłębszym i najlepszym sensie tego słowa, gdyż jego realizm był zaprzeczeniem konformizmu i zgody na obcą przemoc. Inicjator i współuczestnik wszystkich ważnych akcji społeczno-kulturalnych, pokazał Krzemiński, jak wiele można zdziałać bez upodlających deklaracji lojalności wobec zaborczego monarchy.

Sylwetki Dąbrowskiego i Krzemińskiego nabierają szczególnego znaczenia wtedy, gdy ogarnia się całą złożoność sytuacji polskiej myśli w XIX wieku. Polska myśl polityczna musiała być zarazem restauracyjna i rewidująca. Metodą ocalania zagrożonej kultury narodowej było kultywowanie tego, co swojskie, przechowywanie tradycji możliwie nienaruszonej. Płacono za to cenę postępującej prowincjonalizacji, rezygnowano z reform społecznych i modernizacji gospodarki. Kult dworku szlacheckiego utrwalał świadomość narodową, ale sprzyjał również zacofaniu. Bunt przeciw prowincjonalizacji i zacofaniu, bunt w imię nowoczesności i wartości uniwersalnych, prowadził nierzadko do krytyki polskiej tradycji i bywał odczytywany jako atak na wartości narodowe, na polską tożsamość kulturową. Taki sens miały spory między Świętochowskim a „starą prasą". Próbując przezwyciężyć ten trudny dylemat, Krzemiński pisał:

„Harmonia możliwa jest jedynie w rozmaitości: jeden ton nie wyda akordu. Nie ta lub owa doktryna jest straszną, ale chińszczyzna niemrawa, spleśniała, wewnętrznego i zewnętrznego ruchu pozbawiona. (...) Oba prądy, postępowy i zachowawczy, są zawsze i wszędzie potrzebne, i ani jeden, ani drugi wyłącznego przywileju na życie nie posiada".

Trudno nie podzielić poglądu Krzemińskiego. Myślę, że pod jego poglądem mogą podpisać się również autorzy „Sylwetek..." Oznaczałoby to, że – mimo różnic – wspólne jest przeświadczenie o znaczeniu pluralizmu w myśli politycznej tego okresu, pluralizmu, który warunkował autentyczność życia umysłowego i bogactwo kultury narodowej. Toteż i dokonując obecnie przewartościowań historycznych, chodzi o to, by ich kierunek nie był jednostronny. Stąd właśnie te polemiczne rozważania.

Więź nr 9, Warszawa wrzesień 1975

Spór o pracę organiczną

Po klęsce powstania styczniowego spory o sens i kształt idei „pracy organicznej" znalazły się w centrum polskiego życia umysłowego w kraju i na emigracji. Kontekstem, często nawet punktem wyjścia do tych dyskusji, była ocena polityki Aleksandra Wielopolskiego i jej nieoczekiwanego ukoronowania – zbrojnej insurekcji. Dlaczego koncepcja margrabiego przegrała? Rozmaitość odpowiedzi na to pytanie kryła w sobie ciągnący się przez lata polski spór o stosunek do przeszłości, teraźniejszości i przyszłości narodu.

Autorowi niniejszych rozważań najbliższy prawdy wydaje się pogląd następujący:

1) Podjęta przez Wielopolskiego próba porozumienia z caratem, próba aliansu polsko-rosyjskiego w oparciu o zasady konserwatywne i uznane przez obie strony statusu społecznego klas posiadających w Królestwie Polskim i w Rosji, zakładała akceptację przez margrabiego systemu carskiego samowładztwa. Realizacja tej polityki prowadziła zatem do utrwalenia w Królestwie społecznych i politycznych zasad obowiązujących w despotycznie rządzonym państwie carów. Był to program sprzeczny z poglądami polskiej opinii.

2) Zresztą o uzyskanie poparcia polskiej opinii margrabia wcale nie zabiegał. Był to reformator o mentalności reakcjonisty, który najchętniej posługiwał się sposobami dyktatora i policjanta. Reformy – nawet te postępowe – Wielopolski zaprowadzał metodami wstecznymi, odwoływał się do przemocy, nie cofał się przed represjami budzącymi grozę. W bezwzględnej walce z przeciwnikami politycznymi nie cofał się przed korzystaniem z pomocy zaborcy.

Artykuł ten ukazał się pod pseudonimem Andrzej Zagozda.

3) Ale ważne było nie tylko to, że margrabia odwoływał się do pomocy obcych. Ważne było i to, że jego program reform był już na owe czasy wsteczny i anachroniczny. Na przykład postulat uwłaszczenia chłopów – w takim czy innym trybie – był składnikiem wszystkich ówczesnych programów politycznych, ale nie znalazł się w programie Wielopolskiego, któremu wystarczały zasady kodeksu napoleońskiego. Proponowana przez margrabiego polityka społeczna nie odpowiadała aspiracjom wyzutych z własności mieszkańców Królestwa.

4) W sprzeczności z polskimi dążeniami stały również adresowane do rosyjskiego monarchy deklaracje Wielopolskiego, w których margrabia posuwał się do całkowitego utożsamienia – i to na wsze czasy – interesów polskich z polityką caratu. Opinia publiczna mogła aprobować niejeden kompromis z zaborcą, ale nie była skłonna do rezygnacji z idei niepodległości. Oparta na silnej władzy polityka Wielopolskiego nie wiodła narodu polskiego ku nowoczesnym i postępowym formom życia społecznego. Ta polityka prowadziła do ideału praworządnie rządzonej (choć prawo wyznaczał despotyczny monarcha) i sprawnie administrowanej (choć sprawność ta zwiększała tylko udrękę poddanych) prowincji carskiego imperium.

Margrabia tłumaczył opozycję społeczeństwa przeciw tej polityce lekkomyślnością i anarchią Polaków, ale prawda była chyba inna. Opór ten oznaczał wkrocznie na scenę polityczną nowych warstw społecznych, których aspiracje gwałcone były przez antydemokratyczną i społecznie zachowawczą politykę Wielopolskiego; był to wyraz rozbudzenia nowych dążeń, typowy symptom rozwoju społeczeństwa. Lekceważenie i ignorowanie tych zmian w strukturze narodu musiało doprowadzić do otwartego konfliktu. Słuszna przeto zdaje się być opinia Józefa Szujskiego, który – po klęsce powstania – replikując chwalcy polityki margrabiego, Pawłowi Popielowi, pisał, że „nie byłoby powstania, gdyby go nowy Targowiczanin nie był wywołał (...) nie byłoby się przygotowało, gdyby ci, co dziś najmocniej krzyczą (...) nie drażnili [społeczeństwa – A. M.], gdyby nie plwali na nie, zamiast się z nimi porozumieć"[1].

Pogląd taki był niemal powszechny wśród emigrantów spierających się na obczyźnie o sens „pracy organicznej". Taka była niewątpliwie sytuacja Wielkiej Emigracji, formułującej polskie „prawdy żywotne" po powstaniu listopadowym.

Sytuacja postyczniowych emigrantów była nieco odmienna. Jedną z charakterystycznych cech tej emigracji był rozziew pomiędzy diagnozami teraźniejszości i programami na przyszłość formułowanymi w kraju i na obczyźnie. Zdecydowana większość opinii krajowej postulowała „przekucie mieczy na lemiesze", odrzucenie ideologii insurekcyjnej na rzecz – rozmaicie zresztą rozumianej – zasady legalizmu, ugody i pracy organicznej, zaniechanie na czas bliżej nieokreślony myśli o suwerennej państwowości. Zdecydowana większość opinii emigracyjnej kontynuowała idee powstania i manifestu

---

[1]   Józef Szujski: *O broszurze p. Pawła Popiela*, „Dzieła" t. I.

Rządu Narodowego z 1863 roku. Tę typową dla emigrantów zasadę odnaleźć można na łamach *Ojczyzny, Głosu wolnego, Niepodległości* czy *Wytrwałości;* w odezwach Zjednoczenia Emigracji Polskiej czy Towarzystwa Demokratycznego.

Redagowana przez Agatona Gillera, b. członka Rządu Narodowego, *Ojczyzna* oświadczała: „Dla kraju pozostającego w niewoli najezdników, pozbawionego możności bronienia swoich interesów, dręczonego i prześladowanego za wszystkie objawy ducha samodzielności narodowej, torturowanego za okazywanie dążności do niepodległości, emigracja polityczna jest potrzebna. Dopóki ona istnieje, wróg tryumfu zwycięstwa zupełnego nad narodem obchodzić nie będzie, jest ona bowiem żywą protestacją gwałtu, wyobrazicielem prawa narodu i reprezentantem jego potrzeby wolności i niepodległości. Emigracja polityczna dla narodu podbitego i srodze ujarzmionego jest konieczną[2].

W zgodzie z powyższą deklaracją starali się emigranci podjąć tę problematykę, która była niemożliwa do podjęcia w prasie krajowej: problematykę niepodległościową. Wiele miejsca i uwagi poświęcono uzasadnieniu historycznej konieczności, dla której musiała istnieć suwerenna Polska. Dowodzono tego na różne sposoby. Po pierwsze: niepodległego państwa – dowodzili emigranci – chcą Polacy, co przesądza sprawę. Zgodnie z ideałami Wiosny Ludów i „zasadą narodowościową" Polacy mają takie samo prawo do życia w zjednoczonej ojczyźnie jak Włosi czy Niemcy. Tak wyglądała argumentacja moralna. Opinii europejskiej Polacy tłumaczyli, że niepodległa Polska jest niezbędna Europie. Każdej Europie: katolickiej, legitymistycznej, burżuazyjno-demokratycznej, a także rewolucyjnej i socjalistycznej.

Streszczone rozumowania emigrantów różniły się zasadniczo od koncepcji formułowanych w prasie krajowej. Również kraj miał swoich legitymistów, ultramontanów, demokratów i socjalistów, ale krajowi politycy – niezależnie od barwy ideowej – nie sądzili, by państwowa niepodległość była warunkiem koniecznym dalszej narodowej egzystencji Polaków. Ideę tę zastępowano w kraju postulatami istności narodowej, obrony narodowej substancji, samorządu, autonomii bądź też ponadnarodowymi ideałami uniwersalistycznymi.

Obok różnorakich koncepcji insurekcyjnych i – nazwijmy je tak umownie – dyplomatycznych, pojawił się także na emigracji nurt zwolenników koncepcji „pracy organicznej". Pod tym określeniem kryły się rozmaite, nierzadko przeciwstawne sobie, programy. Dla jednych oznaczała „praca organiczna" po prostu działalność gospodarczą i oświatową, dla innych było to pokojowe przygotowanie gruntu dla nowego powstania, dla jeszcze innych – oznaczało to zerwanie ze szlacheckim kształtem ideału niepodległościowego. Czasem „praca organiczna" oznaczała wręcz rezygnację z samej idei państwowej niepodległości i totalne potępienie wszelkiej konspiracji politycznej.

---

[2]   *Ojczyzna*, nr 61; 30 VII 1865.

Eks-komisarz Rządu Narodowego w zaborze pruskim, Julian Łukaszewski, napisał bezpośrednio po klęsce powstania broszurę pod nazwą „Rząd i Organizacja Narodowa", gdzie sprecyzował swój pogląd na nową sytuację. Opowiadał się za utrzymaniem Rządu i Organizacji Narodowej, które uważał za niezbędne instrumenty wewnętrznej organizacji społeczności polskiej. Domagał się jednak głębokich przeobrażeń tych instrumentów, gdyż „kształty organizacyjne, jakie się w ciągu powstania wyrobiły, dziś po większej części zupełnie zniszczyły się i zużyły. Pieczęcie i urzęda rozliczne zupełnie zniknąć powinny. Idzie – wyjaśniał Łukaszewski – o przeprowadzenie na polu gospodarczym zasad, które Rząd Narodowy w czasie walki wypowiedział, a naród uznał za swoje"[3]. Ich strona polityczna obecnie winna stanąć na drugim polu. Zadania gospodarcze są tym pilniejsze, że sytuacja jest katastrofalna.

„Przeważną zaiste przyczyną tego opłakanego stanu jest przytłumione życie polityczne i nienormalne stosunki społeczne, ale przede wszystkim w nas samych nie wyrobiło się jeszcze dostatecznie poczucie porządku i jedności, zrozumienie własnego interesu, brak jeszcze zmysłu gospodarczego, którego przymiotem zamiłowanie pracy, trzeźwe pojmowanie stosunków, w jakich się znajdujemy (...) Przyczynili się dużo do tego wielcy nasi wieszcze, jak Mickiewicz, Krasiński, Zaleski; skierowali bowiem umysły w dziedzinę złotych marzeń, proroctw, nadprzyrodzonych zjawisk, a oderwali od świata rzeczywistego. Ostatnie powstanie zostawiło nam wielką naukę. Przeszliśmy przez ciężką szkołę. Stryczek, pożoga, Sybir, ucisk ogólny w kraju i tułactwo za granicą wytrzeźwieć nas zupełnie powinny i przekonać, że nie w poezji ani w jasnowidzeniach, ani w wyższym posłannictwie tkwi rachuba polityczna, ale w znajomości rzeczywistych stosunków kraju, w jego bogactwie i zasobach nagromadzonych do wielkich dzieł. Nam zaś zbywa nawet na elementarnych, przedwstępnych warunkach ku rozwinięciu na większą skalę gospodarstwa narodowego. Gdzie siły robocze? Gdzie odpowiednie kapitały? Gdzie drogi komunikacyjne lądem i po rzekach? Gdzie instytuta kredytowe, banki, spółki handlowe? Gdzie towarzystwa przemysłowe, akcyjne, zabezpieczeń? Gdzie uregulowane stosunki społeczne? Gdzie duch przedsiębiorczy? Gdzie wreszcie ludzie z fachowym wykształceniem, gdzie technicy, maszyniści, fabrykanci, którzy by umiejętnie kierowali ruchem przemysłowym? Wszystko to musi być wydarte rządom najezdniczym"[4].

Warunkiem koniecznym realizacji takiego programu było przeobrażenie struktury społecznej narodu. Program Łukaszewskiego miał ostrze antyszlacheckie. (Po rozbiorze Polski – pisał Łukaszewski – szlachta oddała rządy nad Krajem najeźdźcom; tym samym więc wyparła się swego wpływu i praw politycznych"[5]). Nadzieje na lepszą przyszłość narodu lokował w mieszczaństwie.

3 Julian Łukaszewski: „Rząd i Organizacja Narodowa w Polsce", Bendlikon 1864; s. 66-67.
4 Jw., s. 42-44.
5 Jw., s. 27.

„Zaufanie we własne siły sprawia, że klasa rzemieślnicza i rękodzielników tworzy żywioł ruchliwy a samodzielny; postępowy a jednolity w społeczeństwie. (...) Im znaczniejszą większość stanowi klasa średnia w narodzie, tym większy postęp w gospodarstwie narodowym, tym większa potęga i niezależność narodu zewnątrz"[6].

Formułując swój program „prac organicznych", był Łukaszewski najdalszy od potępienia tradycji insurekcyjnej i od aprobaty idei politycznej ugody z Rosją. Zwolenników ugody nazywał „szakalami", którzy chcą „zadławić naród i oddać go na pastwę carowi"[7]. Obrona tradycji insurekcyjnej godziła swym ostrzem polemicznym w obóz krajowej ugody, który również lansował hasła „pracy organicznej". Dla Łukaszewskiego – inaczej niż dla ugodowców – hasła takie nie oznaczały zerwania z czynem niepodległościowym. Przeciwnie, były kontynuacją polityki irredentystycznej w odmienionej sytuacji. Skupienie się na działalności gospodarczej nie miało być żadną miarą okupione rezygnacją z celów politycznych. Łukaszewski dopuszczał nawet istnienie spisków i konspiracji, co dla ugodowców było zgoła kamieniem obrazy, bowiem potępienie zasady *liberum conspiro* było kamieniem węgielnym ich filozofii politycznej. W zakończeniu swej „Rzeczy o panslawizmie" Łukaszewski pisał wyraźnie:

„Spiskowanie jest złem, ale koniecznem i nie zniknie pierwej, dopóki naród w swej większości materialnie i moralnie nie stanie na tym stanowisku, iż nie będzie potrzebował sztucznych podniet do wybicia się na niepodległość".

Myśl swą wyjaśnia autor broszury o panslawizmie następująco:

„Stawszy się potężnymi przez bogactwo narodowe i wysoki rozwój przemysłu i oświaty, śmiało spojrzymy w oczy nieprzyjacielowi i zażądamy otwarcie wolności. Gdy nam jej nie da, wtedy nie potrzebujemy spiskować, bo zasoby do rewolucji będą gotowe i cały naród (...) wyprze napastnika z dzierżaw ojczystych"[8].

Łukaszewski prezycował swój punkt widzenia w polemice z filarem galicyjskiej ugody, Józefem Szujskim (któremu zarzucał, że „drży on na samo wspomnienie rewolucji, konspiracji; goni za «normalną pracą organiczną» wśród anormalnego, destruktywnego położenia narodu pod obcym jarzmem. Praca to Danaidów, jeśli nie postawi sobie jasnego celu – niepodległości całego narodu")[9].

„Uwłaszczenie chłopów dokonane – przyznawał Łukaszewski – ale lud nie ma jeszcze pojęcia o nowych obowiązkach obywatelskich. Trzeba go oświecić, prowadzić i uszlachetniać. Czyż na to pozwoli Moskwa? Cóż więc pozostaje. Oto zmuszeni jesteśmy choć troszka konspirować w tym kierunku"[10].

---

[6] Jw., s. 50-51.
[7] Julian Łukaszewski: „Rzecz o panslawizmie"; *Bendlikon* 1865, s. 9.
[8] Jw., s. 55-56.
[9] *Niepodległość*, 20 II 1867, nr 21, s. 7; cyt. wg Jerzy W. Borejsza: „Emigracja polska po powstaniu styczniowym", Warszawa 1966, s. 223.

Poczuwam się w tym miejscu do podkreślenia, że ze znakomitej pracy Jerzego W. Borejszy skorzystałem wyjątkowo wiele. Pragnę także podziękować autorowi za życzliwą konsultację.
[10] Jw.

Jasne sformułowanie końcowego celu działań politycznych: niepodległości całego narodu, było – zdaniem Łukaszewskiego – niezbędne z uwagi na troskę o moralność i świadomość obywatelską Polaków, o przeciwdziałanie duchowej deprawacji. W tej perspektywie polityka galicyjskiej ugody spotykała się ze zdecydowanie negatywną oceną emigracyjnego irredentysty-organicznika.

„Austria najżywotniejsze soki wysysa z Galicji – pisał Łukaszewski – co połknąć nie może, to zatruwa jadem obskurantyzmu lub szczepowej niezgody. Mimo to ojcowie ojczyzny galicyjskiej cuchną z daleka serwilizmem, dla drobnych zysków frymarczą godnością całego kraju, oddają skarby swej ziemi na pastwę nienasyconch chuci Habsburgów. Nie dziw, że z takiego cudzołóstwa rodzą się bękarty stańczykowe"[11].

Inaczej dzieje się w Królestwie, gdzie ugoda nie sprawuje rządu dusz: „Het! tam z dalekiej Litwy, odzywa się głos potężnej wiary ks. Piotrowicza, świat zdumiewający"[12].

Podziw i szacunek dla ks. Piotrowicza nie był bynajmniej tożsamy z sympatią dla postawy ultramontańskiej. Przeciwnie: Łukaszewski nazywał polskich ultramontanów (sc. zmartwychwstańców) „szajką świętoszków, których mistrzem przebiegły ksiądz Kajsiewicz, a sztandarem ohydny *Tygodnik Katolicki"*[13].

Przypomnijmy: ks. Stanisław Piotrowicz – pisze prof. Stefan Kieniewicz – „25 III 1870 r. publicznie spalił na ambonie narzucony mu przez władze modlitewnik rosyjski, rzucając przekleństwo na tych, którzy się nim posługują"[14]. Zmartwychwstańcy, typowy egzemplarz postawy ultramontańskiej, postulowali całkowite wyrzeczenie się oporu politycznego i szukanie oparcia w polityce Stolicy Apostolskiej. Postępek ks. Piotrowicza miał zgoła inny sens, podobnie jak różnił się zasadniczo od, prymitywnie pojmowanego, pragmatyzmu „organiczników" krajowych. Był to akt, którego celem była obrona imponderabiliów, czyli substancji moralnej narodu. Podkreślić wypada, że obronę substancji moralnej narodu uważał Łukaszewski za trwały i niezbywalny fragment swego programu „prac organicznych".

Szczegółowe omówienie programu Łukaszewskiego wydało nam się niezbędne dlatego, że znajduje się on dokładnie w połowie drogi pomiędzy krajową ugodą a emigracyjnymi „niezłomnymi". Z ugodą łączył Łukaszewskiego kult dla działalności gospodarczej i zerwanie z uformowaną przez romantyzm mentalnością heroizmu i ofiary, z romantyczną koncepcją „Polski – Chrystusa Narodów"; wspólnie z emigracyjnymi „niezłomnymi" trwał pod sztandarem państwowej niepodległości Polaków. Inaczej rzecz ujmował Mieczysław Paszkowski.

„Wróg dąży do wywłaszczenia polskich posiadaczy – pisał – kto ura-

---

11   Julian Łukaszewski: „Pamiętnik z lat 1862-64", Warszawa 1973, s. 221
12   Jw.
13   Jw., s. 212.
14   Jw., przypisy s. 253.

towal przed grabieżą wrogą jedną piędź polskiej ziemi, pracował organicznie i wielką narodowi oddał usługę. Wróg dąży do wytępienia narodowego języka, narodowych wspomnień, tradycji, zwyczajów – kto jedno dziecko, kto sam siebie wyuczył czystej polskiej mowy. (...) Kto choćby tylko swój własny pomnożył majątek w celu służenia nim narodowej sprawie, ten pracował organicznie"[15].

Paszkowski utożsamiał interes Polski z interesem polskich klas posiadających, a zwłaszcza żywiołu szlacheckiego. Opór przeciw zaborcy był – w ramach tej koncepcji – zredukowany do prostego trwania, do „przeczekania" złej koniunktury, do ochrony tradycyjnego obyczaju, którego składnikiem był anachroniczny układ stosunków społecznych. W praktyce oznaczała taka postawa pasywność, co odróżniało ją istotnie od aktywistycznych konkluzji płynących z rozważań Łukaszewskiego.

Upatrując głównego wroga w państwie rosyjskim, stopniowo tracąc wiarę w skuteczną pomoc państw zachodniej Europy, politycy z Hotelu Lambert (dalej: HL) przechylali się coraz bardziej do orientacji proaustriackiej. W monarchii austriackiej widzieli oni jedyne państwo zaborcze, które może zapewnić Polakom względnie dobre warunki bytowania narodowego. Spekulując na potencjalnym konflikcie austriacko-rosyjskim politycy HL dostrzegali możliwość uczynienia z Galicji polskiego Piemontu, to jest ośrodka skupiającego – w przyszłości – polskie tendencje irredentystyczne i jednoczącego ziemie dawnej Rzeczypospolitej. Programy formułowane przez emigracyjnych konserwatystów dotyczyły kraju. Ksiądz Władysław Czartoryski w mowie wygłoszonej 3 maja 1865 roku zespolił swoje postulaty w dwóch ideach: „ciszy i pracy".

„Zalecając pracę organiczną – streszcza mowę Czarotyskiego historyk Jerzy Zdrada – zdając sobie sprawę, że w Królestwie Polskim nie można myśleć o stworzeniu legalnego stronnictwa (...), radził trzymać się organizacji kościelnej i za jej pośrednictwem oddziaływać na masy chłopskie"[16].

Pod takimi sformułowaniami mogli się podpisać również polscy ultramontanie. Walerian Kalinka, kiedyś ściśle związany z polityką Czartoryskich, później ksiądz-zmartwychwstaniec, również godził się na formułę „pracy organicznej". W jego rozumowaniu była to idea nieredukowalna do działań na polu gospodarczym.

„Zajęcia ekonomiczne – pisał Kalinka – są dopiero połową pracy organicznej, wymagającą (...) koniecznie swego uzupełnienia, jeżeli nie mają doprowadzić do najszpetniejszych, najbardziej dezorganizujących rezultatów. Jest to połowa i mniej ważna, nie zawsze i nie bezwzględnie potrzebna; bo wiadomo, że były narody ubogie a wiele w dziejach znaczące; nie było zaś wcale przykładu, aby naród bogaty a niemoralny mógł się obronić od sąsiadów. Razem z ciałem, a raczej wprzódy niż ciało, trzeba żywić ducha: na pierwszym przeto miejscu

---

15 Dodatek do *Niepodległości*, 20 I 1867; cyt. wg Jerzy Borejsza, o.c., s. 223.
16 Jerzy Zdrada: „Zmierzch Czartoryskich", Warszawa 1969, s. 92-93.

prac organicznych stoi Kościół, bo to jest dusza narodowego ciała[17].

Istota różnicy pomiędzy ultramontanami a kręgiem Hotelu Lambert polegała na tym, że dla tych pierwszych jedynym układem odniesienia był interes polityczny Stolicy Apostolskiej, podczas gdy ci drudzy wciąż próbowali podnieść „sprawę polską" i doprowadzić do utworzenia antyrosyjskiej koalicji w Europie. Ultramontanie postulowali wyrzeczenie się przez Polaków wszelkiej polityki zagranicznej, natomiast dla polityków HL było to pole stałej aktywności: w przeobrażeniu sceny dyplomatycznej widzieli nadzieję na lepsze jutro. Logiczną konsekwencją postulatów „pracy organicznej" było dla Czartoryskiego dążenie do politycznego sojuszu Polaków z monarchią austriacką.

Idee „pracy organicznej", zwłaszcza w konserwatywnym ich kształcie, odrzucali konsekwentni niepodległościowcy, kontynuatorzy tradycji 1863 roku (na przykład Zygmunt Miłkowski, Agaton Giller). Wrodzy im byli także przedstawiciele skrajnej lewicy emigracji, związani z socjalizmem europejskim.

Na łamach *Niepodległości* ukazał się w kwietniu 1867 r. artykuł „Praca organiczna". W artykule tym – według opinii Jerzego W. Borejszy autorem był Miłkowski – czytamy:

„Ostatnimi czasy wynaleziona została formułka pełniąca funkcję kłódki do zamykania ust. Byle się z wyraźniejszym odezwać żądaniem, byle przedstawić potrzebę pracy serio, pracy z celem, odpowiadają ci natychmiast «organiczna praca»".

Autor deklarował się jako zwolennik pracy organicznej „zarówno na polu polityki, nauki, literatury, sztuk pięknych, handlu, przemysłu, rolnictwa". W jego ujęciu praca organiczna miała być „przeniknięta na wskroś dążeniem do wyzwolenia ojczyzny"[18]. Powstania miały być nieuchronną koniecznością. Końcowa formuła artykułu: „praca jako środek, niepodległość Polski jako cel" bliska była omawianym wyżej koncepcjom Łukaszewskiego. Różnice polegały na rozłożeniu akcentów; Miłkowski bardziej podkreślał potrzebę przygotowania do kolejnej insurekcji, a Łukaszewski bardziej dbał o konkretyzację i antyugodowość swego programu, odkładając plany powstańcze na czas bliżej nieokreślony.

W jeszcze ostrzejszych słowach zakwestionowali program „organicznikowski" publicyści emigracyjnej lewicy. Włodzimierz Rożałowski, krytykując proaustriacką orientację wśród Polaków, pisał:

„Przeświadczeni jesteśmy, że dziś zacząć już marzyć o aliansach – w urzędowym, dyplomatycznym znaczeniu wyrazu – to przygatawiać przyszłe, uciekinierskie powstanie. Zresztą z kim mamy się łączyć? Kto z nami alianse zawierać zechce? Chyba Austria. Przeciw komu? Chyba przeciw nam samym...".

---

[17]   Walerian Kalinka: „Przegrana Francji i przyszłość Europy", Kraków 1871. Sformułowania Kalinki odnosiły się w znacznej mierze do sytuacji w zaborze pruskim, gdzie brutalnie antypolski kurs polityczny związany był z antykatolickim Kulturkampfem. Problematykę tę – bardzo zresztą złożoną i późniejszą – omawia Lech Trzeciakowski w książce „Pod pruskim zaborem 1850-1918". Problematykę tę zamierzam podjąć w następnym artykule.

[18]   *Niepodległość*, 30 IV 1887, cyt. wg W. Borejsza, o.c., s. 224-225.

Swój program precyzował tak oto:

„Do nas należy bez wahania się wziąć inicjatywę przyszłego ruchu krajowego, iść do ludu ze słowem nauki ujętej w formę najbardziej mu zrozumiałą; przedstawić mu jego cele i posłannictwo, a zabijając w nim ciemnotę i fanatyzm, wydobyć zeń poczucie obywatelskiej godności i obowiązku. W postaci jawnych stowarzyszeń lub spisków tajnych zawiązać obszerną ludową zmowę, która by raz dojrzawszy, skuteczną walkę wypowiedzieć mogła najeźdźcom obcym i wrogom domowym"[19].

W podobnym tonie utrzymane było wystąpienie Walerego Wróblewskiego.

„W kraju upadającym pod ciężarem ohydnego jarzma obcej przemocy – deklarował Wróblewski – nie rozumiem pracy organiczną zwanej, to jest legalnej, to jest kompromisowej, to jest targowickiej. Dla Polski jedną ścieżkę tylko widzę – ostrą, męczeńską, od dołu do góry pokrwawioną: ścieżkę apostolstwa słowem, pismem i czynem śród pospolitego ludu – za pośrednictwem sprzysiężonej młodzieży"[20].

Z powyższych cytatów nie należy wnioskować, że ktokolwiek, nawet skrajny w sformułowaniach Wróblewski, kwestionował potrzebę rozwijania przemysłu czy szerzenia oświaty. Nie, ci ludzie kwestionowali jedynie ideologię „organicznikowską" rozumianą jako przeciwstawienie zasadzie niepodległościowej, jako ideologię zastępczą, a nie – uzupełniającą programy czysto polityczne. Jest to rozróżnienie istotne: nie idee „pracy u podstaw", ale rezygnacja z dążeń irredentystycznych na rzecz „pracy u podstaw" stanowiły o rozdźwięku pomiędzy krajem a emigracją.

Pomiędzy perspektywą poznawczą emigranta a perspektywą krajowca istniała zasadnicza różnica. Krajowiec – trafnie zauważa Jerzy Jedlicki – „przyzwyczajony był do rezygnacji i nie był maksymalistą. Gdy (...) ożywiały się nadzieje i zapał, stawał do walki o wyzwolenie chłopa z pańszczyzny, Ojczyzny z niewoli. Gdy tych nadziei nie było, chciał wyciągnąć swój Kraj jeśli nie z niewoli, to choćby z gnojówki. Nie mogąc «wybić się na niepodległość», chciał wybić się choć na nowoczesność, nie mogąc wyzwolić swojego narodu spod «obcej przemocy», chciał go chociaż wydobyć z zacofania". Inaczej emigrant. „Tułacz – kontynuuje swój wywód Jedlicki – musiał być maksymalistą: jego marzeniem był powrót żołnierski do wyzwalającej się Polski. Wszystko, co oddalało miraż tego powrotu, co odciągało myśli i ręce od tego głównego celu, zdawało się szkodliwe"[21].

Jedlicki utrafił w sedno. Emigrantowi – z definicji niemal – bliska była katońska poza. Nie był on skłonny do wybaczania słabości wobec zaborcy, kompromis nader często utożsamiał ze zdradą, konformizm równie często jawił mu się jako apostazja. Jest to psychologicznie zrozumiałe. Każdy z wygnańców czekał na prędki powrót do Ojczyzny, na radykalny i natychmia-

[19] Włodzimierz Rożałowski: „Krajowcom", *Zmowa*, nr 1/1870, cyt. wg „Radykalni demokraci polscy"; wybór pism pod redakcją Felicji Romaniukowej, Warszawa 1960, s. 36-38.
[20] *Niepodległość*, 10 II 1869, cyt. wg J.W. Borejsza, o.c. s. 225.
[21] Jerzy Jedlicki: *Polskie nurty ideowe lat 1790-1863 wobec cywilizacji Zachodu* w: „Swojskość i cudzoziemszczyzna", Warszawa 1973, s. 227-288.

stowy opór przeciw zaborcy, bo to tylko uzasadniało jego *status exula*. Kompromis z zaborcą odbierał mu niejako rację bytu, czynił go niepotrzebnym. Przeciętny emigrant musiał odrzucać wszelkie formy ugody, choćby stały za nimi ważkie i istotne racje. Na tezę, banalną skądinąd, że „kraj jest wykrwawiony", odpowiadał: „Kraj nasz nie ma sił. A jednak naszymi rękami podbity Kaukaz dla Moskali, naszą krwią zapewniona jednolitość Niemiec, naszymi kośćmi zasłany Algier, Europa cała, a nawet St. Domingo"[22].

Programy kompromisu – formułowane przez krajowe ośrodki myśli politycznej – nazywał emigrant „spodleniem", pozostając wiernym sztandarowi irredenty. Krajowiec większą niż do sztandaru przywiązywał wagę do konkretu. Stąd inny zgoła charakter musiały mieć te same – pozornie – idee formułowane przez emigranta, a inne, gdy głosił je krajowiec.

Wkrótce po klęsce powstania popularne stały się w kręgu HL – o czym była już mowa – koncepcje porozumienia Polaków z monarchią austriacką. Również na terenie Galicji pojawiły się analogiczne tendencje, które znalazły wyraz między innymi w wystąpieniach Pawła Popiela. Popiel, jeden z najwybitniejszych galicyjskich konserwatystów, wystąpił z listem otwartym do innego polityka konserwatywnego, ks. Jerzego Lubomirskiego. W liście tym sformułował swój pogląd na aktualną sytuację i na warunki ugody z Austrią. Potępiając tradycje insurekcyjne i spiski niepodległościowe, przeciwstawiał im uczciwą i lojalną postawę posłuszeństwa wobec polityki Wiednia w zamian za przyznanie Polakom samorządu terytorialnego i szerokiej autonomii kulturalnej.

„Jeżeli mamy prawo żądać od rządu – pisał Popiel – aby co do naszego koronnego kraju wszedł na drogę sprawiedliwości i prawdziwego równouprawnienia, to on ma nawzajem prawo żądać od nas pewnych rękojmi. Jeżeli rząd ma nam dać język, naukę, samorząd, musi mieć na czymś w kraju się oprzeć i wiedzieć, że tego wszystkiego nie użyjemy przeciwko niemu, że to nie stanie się narzędziem w ręku rewolucji (...) O przeszłości nie ma co mówić w polityce. Przyszłość jest w ręku Boga. Przyszłości żaden uczciwy człowiek wyrzekać się nie będzie, żaden człowiek sumienny przesądzać jej nie może, ale to pewne, że przyszłość mogą mieć tylko te społeczności, które mają wartość duchową, rozum, jedność i bogactwo. Do tego nie dochodzi się bez porozumienia z władzą jakąkolwiek ona jest, bo władza zawsze jest narzędziem organicznym w społeczności, bo naród, który w ciągłym z nią będzie zadrażnieniu, nie wyrobi w sobie pierwszego dla ludzkości warunku: uszanowania powagi. (...) Muszę zatem potępić głośno wszelkie usiłowania do odzyskania politycznego bytu, przed czasem, kiedy do tego są siły wewnętrzne, a sposoby i okoliczności na zewnątrz. (...) W chorobliwym usposobieniu, wpośród cierpień, które z każdej dolegają nam strony, każda jaka nie bądź wewnętrzna czy zewnętrzna zmiana i kombinajca, budzi w

---

[22] A. W.(ernicki): „O siłach narodowych", *Głos wolny*, 28 III 1867, cyt. wg J.W. Borejsza o.c. s. 247.

nas niesłychane nadzieje; jeżelibyśmy zatem dziś marzyli czy o antagonizmie wielkich państw europejskich, czy o wykształceniu Słowiańczczyzny zachodniej, w przeciwieństwie do Słowiańszczyzny wschodniej, czy o zrobieniu z Galicji punktu Archimedesa nie odniesiemy żadnej korzyści, a przeszkodzimy poniekąd wykształceniu się stosunków naturalnych, organicznych i prawdziwej wolności w całym państwie. Nam nie należy występować ze zbyt odrębnym stanowiskiem ani stawać w obronie konstytucjonalizmu, który nam nic dobrego nie przyniósł, ale korzystać z instytucji i zdobyć dla siebie wszystkie wolności, które obecne ministeryum, wierne swoim zasadom, wszystkim prowincyom państwa Austryackiego dać musi. (...) Dajmy pokój wielkiej polityce, która nie jest rzeczą koronnego kraju, doprowadzonego do atomizmu społecznego i atonii moralnej. Stoimy na rozdrożu: albo nam przyjdzie pod kierunkiem tajemnych wpływów w walce bezskutecznej a zjadliwej zużyć i roztoczyć resztę sił żywotnych, które pozostały, albo na drodze prawnej, jawnej, dobić się warunków bytu, który chociażby nie był ostatecznym naszym ideałem, zapewnić nam może normalne wykształcenie i form i zasad społecznych"[23].

W tym, także i w innych, wystąpieniu Popiela łatwo odnaleźć wątki, które z czasem stały się trwałym składnikiem polskiej myśli konserwatywnej. Są to: lojalizm wobec monarchy (nawet zaborczego), potępienie dla wszelkiej konspiracji, troska o zachowanie polskiego języka i obyczaju, afirmacja hierarchii społecznej i traktowanie monarchii jako gwaranta tej hierarchii. Typowy był także skrajnie negatywny stosunek do powstania styczniowego, wywołanego rzekomo „z obcego natchnienia i dla obcych w części celów"[24], a także postulat wyeliminowania z życia publicznego tych wszystkich, którzy w działaniach insurekcyjnych wzięli – pośrednio lub bezpośrednio – udział. Polemikę z Popielem podjął nawet – tak mu przecież bliski – Józef Szujski, wybitny publicysta z młodej generacji galicyjskich konserwatystów.

Akceptując znaczną część wywodów Popiela, ostro skrytykował Szujski postulat ostracyzmu wobec eks-powstańców. „Nie słuchajcie takich fałszywych proroków – wołał Szujski – jakim jest p. Paweł Popiel!! (...) Nie macie prawa używać ostracyzmu (...) i mówić: kto się nie zmieści w ciasne ramy naszego politycznego credo, ten jest przeciwko nam i tego niszczyć będziemy, bo wasze credo powinno być szeroką płaszczyzną, na której się zmieszczą wszyscy ludzie ze zdolnościami i dobrą wolą"[25]. Nie broniąc samego powstania, odrzucając możliwość następnych prób zbrojnego buntu, pisał przecież Szujski: „rany nasze są uczciwe, przyczyna ostatnia naszych ciosów wielka i szlachetna"[26]. W podobnym tonie replikował Popielowi Józef Ignacy Kraszewski:

---

[23] Paweł Popiel: „Pisma", t. I, s. 69-74.
[24] Jw., s. 18.
[25] J. Szujski o.c., s. 236.
[26] Jw., s. 212.

„Nikt nie stanie pewnie w obronie rewolucji – pisał – nikt też nie zaprzeczy, że korzystać należy z położenia, które się odkrywać daje, ale nie ciągnie to za sobą wyrzeczenia się przeszłości ani zupełnej wiary w to, że teraźniejszość tyle dotrzyma, ile obiecuje. Zdrowa polityka w istocie każe korzystać z położenia, ale o tyle, o ile zdrowa cnota i poczciwość dopuszczą"[27].

Kraszewski, sam „organicznik" w wariancie konsekwentnie niepodległościowym, wskazywał na granice ugody, na linię demarkacyjną oddzielającą kompromis od zaprzaństwa. Rozważając propozycje polityczne Pawła Popiela i jego postawę, trudno sformułować kategoryczny werdykt, że senior galicyjskiego konserwatyzmu tę linię przekroczył. Wydaje się jednak być bezsporne, że ludzie o postawach już nawet nie ugodowych, ale wręcz kapitulacyjnych znajdowali w pismach Popiela ideologiczne uzasadnienie własnych zachowań. Powiedzieć to trzeba również o polityce tych wszystkich, którzy postawili dokładny znak równania pomiędzy – różnymi przecież – interesami narodu polskiego i monarchii austriackiej. Popiel – nie przesądzając losów przyszłych pokoleń Polaków – kategorycznie odrzucał _hic et hunc_ prowadzenie jakiejkolwiek działalności politycznej, która by – wykraczając poza ścisłe interesy Wiednia – czyniła z Galicji „polski Piemont" (taki sens miały uwagi o „punkcie Archimedesa"). Na tym zresztą polegała różnica pomiędzy Popielem a Hotelem Lambert. Rozumiejący tak jak Popiel „nie pojmują swojego położenia – notował w swym dzienniku bliski współpracownik Czartoryskiego, Ludwik Bystrzonowski – są raczej Galicjanami jak Polakami"[28]. O innych powiedzieć można, że – bardziej jeszcze niż Galicjanami – byli poddanymi austriackiego monarchy. Klasycznym przykładem takiego legitymisty i austriackiego patrioty był hr. Kazimierz Starzeński, były pułkownik wojsk austriackich. W 1849 roku Starzeński brał udział w tłumieniu powstania węgierskiego, w piętnaście lat później został uhonorowany pismem od cesarza Franciszka Józefa za dowody lojalności podczas powstania styczniowego. W czasie konfliktu włosko-austriackiego wystąpił publicznie z propozycją utworzenia w Galicji ochotniczych oddziałów „Krakusów", które walczyć miały u boku armii austriackiej.

W kontekście inicjatywy Starzeńskiego sformułował punkt widzenia Hotelu Lambert Władysław Czartoryski. Emigracji zalecał ostrożność, powściągliwość i oczekiwanie na zmianę koniunktury politycznej. „Nie, dla sztandaru Polski – pisał Czartoryski – w obecnym szyku bojowym Europy nie ma miejsca. Emigracja, która bądź co bądź zostaje zawsze na straży interesów całej Polski, z żadną z walczących stron wiązać się jeszcze nie może i w którąkolwiek stronę przechylały się jej życzenia, czekać musi cierpliwie i spokojnie". Te rady dla emigracji stanowiły zawoalowaną polemikę z radykalnym odłamem polskiego uchodźstwa, planującym utworzenie Legionów

---

[27] Józef Ignacy Kraszewski: „List otwarty do księcia Jerzego Lubomirskiego", cyt. wg Wincenty Danek: „Publicystyka J.I. Kraszewskiego w latach 1859-1872", Wrocław 1957.
[28] Cyt. wg J. Zdrada, o.c., s. 100.

polskich po stronie włoskiej. Czartoryski starannie rozróżniał zadania Polaków-emigrantów od zadań Polaków z Galicji.

„Inna rzecz – pisał – kiedy mowa o oddziałach ochotniczych w Galicji, albowiem w jednej tylko Galicji ani wiara, ani narodowość nie są dziś przez rząd zagrożone, owszem, kraj obdarzony jest instytucjami, które obiecują mu pełniejsze życie narodowe (...) Gdybym był obywatelem Galicji – tłumaczył Czartoryski – robiłbym wszystko, co można, by się utrzymał system dziś w Austrii panujący. Politycy galicyjscy dźwigając prowincję polską (...) utrwalają tym samym podstawę dla najdroższych na przyszłość nadziei, zaś nic ważniejszego w tej chwili dla sprawy narodowej zrobić nie można"[29].

Formułując swój program poparcia dla monarchii austriackiej przywódca HL nie utożsamiał się bynajmniej bez reszty z galicyjską ugodą. Sformułowanie: „najdroższe na przyszłość nadzieje" stało w jaskrawej sprzeczności z krytycznymi uwagami Pawła Popiela o koncepcji „punktu Archimedesa". Z kolei nie obwarowane żadnymi warunkami poparcie dla wiedeńskiego *status quo* zdecydowanie było nie po myśli liberalnego odłamu galicyjskiej ugody, kierowanego przez Franciszka Smolkę. Smolka opowiadał się za przekształceniem monarchii z dualistycznej (austro-węgierskiej) w federalistyczną oraz za sojuszem Polaków z innymi podbitymi narodami w imię wartości uniwersalnych, zawartych w haśle „za naszą i waszą wolność". Smolka był antyinsurekcjonistą, wszelako nie wyrzekał się ani tradycji, ani ideologii niepodległościowej. W tej materii zgodny był z orientacją HL. Różnił się natomiast przekonaniem, że rezygnacja z zasadniczej postawy walki o maksymalne poszerzenie autonomii w imię mirażu harmonijnej współpracy z Wiedniem prowadzi do kapitulanctwa; sądził Smolka, iż jedynie drogą nacisku na władze centralne – wspólnego nacisku wszystkich sił postępowych wszystkich narodowości – Polacy mają możność uzyskania korzystnego kompromisu. W bezinteresowną, pełną wdzięczności pomoc dyplomacji austriackiej dla sprawy polskiej w zamian za lojalną postawę Polaków wobec monarchy Smolka nie wierzył. „W polityce nikt nie kieruje się sentymentami – pisał organ demokratów-ugodowców, krakowska *Gazeta Narodowa* – książę zaś wierzy w skuteczność sentymentów. Na takiej dyplomacji się nie znamy"[30]. W podobny sposób rozumowali emigracyjni irredentyści, dla których – jak i dla Smolki – ważniejszy niż sojusz z cesarską biurokracją w Wiedniu był sojusz z narodami przez Austrię ujarzmionymi.

Smolkę i Popiela dzieliło bardzo wiele – poza wyżej wymienionymi różnicami dzieliły ich także przekonania społeczne. Smolka był demokratą, a Popiel skrajnym konserwatystą. W jednej sprawie wszelako byli zgodni: obaj akceptowali zasadność idei „prac organicznych". Tegoż zdania byli również konserwatyści młodego pokolenia, dawni zwolennicy powstania, określani

---

[29] *Czas*, 31 V 1866, cyt. wg J. Zdrada o.c., s. 117.
[30] *Gazeta Narodowa*, 31 V 1866, cyt. wg J. Zdrada o.c., s. 118.

przez opinię publiczną mianem „Stańczyków". Jeden z przywódców tego
ugrupowania, Józef Szujski, tak oto napisał:
      „Dzisiaj, po skończonem uwłaszczeniu, przyszło do tego, że konspira-
   cja ma absolutną niesłuszność, strona normalnej organicznej pracy absolutną słuszność! (...) Absolutną (...) słuszność ma droga normalnego organicznego rozwoju narodowego, droga uporządkowania społecznego
   po uwłaszczeniu i równouprawnieniu. Na polu politycznem, społecz-
   nem, ekonomicznem, drogą jawną i publiczną winniśmy przejść do zu-
   żytkowania wszystkich sił nowych, do wytworzenia z siebie zastępu ludzi publicznych, zaszczyconych zaufaniem narodu. Sejm, instytucje publiczne, stowarzyszenia, oto legalne i jawne nasze organa, poza którymi
   nic istnieć, nic powstawać nie powinno, które poza zakres działania
   swego wychodzić nie mogą".
Poparcie dla Austrii uzasadniał Szujski również w kategoriach geopolitycznych: „Kto dzisiaj staje przeciw kierunkowi Polaków w Austrii – pisał –
przeciw kierunkowi pracy organicznej na taką czy owaką przyszłość, staje
bezpośrednio po stronie Moskwy, choćby tego nie chciał"[31].
   Z czasem argumenty pozageopolityczne okazały się bardziej istotne, bowiem galicyjscy konserwatyści zaaprobowali również współpracę Polaków z
zaborcą w Królestwie. Motywowali to troską o „konserwację" ładu społecznego. Z tego – i innych – powodu wystąpienie Szujskiego pod nazwą „Kilka
prawd z dziejów naszych" spotkało się z ostrą krytyką na emigracji. Oskarżono stańczykowskiego publicystę o wstecznictwo i ugodowość: wśród ata-
kujących Szujskiego byli przedstawiciele rozmaitych ugrupowań. Obok Tokarzewicza, Julian Łukaszewski, obok Agatona Gillera, Józef Ignacy Kraszewski. Wśród antagonistów Szujskiego znaleźli się zatem zwolennicy idei
pracy organicznej, tyle że zupełnie inaczej rozumianej.
   Istotę różnicy pomiędzy tymi odmiennymi w istocie programami trafnie
ujął emigracyjny publicysta pisząc, że krajowy organicznik „chce pracy w
granicach prawem określonych dla celu mglistego"; emigracyjny organicz-
nik-irredentysta „chce pracy w granicach możliwości dla celu wyraźnego (...)
Doradzamy – czytamy dalej w tymże artykule – organiczną wytrwałą pracę
tak urządzić i tak nią pokierować, ażeby nowe powstanie, które za lat kilka,
kilkanaście wybuchnie, znalazło zamiast przeszkód i trudności, stawianych
na każdym kroku przez swoich, moralne i materialne zasoby"[32].
   Sformułowana tu została fundamentalna różnica: jaki jest zakres możliwości działania i jakie granice go wyznaczają? A także: jakie są cele „prac
organicznych"? Podług Szujskiego, granice wyznaczone były przez legalnie
obowiązujące przepisy prawne. W granicach prawa winni działać polscy politycy; bowiem wszelkie inne poczynania przywołać mogą do życia złowrogiego upiora politycznej konspiracji. Szkodliwość *liberum conspiro* była dla
Szujskiego nieporównywalnie groźniejsza od szkodliwości przesadnej ugodo-

---

31   J. Szujski, o.c., s. 281-284.
32   *Niepodległość*, 20 IV 1867, cyt. wg J. W. Borejsza, o.c., s. 225-226.

wości i nadmiernego lojalizmu wobec zaborczego monarchy. Bardziej obawiał
się autor „Kilku prawd..." nielegalnych kółek samokształceniowych młodzieży
studenckiej niż inicjatyw hr. Starzeńskiego, którego „legion" był na łamach
Czasu (organ „starych" konserwatystów) stawiany przed legiony Henryka
Dąbrowskiego. Jakkolwiek Szujski był zwolennikiem orientacji proaustriackiej
z powodów analogicznych do tych, które dyktowały politykę kręgowi HL, tzn.
mimo że motywował swoją opcję określoną koncepcją polityki antyrosyjskiej,
to przecież nie formułował jasno i wyraziście niepodległości Polaków jako celu
ostatecznego postulowanych przez siebie działań. Ani on, ani inni Stańczycy
nie próbowali przekonać i uświadomić polskiej opinii, że zmierzają ku niepodległej państwowości polskiej, zastępując tę ideę niejasnymi koncepcjami rozwiązania austro-polskiego. Miało to być remedium na sytuację zagrożenia istności narodowej. Z czasem Stańczycy zbliżali się coraz bardziej do trójlojalizmu. Reakcją na tę ewolucję „grona krakowskiego" były ostre krytyki dale-
kiego od radykalizmu Agatona Gillera. Giller pisał:

„Dopóki trzymamy się wiernie chorągwi niepodległości, wolności i całości Polski, dopóty sprawa nasza jest silną i ma znaczenie narodowe i świa-
towe. (...) Obrona społeczeństwa polskiego da się tylko pod chorągwią
polityczną, państwową przeprowadzić – bez niej jest ona niepodobną"[33].

„Serwilizm – pisał Giller o polityce Stańczyków – jest jak zaraza. Gdy
wniknie w duszę człowieka, już go z niej wydobyć niepodobna. Przeżera
jego moralny organizm i niszczy w sercu poczucie prawdy, godności i
szlachetności. (...) Kto go do duszy weźmie, ten może być już tylko albo
lokajem, albo policjantem. Lokajem będzie wobec potężnych, chociażby
miał na sobie kontusz, karabelę i kołpak po ojcach senatorach; – policjantem będzie wobec słabych, chociażby był w sukni redaktora lub w
todze uczonego! Serwilizm jest tą właśnie chorobą zniczczemnienia, na
którą umierają narody. Jest ona zaś szczególnie niebezpieczną dla narodów ujarzmionych, zostających pod obcem panowaniem. Wpływ ser-
wilizmu może utorować drogę rządom najezdniczym do moralnego zaboru Polski"[34].

Tak jak Giller rozumowali – w zasadniczych zarysach – wszyscy emigracyjni organicznicy. Traktowali oni ideę „pracy u podstaw" jako zło konieczne wynikające z konkretnej, aktualnej sytuacji wewnętrznej (wyniszczenie
kraju po klęsce powstania) i zewnętrznej (brak korzystnej koniunktury międzynarodowej). „Organicznikostwo" miało być po prostu formą działalności
niepodległościowej. Nie mógł przeto emigrant-organicznik przystać na aprobatę formuły legalizmu – przecież legalne było to, co za legalne uznawało
prawodawstwo zaborcy, to, co zgodne było z interesami zaborczego państwa. Kryterium winna być nie legalność, lecz realność. Precyzyjniej mówiąc:
pożądane i postulowane działania to takie działania, które winny brać za

---

[33] (Agaton Giller): „O serwilizmie i serwilistach", Bruksela 1879, s. 122.
[34] Jw., s. 143-144.

układ odniesienia nie literę prawa sformułowanego przez zaborcę w zgodzie z jego, zaborcy, racją stanu, lecz potrzebę niepodległego bytu Polaków i warunki realnego działania, choćby sprzeczne ono było z austriackim, rosyjskim czy pruskim kodeksem karnym. Nie mógł żaden z wygnańców – jeśli chciał choćby cząstkowo pozostać wierny swej emigracyjnej kondycji – wyrzec się idei państwowej niepodlegości i przemienić jej na, tak czy inaczej rozumiany, związek wieczysty z zaborcą najbardziej nawet liberalnie i tolerancyjnie usposobionym wobec Polaków. Hasło „Polonia irredenta" musiało widnieć na sztandarze wszystkich emigrantów; ten ideał musiał być wciąż na nowo formułowany, wypowiadany i eksplikowany.

Spośród cytowanych wyżej publicystów emigracyjnych właściwie tylko Agaton Giller – klasyczny reprezentant emigracji „niezłomnej" – był konsekwentnym kontynuatorem tradycji niepodległościowej i insurekcyjnej. To nie przypadek – tylko „niezłomni" kultywowali zasadniczy kanon myślenia o polskiej przeszłości i o polskim ruchu niepodległościowym. W skład tego kanonu – upraszczając oczywiście problem – wchodziła gloryfikacja polskich dziejów, wizja przedrozbiorowej Rzeczypospolitej jako oazy wolności, sprawiedliwości i tolerancji, zasadnicza aprobata dla wiodącej roli szlachty oraz totalna afirmacja wszelkich działań irredentystycznych – konspiracji, spisków i powstań. Istotnym składnikiem tego kanonu był także specyficzny, uformowany przez literaturę romantyczną, model mentalności heroicznej Polaka-patrioty.

W myśli politycznej postyczniowych emigrantów łatwo dostrzec rewizjonizm w stosunku do tak pojmowanego schematu tradycji. Rewizje te prowadzone były z trzech różnych stanowisk ideowych, które nazwiemy skrótowo: konserwatywnym, mieszczańskim i plebejskim. Konserwatyści z kręgu HL oceniali krytycznie całą polską tradycję insurekcyjną, widząc w kolejnych zrywach insurekcyjnych elementy „rewolucji socjalnej". Powstanie styczniowe – podług ludzi HL – „było w istocie ciosem społecznym, a nie żadną walką narodową"[35]. Przeto te wszystkie działania, które w przeszłości prowadziły do powstań, i ten kształt moralnego katechizmu Polaków, który nakazywał udział w powstaniach – zasługiwały na negatywny osąd. Jeszcze bardziej skrajny w ocenie polskiej przeszłości był, odchodzący od idei politycznych Czartoryskich ku ultramontanizmowi braci zmartwychwstańców, Walerian Kalinka.

„Naród, który sam siebie surowo sądzi, wzbudza cześć u postronnych – pisał Kalinka do Władysława Czartoryskiego – wtedy tylko z niego szydzą, gdy się bawi w złudzenia. Od stu lat oskarżamy wciąż nieprzyjaciół o upadek Polski. Cóżeśmy na tym zyskali? Tylko tyle, żeśmy oszukali samych siebie. Upadku Polski my sami jesteśmy przyczyną, tak jak sami tylko możemy ją dźwignąć, jeśli z skruchą w sercu przyznamy się do naszych błędów"[36].

---

[35] Por. J. Zdrada, o.c., s. 53.
[36] Jw., s. 48-49.

W skrajnie negatywnym i krytycznym poglądzie na polską przeszłość Kalinka mógłby rywalizować z radykalnymi opiniami lewicy emigracyjnej.

Przykładem takiego radykalizmu był opublikowany na łamach *Le Peuple Polonais*, pisma blisko związanego z Towarzystwem Demokratycznym i Ludwikiem Mierosławskim, artykuł pod nazwą „Przed 300 laty", w którym poddano zasadniczej krytyce obchody rocznicy Unii Lubelskiej na emigracji i w kraju.

Wśród antagonistów tego artykułu znalazł się wyznawca zasad społecznego radykalizmu Józef Hodi-Tokarzewicz. Postulując współczesną wersję quasisocjalistyczną i federalistyczną tradycji jagiellońskiej, Hodi musiał odrzucić jednoznacznie negatywną ocenę tak ważnego wydarzenia w dziejach związków polsko-litewskich. Nie znaczy to oczywiście, że Tokarzewicz idealizował polską przeszłość. W opublikowanym na łamach *Gminy* artykule „Przeszłość i przyszłość Polski" pisał:

„Cała wewnętrzna historia Polski nie jestże w rzeczy samej nieprzerwanym pasmem najgrubszej samowoli, najbrzydszego nierządu szlacheckiego z jednej strony, najstraszniejszej niewoli, najczarniejszej nędzy chłopskiej z drugiej? Można tu dopatrzeć choćby owego bladego płomyka braterstwa, który rządzącym nie pozwala spychać rządzonych do rzędu bydląt i rzeczy? (...). Przeszłość szlachecka jest wielkim grobem – a lud w zapamiętałości tylko i szale znieważa i rozsiewa na wiatr groby swoich ciemiężców. Ale gdy trumnę, w którą złą i za życia już zgniłą wciśnięto istotę, postawią na ołtarzu i każą przed nią bić czołem, gdy przyszłość świeżego, zdrowego i młodzieńczego narodu gwałtem chcą sprowadzić na drogi obce i wstrętne, o, wówczas obowiązkiem jest wyciągnąć z babińca nagi szkielet posła upickiego i oddać go na widok publiczny, nie dla pogardy, lecz dla przestrogi! (...) Szlachta nasza i lud przez dziewięć wieków dwoma odrębnymi, różnokierunkowymi płynęły potokami"[37].

Analogiczne myśli odnajdujemy w pismach innego radykała-emigranta, wybitnego działacza Ogniska Republikańskiego Polskiego, Ludwika Bulewskiego.

„Dwie są drogi – pisał Bulewski – do dwóch światów, w których Polska miejsce zająć może. Droga dawna, pełna zdrad, zwad, podstępów, obłędnych manowców i obłudnych mamideł – i droga nowa, prosta, widna, szeroka, czystym, świeżym i czerstwym owiana powietrzem. Na drodze dawnej, prócz niechęci, nienawiści i obojętności, nic dla Polski nie ma; – na drodze nowej czekają ją bratnie uściski (...) Wiedzion samolubnym instynktem konserwacji własnej, świat stary zezwolił na wymazanie Polski z karty geograficznej, w mniemaniu, iż przekreślając imię, zniweczy jej prawa i posłannictwo"[38].

Idealizacja przeszłości u Tokarzewicza ograniczała się – wyraźny to wpływ lelewelowskich koncepcji gminowładztwa – do czasów wczesnego średniowiecza. Podobnie u Bulewskiego:

---

[37] *Gmina*, nr 1/1866, cyt. wg „Radykalni demokraci..." o.c., s. 48-49.
[38] *Rzeczypospolita Polska*, nr 2/1869, cyt. wg jw., s. 128-129.

„Pierwotna instytucja naszego społeczeństwa – pisał – nie znała żadnego monarchizmu, żadnej dziedziczności, żadnej hierarchii stanów, żadnych przywilejów, była więc republikancką w całym tego słowa znaczeniu, opartą na zasadzie solidarnej równości, skąd wypłynęła moralna dążność narodu. Solidarność ta, spotęgowana oświatą, przeradza się w solidarną miłość ojczyzny, prawdziwie rodzinną, polską (...) Toteż istotny, rodzimy, niewynarodowiony Polak kocha Polskę nie w jednej kaście, lecz we wszystkich jej synach, bez różnicy rodu, pochodzenia, stanu i wiary"[39].

W konkluzji swych wywodów Bulewski pisał:

„Nie róbmy gry z wyrazów, połóżmy raz koniec krwawej ironii dziś już zużytej: «że wszyscy chcemy Polski!». Wszak wszyscy renegaci polscy, zacząwszy od Targowicy i jej króla, a skończywszy na Czartoryskich i Wielopolskich, również wołali i wołają, że chcą Polski! Wszakże to oni prowadzili nas swoimi drogami do Polski przez Petersburgi, Paryże, Rzymy, Stambuły i dziś jeszcze chcą zbawić Polskę przez Wiedeń. Odepchnijmy tych faryzeuszów narodowych stanowczo, bo do Polski tylko przez Polskę i polskimi szlakami jest droga"[40].

Bulewski – interpretując w określony sposób narodowe dzieje – godził w stronnictwo arystokratyczno-dyplomatyczne; dążność do rachuby wyłącznie na własne, polskie siły stawiała Bulewskiego niedaleko koncepcji emigracyjnych organiczników w rodzaju Juliana Łukaszewskiego. W cytowanych w tej pracy uprzednio tekstach tegoż łatwo dostrzec silne akcenty antyszlacheckie i antyromantyczne. W jego krytyce mentalności wykształconej przez romantyczną poezję odnajdujemy myśl, że nie tylko o spisku i insurekcji, ale także w działalności przemysłowej i oświatowej jest droga do wybawienia ojczyzny z niewoli. Podobnie rozumował, bliski Jarosławowi Dąbrowskiemu w radykalizmie, Karol Swidziński.

Odrzucając romantyczne wzory patriotyzmu, romantyczną mentalność, Łukaszewski i Swidziński spotykali się z konserwatywnymi krytykami romantyzmu; w krytyce szlachty bliscy byli emigracyjnym radykałom. Ale przypomnieć w tym miejscu należy zasadnicze różnice; dla konserwatystów najistotniejszymi warstwami w zasadzie byli przedstawiciele arystokracji i szlachta; dla Łukaszewskiego i Swidzińskiego – mieszczaństwo; natomiast rewolucyjni demokraci rdzeń narodu upatrywali w „ludzie roboczym miast i wsi".

Praktyka – tak czy inaczej rozumianej – „pracy organicznej" stopniowo stawała się dla Polaków koniecznością. Po klęsce Francji w 1871 roku, kiedy ostatecznie runęły nadzieje na lepszą koniunkturę międzynarodową, lwia część polskiej opinii – nie wyłączając emigracji – podpisała się pod hasłem „pracy u podstaw". Rozmaicie było ono realizowane. Skazany na los wygnańca Julian Łukaszewski – jak informuje Jerzy W. Borejsza – „w latach siedemdziesiątych i osiemdziesiątych nadal przywiązywał wielką wagę do

39 Cyt. wg jw., s. 165-166.
40 Cyt. wg jw., s. 186.

działalności patriotycznej wśród licznych polskich robotników i rzemieślników w Rumunii"[41]. Tam też powstało dzieło jego życia – Biblioteka Polska, po latach przekazana Górnośląskiemu Towarzystwu Literackiemu w Bytomiu. Ludzie z kręgu HL z czasem włączyli się po prostu w działania galicyjskiego obozu ugodowo-konserwatywnego i realizowali model „pracy organicznej" sformułowany przez Szujskiego w „Kilku prawdach...". Po Sedanie – piórami eks-agentów ks. Czartoryskiego, późniejszych Stańczyków (Wodzickiego, Tarnowskiego i Koźmiana) – zaakceptowali politykę trójlojalizmu, zarzucając tym samym wieloletnią, konsekwentną, choć ze zmiennym szczęściem prowadzoną, linię polityczną księcia Adama: uczestnictwo Polaków w grze dyplomatycznej i w przeobrażeniu europejskiej sceny politycznej przestało ich interesować. Jeśli partycypowali w polityce międzynarodowej, to tylko jako poddani austriackiego monarchy.

Również ludzie z kręgu Jarosława Dąbrowskiego – jak na przykład Karol Swidziński – akceptowali nierzadko zasadę „pracy organicznej". Po 1871 roku Swidziński, wraz z Pelagią Dąbrowską (żoną Jarosława), powrócił do Galicji i podjął tam „pracę u podstaw". Podkreślić jednak należy, że bliski był w swych politycznych działaniach raczej Franciszkowi Smolce niż galicyjskiej „konserwie". Ewolucja Karola Swidzińskiego i jego przyjaciół ilustruje kształt rozłamu, jaki musiał dokonać się na lewym skrzydle emigracji. Powracający do kraju Swidziński wybierał akceptację realiów i rezygnację z natychmiastowej realizacji radykalnych haseł społecznych na rzecz konkretnych poczynań społecznikowskich. Inni, wybierający los exulów, dalej ewoluowali w lewo, dochodząc z czasem do sojuszu i ścisłej współpracy z Międzynarodówką. Typowym przykładem tych ostatnich był Walery Wróblewski. W 1874 roku sformułował on swoje credo w następujących słowach:

„W obecnej chwili każdy polski emigrant, który nie czuje się związany z klasą robotniczą i nie uświadamia sobie, że sprawa tej klasy – to jego własna sprawa, jest jezuitą albo ignorantem. W obu wypadkach zasługuje na pogardę, w obu wypadkach jest on przestępcą wobec swego narodu".

Szukając odpowiedzi na pytanie: kto jest sojusznikiem „sprawy polskiej"?
– Wróblewski pisał:

„W Niemczech jest tylko jedna partia, która szczerze współczuje polskiej sprawie, która gotowa jest ją poprzeć – to partia robotnicza. W Austrii (...) jedynie partia socjalno-demokratyczna może wnieść harmonię w świat słowiańskich narodów, zjednoczonych teraz pod władzą Austrii (...) We Francji pośród rozprzężenia starych politycznych partii, partia robotnicza jest jedyną partią nadziei. (...) Jedynie ona może być naszym sojusznikiem. Nasza uprzednia polityka przyniosła nam pożytek pod tym względem, że rozczarowaliśmy się do wszystkich partii francuskich, z którymi zawieraliśmy sojusze: wszystkie nas okłamały. Polacy, którzy teraz staną pod sztandarem socjalnej demokracji, mogą w pełni

---

[41] Jerzy W. Borejsza, o.c., s. 226.

liczyć na francuską partię robotniczą, która ich nie oszuka ze względu na wspólność wyznawanych zasad. – Co się tyczy Rosji, trzeba otwarcie przyznać, że jedyna partia, która ma tam dla nas znaczenie – to partia socjalno-rewolucyjna; że musimy działać wspólnie z nią, by przyspieszyć przewrót niezbędny dla polskiego i rosyjskiego narodu. (...) Nie mamy wielkiej siły – kontynuował swój wywód Wróblewski – ale idee socjalizmu wypisane na naszym sztandarze jaśniejsze są i szersze od dawnych idei liberalnej demokracji. Sprawa polska była tożsama ze sprawą socjalizmu, a nie ze zmianą jednego króla na innego (...) Co do mnie – konkludował Wróblewski – to oddając hołd naszym ojcom, osobiście będę brał z nich przykład do ostatniej chwili mego życia. Nie zwracając zupełnie uwagi na odstępców, którzy jak wyrodni synowie odeszli od orlich postaci dawnych czasów, żołnierze socjalnej rewolucji pójdą naprzód".

Powyższe rozważania artykułowane są w języku rewolucyjnych socjalistów, do których przystał wczorajszy radykalny demokrata, Walery Wróblewski. W trakcie tej ewolucji uniwersalistyczne idee braterstwa ludów zastąpione zostały konkretnym, internacjonalistycznym programem współpracy partii robotniczych; idea narodowego powstania przeobraziła się w zasadę „socjalnej rewolucji"; idea niepodległości państwowej ulokowana została w ogólniejszym haśle ustanowienia socjalistycznych gmin. Nowy program Wróblewskiego całkowicie zrywał z klasycznym kanonem polskiej irredenty, ale nie wyrzekł się idei niepodległościowej.

Trzy kierunki rewizjonizmu historycznego Polaków były po prostu trzema sposobami myślenia w ramach narodowej futurologii. Raz jeszcze potwierdziła się stara prawda: refleksja nad historią bywa po prostu fragmentem refleksji nad teraźniejszością i przyszłością.

Irredentyzm redukowany do programu insurekcyjnego i odrzucający w każdej sytuacji „pracę organiczną" oznaczał awanturnictwo. Irredentyzm pozbawiony programu przeobrażeń społecznych, programu uobywatelnienia włościan i biedoty miejskiej, nie miał żadnych szans na skuteczną walkę o niepodległość.

Z kolei, gdy niektóre programy walki socjalnej abstrahowały od potrzeby budowy fabryk i modernizacji rolnictwa, od potrzeby rozwoju oświaty i służby zdrowia, przekreślono pewne istotne realia i imponderabilia i utrudniono walkę o realizację społecznych ideałów.

Na koniec: program „pracy organicznej" rezygnujący z dążenia do niepodległej Polski i reformy stosunków społecznych był uzasadnieniem dla bierności konformizmu; organicznikostwo zredukowane do aktywności gospodarczej czy służby w administracji stawało się ideologią egoistycznych karierowiczów, którzy lojalizm wobec zaborcy zawijali w sztandar pseudopatriotycznej historiozofii.

1863: Polska w oczach Rosjan

Polityka caratu wobec Polski była po upadku powstania styczniowego funkcją dwóch sprzecznych tendecji nurtujących rosyjską elitę władzy: konserwatywnej i radykalnie słowianofilskiej. Celem konserwatystów, do których należał namiestnik Królestwa Polskiego, Fiodor Berg, było zniszczenie ruchu irredentystycznego metodą związania polskich klas posiadających z rosyjskim imperium. Związek i sojusz przeciw „socyalnej rewolucji", a w obronie legitymistycznie pojmowanego „ładu" miał być gwarancją spokoju w Królestwie. W rozumieniu rosyjskich legitymistów, myślowych kontynuatorów tradycji „Świętego Przymierza" powstanie styczniowe było szczególnym, polskim wariantem przewrotu społecznego.

Murawiew-Wieszatiel piętnuje w swoich wspomnieniach dworską koterię konserwatystów-legitymistów za niekonsekwencję i liberalizm w postępowaniu wobec buntujących się Polaków. Jakkolwiek trudno nazwać Murawiewa słowianofilem – był to po prostu tępy i okrutny żandarm, przeniknięty prymitywizmem i ksenofobią – to powiedzieć trzeba, iż w poglądzie na rozwiązanie kwestii polskiej godził się on w zupełności z kierowanym przez słowianofilów Komitetem Urządzającym Królestwa Polskiego. O swych przeciwnikach, petersburskich konserwatystach, Murawiew pisał: „Wiadomo, iż większa część rosyjskiej arystokracji, wychowana w ideach europejskich, nie mając poszanowania dla swojej religii i swojej ojczyzny, działała zawsze bez przekonania, stosownie do panującego na Zachodzie kierunku. Dla nich nie ma Rosji i prawosławnej religii; oni są kosmopolitami, bezbarwnymi, nieczułymi na dobro państwa, a na pierwszym miejscu stoi u nich ich własny interes i ich osoba. Takie to było grono dostojników rządowych, z którymi walczyć musiałem, aby przeprowadzić swój system postępowania". (...) „Główni działacze rządowi chcieli – podług opinii Murawiewa – doprowadzić N. Pana na nowo do systemu ogólnej amnestii (...). Nieprzezorność, raczej zaślepienie ludzi otaczających cesarza było tak wielkie, a ich przywiązanie do idei europejskich, wrogich dla Rosji, tak dalece przewyższało uczucie miłości ojczyzny (...), iż postanowili starać się usilnie o przywrócenie w kraju północno-zachodnim wszystkich dawniejszych przywilejów rządowych, aby propaganda polska mogła w nim działać swobodnie i aby narodowość polska mogła się w nim wzmocnić. W zaślepieniu swoim nie uznawali kraju tego za rosyjski i dążyli do tego (...), aby mu nadaną została zupełna autonomia, zgodnie z zamiarami Wielopolskiego".

Wałujew, minister spraw wewnętrznych, jest charakteryzowany przez Murawiewa jako „człowiek nie bez zdolności, lecz kosmopolita i oddany jednej myśli i żądzy pozyskania sławy i uznania Europy, bodaj ze szkodą dla Rosji". Dołgorukow, szef żandarmów, to człowiek zacny i dobry, odddany monarsze, ale – podkreśla Murawiew – „z powodu słabego charakteru i małego rozumu uniesiony ideą kosmopolityzmu". Minister spraw zagranicznych Gorczakow „ustępował przed Europą wtedy, gdy mu należało działać" i „w gruncie rzeczy trzymał się systemu Wałujewa". Także Tołstoj, minister poczt, choć „nie miał wpływu na sprawy państwa, lecz w poufnych swych rozmowach z cesarzem szkodził sprawie rosyjskiej, starając się podtrzymywać systemat na korzyść Polaków".

Wszystkich tych polityków określał Murawiew jako „kosmopolitów" i „partię polską" na rosyjskim dworze. Kosmopolityzm ich polegał na liczeniu się – oględnym zresztą – z opinią Zachodu, a orientacja propolska na popieraniu – do pewnego momentu – programu Wielopolskiego. Wprawdzie również i po powstaniu rozważano w kręgach konserwatywnych możliwość jakiejś umiarkowanej wersji ugodowego programu margrabiego, ale pozostało to w sferze nigdy nie doprecyzowanych projektów. Górę wzięła inna tendencja, radykalnie słowianofilska, której eksponentami byli – pełniący kierownicze funkcje w Komitecie Urządzającym – Milutin, Czerkaski i Samarin.

Istotę różnicy między obu tendencjami celnie ilustruje następujące zdarzenie: Jurij Samarin był (w latach 1845-1848) członkiem specjalnej komisji rządowej, która badała stosunki społeczne i narodowościowe w podbitych przez Rosję krajach nadbałtyckich. Literackim efektem misji Samarina były „Listy z Rygi", których ideologia wielkomocarstwowa i nacjonalistyczna godziła w rządzącą arystokrację – niemieckich feudałów. Samarin oskarżył tamtejszą administrację o zaniechanie polityki rusyfikatorskiej wobec Niemców i o brak opieki nad estońskimi i łotewskimi chłopami, których niemieccy feudałowie wyzyskiwali. Całkowity sojusz rosyjskiej administracji z niemiecką arystokracją – dowodził Samarin – prowadził do rezygnacji z asymilacji narodowej także i chłopów. Tezy Samarina wzbudziły gniew gubernatora Rygi, ich autor został uwięziony. Sprawa oparła się o samego cesarza. W rozmowie z Samarinem Mikołaj I powiedział między innymi: „Wzbudzał pan wrogość Niemców w stosunku do Rosjan, skłócał ich pan ze sobą, podczas gdy trzeba ich wzajemnie zbliżać; napada pan na całe stany, które służyły wiernie: zaczynając od Pahlena mógłbym wyliczyć stu pięćdziesięciu generałów. Chce pan przemocą, siłą uczynić z Niemców Rosjan, z mieczem w dłoni, niczym Mahomet – ale my nie powinniśmy tego robić, właśnie dlatego, że jesteśmy chrześcijanami. (...) Mierzył pan bezpośrednio w rząd: chciał pan powiedzieć, że my wszyscy od czasów Imperatora Piotra I otoczeni jesteśmy przez Niemców i sami się zniemczyliśmy. Niechże pan zrozumie, do czego pan doszedł; mobilizował pan przeciwko rządowi opinię publiczną; wiodło to do powtórzenia wydarzeń z 14 grudnia".

Andrzej Walicki celnie charakteryzuje powyższą kontrowersję jako „starcie konserwatyzmu nacjonalistycznego z tradycyjnym konserwatyzmem legitymistycznym". Dla tradycyjnych konserwatystów gwarantem ładu społecznego była arystokracja i szlachta; pozycja społeczna ważniejsza była od pochodzenia narodowego i wyznania. Słowianofile byli zdania, że warstwą społeczną gwarantującą ład jest rosyjski, prawosławny, nie zepsuty przez europejską cywilizację, lud wiejski. Konflikt ten nabrał ostrości, gdy dyskutowane były sposoby rozwiązania kwestii chłopskiej w imperium. Słowianofile – wśród nich Milutin i Samarin – namawiali cara Aleksandra II do radykalnej koncepcji wyzwolenia i uwłaszczenia. Konserwatyści – wśród nich Wałujew – opowiadali się za polityką umiarkowania. Spory o politykę wobec Polaków były refleksem wcześniejszych rozbieżności. Konserwatyści dążyli do zniszczenia żywiołów rewolucyjnych, słowianofile zmierzali do wyniszczenia żywiołów polskich.

Tendencję słowianofilską wspierał swym piórem, świeżo nawrócony w miłości do carskiego absolutyzmu, niedawny okcydentalista i anglofil, Michaił Nikiforowicz Katkow. Prąd ten wspierał również swymi postępkami Michaił Nikołajewicz Murawiew, zwany Wieszatielem, generał-gubernator w Wilnie, niewiele interesujący się politycznymi teoriami, ale za to znany dobrze z politycznych praktyk. Słowianofilów, Katkowa i Murawiewa, łączył zdecydowanie negatywny stosunek do jakichkolwiek prób kompromisowego rozstrzygnięcia konfliktu z Polakami. Różnie jednak rozumiano sens polskiego powstania. Dla publicystów obozu słowianofilskiego konflikt polsko-rosyjski był, w swej najgłębszej istocie, konfliktem Rosji z Europą; był to antagonizm nie tylko i nie tyle dwóch sprzecznych racji politycznych, lecz spór dwóch cywilizaji, albowiem Polska zawsze, w całej swej historii, była awangardą cywilizacji łacińsko-katolickiej. Z tego to powodu prasa europejska miała występować w obronie Polaków.

Inaczej rozumował Katkow. „Sprawa Polski – pisał – zawsze była sprawą Rosji. Między tymi dwiema współplemiennymi narodowościami historia od dawna postawiła fatalną kwestię życia i śmierci (...). Rozstrzygała się kwestia już nie o to, kto ma przewodzić czy być potężniejszym, lecz o to, kto ma istnieć. Polska niepodległa nie mogła egzystować obok Rosji samoistnej. Kompromisy były niemożliwe: ta lub druga strona musiała wyrzec się niepodległości politycznej". Polakowi „nie wystarcza być Polakiem – powiada Katkow – on chce, żeby i Rosjanin stał się Polakiem, lub wyniósł się za góry Uralskie (...). Walka nasza z Polską to walka dwóch narodów i ustąpić przed uroszczeniami patriotyzmu polskiego – oznacza to podpisać wyrok śmierci na naród rosyjski". (...) „Powstanie polskie – zdaniem Katkowa – to wcale nie powstanie narodowe! powstał nie naród, lecz szlachta i duchowieństwo". To „intryga szlachecko-jezuicka". (...) „Jeszcze na długo przed powstaniem zbrojnym w Polsce – wyjaśnia Katkow – intryga ta zaczęła swe działanie. Wszystko, co było w społeczeństwie naszym nieczystego, zgniłego, obłąkanego, intryga ta potrafiła pochwycić w swe ręce i zorganizować dla swych celów. Nasi politowania godni rewolucjoniści, świadomie lub nieświadomie, stali się jej narzędziem. Nasz niedorzeczny materializm, ateizm, wszelkiego rodzaju emancypacje (...) znalazły w niej czynne poparcie. (...) Niejeden nauczyciel-liberał, propagując kosmopolityzm lub niewiarę, był przez dziesiąte ręce, organem intrygi jezuickiej i zupełnie określonej narodowości, która ryła pod ziemią i w ciemności podkopywała wszystkie korzenie życia społecznego rosyjskiego".

Pomiędzy poglądem Katkowa a opiniami słowianofilów istniała wyraźna – choć pozbawiona wpływu na praktykę – rozbieżność. Zdaniem Katkowa, dziennikarze francuscy czy belgijscy bronili Polaków nie w imię wartości cywilizacji zachodniej – co twierdzili słowianofile – ale po prostu dlatego, że Polacy ich przekupili. „Słowianofile – komentuje tę różnicę zdań Jan Kucharzewski – gniazdo intrygi widzieli w Rzymie, Polskę zaś uważali za nieszczęsne narzędzie Rzymu katolickiego i jego agentów jezuitów. Według nich, Polska, oczyszczona od katolicyzmu i od cywilizacji zachodniej, mogła dopiero żyć w pokoju z Rosją. Katkow sądzi, że Polska sama w sobie jest pra-złem, arcywrogiem Rosji i że katolicyzm i cywilizacja zachodnia nie grają tu roli decydującej. (...) Słowianofile widzieli w Polsce przednią straż Rzymu i program ich polegał na tym, by zerwać więzy między Polską a Zachodem, przede wszystkim zaś oderwać Polskę od katolicyzmu. Katkow akcję katolicyzmu uważał za szkodliwą dla Rosji dlatego, że pod wpływem księży-Polaków staje ona w obronie sprawy polskiej. Tam Polska jest narzędziem katolicyzmu, tu katolicyzm jest narzędziem Polski".

Wszystkie te różnice nie wpływały jednak na kształt politycznych postulatów rozwiązania kwestii polskiej. W tej materii Katkow całkowicie popierał politykę słowianofilskiego Komitetu Urządzającego. Widział w nim skuteczny instrument ostatecznego zlikwidowania narodu polskiego. „Lud polski – zdaniem Katkowa – nie chce własnej niepodległości i woli zależeć od wszelkiego innego narodu, słowiańskiego czy niemieckiego, byle tylko nie iść łącznie ze swymi panami. (...) Patriotyzm polski to upiór z grobu wstający (...). Siły, które łączyły w jedno naród polski, zniknęły..." Zadaniem polityki rosyjskiej – rozumował Katkow – było totalne rozprawienie się z tymi „wegetującymi szczątkami" polskiej świadomości narodowej.

Słowianofile rozumieli swoją misję nieco inaczej; dla nich walka z polskim powstaniem miała nade wszystko charakter wojny ideologicznej. Ich poglądy na ten temat wyłożył Samarin w artykule „Współczesny zakres sprawy polskiej". Streszczając ten artykuł, Andrzej Walicki wyróżnia trzy aspekty stanowiska Samarina: „1) naród polski, tj. polski lud, posiadający wszelkie cechy odrębnej narodowości słowiańskiej, 2) państwo polskie, zawsze zaborcze wobec wschodnich sąsiadów, oraz 3) «polonizm», siłę kulturalną ściśle zwią-

zaną z katolicyzmem, reprezentowaną przez polską szlachtę i kler". „Polonizm" przekształcił Polskę w „ostry klin, wbity przez łacinizm w samo serce
świata słowiańskiego w celu rozłupania go na drzazgi"; to on zniszczył w
Polsce słowiańską wspólnotę gminną, stworzył w niej nie istniejącą w innych
krajach słowiańskich arystokrację feudalną, uczynił z państwowości polskiej
wroga Słowiańszczyzny i wiernego wasala Europy. Mimo wszystko jednak
Polska pozostała narodem słowiańskim: „łacińska dusza" szlachty i kleru nie
zdołała zabić „słowiańskiej duszy" polskiego ludu. Rząd rosyjski winien znaleźć oparcie w polskim ludzie i wypowiedzieć – w imię „słowiańskości" –
bezkompromisową walkę „polonizmowi". „Przyszłość Polski – pisał Samarin
– jeżeli ma ona przyszłość przed sobą, leży w świecie słowiańskim (...), nie
zaś na szarym końcu świata łacińskiego".

Było to *credo* milutinowskiego Komitetu Urządzającego. W momencie
otrzymania misji w Królestwie Polskim, Milutin był – jako zwolennik radykalnej reformy agrarnej w Rosji – w niełasce. Jednakże w polskich warunkach jego radykalne koncepcje nabierały nowego sensu. Polityka zniszczenia
ekonomicznego i politycznego szlachty oraz konsekwentna walka z Kościołem katolickim przy jednoczesnych reformach uwłaszczeniowych, miała ostatecznie skłócić polskiego chłopa z polskim szlachcicem. Zagrażało to samym
korzeniom polskości. Odrębność kulturowa Polaków miała być zniwelowa-
na. Polski chłop miał wielbić swoich wybawicieli – rosyjskich dyktatorów-
-czynowników.

Milutin i Samarin deklarowali, że tocząca się walka jest starciem rosyjskich, słowiańskich sił postępowych z wstecznictwem polskiej szlachty i duchowieństwa. Ta frazeologia sprawiała, że pod ich sztandary z łatwością za-
ciągali się wczorajsi opozycjoniści, renegaci ruchu liberalnego i rewolucyjnego, którzy okrutne represje i rusyfikatorskie poczynania Milutina w Królestwie Polskim przyoblekali w pseudopostępową ideologię. Postępowe hasła
i radykalna reforma agrarna nabrały złowrogiego sensu, który ujawnił się w
sposobie rozwiązywania problemu organizacji gminy wiejskiej przez Komitet
Urządzający. Reforma milutinowska – trzeba to przyznać – była korzystniejsza dla chłopów od reformy w Rosji; była również korzystniejsza od dekretu
powstańczego Rządu Narodowego z 22 I 1863 roku. Bezwzględnie niszczo-
no własność szlachecką. Równie bezwzględnie likwidowano władzę właści-
cieli ziemskich nad wsią. „Rząd carski – pisze Stefan Kieniewicz – dokonał
tutaj radykalnego cięcia: wyłączył właściciela ziemskiego od wszelkiego wpływu na gromadę wiejską, a poddał go, przeciwnie, władzom gminnym obiera-
nym przez ogół chłopów. Posunięcie to nie było podyktowane względem na
dobro chłopa, ale interesami polityki carskiej. W wykonaniu reformy gminnej
samorząd wiejski znalazł się w ręku pisarzy wyznaczonych w praktyce przez
władze powiatowe. Chłop wyzwolony spod zwierzchności patrymonialnej dziedzica dostał się pod ścisłą kuratelę carskiej biurokracji". Wyzwolenie okazało
się przyporządkowaniem chłopa dyktatorskiej władzy zaborcy.

Taki sam sen miało popieranie antyszlacheckich postulatów chłopskich.

Polskiego chłopa emancypowano dekretami rosyjskich urzędników przeciw polskiemu szlachcicowi. Skutkiem tej operacji miało być zniszczenie polskiej wspólnoty narodowej.

Polityka Komitetu Urządzającego wzbudziła przerażenie polskich konserwatystów, którzy nazywali ją „„prawosławnym socjalizmem". Nie podobała się ona również konserwatystom w Petersburgu i Bergowi, który zmusił z czasem ekipę milutinowską do większego umiarkowania. Opozycja ta była zupełnie zrozumiała. Rosyjscy konserwatyści niewiele mieli zrozmienia dla ideologicznych celów tej polityki, natomiast praktyczne jej skutki musiały wzbudzać ich niepokój. Złamanie zasady hierarchii społecznej, złamanie zasady własności prywatnej, zalegalizowanie i popieranie chłopskich dążeń rewindykacyjnych – wszystkie te posunięcia nie mogły być aprobowane przez polityków, którzy ufali sile tradycji i dlatego nie mogli uwierzyć w możliwość likwidacji narodu o tysiącletniej kulturze w drodze administracyjnych działań. Nie mogli oni także aprobować polityki, która rewolucjonizowała stosunki społeczne i zmierzała do wywłaszczenia polskich klas posiadających. Zbyt mocno obawiali się przeniesienia tych eksperymentów socjalnych w głąb państwa rosyjskiego.

Argumentację konserwatystów wyłożył Aleksander Koszelow, dyktator finansów w Królestwie w okresie milutinowskim, który hamował nieco doktrynerski zapał swych słowianofilskich kolegów. Polityka uwłaszczeniowa w Królestwie – pisał Koszelow we wspomnieniach – „nie przeczyła moim przekonaniom, jednakże, dobrze znając księcia Czerkaskiego i N. A. Milutina, obawiałem się, że ustawa będzie nie tylko ostatnim środkiem wojennym dla stłumienia zaburzeń (...), ale również początkiem i źródłem innych przedsięwzięć, mających na celu skrępowanie i unicestwienie szlachty, z którą, oczywiście, bynajmniej nie sympatyzowałem, ale którą uważałem za element w dzisiejszych czasach niezastąpiony, a więc już z tego powodu zasługujący na pewne pobłażanie i ochronę".

W pisanym do cara memoriale Koszelow precyzował: „Nie możemy skupiać całej siły w rękach chłopów i tylko na nich się opierać; czyniąc tak, musielibyśmy zdradzić wszystkie nasze tradycje i zmienić cały nasz ustrój państwowy, albowiem nie sposób działać w jednej części cesarstwa w duchu skrajnego demokratyzmu, a w pozostałych trzymać się innych, zdrowszych zasad (...). Tego rodzaju biurokratyczno-ochlokratyczny ustrój w jednej części naszego państwa pociągnąłby za sobą zgubne konsekwencje w pozostałych częściach; byłoby to zaszczepieniem Rosji takiej choroby, wpuszczaniem w jej zdrowe ciało takiego jadu, który zatrułby jej własne siły i przygotował jej upadek".

Autor powyższych słów nie był konserwatystą w duchu legitymistycznym. Był raczej związany z obozem słowianofilskim, skłaniał się ku rozwiązaniom umiarkowanie liberalnym, opowiadał się – w dyskusjach podczas posewastopolskiej „odwilży" – za swoistą formę konstytucjonalizmu. Ze słowianofilami łączyło Koszelowa dążenia do uwłaszczenia chłopstwa, ale niewiara w omnipotencję aparatu biurokratycznego zbliżyła go w konkretnej sytuacji do tradycyjnych konserwatystów. Wskazuje to, jak płynne były podziały polityczne i ideowe w ówczesnej Rosji. Ale niezależnie od różnicy między Milutinem a Wałujewem czy Koszelowem i Murawiewem, powiedzieć trzeba, że propolska „partia" nie istniała w owym czasie w Rosji, jeśli – rzecz prosta – traktować rzecz merytorycznie, co nakazuje pominięcie tego rodzaju określeń w pamiętniku Murawiewa. Program Wałujewa, Berga i innych nie był bynajmniej propolski, co najwyżej czynił obecność Rosji w Polsce mniej uciążliwą dla polskich klas posiadających. Nie byli propolskimi również niedawni liberałowie, którzy zgodni byli w całkowitej negacji polskich dążeń irredentystycznych. W „sprawie polskiej" rosyjscy liberałowie poparli rosyjskiego monarchę.

Dla ukazanie ewolucji myślowej rosyjskiego liberała tamtej epoki, Jan Kucharzewski przywołał postać Fieoktistowa. Przypomnijmy znakomity wywód Kucharzewskiego. Eugeniusz Fieoktistow był postępowcem, konstytucjonalistą, przeciwnikiem rządów despotycznych, zwolennikiem wolności prasy. Wraz z innymi publicystami wydawał liberalny dwutygodnik *Russkaja Riecz* i wraz z nimi poparł antypolską politykę cara Aleksandra II. Motywy swojego postępowania wyjaśnił Fieoktistow w liście napisanym do przebywającej w Szwajcarii pisarki rosyjskiej, hrabiny Elżbiety Sailhas (Eugenii Tur).

W odpowiedzi na propolski, utrzymany w duchu hercenowskiego *Kołokołu*, list przyjaciółki ze Szwajcarii, Fieoktistow wyjaśnił, że to nie on zmienił swoje liberalne przekonania, lecz zmieniła się sytuacja w Rosji. Pojawiła się opinia publiczna, zjawisko tyleż nowe, co pozytywne w warunkach rosyjskich. Jest to – zdaniem Fieoktistowa – początek nowej epoki, w której monarcha i rząd będą musieli liczyć się ze stanowiskiem tak zwanych klas oświeconych. Ten stan rzeczy musi doprowadzić do powołania w niedługim czasie instytucji parlamentarno-konstytucyjnych w Rosji. W sprawie polskiej rosyjska opinia publiczna jest zgodna: wszyscy są przekonani o potrzebie walki z irredentystycznymi dążeniami Polaków. Fieoktistow wyznaje ten sam pogląd, co nie oznacza, by rozstawał się ze swoimi liberalnymi ideałami. Przeciwnie: chce on dla Polaków „wszelkiego możliwego szczęścia i największej wolności politycznej i obywatelskiej (...), zupełnej tolerancji religijnej, nietamowanego niczym rozwoju we wszystkich dziedzinach życia obywatelskiego". Jest to możliwe do uzyskania wraz z liberalną konstytucją dla Cesarstwa. Ale jeśli Polacy wybierają drogę walki o państwową niepodległość, to skazują się tym samym na dalszy, nieuchronny konflikt z narodem rosyjskim. Myli się Hercen sądząc, że Polacy walczą tylko z rosyjskim rządem. Oni walczą z całym rosyjskim narodem, godzą w jego najżywotniejsze interesy. „Katkow mówi tylko to – pisze Fieoktistow – co myśli à *peu prés* całe społeczeństwo rosyjskie. (...) Gdyby jutro jakimś cudem nastąpił w Petersburgu przewrót, dzięki któremu na tronie zamiast Aleksandra Mikołajewicza zasiadłby Bakunin, to i wówczas Polacy byliby naszymi najgorszymi wrogami". Realizacja przez Polaków ich irredentystycznych celów oznacza dla Rosji katastrofę. Oddzielenie się Polski może wywołać reakcję lawinową. Odłączyć się może Finlandia, Kurlandia, Litwa i Ukraina, odłączyć się może również Kazań i Astrachań, a nawet Syberia.

Obok Rosji powstanie państwo z natury swej wrogie, oddzielające od Europy, niebezpieczne jako narzędzie w rękach francuskich czy angielskich polityków. Przytoczona wyżej argumentacja była dość typowym – jak się zdaje – ideologicznym usprawiedliwieniem antypolskiej postawy wczorajszych liberałów. Ujawniła się w ten sposób cała słabość rosyjskiego liberalizmu, całe jego wewnętrzne rozbicie i niekonsekwencja. Byłoby jednak uproszczeniem redukować stosunek „liberalnej partii" w Rosji wobec polskiego powstania do tych okoliczności. Wydaje się, że zasadnicza niekonsekwencja postawy liberałów wobec Polski była wpisana w sam rdzeń myślenia liberalnego: dążeniu do unowocześnienia i zdemokratyzowania państwa rosyjskiego towarzyszyła ciągle troska o jego mocarstwową pozycję. Liberalizm był przede wszystkim propozycją usprawienia systemu państwowości rosyjskiej, a dopiero na drugim miejscu zespołem wartości ideologicznych. Ilustracją tej tezy mogą być między innymi bardzo interesujące wspomnienia wybitnego rosyjskiego prawnika, Anatola F. Koni, znanego z poglądów liberalnych i okcydentalnych. Koni – płacąc za swój nonkonfomizm – był przedmiotem częstych ataktów prasy nacjonalistycznej, a zwłaszcza jej arcykapłana i proroka, Michała Katkowa. W jednym ze swych felietonów Katkow posunął się do jawnych kłamstw. Koni myślał o oddaniu do sądu sprawy o zniesławienie, „lecz przypomniałem sobie – wspomina wybitny prawnik – moje lata studenckie, wrażenie, jakie wywierały artykuły Katkowa w roku 1863, ich rolę w obudzenie świadomości narodowej Rosjan – pomogły scementować jedność Rosji i po raz pierwszy stworzyły u nas sytuację godną pióra poważnego publicysty. Wobec tych niewątpliwych zasług Katkowa nie mogłem jakoś podnieść ręki lub raczej pióra...". Ten sentyment nie przeszkadza znakomitemu prawnikowi o kilkadziesiąt stron wcześniej potępiać represji Murawiewa na Litwie, których apologetą w 1863 roku był właśnie Katkow.

Innym przykładem postawy rosyjskiego liberała był Mikołaj Turgieniew, którego poglądy zasługują na tym bardziej baczną uwagę, że nie krępowała ich carska cenzura. Eks-dekabrysta Turgieniew był emigrantem. W sprawach polskich wypowiadał się wielokrotnie; poglądy na przestrzeni kilkunastu lat znacznie ewoluowały. Początkowo (1847 r.) był zwolennikiem programu niepodległości Polski i uważał, że jest to klucz do wolności Rosji. Później zmienił zdanie, hasło niepodległości Polski zamienił na ideę autonomii, a ostre potępienie ucisku narodowego Polaków uzasadniał szkodliwością takiej polityki dla interesów monarchii rosyjskiej. Powstanie styczniowe oceniał Turgieniew jako „wielki błąd" Polaków, gdyż popsuło porozumienie polsko-rosyjskie, nad którym pracował Aleksander Wielopolski. Program Wielopolskiego uważał za jedyny możliwy projekt rozwiązania „sprawy polskiej": integracja Królestwa Polskiego z Rosją miała przypominać związek Galicji z Austrią czy Irlandii z Anglią. W związku z tym, jak przystało na liberała, Turgieniew nie postulował całkowitej rusyfikacji ziem polskich (tej miały ulec tylko tak zwane ziemie zabrane), lecz proponował powołanie do życia Soboru Ziemskiego, w którym byłoby miejsce także dla Polaków. Liberał-emigrant nie ograniczył się do teoretycznych rozważań: wypowiadając się na temat polskiego powstania, wyraził opinię, iż „polscy powstańcy wymordowali trzykrotnie lub czterokrotnie więcej spokojnych ludzi w miastach, a zwłaszcza w siołach, niż rosyjskie sądy polowe i prokonsulowie".

Sprawiedliwość nakazuje zauważyć, że wśród rosyjskiej emigracji głos Turgieniewa był odosobniony. Inni rosyjscy emigranci zajęli zdecydowanie propolskie stanowisko. Należał do nich książę Piotr Dołgorukow, potomek słynnego rodu arystokratycznego, przeciwnik dynastii Romanowów i absolutystycznego systemu rządów caratu. Wypowiedział się on za niepodległym państwem polskim w granicach z 1815 roku, zaś na pozostałej części ziem należących do Rzeczypospolitej przed 1772 rokiem proponował przeprowadzenie referendum. Ludność tych ziem – Litwini i Ukraińcy – miała się wypowiedzieć za przynależnością bądź do Rosji, bądź też do nowo odrodzonej Polski. Samodzielnej Litwy czy Ukrainy Dołgorukow nie przewidywał, w czym zgodny był zresztą z polską publicystyką niepodległościową. Rosja, rządzona przez tępą, nieudolną i skorumpowaną biurokrację – dowodził zwany „kulawym księciem" książę-emigrant – nie może przynieść narodowi polskiemu nic poza niewolą. „My Rosjanie – pisał – winniśmy być bezwzględnie przekonani, że dopóki Polska, jakąkolwiek to nastąpi drogą, nie odzyska wolności, dopóty pozostaniemy niewolnikami (...). Wyzwolenie Polski pociągnie za sobą niechybnie wyzwolenie Rosji, jest to warunek *sine qua non* wolności Rosji". Zgodnie z tym *credo* „kulawy książę" poparł w całej rozciągłości zryw powstańczy Polaków w 1863 roku. Piętnował poczynania Murawiewa i publicystykę Katkowa, kreślił piękne portrety Potiebni i Sierakowskiego. Pisał do rodaków: „Rosjanie pomagając rządowi petersburskiemu w ujarzmieniu Polski kują sami dla siebie łańcuchy niewoli, Rosjanie zaś, którzy stoją po stronie Polaków, działają na rzecz wolności Rosji i bronią jej honoru".

Punkt widzenia Dołgorukowa był dokładnym przeciwieństwem postawy Turgieniewa. Zestawiając wypowiedzi obu tych pisarzy na temat sprawy polskiej, łatwo dostrzec charakterystyczne rozszczepienie rosyjskiej idei liberalnej, oddzielenie porządku pragmatyki działania od porządku wyznawanych wartości. Rozumując w porządku pragmatycznym, rosyjski liberał uzasadniał postulowane przez siebie reformy interesem państwa; rozumując teoretycznie odwoływał się do porządku uniwersalnych wartości. Na przykład reforma uwłaszczeniowa z jednej strony wzmacniała siłę państwa, a z drugiej realizowała idee równości wobec prawa i sprawiedliwości. Powstanie polskie doprowadziło do konfliktu tych porządków myślowych: interes państwowy domagał się odrzucenia abstrakcyjnych wartości i zasad. Zarówno Turgieniew, jak i Dołgorukow próbowali pogodzić racje ideologii z koniecznościami praktyki. Eks-dekabrysta podkreślał swą dbałość o prawa narodowe Polaków, a „kulawy książę" tłumaczył, że najżywotniejszym interesem państwowości rosyjskiej jest oswobodzenie Polski. Pierwszy zapominał, że o kształcie praw narodowych Polski tylko Polacy są władni decydować, drugi nie rozumiał, że interesem państwa rosyjskiego jest to, co obywatele tego państwa za swój interes uważają. Turgieniew wybrał część pragmatyczną postawy liberalnej, Dołgorukow pozostał wierny uniwersalnym wartościom liberalizmu. Obaj zapłacili za to wysoką cenę: dawny dekabrysta stracił sympatię emigrantów, a „kulawy książę" utracił autorytet w Rosji, co było bardziej dotkliwe. Zresztą Dołgorukow był świadom, że sprzeciwia się opinii własnych rodaków: nieprzypadkowo nazwał swoje pismo *Le Veredique*.

Po stronie polskiej w 1863 roku wypowiedzieli się i inni rosyjscy emigranci: Gołowin i Pieczoryn, Blummer i Ogariow, a także Hercen i Bakunin, którzy filopolskie deklaracje próbowali przekształcić w czyn zbrojny. Wszelako opowiedzenie się po stronie polskiej nie oznaczało uznania tożsamości interesów rosyjskiej opozycji i polskiej irredenty. Moralny przywódca rosyjskiego obozu demokratycznego, Aleksander Hercen, był gorącym propagatorem „sprawy polskiej", ale jednocześnie był zwolennikiem idei federacji słowiańskiej. W 1859 roku formułował swoje stanowisko tak oto: „Polska (...) ma niezaprzeczalne i całkowite prawo do istnienia państwowego niezależnego od Rosji. Czy chcemy, żeby wolna Polska oddaliła się od wolnej Rosji – to inna sprawa. Nie, tego nie chcemy i jak można byłoby tego chcieć, skoro poszczególne narodowości, skoro wrogość między narodami stanowi jedną z głównych przeszkód swobodnego rozwoju ludzkości. Głęboko nienawidząc wszelkiej centralizacji jestem przekonany, że federacje spokrewnionych narodów stwarzają państwu znacznie większe możliwości niż rozdrobnienie jednej rodziny narodów na poszczególne gałęzie. Zjednoczenie federalne powinno być dobrowolnym darem: Rosja nie ma prawa do Polski, powinna zasłużyć na to, co wzięła przemocą: powinna zatrzeć to, czego dokonano jej rękoma. A jeśli Polska nie chce sojuszu z Rosją, możemy nad tym boleć, możemy się z nią nie zgadzać, ale musimy pozostawić jej wolność wyboru, nie chcąc zrezygnować z naszych zasadniczych przekonań". W dwa lata później, na wieść o pierwszych demonstracjach w Warszawie, Hercen powtarzał swoje *memento:* „Wiele razy mówiliśmy o przyszłym związku wszystkich plemion słowiańskich i teraz także w niego wierzymy, ale obecnie nie ta sprawa stoi na porządku dnia; najbliższą przyszłością, nadciągającym zadaniem dziejowym całej Słowiańszczyzny jest samodzielność państwowa Polski i zjednoczenie rozerwanych jej części".

Podejmując współpracę z Polakami, popierając – wbrew swym marzeniom o federacji – polską irredentę, Hercen popierał nie irredentę „jako taką", lecz określony odłam polskiego obozu niepodległościowego. Nie popierał on „partyi arystokratycznej" z Hotelu Lambert, ale Komitet Centralny Narodowy, który formułował postępowy i demokratyczny program społeczny. „Zasady, w imię których wzywacie do powstania – pisał Hercen w *Kołokole*, odpowiadając na pismo polskiego KCN – są tak szerokie i nowoczesne i tak wyraźnie zostały przez Was sformułowane, iż nie wątpimy, że słowa Wasze wzbudzą głęboką i czynną sympatię wszystkich Rosjan, pragnących zrzucić z siebie poniżające i hańbiące jarzmo opieki rządowej. Łatwo jest nam kroczyć razem z Wami. Przyznajecie chłopom prawo do ziemi uprawianej przez nich oraz każdemu narodowi prawo do stanowienia o swym losie. To są nasze zasady, nasze dogmaty, nasze sztandary". W powyższym wywodzie ukryte jest takie oto rozumowanie: „popieramy was – polscy spiskowcy – ponieważ wyznajecie filozofię społeczną analogiczną do naszej. Jest to warunek konieczny polsko-rosyjskiego porozumienia". W ten sposób rozumowali i inni rosyjscy rewolucjoniści zarówno z emigracji, jak i z kraju.

Polacy i Rosjanie świadomi byli swych zasadniczo różnych celów politycznych. Cele polityczne rosyjskich rewolucjonistów zawierały się w haśle obalenia samowładztwa i w postulacie daleko idących reform społecznych. Polakom chodziło o „wybicie się na niepodległość". Precyzując polski punkt widzenia KCN pisał do redaktorów *Kołokoła*: „Różnica istniejąca odnośnie do sprawy włościańskiej pomiędzy nami i Wami wypływa z odmienności ogólnych punktów wyjścia i okoliczności, w których się znajdujemy. Rosyjski ruch jest ziemski, nasz – narodowy. W Rosji ruch społeczny przyniesie wolność polityczną, u nas reorganizacja społeczeństwa naszego może być tylko następstwem wyzwolenia i przywrócenia niepodległości naszego kraju".

Świadom tych różnic był także Hercen. Wspominając swoje kontakty z Polakami, pisał w „Rzeczach minionych i rozmyślaniach": „Wychodziliśmy z różnych stanowisk – i drogi nasze przecinały się tylko w punkcie wspólnej nienawiści do samowładztwa petersburskiego. Ideał Polaków był poza nimi: szli ku swej przeszłości, przemocą uciętej, i tylko stamtąd mogli odbywać dalej swoją drogę. Oni mieli mnóstwo relikwii, my – puste kolebki. (...) Oni dążą do wskrzeszenia zmarłych, my chcemy jak najprędzej pogrzebać swoich. (...) W więziennych mrokach panowania mikołajowskiego, siedząc pod kluczem jako towarzysze więzienni, współczuliśmy sobie raczej, niż znaliśmy się nawzajem. Lecz gdy się okienko nieco uchyliło, odgadliśmy, że sprowadzono nas tu różnymi drogami i że się różną drogą rozejdziemy. Po wojnie krymskiej westchnęliśmy radośnie – ich nasza radość uraziła: zmiana klimatu w Rosji przypomniała im o ich stratach, nie o nadziejach. Myśmy się rwali naprzód, gotowi łamać wszystko; dla nas nowe czasy zaczynały się od wyniosłych żądań, dla nich – od nabożeństw i modłów żałobnych. Ale rząd po raz drugi zespolił nas z nimi. Wobec strzałów do księży i dzieci, do krucyfiksów i kobiet, wobec strzałów do hymnów i modlitw umilkły wszystkie pytania, zatarły się wszystkie różnice". Rosyjska Rewolucja i polska Restauracja porozumiały się przeciw carskiemu despotyzmowi. Rosyjski obóz rewolucyjny poparł polską irredentę.

Poparcie to miało głównie wymiar moralny i sprowadziło się w praktyce do publicznych wystąpień emigrantów. Opozycja w Rosji była bezsilna i przetrzebiona aresztowaniami (wśród aresztowanych był też ideolog młodego pokolenia, sympatyk „sprawy polskiej", Mikołaj Czernyszewski). Spisek oficerów został wykryty, bunty chłopskie – na które tak liczono – nie wybuchły. Tylko niewielka ilość rosyjskich oficerów przeszła na stronę powstańców. Organizacja „Ziemlia i Wola" nie była już – po fali represji – zdolna do żadnej akcji. Longin Pantielejew, członek władz tej organizacji, notuje w pamiętnikach na marginesie opisu rokowań z Padlewskim: „Jakąż pomoc możemy im okazać? Żadną, nie mamy najmniejszej możliwości zrobienia na ich korzyść bodaj najdrobniejszej dywersji".

Rosyjscy rewolucjoniści byli bezsilni. Bezsilność nie oznacza jednak zdrady: uczniowie Hercena i Czernyszewskiego nie odżegnali się od Polaków, nie przyłączyli się do antypolskiej nagonki. Za swe propolskie sympatie zapłacili nie tylko katorgą i zesłaniem, ale całkowitą utratą popularności wśród zamroczonej przez nacjonalistyczną publicystykę inteligencji rosyjskiej. W 1863 roku rząd dusz przejął po Hercenie Katkow. Popierając polskich powstańców, redaktor *Kołokoła* skazał się na polityczną samotność.

Utraty łączności z Rosją nie zrekompensował Hercenowi kontakt z polską emigracją. Stosunki polsko-rosyjskie na emigracji zaczęły się psuć. Ponownie rozeszły się drogi rosyjskiej rewolucji i polskiej restauracji. Do ostrego konfliktu doszło na tle oceny skutków rosyjskiej polityki uwłaszczeniowej w Królestwie. Dla Polaków – co najzupełniej zrozumiałe – jedynym kryterium oceny było rusyfikatorskie ostrze dekretów Milutina; wśród Rosjan – czemu też trudno się dziwić – brano pod uwagę i inne aspekty problemu.

Powtórzmy: dla rosyjskiech demokratów „sprawa polska" była tylko jedną z ważnych spraw, ale bynajmniej nie jedyną i nie najważniejszą. Najważniejszą była – niewątpliwie – sprawa wyzwolenia chłopów. Rosyjscy demokraci poparli reformatorskie dążenia cara Aleksandra II bezpośrednio po objęciu przezeń władzy i sympatyzowali z tymi politykami, którzy zgłaszali najbardziej radykalne projekty reform. Należał do nich Mikołaj Milutin, nazywany „czerwonym" w kołach dworskich. Odrzucenie milutinowskiego projektu uwłaszczenia chłopów i odsunięcie autora od prac przy realizacji uwłaszczenia zostało odczytane przez koła postępowe jako uwstecznienie cesarskiej polityki reform. Charakterystyczne uwagi na ten temat poczynił słynny rewolucjonista Piotr Kropotkin w swoich wspomnieniach. Kropotkin i jego towarzysze byli oczywiście świadomi, że Milutin należy do przeciwnego im obozu, ale spośród olbrzymiej i podzielonej na rozliczne koterie biurokracji carskiej, bliższy był postępowej inteligencji Milutin niż konserwatywni, przeciwni antyszlacheckim reformom uwłaszczeniowym politycy w rodzaju Wałujewa czy Gorczakowa.

Polacy rozumowali dokładnie na odwrót. Łatwiejszy do strawienia – bo mniej dokuczliwy – był dla nich konserwatysta Berg, natomiast Milutina nienawidzili najbardziej z rosyjskich polityków, bardziej może nawet od okrutnego Murawiewa, bo ten tylko wieszał, podczas gdy Milutin swą perfidną, „prawosławno-socjalistyczną" polityką niszczył – przynajmniej we własnym mniemaniu – sam rdzeń narodu polskiego – szlachtę.

Po „ukazie" carskim nakazującym przymusową wyprzedaż majątków należących do Polaków-powstańców, na terenie tzw. ziem zabranych, *Kołokoł* opublikował artykuł Mikołaja Ogariowa „O sprzedaży majątków w Kraju Zachodnim". Określając politykę wywłaszczania i wysiedlania Polaków jako zbrodnię, Ogariow zwrócił uwagę, że rosyjski rząd przyznał prawo wykupu ziemi „rosyjskim obszarnikom i niemieckim intrygantom", natomiast pozbawił tego prawa włościan... „Być może – pisał Ogariow – wśród chłopów miejscowych lub nawet z innych gubernii, znalazłoby się zapotrzebowanie na grunty w kraju zachodnim. Można by zaproponować chłopom miejscowym łączenie się w stowarzyszenia dla nabywania sprzedawanych majątków na długoletnie spłaty roczne za wzajemną poręką stowarzyszenia... Można zaproponować małorolnym chłopom innych gubernii przeniesienie się do kraju zachodniego i nabywanie gruntu na takich samych warunkach długoletnich spłat".

Powyższe sformułowania sprowokowały ostre repliki polskich emigrantów, którzy zinterpretowali je jako afirmację polityki rusyfikatorskiej. Zareagowali również Rosjanie. Aleksander Serno-Sołowiewicz pisał w broszurze „Question polonaise": „Protestuję, by zaświadczyć, że *Kołokoł* nie jest już sztandarem młodej Rosji (...). Pojmuję sposób urzeczywistnienia teorii socjalistycznych (...) nie tak, jak to pojmują panowie redaktorzy *Kołokoła*. Przed zapisaniem lekarstwa należy bezwarunkowo wykazać się kwalifikacjami lekarskimi, być uznanym za lekarza. Lecz jeśli mi proponują leczenie nahajką lub bagnetem, to mam sam prawo powiedzieć: «Albo wynoście się z mojego domu, albo przyznajcie się, że jesteście rozbójnikami i siepaczami». (...) Jednym z ważniejszych zagadnień, które socjalizm w przyszłości rozwiąże, jest znalezienie formuły, która ustanawiając ekonomiczne podstawy społeczeństwa, da nie tylko każdemu narodowi, ale i każdej gminie możliwość pełnego i niezawisłego bytu". Stosunek do Polski formułował Serno-Sołowiewicz jasno: „Protestuję – pisał – ażeby dowieść Polakom, że są jeszcze w Rosji ludzie, którzy rumieniąc się za swoją rolę rozbójników i katów pragną szczerze, bez żadnej myśli ubocznej, całkowitego wyswobodzenia Polski, tj. oddzielenia wszystkiego, co polskie, od Rosji. (...) Nie będę ja mówił do Polaków: «Kochani nasi bracia, podajcie nam rękę, sprawa wasza naszą jest sprawą» i tym podobnych frazesów. Powiem im przeciwnie, z całą otwartością: sympatyzuję z wami głęboko jako z narodem bohaterów, jako z narodem uciemiężonym przez naród, do którego sam należę, ale mimo to sprawa wasza nie jest naszą sprawą, dopóki ruch polski występować będzie pod sztandarem arystokratów i księży, dopóki ruch polski ludowym się nie stanie". Najpierw Polska winna się odłączyć, a potem dopiero można ewentualnie tworzyć swobodną federację – konkludował Serno-Sołowiewicz; „naprzód rozdział, później bratnie przymierze".

Wystąpienie Aleksandra Serno-Sołowiewicza nosiło na sobie piętno „potępieńczych swarów" emigrantów. Pod jego programem pozytywnym z pewnością podpisałby się i Hercen, i Ogariow, zaś różnice zostały sztucznie wydęte (podobnie zresztą jak i przez polskich krytyków artykułu Ogariowa). Wydaje się bowiem pewne, iż Ogariow nie aprobował polityki rusyfikacyjnej. W jego artykule – zauważają słusznie Wiktoria i Rene Śliwowscy – znalazły „odbicie stare złudzenia, echa wiary w mimowolną efektywność dokonywanych przez władze posunięć, w niezamierzoną skuteczność odgórnych zarządzeń, w możliwość wyzyskania ich dla «celów rosyjskiego socjalizmu». Artykuł Ogariowa miał ostrze antyszlacheckie, a nie antypolskie; bronił interesów chłopstwa, a nie rusyfikacji. Swoim konsekwentnie antyszlacheckim przekonaniom redaktor *Kołokoła* wielokrotnie dawał wyraz. W liście do przyjaciela pisał, że «jeśli zjawi się u nas Pugaczow, zgłoszę się do niego na adiutanta, ponieważ szlachta polska nawet w setnej części nie wzbudza we mnie takiej nienawiści, jak szlachta rosyjska – trywialna, podła i nierozerwalnie związana z rosyjskim rządem»".

Powyższa opinia przekonuje ostatecznie, że wystąpienie Ogariowa było może niezręczne, nietaktyczne, nie na czasie, ale w żadnym razie nie oznaczało poparcia dla antypolskiej polityki milutinowskich i murawiewowskich urzędników w Królestwie i na Litwie. A o to właśnie oskarżała duża część polskiego wychodźstwa już nie tylko Ogariowa, ale także Hercena i Bakunina. Oskarżenia te podjął, uogólnił i nadał im rangę prawdy historycznej Jan Kucharzewski, wybitny historyk i znakomity znawca przedmiotu. „Polakożerstwo było kitem – pisał Kucharzewski – który miał spoić ogół z rządem i różne obozy między sobą i wytworzyć jeden front patriotyczny, idący ławą przeciw wrogom, z hymnem carskim na ustach. I istotnie – osobliwe zjawisko: kierunki rosyjskie, dotąd zażarcie ze sobą walczące, schodząc się na gruncie polskim, bratają się, podają sobie ręce, splatają się nierozerwalnym węzłem wspólnej sprawy. Zgoda bratnia Murawiewa z czerwonym Milutinem, to wzór tej *union sacrée*. Słowianofile, frondujący przeciwko niemieckiemu imperatorstwu petersburskiemu, zarzucający rządowi (...) w czasie wojny krymskiej, iż spuszcza z oka cel panslawistyczny, znajdą ujście dla swego zapału misjonarskiego w Polsce. Podąży tam Samarin (...), aby wyplenić trujące wpływy Rzymu i gnijącego Zachodu nad Wisłą. Obudzony i burzący się demokratyzm ludowy (...) niezadowolony z reformy, szukający drogi do serca i umysłu chłopa rosyjskiego, skierowany zostanie tymczasem do kraju zabranego i do Kongresówki, tam wyzwalać będzie lud od jarzma panów polskich. Chwalcy Proudhona, wyznawcy hasła własność to kradzież, ruszą na ziemię Polską, aby stosować tu praktykę wywłaszczenia; uczniowie Feuerbacha pójdą walczyć z katolicyzmem, adepci *Ziemli i Woli* będą mieli pole do eksperymentów, popęd nihilistyczny znajdzie ujście w burzeniu kultury polskiej". W innym miejscu Kucharzewski zauważa, że „ideologia polityczno-społeczna, z którą ci *diejatele* pojechali do Polski, była odbiciem mesjanizmu słowianofilsko-ludowego Hercena".

Ocenę Kucharzewskiego uważam za fałszywą i uproszczoną. Ponieważ sąd ten dotyczy jednego z najwybitniejszych polskich historyków, sprawa wymaga krótkiego komentarza. Cytowałem wyżej opinię Aleksandra Serno-Sołowiewicza o arystokratyczno-klerykalnym i antyludowym charakterze powstania styczniowego. Wyrwana z kontekstu, opinia ta niczym z pozoru nie różni się od katkowowskich i słowianofilskich poglądów na ten temat. Wszelako przypomnieć należy, że gdy dwóch mówi to samo, to nie musi to oznaczać tego samego. W publicystyce Katkowa czy Aksakowa oskarżenia polskich irredentystów o wstecznictwo pełniły funkcję zasłony dymnej dla praktyk wielkorosyjskiego nacjonalizmu i szczególnego programu społeczno-politycznego. „W mózgach tych zbirów i demokratów carskich – celnie zauważa Kucharzewski – tkwił pogląd właściwy despotyzmowi pierwotnemu, pogląd na władcę, jako na właściciela całej ziemi w państwie, zaś na poddanych, jako na użytkujących na mocy jego łaski, którą mógł on zawsze odwołać: komunizm carski".

Inne zgoła były idee Serno-Sołowiewicza, Bakunina i redaktorów *Kołokoła*. W ich przekonaniu ziemia powinna należeć do ludu, a władać nią powinny wspólnoty gminne. Najistotniejsze swoje zadanie widzieli w dążeniu do przewrotu społecznego, który miał wywłaszczyć obszarników i obdzielić ziemią gminy wiejskie; miał to być także przewrót polityczny, który zlikwidowałby carski aparat ucisku. Krytyczny stosunek Bakunina czy Hercena do powstania styczniowego wynikał z żywionego przez nich przekonania – podzielanego przez niejednego Polaka – że skupienie się wokół ideologii niepodległościowej wyparło z praktyki polskich insurekcjonistów radykalne hasła reformy agrarnej. Jedyną szansą Polaków było – zdaniem rosyjskich rewolucjonistów – przekształcenie powstania w rewolucję agrarną i wojnę ludową. Tylko masowy udział chłopstwa mógł uczynić niezwyciężoną partyzantkę powstańczą, tylko przewrót agrarny mógł sprowokować bunty chłopskie na Ukrainie i w samej Rosji.

Redaktorzy *Kołokoła* ubolewali, że niekonsekwentna polityka Rządu Narodowego umożliwiła stłumienie powstania i ułatwiła Murawiewowi czy Milutinowi przedstawienie własnych nikczemności jako dobrodziejstw świadczonych włościaństwu. Bakunin określał politykę milutinowską jako „najobrzydliwsze i najniebezpieczniejsze załganie zrodzone w naszych czasach: rządowy demokratyzm, czerwoną biurokrację". Hercen nazywał realizatorów polityki milutinowskiej „cesarskimi sankiulotami". O samej polityce wywłaszczeniowej pisał: „Plan rządu jest jasny, chce on *per fas et nefas* wyprzeć z Zachodniego Kraju ludność polską i związać z Rosją ludność rusińską więzami silniejszymi niż artykuły (...) i filologiczne studia patriotów wielkorosyjskich. Nie starczyło odwagi, ażeby zdecydować się na azjatycką metodę powszechnego wygnania czy przymusowego przesiedlenia; byłoby to okrutne, niesprawiedliwe, ale silne. Podła metoda indywidualnych oskarżeń opartych na donosach, tj. demoralizowanie chłopów, wydała się rządowi milszą. Nie trzeba sądzić, że rząd petersburski w ogóle certował się z użyciem takich radykalnych środków; uważając się, zgodnie ze wschodnimi pojęciami, za właściciela ziemi i ludności, nigdy nie cofał się przed niczym i nie krępując się postępował tak, jak gospodarz postępuje z bydłem (...) Przyznanie prawa własności jako nagroda za porządne zachowanie się – cóż powiecie? Kogo lubię, tego obdarowuję! Daleko zaszedł Grakchus Babeuf, ale ani on, ani Konwent z 1794 roku, ani komuniści nie mogli się wznieść do tego, do czego w sposób naturalny doszedł nasz tatarski Grakchus; oto co znaczy czerpać nadmądrość z bezpośrednich źródeł Wschodu".

Tak oto wyglądało „uznanie Hercena dla satrapów petersburskich, rozda-
jących chłopom w Polsce ziemię", o którym pisze Jan Kucharzewski. „Misja
patriotyczna polakożercza – zdaniem tegoż autora – to narkotyk, usypiający
wrażliwość Rosjan na ich niewolę polityczną, co więcej, podnoszący tę niewolę do wyżyn ofiary na rzecz wielkości Rosji". Jest to oczywiście uwaga
słuszna: zawsze kampanie szowinistyczne są metodą rozwiązywania wewnętrznych konfliktów, a nie jest to zjawisko specyficznie rosyjskie. Jest to
szczególnie uciążliwe i przykre, kiedy monopol na wypowiadanie własnego
punktu widzenia mają tylko szowiniści.

Oskarżony przez prasę rosyjską o zdradę ojczyzny redaktor *Kołokoła*
odpowiadał: „Kochamy naród rosyjski i Rosję, lecz nie jesteśmy opętani
przez żadną patriotyczną namiętność, przez nudne szaleństwo rusomanii i to
nie dlatego, żebyśmy byli wytartymi kosmopolitami, lecz po prostu dlatego,
że nasza miłość do ojczyzny nie dochodzi (...) do tej solidarności stada, która
usprawiedliwia zbrodnie i uczestniczy w przestępstwach. (...) To, co się dzieje obecnie w Rosji (...) nie jest żadnym argumentem przeciwko naszym na-
dziejom. Cała ta orgia katowskich wyczynów i pijanego patriotyzmu odsłania
coraz bardziej to tylko, że nie da się zahamować ruchu wewnętrznego takimi
obmierzłymi metodami. Sam rząd (...) pogrąża się w jakiejś pugaczowszczy-
źnie. Mając na względzie tylko likwidację powstania polskiego, niszcząc element polski na Litwie, rząd nie uświadamiając sobie tego prowadzi Rosję
wcale nie tam, dokąd zamierza...". I wyjaśnia Hercen: „Jeżeli rząd rzeczywiście rozszerzy te spartakusowe metody na całą Rosję i znajdzie takich gor-
liwych wykonawców, to chyba ludzie, głoszący prawo chłopów do ziemi i
uważający ziemię za grunty państwowe, do nikogo właściwie nie należące,
będą musieli także ułożyć adres do Aleksandra Mikołajewicza i podziękować
mu za to, że państwowymi rękami (choć włożywszy rękawice Murawiewa)
raczył wziąć na siebie wszystko co żałosne, związane z przemocą i ohydne –
w przyszłym przewrocie ziemskim".

W takim – i tylko w takim – sensie mówił Hercen o pozytywnych efektach
uwłaszczeniowej polityki carskich urzędników w Królestwie i na Litwie.

Podobnie rzecz się miała z podkreślaną często – między innymi przez
Jana Kucharzewskiego – rzekomą wspólnotą ideową Bakunina i redaktorów *Kołokoła* z obozem panslawistów w przedmiocie oceny cywilizacji zachodniej i Słowiańszczyzny. Hercen i Bakunin – w przeciwieństwie na przykład do Mikołaja Czernyszewskiego – nie byli okcydentalistami. Obaj byli
pełni krytycyzmu do mieszczańskiej cywilizacji krajów europejskich. „Porządek społeczny, ustrój społeczny – zdaniem Bakunina – zgnił na Zachodzie i
ledwo trzyma się chorobliwym wysiłkiem. (...) W Europie zachodniej,
gdziekolwiek się zwrócić, wszędzie widać niedołęstwo, słabość, brak wiary
i demoralizację, (...) płynącą z braku wiary; poczynając od samego szczytu
drabiny społecznej ani jeden człowiek, ani jedna klasa uprzywilejowana nie
ma wiary w swoje powołanie i prawo; wszyscy mydlą oczy jeden drugiemu
i nikt nikomu niższemu od siebie samego nie ufa: przywileje, klasy i wła-

dza ledwo trzymają się egoizmem i przyzwyczajeniem – słaba to tama przeciwko narastającej burzy!"

Bakuninowskie sformułowania pochodzą z jego słynnej – pisanej w twierdzy pietropawłowskiej – „spowiedzi". Na marginesie tych słów car Mikołaj napisał: „bijąca w oczy prawda".

Z zestawienia tych dwóch opinii nietrudno wyciągnąć wniosek, że na płaszczyźnie nienawiści do „zgniłego Zachodu" zawiązał się sojusz rosyjskiego konserwatyzmu z rosyjskim rewolucjonizmem, tym bardziej, że sformułowania „zgniły Zachód" użył po raz pierwszy – przypomnijmy – panslawista Szewyriow. Wniosek taki byłby – naszym zdaniem – nieporozumieniem. Prawdą jest, że nastawienie antyokcydentalne wielkiego odłamu rosyjskiej inteligencji pozwoli w przyszłości na żonglerkę hasłami antyzachodnimi i stałym liczmanem „Zachodu", że pozwoli wpisywać ten liczman w rozmaite konteksty ideologiczne; prawdą jest również, że na platformie antyokcydentalnej spotkać się mieli w przyszłości i w odmienionej sytuacji, słowianofilscy retrogradzi z rewolucyjnymi krytykami kapitalistycznej Europy. Spowiedź Bakunina jest pierwszym sygnałem możliwości takiego spotkania, ale przecież Bakunin nie poparł w praktyce polityki carskiej.

Wątek antyokcydentalny obecny był również w pisarstwie Hercena. Redaktor *Kołokoła* przyrównywał Europę zachodną do starożytnego Rzymu i wieszczył jej upadek na podobieństwo upadku cesarstwa rzymskiego. „Ta część świata – pisał o Europie zachodniej – zakończyła swe dzieje, siły jej wyczerpały się; narody zaludniające ten obszar wypełniły już swe powołanie i teraz zaczynają tępieć, wloką się w tyle". W innej pracy Hercen precyzował: „Wybiła godzina świata słowiańskiego". Misją historyczną Rosji – sądził Hercen – było zdobycie Konstantynopola i zjednoczenie narodów słowiańskich. Pozornie jest to myśl identyczna z postulatami panslawistów: oni także wzywali do zdobycia Konstantynopola i zjednoczenia narodów słowiańskich; oni także uważali, że cywilizacja zachodnia chyli się ku upadkowi.

Wszelako Hercen był zwolennikiem socjalizmu agrarnego i wrogiem samowładztwa cara, a Aksakow i inni panslawiści odżegnywali się od socjalizmu i byli chwalcami caryzmu. W ujęciu Aksakowa realizatorem misji narodów słowiańskich miał być car: ich zjednoczenie miało się dokonać pod carskim berłem; podług Hercena owo zjednoczenie mogło się dokonać na gruzach carskiego imperium. Aksakow postulował podbój ludów słowiańskich przez carską Rosję; Hercen popierał niepodległościowe – także antyrosyjskie – dążenia podbitych Słowian. Podobnie do Hercena rozumował Bakunin i postulował utworzenie „wielkiej, silnej i wolnej wszechsłowiańskiej federacji", ale zarazem podkreślał: „Chcemy, ażeby Polska, Litwa, Ukraina, Finlandia i Łotwa (...) odzyskały całkowitą wolność, prawo rozporządzania sobą i urządzenia się według własnej woli".

Wysunięcie postulatu „prawa do oderwania" narodów podbitych przez Rosję było praktycznym dowodem całkowitej rozbieżności między celami rewolucjonistów a dążeniami panslawistów. Panslawiści – piórem swego

ideologa Mikołaja Danilewskiego – afirmowali podbój „szlachecko-jezui-
ckiej" Polski i nazywali Polskę „Judaszem Słowiańszczyzny". Polska wyłą-
czona była z wspólnoty narodów słowiańskich, którą opiewali panslawiści,
bolejąc nad losem Słowian cierpiących pod austriackim i tureckim jarzmem.
Efektem propagandy panslawistycznej był zjazd słowiański w Moskwie
(1857 r.), kiedy to do przedstawicieli narodów słowiańskich rosyjscy panslawiści przekazali wezwanie, „by urzeczywistnić na ziemi słowiańskiej bra-
terstwo". Zarówno Hercen, jak i Bakunin ostro potępili antypolskie wystąpienia na zjeździe i stanowczo zdystansowali się od wielkomocarstwowych i
szowinistycznych haseł panslawistów. Bakunin charakteryzował panslawizm
jako „ideę równie potworną co niebezpieczną". „Prawdą jest jednak – pisał
– że wielu spośród austriackich Słowian oczekuje wybawienia i wybawiciela
z Petersburga. Straszliwa, a ponadto zupełnie usprawiedliwiona nienawiść
doprowadziła ich do takiego szaleństwa, że niepomni, czy też nieświadomi
wszystkich nieszczęść, jakie znosiła Litwa, Polska, Małoruś, a nawet sam lud
wielkoruski pod jarzmem moskiewskiego i petersburskiego despotyzmu,
spodziewają się, że wybawi ich nasz wszechrosyjsko-carski knut".
    Pod tymi sformułowaniami mógłby się podpisać każdy polski demokrata.

Zapis nr 8, Warszawa 1978

Gnidy i anioły

Pierwszym uczuciem, jakie mnie ogarnęło po przeczytaniu eseju Piotra Wierzbickiego, był zachwyt i zarazem zawiść; zawiść, że to nie ja jestem autorem „Traktatu o gnidach". Ileż to razy – doprowadzony do pasji „gnidzią" kondycją bliźnich – ostrzyłem pióro, odgrażałem się, wygłaszałem strzeliste tyrady. Wszelako nic nie napisałem. I myślę, że nie tylko z powodu niedostatku talentu: dlatego również, że ilekroć opuszczała mnie pasja, tylekroć wyczuwałem w tak emocjonalnym ujęciu jakiś fałsz. Dopiero lektura eseju Wierzbickiego uświadomiła mi, na czym ów fałsz polegał, i pozwoliła sformułować własny punkt widzenia.

Powiada Wierzbicki: „Historykom pozostawiamy wykrycie protoplastów gnidy w minionych epokach". Poczuwając się do związków z profesją historyka, pozwalam sobie poczynić kilka uwag dla uzupełnienia.

Genealogii fenomenu „gnidy" szukać należy w sytuacjach politycznych, kiedy obca przemoc nad narodem polskim przybierała charakter chroniczny, a nadzieje na zbrojną obronę wartości narodowych były całkowicie iluzoryczne; kiedy kompromis z zaborcą stawał się niezbędny, aby ocalić istnienie narodu. Problem dopuszczalnych granic kompromisu bywał wtedy codziennym wyzwaniem dla rozumów i sumień ludzi, którzy w podbitym kraju chcieli żyć i działać. Totalna afirmacja formuły kompromisu bywała drogą do moralnej kompromitacji i duchowej kapitulacji; totalne odrzucanie formuły kompromisu bywało drogą do – mniej lub bardziej heroicznej – izolacji. Postawy kompromisowe i sytuacje trudnego wyboru były w epoce zaborów polskich chlebem codziennym. Wymieńmy kilka, tytułem przykładu.

Oto Hugo Kołłątaj, którego słusznie dziś czcimy. Jeden z twórców Konstytucji 3 Maja, jeden z organizatorów powstania kościuszkowskiego, czołowy ideolog Obozu Reform, gorący patriota i niemal symbol niezniszczalnego dążenia Polaków do niepodległości, za które zapłacił ośmioletnim pobytem w austriackim więzieniu po klęsce insurekcji kościuszkowskiej.

Kołłątaj miał w swej biografii fragmenty, które uprawniają historyka, by zaklasyfikował autora „Listów anonima" do gatunku protoplastów gnidy. I tak na przykład, kiedy w trakcie wojny polsko-rosyjskiej szala zwycięstwa przechylać się zaczęła zdecydowanie na rzecz Rosji, Kołłątaj nie tylko skutecznie skłaniał króla Stanisława Augusta do podpisania konfederacji targowickiej, ale i sam do Targowicy zgłosił akces. Wprawdzie dwa dni później wyjechał z Warszawy na emigrację, wprawdzie wnet przystąpił do organizowania sprzysiężenia patriotycznego, wprawdzie jego gest nie miał żadnego praktycznego znaczenia, a Targowica pozbawiła go i tak majątków i beneficjów – to jego podpisu pod dokumentem targowiczan nie da się z kart historii usunąć. Wielu – wśród nich Walerian Kalinka – osądziło Kołłątaja bardzo surowo. Aleksander Świętochowski w swej „Genealogii teraźniejszości" powiadał o Kołłątaju, że „dbał nade wszystko o swoją posadę, o swoje majątki i dochody. Gdy te zostały zagrożone, napisał tajemne przystąpienie do Targowicy i wyjechał za granicę w nadziei, że mu się uda przyjaciół oszukać, nieprzyjaciół przejednać i dobra odzyskać". Dalej cytuje Świętochowski opinię ambasadora rosyjskiego: „Kołłątaj wyjechał do Krakowa i stara się przyłączyć do naszego stronnictwa. Każdy może go kupić". Sam Kołłątaj pisał na ten temat w liście do przyjaciela, z września 1792: „Nie wstyd mi tego, żem chciał zrobić akces, bom go chciał zrobić jako człowiek wolny, nieprzymuszony, bom go chciał zrobić wcale w innym celu, to jest w celu uratowania wielu dobrych rzeczy, nie tak jak się teraz pokazuje. Jeżeli więc to dojdzie do wiadomości przyszłych czasów, pokaże się oczywiście, że ja nie byłem tak zaślepiony, własnego pojęcia miłośnik, żebym nie chciał ratować Ojczyzny i być jej usłużnym, nawet w tak krytycznych okolicznościach"...

Celem Kołłątajowego postępku była więc chęć ratowania tego „co się da", chęć obrony – nawet za cenę współpracy z ludźmi pokroju Szczęsnego Potockiego – choćby resztek dzieła reformy. Z perspektywy historycznej uderza nas iluzoryczność rachub Kołłątaja. Osobiście sądzę zresztą – za Wacławem Tokarzem – że błąd Kołłątaja polegał i na czymś innym: nie rozumiał on, iż „takiemu jak on człowiekowi nie wolno wchodzić na te drogi, dobre co najwyżej dla drugorzędnej dyplomacji". Zgadzam się jednak z Tokarzem i wtedy, gdy powiada, że „Kołłątaja (...) trzeba sądzić ze stanowiska tych warunków, wśród których działać mu wypadło. Warunkami tymi były czasy upadku Rzeczypospolitej, a więc z jednej strony – zaciśnienie tej dławiącej obroży zewnętrznej (...), a z drugiej – przejściowe osłabienie charakteru narodowego (...). W takich stosunkach – konkludował Tokarz – polityk praktyczny nie może iść drogą zbyt prostą, o ile przyświeca mu istotnie myśl ocalenia publicznego".

A oto Stanisław Staszic. Autor słynnych „Uwag nad życiem Jana Zamoyskiego" i „Przestróg dla Polski", długoletni prezes Towarzystwa Przyjaciół

Nauk, wielce zasłużony dla naszej nauki i kultury. Słusznie czcimy jego pamięć i przytaczamy jego dewizę pracy „Nie dla owoczesnych pożytków, lecz dla dobra i użytku pokoleń przyszłych". A przecież ten czczony Staszic świetnie pasuje do grupy protoplastów „gnid". Głosiciel radykalnego programu reform w epoce Sejmu Czteroletniego (widział w nim szansę obrony niepodległości Polski) zwątpił w epoce Królestwa Kongresowego w możliwość pokonania Rosji. Stał się prekursorem programu pracy organicznej i działał w ramach wyznaczonych przez status polityczno-prawny Królestwa. Postanowienia Kongresu Wiedeńskiego uważał za optymalne dla polskiego interesu narodowego, a narażanie osiągniętego *status quo* przez spiskujących młodzieniaszków jawiło mu się jako niebywała lekkomyślność.

Pewnego razu – było to w 1818 roku – publiczność wygwizdała podczas jednego ze spektakli teatralnych faworytę wielkiego księcia Konstantego – doprowadzony do pasji Konstanty zakazał gwizdów podczas przedstawień teatralnych. Opinia publiczna uznała to za pogwałcenie Konstytucji, a prasa gwałtownie skrytykowała rozporządzenie. W odpowiedzi na to książę nakazał wprowadzenie cenzury prasowej: ten akt kontrasygnował ówczesny podsekretarz Stanu – Stanisław Staszic. Postępek Staszica rozjuszył opinię publiczną. Opozycyjni posłowie zażądali postawienia go przed sądem za łamanie Konstytucji. Rozgoryczony Staszic skarżył się Koźmianowi: „nas pod sąd oddają, co się dla kraju, dla ich synów poświęcamy i położeniem tamy rozpasanym piórom i językom oszczędziliśmy krajowi nieszczęść, które by niebaczność i głupota sprowadziły. Nie, naród, który z doświadczenia tak korzysta, który nie rozumie, co jest wolność, a co swawola, naród tak zakochany w anarchii, który tak ceni zasługi i zasłużonych prześladuje, istnieć nie może i losy swoje, konstytucję, swobodę i dolę potomków na szwank wystawia i zgubi".

Nie jest moją intencją obrona postępowania Staszica. Przeciwnie: sympatyzuję z jego krytykami, posłami „opozycji kaliskiej". Chciałbym jednak uświadomić dobitnie czytelnikowi, że konflikt Staszica z „Kaliszanami" (których wkrótce o ugodowość oskarży radykalna młodzież), to niekoniecznie spór gnidy z nie-gnidą, że po obu stronach stały autentyczne racje i że tych racji bronili ludzie wielce zasłużeni w dziejach naszego narodu i wielce dzisiaj szanowani.

Albowiem mieli „Kaliszanie" słuszność powiadając, że wprowadzenie cenzury jest jaskrawym i niedopuszczalnym pogwałceniem Konstytucji. Miał jednak i Staszic swoją rację, gdy tłumaczył, że warunkiem koniecznym kontynuowania robót „dla dobra i użytku pokoleń przyszłych" jest jakiś kompromis z księciem Konstantym, oraz, że zakaz wygwizdywania książęcej faworyty nie jest tym najbardziej dotkliwym ograniczeniem swobód obywatelskich, z powodu którego warto odkopywać topór wojenny przeciw Rosji.

Miał wreszcie swoją rację i Maurycy Mochnacki, gdy w kilka lat później tłumaczył zwolennikom Staszica i zwolennikom „Kaliszan" jednocześnie: „Choćby nawet przyszło stracić tę Polskę, jaką dzisiaj macie, to ją lepiej straćcie, niżeli żebyście mieli skazać na rusztowanie sam zamysł odbudowania całej i niezależnej".

Spory bywały gwałtowne, a różnice fundamentalne pomiędzy zwolennikami i przeciwnikami ugody, pomiędzy legalistami i konspiratorami, pomiędzy organicznikami i insurekcjonistami. Zwolennicy działań radykalnych zawsze zacierali – w ferworze polemiki – różnice pomiędzy zdradą narodową, ugodą i pracą organiczną, oraz przejawiali skłonność do sprowadzania wszystkich wzorów odmiennych zachowań do wspólnego mianownika: własnej kiesy. Dopiero czas prostował kanty, wyrównywał kontury, pozwalał ocenić skuteczność rozmaitych form oporu przeciw niedoli obcego zaboru; pozwalał dojrzeć w przeciwieństwach komplementarność.

Powiedzmy wyraźnie: różne były drogi walki o sprawę polską i różnie bywało z ich skutecznością. Nie tylko uczestnicy powstań zbrojnych walczyli o narodowy byt. Czasem skuteczna bywała ugoda, czasem legalna opozycja, a czasem społeczeństwo bywało wprost skazane na pracę organiczną. Jeśli sensowną była (a tak właśnie skłonny jestem sądzić, choć do dziś bywa to kwestionowane) taktyka insurekcyjna w epoce Kościuszki, legionów czy „nocy listopadowej", to z całą pewnością nonsensem politycznym były insurekcyjne spiski w Królestwie epoki paskiewiczowskiej. Tradycja powstań jest nam najbliższa – i trudno się temu dziwić. Bez tej tradycji bylibyśmy dziś innym narodem – bardziej pokornym, łatwiejszym do ujarzmienia. Nic przeto dziwnego, że Polak przechowuje w swym duchowym konterfekcie wizerunki Kościuszki i Prądzyńskiego, Traugutta i Piłsudskiego. Ale pomyślmy, jak wyglądałaby nasza świadomość narodowa bez tych wszystkich, którzy innych dróg szukali? Bez Staszica i Stanisława Potockiego, bez Hotelu Lambert i galicyjskich „stańczyków", bez Świętochowskiego i Spasowicza?

Sylwetki insurekcjonistów bardziej rozbudzają wyobraźnię i łatwiej pasują do emocji. Szarża pod Samosierrą jest bardziej fotogeniczna niż żmudne organizowanie oświaty, modernizacja rolnictwa, żeby już nie wspomnieć o sieci urządzeń sanitarnych. Wszelako pamiętajmy, że bez tych „organicznikowskich" i „ugodowych" dokonań – zwłaszcza w Galicji – nie bylibyśmy zdolni do zorganizowania własnej państwowości. I pamiętajmy, że za uzyskanie możliwości podejmowania tych prac nasi dziadowie płacili wysoką nieraz cenę, ryzykując pretensję moralną ze strony swych owoczesnych przeciwników.

Mój historyczny suplement byłby niepełny, gdybym pominął protoplastów „gnidy" z epoki II Rzeczypospolitej. Postawy opisane przez Wierzbickiego są zawsze wynikiem kompromisu między sumieniem a służbą władzy narzuconej społeczeństwu. Ta władza nie musi być wcale obca i nie musi być koniecznie narzucona z zewnątrz. Czymże, jeśli nie płomiennym oskarżeniem niemieckich „gnid", jest list Tomasza Manna do Waltera von Mole z września 1945? Czymże innym uwagi Sołżenicyna o *obrazowanszczinie*? Czymże – wreszcie – był list otwarty Antoniego Słonimskiego do Wacława Sieroszewskiego i Juliana Kadena w sprawie Brześcia?

Słonimski pisał: „Nie wierzyłem i miałem prawo nie wierzyć plotkom o znęcaniu się i torturowaniu więzionych przeciwników politycznych. (...) Relacje podane w interpelacji sejmowej grozą swą przerosły wszystko, co można było przypuszczać. (...) Dlatego wydaje mi się słusznym, aby pisarze, którzy łączyli i łączą swą działalność z obozem rządzącym (...) wypowiedzieli się i potępili publicznie ohydne i niegodne czyny. (...) Wacław Sieroszewski i Kaden-Bandrowski zajmują czołowe stanowiska w naszych organizacjach zawodowych. Na nich skierowane były oczy opinii. Uważam, że obowiązkiem tych właśnie pisarzy, mających zarówno zaufanie rządu, jak i opinii, było zajęcie otwartego i zdeklarowanego stanowiska w sprawie dla wszystkich tak ważnej i bolesnej. (...) Pisarz społeczny, pisarz czołowy zwycięskiego obozu, milczący w sprawie Brześcia, jest czymś tak niepokojącym, że usprawiedliwia to publiczne wyzwanie, które rzucam w tym miejscu".

List Słonimskiego jest świadectwem szoku, jaki stał się udziałem wielkiej części opinii po sprawie brzeskiej, zwłaszcza zaś tych środowisk demokratycznych, które popierały obóz belwederski. Tym ludziom wprost trudno było uwierzyć w prawdziwość relacji przenikających zza więziennych murów. Gdy zostały one potwierdzone, stanęli przed dramatycznym wyborem.

Spróbujmy ich zrozumieć. Ci ludzie żyli długie lata w przeświadczeniu o słuszności tej drogi politycznej, którą reprezentował główny architekt orientacji niepodległościowej – Józef Piłsudski. Niełatwo jest takie przeświadczenie zrewidować z dnia na dzień. W końcu nie kto inny, lecz właśnie Antoni Słonimski zaatakował początkowo kampanię prasy opozycyjnej przeciw uwięzieniu opozycyjnych przywódców w Brześciu. I choć wkrótce potem przyszedł cytowany wyżej list do Kadena i Sieroszewskiego, choć Słonimski zaangażował się nader ostro w konflikt z organizatorami Brześcia – to jego felieton z *Wiadomości Literackich*, świadectwo pierwszej, impulsywnej reakcji, istnieje przecież na kartach historii polskiego życia umysłowego. Wielokrotnie rozmawiałem z Panem Antonim na ten temat. Opowiadał mi o dramatyzmie tamtych dni, o wielkiej atencji, jaką jego środowisko darzyło obóz Piłsudskiego, o trudnych rozstaniach ze starymi znajomymi (z Matuszewskim, Beckiem, nade wszystko z Wieniawą). I wielekroć tłumaczył mi Pan Antoni, że choć sam zerwał z sanacją, to nie wszyscy zwolennicy tego obozu byli łajdakami czy choćby konformistami; że bardzo wielu ludzi sanacji ofiarnie służyło Polsce i temu, co szczerze uznawali za jej dobro. W rzeczy samej bowiem: czy łatwo jest jednoznacznie zaszufladkować tych wszystkich, którzy w owym czasie bronili racji władzy i próbowali usprawiedliwiać jej – haniebne, przyznajmy – postępowanie? Wszak na tej liście znajdzie się Tadeusz Hołówko i Walery Sławek, Jan Lechoń i Kazimierz Wierzyński, Eugeniusz Kwiatkowski i Stefan Starzyński. Wszyscy ci ludzie położyli zasługi tak niewątpliwe, że zasłużyli sobie na wnikliwą refleksję, a nie na mocno brzmiący epitet.

Wszelako ową „mądrością bez gniewu" dzielił się ze mną Pan Antoni po upływie wielu lat. W owym czasie opinie formułowane były w całkiem innym tonie. Instruktywne może być na przykład sięgnięcie do wspomnień Wincentego Witosa. Przeczytać tam można, między innymi, że „p. Beck jest zdrajcą przez Niemcy hitlerowskie opłacanym, że Mościcki jest zwyczajnym indywiduum nadużywającym swojego urzędu do osobistych celów, że rządząca klika obdziera społeczeństwo i naród ze wszystkiego, prowadząc go w otchłań nędzy i upodlenia, gdy sama tonie w rozkoszach i rozpuście. Jeżeli ci szkodnicy – konkludował Witos – nie chcą się zmienić ani ustąpić, to obowiązkiem i prawem świadomego społeczeństwa jest użycie siły, w przeciwnym razie stanie się i ono współwinne".

Czyż ludzi akceptujących taki system sprawowania władzy można nie uznać za prekursorów „gnid"?

Przywołuję tamten odległy już czas dlatego również, że łatwiej – myślę – o przezwyciężenie emocji i spokojny namysł.

Odnotujmy przeto, że inaczej ogląda rzeczywistość czynny opozycjonista, inaczej relacjonujący intelektualista, a jeszcze inaczej moralista wymierzający sprawiedliwość „widzialnemu światu". Każdy z tych poglądów ma swe blaski i cienie. Perspektywa opozycjonisty jest nieuchronnie skażona jednostronnością. Pomaga przekształcać świat, ale utrudnia dostrzeżenie jego wielowymiarowości. Moralizm pozwala dostrzec pułapki etyczne czyhające na każdego z podejmujących aktywną odpowiedzialność, ale sprzyja też pięknoduchowskiemu kultowi „czystych rąk". Postawa spektatorska ułatwia rozumienie złożoności ludzkiej kondycji, ale nie ułatwia znalezienia odpowiedzi na pytanie: „co robić?" i na pytanie: „co jest dobrem, a co złem?"

Inaczej ogląda się świat, gdy chce się go zmienić, inaczej – gdy chce się go zrozumieć, a jeszcze inaczej – gdy chce się go moralnie osądzić. Świadom jestem, że nie zmienię tego stanu rzeczy swoim artykułem. Nie jest to zresztą moją ambicją. Jest nią natomiast próba uświadomienia memu adwersarzowi, że jeśli całkowicie podda się myśleniu w kategoriach moralistycznych bądź bieżąco-opozycyjnych (co zresztą na jedno wychodzi), to zgubi z pola widzenia pewną istotną część rzeczywistości.

Czym innym jest – myślę – ocena jakiegoś systemu politycznego, a czym innym ocena konkretnych ludzi weń zaangażowanych i ich dokonań. Można negatywnie oceniać bilans rządów sanacji, a doceniać budowę portu w Gdyni, dzieło nie krasnoludków przecież, lecz ludzi stanowiących fragment obozu sanacyjnego. Sądzić ludzi można według dokonań i według intencji. Sądząc według intencji, rekonstruując wewnętrzne motywacje, niepodobna czynić tego na podstawie krótkiego tylko wycinka czyjejś biografii. Inaczej przecież jawić się nam mogą motywy Stefana Starzyńskiego, akceptującego polityczny program OZON-u, a inaczej widzimy tę samą sylwetkę moralną przez pryzmat bohaterskiej obrony Warszawy i męczeńskiej śmierci.

Albo Eugeniusz Kwiatkowski. Był politykiem, który akceptował realia zwalczane przez przeciwników obozu sanacyjnego. Dlaczego tak czynił? Wolno chyba sformułować domysł, że Kwiatkowski nieraz stawał przed trudnym dylematem moralnym: akceptować musiał Brześć i fałszowanie wyborów, jeśli pragnął budować Gdynię czy Centralny Okręg Przemysłowy, jeśli pragnął mieć efektywny wpływ na polską politykę gospodarczą. I – być może – stawiał sam sobie pytanie: co jest ważniejsze? Czy demonstracja moralno-polityczna przeciw brzeskiemu bezprawiu, czy też budowanie portu w Gdyni? I być może niełatwo znajdował odpowiedź.

Przypominam sobie te wszystkie dość banalne prawdy po to, by przypomnieć jeszcze jeden banał: można brać – w porządku politycznym i moralnym – stronę przeciwników Kwiatkowskiego, stronę opozycji antysanacyjnej, stronę Witosa i Pużaka – ale niepodobna nie widzieć całej złożoności obrazu. Dotykając zaś subtelnego problemu moralnej oceny ludzkich intencji i motywacji, należy być nader ostrożnym. Bowiem – takie jest moje głębokie przekonanie – obowiązywać winna w tej mierze presumpcja dobrej woli. Oznacza to, że należy dawać wiarę temu, co ludzie mówią o swych motywacjach i – osądzając postępki po ich skutkach – raczej usprawiedliwiać złe skutki dobrymi intencjami, niż dopatrywać się w ludziach pobudek niskich. Nade wszystko zaś pojmować trzeba złożoność ludzkiej kondycji i ludzkiej natury; pamiętać trzeba, że wszyscy bywamy niekonsekwentni i małoduszni; trzeba się starać zrozumieć, dlaczego tak się dzieje.

O tych zawstydzająco banalnych spostrzeżeniach warto pamiętać, gdy podejmuje się spór o postawy inteligencji polskiej pod rządami Przodującego Ustroju. Obraz nakreślony przez Wierzbickiego jest jasny i jednoznaczny. Polską rządzić mieli w owym czasie stalinowsko-bierutowscy czynownicy, a partyjno-zetempowskie bojówki dokonywały egzekucji na polskiej nauce. I tyle. Ginie gdzieś cały dramatyzm społecznej i politycznej rzeczywistości, ginie gdzieś cały ten pasjonujący obraz mieszaniny klęski i nadziei, rozumu i naiwności, strachu i brawurowej odwagi, dynamizmu społeczeństwa i zakulisowych działań sowieckich doradców. Jakby w odpowiedzi na stalinowskie czytanki, którymi byliśmy kiedyś karmieni, otrzymujemy czytankę *à rebours*, gdzie barwy są równie zgęszczone i jaskrawe, a obraz świata równie infantylny.

Kogo interesuje prawda o tamtym niezwykłym czasie, prawda o zniewolonych umysłach i zdewastowanych sumieniach, prawda o heroicznym nonkonformizmie jednych, o inkwizytorskim zapale drugich, o wallenrodystycznej przebiegłości trzecich i o zobojętnieniu czwartych – niech nie szuka jej w szkicu Wierzbickiego. Jakże nieprawdziwy jest pomieszczony tam wizerunek epoki, gdy go zestawić choćby z felietonami Kisiela, opowiadaniami J. J. Szczepańskiego, z „Prześwitami” Rudnickiego i „Matką Królów” Brandysa, z eseistyką Kuli i Miłosza, z prozą Marii Dąbrowskiej i Hanny Malewskiej. Powiada Wierzbicki, że źródłem wiedzy o „gnidach” była dlań jego własna książka „Cyrk” (znakomita, przyznaję, karykatura Kraju Miłującego Kraj Miłujący Pokój). Dla mnie najbardziej instruktywną z lektur ostatniego roku była książka Kazimierza Brandysa „Nierzeczywistość”. Ta książka, fascynująca biografia polskiego inteligenta, którego inicjacją w dorosłe życie było uderzenie w głowę przez ONR-owskiego bojówkarza na uniwersyteckim dziedzińcu, przynosi nader sugestywny obraz złożoności polskiego losu. Jest tam opisana sytuacja, w której narrator dostaje wezwanie do UB w związku ze swoją działalnością w Ruchu Oporu – a jednocześnie zapoznaje się z tekstem dekretu o reformie rolnej. Czy ten osobliwy splot realiów był wymysłem „gnid", kolejnym wykrętem „gnidziego" intelektu, który lubi powtarzać, że prawda leży pośrodku?

Marginesowo tylko – piszę wszak o ludziach, którzy zawarli kompromisowy pakt z przemocą – wspomnieć wypada mi innych ludzi: tych, którzy dali się w swoim czasie uwieść prawicowym bądź lewicowym ideologiom totalitarnym. Zapewnić pragnę moich ewentualnych polemistów, że nie żywię sympatii ani dla totalitarnych ideologii, ani do totalitarnych praktyk. Ale staram się pamiętać, że polscy zwolennicy totalitarnego, faszyzującego nacjonalizmu zapłacili tak wielką ofiarę krwi w latach II wojny światowej, iż każe to innym okiem spoglądać na sferę ich intencji i motywacji. Myślę tu choćby o Stanisławie Piaseckim, o Gajcym, Trzebińskim i Pietrzaku. Myślę tu również o Adamie Doboszyńskim, człowieku, który zdemaskował w trakcie procesu sądowego metody stalinowskiego śledztwa, który po śledztwie pełnym tortur umiał zachować niezwykłą godność na sali sądowej. Zamordowany został z wyroku PRL-owskiego sądu w 1949 roku pod fałszywym i hańbiącym zarzutem kolaboracji z hitlerowcami i po dziś dzień nie został zrehabilitowany...

Myślę również o jednym z moich profesorów, przedwojennym działaczu ONR-Falangi, który wyciągnął do mnie rękę w trudnej chwili i przez wiele godzin tłumaczył mi nieprosty los swego pokolenia i środowiska. Ideologia faszystowska nie stała mi się bliższa, ale korzenie jej popularności bardziej zrozumiałe.

Staram się też zrozumieć ludzi, którzy uwiedzeni lewicową frazeologią totalitarnego mocarstwa, stali się narzędziem w rękach reżyserów i manipulatorów scen zbiorowych na „wielkich budowach socjalizmu". Z ich rozrachunkowych utworów wiemy, że przeżyli dramat. Ich los, fragment duchowej biografii polskiej inteligencji (tak jak innym jej fragmentem jest pismo *Prosto z mostu*), winien być dla nas lekcją i przestrogą. Ci ludzie padli ofiarą oszustwa i samooszustwa. Czy oni pierwsi? I czy ostatni?

Przeczytajmy jeden z obrachunkowych tekstów:

„Morzyliśmy brać naszą. Urząd twój morzył Ojczyznę naszą. (...) Szliśmy dalej w bezprawiu. (...) Kazaliśmy braciom radować się lub boleć, kochać lub nienawidzieć, często nie mając w sobie tego uczucia bólu lub radości, do któregośmy wzywali. Wielość rozkazujących mnożyła wyzywy, częstokroć sprzeczne... My wyzywający, sami będąc w braku wiary, nie mogąc znieść samotności, która nas wobec nas stawiając, nicość nam naszą pokazywała, wypadaliśmy na braci. Zadawaliśmy im cierpienia. (...) Odejmowaliśmy braciom ostatnią już wolność, szanowaną przez wszelkie tyranie, wolność milczenia. (...) Bo każdy, kto z czymkolwiek i kiedykolwiek nie zgodził się z nami, a raczej echem naszym nie był, został ogłoszony na buntownika. Zaprowadziliśmy władzę najsmutniejszą. (...) Staliśmy podobni trzodzie wilków. Woleliśmy zostać w Kole i w nim jak w dziedzicznej wiosce panować, choć nad niewolnikami, byle po pańsku".

„Koło" nie jest nazwą komórki partii komunistycznej, a autorem cytowanego tekstu nie był rozczarowany komunista. Napisał te słowa, po zerwaniu z Kołem towiańczyków, Adam Mickiewicz.

> Żyli jutrzenką
> i posieli mrok
> Żyli ideą
> i wzięli rozbrat z ludźmi.
> Żyli marzeniem
> i kłamstwo się stało chlebem ich codziennym.

Tego zaś nie napisał żaden towiańczyk. To z „Krytyki poematu dla dorosłych" Ważyka.

Czemu przypominam te teksty, tak osobliwie je zestawiając? Ponieważ grozą mnie ogarnia łatwizna umysłowa sądów o przeszłości, sądów niepokojąco popularnych i żałośnie schematycznych, sądów będących mieszaniną prymitywizmu, ignorancji i złej woli. Nie odnoszą się te określenia do Wierzbickiego, ale do tych wszystkich, którzy w „Traktacie o gnidach" dostrzegają biblię norm moralnych i encyklopedię wiedzy o Polsce współczesnej.

Rzeczywistość pierwszych lat powojennych była – podług mego zdania – nieporównanie bardziej skomplikowana, niż to wynika z arcyprostych formułek o „czerwonych" i ich umysłowych pachołkach – „gnidach".

Należy ten okres do najbardziej bolesnych w naszych dziejach i najbardziej zakłamanych. Być może zresztą dlatego tak bardzo bolesnych, że tak bardzo zakłamanych. Odkładając szczegółową refleksję, której potrzeba jest dojmująca, na inną okazję, tu poczynić wypada kilka uwag fragmentarycznych.

Zatem: kraj był wykrwawiony, a losy wojny rozstrzygnięte na konferencji jałtańskiej. O kształcie powojennej rzeczywistości zdecydowała nie ilość przelanej krwi i heroizm antyfaszystowskiego oporu, lecz międzynarodowy układ sił. Zachodni alianci odstąpili od Polski. Jakież drogi postępowania pozostawały społeczeństwu?

Wielokroć zastanawiałem się nad tym problemem. Wielokrotnie usiłowałem odszukać w niezbyt odległej historii ów punkt, w którym błąd czy fałszywy wybór polityki polskiej przesądził o późniejszej narodowej niedoli. I nie znalazłem. Śledząc dzieje sprawy polskiej podczas wojny i później, miałem uczucie, jakby Klio – muza Historii – odwróciła się tyłem do Polaków, jakby nie dała im nawet cienia szansy na przerwanie pasma nieszczęść i odnalezienie dróg wyjścia z narodowej opresji. Przegrały wszystkie orientacje polityki polskiej.

Mam wielki szacunek dla dorobku powojennej emigracji, dla tych ludzi, co wyrzekli się powrotu w ojczyste strony, by przypomnieć światu o losie zniewolonej Polski; dla tych ludzi, co najpierw żyli przez lata na walizkach w oczekiwaniu na swój czyn zbrojny, a potem gigantycznym wysiłkiem stworzyli wielki zrąb kultury narodowej, tak dziś ważny dla młodego pokolenia w Polsce. Wszelako emigrowanie nie mogło być programem politycznym dla całego narodu, a bezpośrednie diagnozy i prognozy polityczne emigrantów – nie sprawdziły się.

Totalnie „niezłomnym" można było być na emigracji. Przywódcy krajowego podziemia – skupieni w Radzie Jedności Narodowej – uchwalili na początku 1945 roku zgodę na treść porozumienia jałtańskiego. Szesnastu przywódców podziemia, wśród nich Delegat Rządu na kraj, przewodniczący RJN, Komendant Armii Krajowej, udało się na rozmowy z przedstawicielami władz ZSRR. Wszyscy zostali zdradziecko porwani i uwięzieni na Łubiance. Konsekwencją takiego stosunku władz ZSRR do polskiego podziemia było utworzenie konspiracyjnej organizacji „Wolność i Niezawisłość" (WIN). Mam wielki szacunek dla WIN-owców, dla ludzi, którzy już w 1945 roku podjęli trud organizowania niepodległego ruchu oporu, wysiłek kontynuowania konspiracji niepodległościowej w zmienionych, o ileż trudniejszych warunkach. Ofiarowali oni swoją wolność, a często i życie, świadcząc o polskiej woli niepodległościowej. Żywię najwyższy podziw dla niezłomnej i heroicznej postawy Józefa Rybickiego na procesie Komendy WIN-u w styczniu 1947. Wiem, że każdym słowem rzucał na szalę swoje życie. Staram się jednak zrozumieć i tych, którzy postępowali inaczej, oraz uszanować ich wybór.

„Niezłomni" emigranci wiele gorzkich i krytycznych słów napisali o powrocie do Polski przywódcy Stronnictwa Pracy – Karola Popiela. Dla wielu „niezłomnych" zerwanie z rządem Arciszewskiego było po prostu zdradą Polski. Polacy w kraju przyjęli ich jednak z entuzjazmem, mimo że Mikołajczyk i Popiel decydowali się na daleko idący kompromis: na przekreślenie ciągłości instytucjonalnej, na nowy kształt terytorialny Polski, na uznanie rządu tymczasowego z udziałem komunistów. Podobny pogląd reprezentował jeden z przywódców ruchu socjalistycznego – Zygmunt Żuławski. Starali się oni – za cenę kompromisu – ocalić w nowej rzeczywistości to wszystko, co wydawało się możliwe do ocalenia. Oskarżano ich, że podjęli walkę w ramach wyznaczonych przez przeciwnika – ale innych ram wtedy nie było. Analogiczne stanowisko – należy to w tym miejscu przypomnieć – zajął Episkopat.

Mikołajczyk wraz z całym ruchem ludowym przegrał walkę o demokrację dlatego, że walki tej nie można było wygrać w warunkach przemocy policyjnej i twardego sowieckiego dyktatu. Pozostanie chwałą i historyczną zasługą ludwców, że toczyli tę walkę – płacąc krwią – przez kilka lat. Nie zmienia to jednak faktu, że ich polityczne rachuby na pomoc Zachodu okazały się iluzoryczne.

Obrona „tego co możliwe" była również celem działań znacznej części tak zwanej koncesjonowanej PPS. I ci ludzie, broniący autentyczności samorządu i autentyczności ruchu spółdzielczego – przegrali. Przed klęską szli na liczne kompromisy godząc się na wyklinanie dawnych towarzyszy partyjnych: Pużaka, Zaremby, Ciołkosza czy Żuławskiego. Na tym właśnie polegała ich tragedia i na tym polegała perfidia tego systemu: na zmuszaniu ludzi o niekwestionowanej uczciwości do zachowań moralnie dwuznacznych. Wszyscy, którzy włączyli się w życie publiczne, byli takich sytuacji świadkami: intelektualiści, artyści, działacze społeczni. Zważmy, że byli wśród nich ludzie, których zasług nikt nie podaje w wątpliwość. Przypomnijmy więc, że aktywną obecność, a nie wewnętrzną emigrację wybrali: Tadeusz Kotarbiński i Kazimierz Ajdukiewicz, Tadeusz Manteuffel i Kazimierz Wyka, Maria i Stanisław Ossowscy, Maria Dąbrowska i Leon Schiller, Antoni Słonimski i Jerzy Zawieyski. Powtórzmy: celem ich wszystkich była obecność w życiu narodu i obrona tego, co wydawało się możliwe do obrony.

Czas płynął, stalinowska pętla zaciskała się coraz dokładniej na szyi znękanego i wykrwawionego narodu. Przed każdym stawało pytanie: gdzie jest granica dopuszczalnego kompromisu? Jaką cenę można zapłacić za możliwość wykładania, publikowania, uprawiania własnego zawodu? Bowiem w systemach totalitarnych zawsze trzeba było płacić za obecność, a cena stawała się coraz bardziej wygórowana. Dyktowanym warunkom towarzyszyły, mniej lub bardziej zawoalowane, groźby i szantaże.

Nie pamiętam tamtych czasów, znam je tylko z rozmaitych relacji i dokumentów. Dziś – po latach – bardzo trudno ocenić konkretne wybory wówczas dokonywane. Jeszcze trudniej znaleźć miarę, abstrahując od ówczesnych realiów. Kto zna taką miarę, temu po prostu zazdroszczę. Jeśli nie polega ona na udowodnionym i świadomym udziale w krzywdzeniu innych ludzi – to każde inne kryterium wydaje mi się chybotliwe. Jak ocenić postawę prof. Manteuffla, dyrektora Instytutu Historii w okresie stalinowskim? A postawę prof. Wyki? Albo też Marii Dąbrowskiej, łącznie z napisanym przez nią nekrologiem po śmierci Stalina? Jeśli słuszne jest stwierdzenie Nadzieżdy Mandelsztam, że milczenie w obliczu totalitarnej przemocy jest „prawdziwym przestępstwem przeciwko rodzajowi ludzkiemu", to winni tego przestępstwa byli niemal wszyscy. Nawet najszlachetniejsi skazani byli na bierność i milczenie. Wyłączeni z tego byli jedynie mieszkańcy więzień i łagrów. „Błogosławione więzienia!" – pisał Sołżenicyn. Tylko tam mógł człowiek osiągnąć wolność od udziału w tej przeklętej machinie nieprawości.

Aleksander Wat napisał gdzieś, że jedna tylko istnieje odpowiedź na pytanie, jak się powinni zachować intelektualiści w krajach rządzonych przez Stalina. Jest to odpowiedź szekspirowska: „powinni umrzeć".

Być może, iż jest to odpowiedź prawdziwa. Wszelako – sądzę – tej odpowiedzi wolno udzielić tylko sobie, tą miarą można sądzić tylko siebie, tej ofiary wolno żądać tylko od siebie. Każdy, kto żąda tej odpowiedzi od innych, arbitralnie przyznaje sobie samemu prawo stanowienia o cudzym życiu. Co się na ogół nie kończy niczym dobrym.

Z powyższego wynika, że nie odpowiada mi nadmierny rygoryzm moralny stosowany wobec innych. Nie odpowiada mi również taki sposób oceny zaangażowanych w stalinizm intelektualistów, który abstrahuje od ich biografii wcześniejszych i późniejszych. Wyobraźmy sobie, że któryś z moralistów zechce ocenić Andrzeja Kmicica wyłącznie na podstawie tego okresu jego życia, gdy służył Radziwiłłom i – chcąc nie chcąc – działał na szkodę Najjaśniejszej Rzeczypospolitej; wyobraźmy sobie moralistę, który będzie pamiętał Adamowi Czartoryskiemu, że był ministrem u rosyjskiego imperatora, a pominie takie drobiazgi jak to, że był później członkiem powstańczego rządu i jednym z przywódców Wielkiej Emigracji.

Generałowa Natalia Kicka opisuje w swoich pamiętnikach historię Stanisława Sołtyka, wartą może przypomnienia. Otóż w epoce konfederacji barskiej, gdy rosyjski ambasador Repnin organizował porwanie polskich senatorów (m.in. biskupa Kajetana Sołtyka), uciekł się do podstępu. Mianowicie udał się do Stanisława Sołtyka, biskupiego synowca, i „jedwabnymi słowami wyzyskał świadectwo twierdzące, że biskup cierpi napady niebezpiecznego obłąkania. Biskup surowo nieraz karcił niedorzeczne wybryki synowca, więc zemścił się na stryju synowiec, podpisując świadectwo żądane przez Repnina, a kiedy przychodzących więzić go Moskali zapytał się biskup Sołtyk, na zasadzie jakiego zarzutu odbierano mu wolność, imieniem publicznego bezpieczeństwa odpowiedziano, pokazując świadectwo synowca. «Bodajby uschła ręka, która ten fałsz podpisała» – krzyknął biskup. I uschła z czasem rzeczywiście".

Później los się odwrócił. Małoduszny synowiec stał się gorącym patriotą, jednym z przywódców – obok Waleriana Łukasińskiego – niepodległościowej konspiracji w epoce Królestwa Kongresowego. Wraz z innymi spiskowcami został uwięziony. „Sołtyk w więzieniu – wspomina Kicka – wielkie męczarnie, moralne i fizyczne cierpiał z przyczyny tej bezwładnej ręki..."

Tyle generałowa Kicka. Z innych relacji wiadomo, że co bardziej życzliwi współcześni nie szczędzili uwięzionemu spiskowcowi kąśliwych przycinków na temat jego młodzieńczych grzechów.

Kiedy czytam roczniki prasy tuż-powojennej, pełne przedwojennych wypominków niepięknej przeszłości, mających dyskwalifikować ludzi, którzy swą metamorfozę udokumentowali krwią; kiedy czytam agresywne ataki na ludzi zaangażowanych w stalinizm, ludzi, którzy następnie przez całe lata szykan i prześladowań dowiedli szczerości swej ewolucji ideowej, przychodzi mi na myśl historia Sołtyka, słusznie dziś czczonego na kartach historycznych monografii. Myślę o tym ze smutkiem – czyż zawsze stać nas będzie tylko na pośmiertne rehabilitacje?

To oczywiste – w stalinizm zaangażowani byli i inni ludzie, zwyczajni karierowicze i podli donosiciele, a także okrutni oprawcy, którzy torturowali niewinnych. Kiedy otworzone zostaną archiwa policji politycznej, uzyskamy pełniejszą wiedzę w tym przedmiocie. Wierzbicki ewokuje obraz tej przyszłości pisząc, że „kiedyś jakiś tłum wielki wylegnie na ulicę, by się każdy rozliczył z tego, co zrobił dla Polski". Wyznam, że nie uśmiecha mi się wizja Wierzbickiego. Nie chciałbym, aby w pierwszym dniu wolności wielki tłum wylegał na ulice i rozliczał wszystkich z tego, co zrobili i z tego, czego nie zrobili dla Polski. Czuję w tym atmosferę ulicznego samosądu. Podniecony odzyskaną wolnością tłum jest zdolny do linczu, ale nie jest zdolny do rzetelnego rozliczania z uczynków. Dlatego też każdy, kto będzie taki tłum podjudzał do rozrachunków, będzie siał ziarno nienawiści. Dlatego też rozrachunki pozostawmy lepiej historykom.

Wbrew temu, co czytamy w „Traktacie o gnidach", ani rektorzy, ani redaktorzy, służalczy na zewnątrz, a „prozachodni" i „kontrrewolucyjni" w głębi duszy, nie mieli wcale łatwego życia w epoce stalinowskiej. Stale patrzono im na palce, wciąż byli podejrzewani o „obciążenie burżuazyjną świadomością". Nadgorliwi agitatorzy widzieli w nich zakamuflowanych obrońców przeszłości. „Pryszczatym" agitatorom świat jawił się nader prosto. Ustrój kapitalistyczny – kolebka faszyzmu – był wrogiem numer jeden szczęścia ludzkości. Każdy, kto decydował się na najmniejszy nawet kompromis ze zgniłą kulturą kapitalistycznego Zachodu, był dla nich pryncypialnym przeciwnikiem.

Owa prostota widzenia świata, łatwość ferowania ocen, pełen nietolerancji fanatyzm polityczny podyktował w tamtych latach młodemu, choć dysponującemu już znakomitym dorobkiem pisarzowi takie oto pamfletowe sformułowania: „dla pisarzy mieszczańskich rozprawienie się z faszyzmem niemieckim stało się ucieczką od decyzji politycznej, a nawet gorzej: stało się przykrywką ideologii imperialistycznej! (...) Należy przewartościować dzieła, które w latach odchylenia nacjonalistycznego określaliśmy mianem «antyfaszystowskich», «moralizatorskich», myśląc, że to wystarczy na wieki. Trzeba rozpiłować tę wytuptaną platformę, na której się całował Żółkiewski z Zawieyskim".

Tak oto wyglądał pamflet na „gnidy" Tadeusza Borowskiego. Stefan Kisielewski zareagował na tę publicystykę listem, zasługującym na przypomnienie: „Sądzę – pisał Kisiel do Borowskiego – że jest Pan publicystą o wielkim talencie i równie wielkiej ignorancji. Swoje pojęcia o świecie kształtował Pan w okupacyjnej Warszawie, w piekle Oświęcimia i w zjajdaczonych okupowanych Niemczech. To diabło mało. Przypomina mi Pan dziewczynę malajską z noweli Conrada: dziewczyna czytając jedyne miejscowe pismo, stanowiące przedruk kroniki wypadków z pism europejskich, dochodzi do wniosku, że Europa jest jedną wielką mordownią. (...) Wątpię zresztą, abym mógł powstrzymać Pana na intelektualnej równi pochyłej, po której Pan leci. Ale chcę mieć czyste sumienie: że ostrzegałem".

Nie chcę – byłaby to demagogia – twierdzić, że Wierzbicki powtarza wobec tych samych ludzi te same zarzuty, które niegdyś formułowali najbardziej fanatyczni zwolennicy stalinowskiego kursu. Umiem odróżnić tekst służący możnym tego świata od tekstu będącego żarliwym protestem przeciw konformizmowi i zaganiu. Nie jest też moją intencją łatwiutkie demasko-

wanie Tadeusza Borowskiego, który swój stalinowski wybór ideowy opłacił
najpierw ruiną własnego talentu, a potem samobójczą śmiercią. Chcę jedynie
przekonać ewentualnych wielbicieli „Traktatu o gnidach", że rezygnacja z
widzenia złożoności świata ludzkich powinności i dokonań na rzecz pamfle-
towej czystości rysunku wieść może ku nazbyt już prostym rozstrzygnieniom
i krzywdzącym werdyktom. Nie wiem, czy ich przekonam, ale chcę móc powtórzyć za Kisielem: ostrzegałem.

Proszę mi wierzyć: ja naprawdę rozumiem gniew Wierzbickiego i jego
sprzeciw wobec procesów, które Miłosz nazwał przed kilku laty „moralną
próchnicą" i „petainizmem". Rozumiem jednak również gorycz ludzi, którzy
przez lata całe, zaciskając nieraz zęby i znosząc upokorzenia, stworzyli kawał
naszej umysłowej rzeczywistości, chronili i restaurowali wartości stare, budo-
wali wartości nowe, a dziś nazwani zostali – gnidami.

Bezsensem jest domagać się od pamflecisty ocen ostrożnych i wyważo-
nych. Sama poetyka pamfletu zakłada radykalizację opinii. Nie mam do
Wierzbickiego pretensji, że posługując się określeniem „gnidy" wyostrza
kontury rzeczywistości, lecz o to, że anty-gnidzia pasja uniemożliwia mu ich
rozpoznanie.

Albowiem – choć to z tekstu Wierzbickiego nie wynika – rzeczywistość
naszego kraju różni się istotnie od rzeczywistości krajów, z którymi sąsiadu-
jemy. Jesteśmy mniej podatni na procesy sowietyzacyjne. Dlaczego?

Na naszą odrębność składają się różne czynniki: tradycja historyczna,
Kościół katolicki i odważna, choć tak bardzo realistyczna linia postępowania
Episkopatu; wieś, która obroniła się przed kolektywizacją; wreszcie, nie-
przerwana presja społeczeństwa. Manifestuje się ona czasem gwałtownymi
eksplozjami (Poznań 56, marzec 68, grudzień 70, Radom 76), lecz zazwyczaj cichym, codziennym, zaciętym oporem. Ten opór, to choćby niezgoda
na donos. To atmosfera umysłowa części środowisk intelektualnych: wykłady i seminaria na wyższych uczelniach, przewody prac doktorskich i publi-
kowane rozprawy naukowe, powieści, tomiki poezji, eseje, zebrania Związku
Literatów czy PEN-Clubu, filmy i spektakle teatralne, muzea, koncerty i
wernisaże. To nader często wynik pracy ludzi, którzy nie podpisują prote-
stów i nie wykonują spektakularnych gestów opozycyjnych. A przecież również dzięki nim oddychamy w Polsce innym powietrzem duchowym. Powietrze duchowe, ta tworzona codziennie, niewidoczna, lecz jakże fundamentalna tkanka kultury i świadomości narodowej – to nie tylko wynik lektury
Zapisu, Biuletynu Informacyjnego czy publikacji Niezależnej Oficyny Wyda-
wniczej. To wynik *całości* polskich dokonań.

Owa *całość* stanowi przedmiot zazdrości wizytujących Polskę obywateli
innych narodów „obozu". Zazdroszczą nam nie tylko KOR-u, TKN-u i
wydawnictw nieocenzurowanych, ale i wydawnictw oficjalnie publikowanych
(nie tylko *Tygodnika Powszechnego* czy *Więzi*, ale również *Twórczości, Pa-
miętnika Literackiego,* a nawet *Polityki*), zazdroszczą nam pełnych kościołów
i sprawnie funkcjonujących punktów katechetycznych, spektakli Dejmka i

filmów Wajdy, wyglądu naszych ulic i ładnie ubranych dziewczyn. Dzięki temu wszystkiemu bowiem zachowujemy tożsamość i umiejętność stawiania oporu procesom sowietyzacji.

Będę ostatnim, który rzeknie, iż nasza sytuacja jest zadowalająca, a nasze aspiracje zaspokojone. Pisze się bez przerwy na ten temat w prasie nieocenzurowanej. Czasem spojrzeć jednak należy na naszą sytuację, na nasze schorzenia i niedole nie tylko z perspektywy dążeń i celów, ale i z perspektywy zagrożeń. Do tych zagrożeń zaliczam kształt narodowego losu naszych wschodnich sąsiadów: Litwinów, Białorusinów i Ukraińców. Oni walczyć muszą o swe istnienie na poziomie elementarnym: walki o język, o religię, o zabytki kultury narodowej. Doceńmy te różnice, doceńmy, jak różny bywa los narodów w ustroju komunistycznym. Rozważyć także warto okoliczności przesądzające o najbardziej istotnej różnicy między sytuacją rosyjskich i polskich obrońców praw człowieka. Powiedzmy krótko: choć policja zatruwa nam życie, czujemy się silni i jesteśmy silni, bowiem mamy poparcie – moralne i materialne – szerokich warstw naszego społeczeństwa. Mamy poparcie ludzi, którzy nie są z temperamentu ani politykami, ani bohaterami; ludzi, którzy nie chcą rezygnować z pracy zawodowej i względnie ustabilizowanego życia rodzinnego; którzy zapewne rzadko zdecydują się na podpisanie listu protestacyjnego, a którzy – twierdzę – faktycznie przesądzili o sukcesie akcji w obronie robotników Radomia i Ursusa. Bez poparcia tych ludzi niezależna działalność wydawnicza byłaby trudna do pomyślenia.

Na ludzi znajdujących się „między władzą i opozycją" patrzę inaczej niż Wierzbicki. Gdy uczony profesor socjologii, reagując na protesty intelektualistów przeciw torturom w Radomiu, pisze wyrafinowane studium teoretyczne, w którym protesty owych intelektualistów deprecjonuje – to złoszczę się podobnie jak autor „Traktatu o gnidach" i z satysfakcją odczytuję wnikliwą replikę Jacka Bocheńskiego na te elukubracje. Ale gdyby ów profesor, miast uprawiać psychoanalizę historyczno-porównawczą protestujących intelektualistów, zechciał skorzystać ze swego immunitetu poselskiego i udał się do Radomia na jeden z procesów, by osobiście przekonać się, jak funkcjonuje wymiar sprawiedliwości, gdyby następnie, nie włączając się bynajmniej do kontestacyjnych akcji, sporządził raport dla władz z tego, co tam widział – czy i wtedy Wierzbicki nazwałby jego postępowanie „gnidzim"? Ja bym tak nie uczynił. Cieszyłbym się raczej, że w łonie elity władzy kształtować się poczynają postawy racjonalne, że warstwy rządzące uczą się poprawnie definiować swój własny interes, że odnajduję w kręgu mych przeciwników choćby jakiś cień kultury politycznej. Niewiele jest dotąd takich symptomów. Zważmy jednak, że jeśli nadzieję na taką ewolucję zarzucimy, to alternatywny scenariusz wydarzeń obejmować musi kolejne gwałtowne konfrontacje między władzami a społeczeństwem. Każda z tych konfrontacji może być brzemienna w narodową tragedię. Unikanie takich sytuacji jest zbiorowym obowiązkiem, bowiem mogłoby się zdarzyć, że cały naród, wszyscy Polacy, nie wyłączając władz, musieliby zapłacić za brak odpowiedzialności w tej materii cenę nadmiernie wysoką*.

Powyższy wywód nie oznacza, rzecz prosta, namawiania kogokolwiek do udziału w wewnątrzpartyjnych rozgrywkach. Podzielam w tym przedmiocie sceptycyzm Wierzbickiego. Warto jednak pamiętać, że żyjemy w społeczeństwie, gdzie do partii komunistycznej należą setki tysięcy ludzi aktywnych. Często jest to cena płacona za udział w życiu publicznym, za możność sprawowania kierowniczych funkcji itd. Może Wierzbicki uważać – sam jestem tego zdania – że jest to cena zbyt wysoka, cena, której płacić nie warto i nie przystoi. Wszelako żyjemy i żyć będziemy wśród ludzi sądzących inaczej. Musimy nauczyć się z nimi współżyć i ich nauczyć współżycia z nami. Musimy nauczyć się trudnej sztuki kompromisu, bez której nie jest możliwy autentyczny pluralizm. Musimy również wobec władzy przestrzegać norm kultury politycznej, nawet gdy władza tych norm nie przestrzega. Tylko wtedy potrafimy totalitarnemu chamstwu przeciwstawić godność.

Wierzbicki opisuje rozmowę „opozycjonisty" z „gnidą" na temat złożenia podpisu pod listem protestacyjnym. Wyszydza przy tej okazji cały katalog „gnidzich" wykrętów i mistyfikacji. Z mieszanymi uczuciami czytałem ten wywód. Sam oglądałem nieraz takie sceny rodzajowe i – przyznaję – opis Wierzbickiego jest na wskroś mistrzowski. Ale... Ale sam przecież odradzałem kilku osobom podpisywanie takich listów, wychodząc z założenia, że pewne osoby i placówki życia publicznego wymagają ochrony.

Niech mnie Wierzbicki nie przekonuje, że ten rodzaj argumentów – obrona placówki – bywa nader często nadużywany. Niech mnie raczej spróbuje przekonać, że większą wagę ma podpis Mariana Brandysa pod listem protestacyjnym niż jego szwoleżerska epopea na półkach księgarń i bibliotek, że większą wagę mają podpisy Dejmka i Wajdy niż ich spektakle teatralne i filmy. Błogosławione czasy, kiedy można zarazem podpisywać listy protestacyjne i publikować książki czy reżyserować filmy. Wiemy jednak, że nieraz trzeba wybierać. Otóż nie mam ja na taki wybór recepty. Wszystkim, którzy taką receptę mają – zazdroszczę. I troszkę się ich lękam. Brałem udział w organizowaniu kilku listów protestacyjnych. Doceniam ich znaczenie. Intelektualiści-sygnatariusze dokonali rzeczy niezwykłej – ryzykując stabilizację zawodową, możliwość drukowania etc. podnieśli głos w obronie imponderabiliów, w obronie niszczonej kultury narodowej, w obronie ludzi skrzywdzo-

---

* Podobny pogląd sformułowałem kilkakrotnie, m.in w artykule „Nowy ewolucjonizm". Napotkało to na polemiczną replikę prof. Jana Drewnowskiego, który na łamach *Kultury* paryskiej zarzucił mi, że szukam porozumienia z komunistyczną władzą. W innej publikacji, ogłoszonej przez *Zeszyty Historyczne*, prof. Drewnowski rozwinął swą myśl formułując tezę, że interwencja radziecka w Polsce miała miejsce w latach 1944-45 i kolejna interwencja nic w tym przedmiocie nie zmieni. Czy istotnie kolejna interwencja wojsk radzieckich w Polsce nie może przynieść żadnych zmian – oddaję ten pogląd pod rozwagę czytelników. Ze swej strony pragnę wyrazić opinię, że kolejne interwencje wojsk radzieckich na Węgrzech w 56 r. i w Czechosłowacji w 68 r. zmieniły wiele. Przeraźliwie wiele...

nych i poniżonych. Te listy były świadectwem obudzenia się sumienia narodowego, były dowodem odrodzenia się w środowiskach inteligenckich poczucia odpowiedzialności za kształt polskich aspiracji, były artykulacją tych aspiracji.

Te listy były wszelako tylko wierzchołkiem „lodowej góry" polskich dążeń, które manifestowały się – i manifestują się nadal – w formach nader różnorodnych. Dlatego sekciarskim nonsensem jest wrzucać wszystkich inaczej myślących i postępujących do pojemnego worka z nalepką „gnidy". Tak uczynić może ten tylko, kto wierzy, że poznał tę jedyną, moralną, słuszną drogę do niepodległości i demokracji. Typ takiego „posiadacza prawdy" znam dobrze z historii. I stąd mój lęk.

Podzielam negatywny stosunek Wierzbickiego do niebezpiecznie popularnego konceptu: że większość opozycyjnych wystąpień jest policyjną super-prowokacją. Nie oznacza to jednak, że policja nigdy nie posługuje się prowokacją. Niedawno w jednym z kościołów łódzkich rozdawane były ulotki sygnowane przez grupę „Samoobrona Wiary". Obok deklaracji patriotyczno-religijnych przeczytać w nich można było jadowity atak na takich wewnątrzkościelnych nowinkarzy, jak kardynał Wojtyła i arcybiskup Gulbinowicz, których dodatkowo oskarżono o upowszechnianie pornografii i współpracę z ośrodkami kosmopolitycznymi w rodzaju KOR-u. Czy trzeba być „gnidą", by postawić sobie pytanie o genezę tych osobliwych ulotek?

Wyszydza Wierzbicki argument, że „teraz akurat jest zupełnie nieodpowiedni moment na podjęcie tej akcji". Słyszałem dziesiątki takich wykrętów. Ale ... komunikuję, że jeśli ktoś przyjdzie do mnie dzisiaj (tj. 6 XII 78) z propozycją, bym podpisał petycję, aby wojska radzieckie wymaszerowały z Polski, to – choć postulat podoba mi się i choć ryzykuję przezwę „gnidy" – odmówię. Nieodpowiedni moment.

Dowiedziałem się z „Traktatu", że gnidy nie lubią „nacjonalizmu" i zaraziły się nawet niechęcią do niego od niektórych opozycjonistów. Łatwość, z jaką Wierzbicki załatwił ten problem, powoduje, że pytanie o to, jaki to zespół poglądów i emocji nazywa się tu „nacjonalizmem", jest po prostu w złym tonie. Ryzykując jednak towarzyski dysonans, zapytam: czy dążenie do niepodległości jest dla Wierzbickiego tożsame z nacjonalizmem? Jeśli tak, to spór byłby terminologiczny. Wszelako „nacjonalizm" może być również nazwą określonej doktryny politycznej lub też – nierzadko – stanowiskiem osądzającym świat wartości z punktu widzenia tak zwanego egoizmu narodowego. Z faktu, że komuniści zwalczają nacjonalizm – zresztą coraz rzadziej – nie wynika wcale, by obowiązkiem opozycjonisty i zwolennika niepodległości była zgoda na określoną doktrynę polityczną, ani – tym bardziej – na ideologię nienawiści czy pogardy do innych narodów*.

* Na marginesie wspomnę, że uwagi Wierzbickiego na temat Husaka uwięzionego przez komunistów za „słowacki nacjonalizm" są kompletną fantazją. Husak był prześladowany za obronę – formułowaną w języku komunistycznym, to prawda – słowackich aspiracji narodowych i tradycji powstania słowackiego, a nie za chęć przyłączenia Słowacji do ZSRR.

Dążenia do niepodległości w Gruzji, Łotwie czy Estonii nie są bynajmniej tożsame z nacjonalizmem, jednakże w Gruzji czy na Ukrainie nacjonalizm może być tępym obskurantyzmem, może być schorzeniem, którego źródło łatwo zrozumieć, ale które zatruwa krwiobieg życia duchowego narodu. Można na przykład zrozumieć obsesyjną nienawiść krymskiego Tatara do wszystkiego co rosyjskie: do języka, do całej rosyjskiej literatury i muzyki, do wszystkich Rosjan wreszcie – ale trudno nie uważać takiej postawy za objaw smutnej choroby niewoli. Zaś entuzjazm do Berlinguera ma się – Panie Piotrze – do całej tej problematyki tak, jak Krym do Rzymu.

W trakcie rozlicznych dyskusji wokół „Traktatu o gnidach" usłyszałem – w odpowiedzi na głosy krytyczne – uwagę, iż Wierzbicki kontynuuje tradycję wielkich romantyków, tradycję Słowackiego piętnującego w „Grobie Agamemnona" słabość i małość Polaków, a nie po prostu opresję zaborców. Jest to uwaga celna. „Miotanie obelg na własny naród stanowi omszały już i dostojny przywilej polskiej literatury" – zauważył słusznie Jan Błoński. Istotnie, Słowacki pisał o „pawiu i papudze" oraz o „smutnym kraju Ilotów", ale pisał również:

Choć wiem, że słowa te nie zadrżą długo
w sercu – gdzie nie trwa myśl nawet godziny (...)
I pisał także w apostrofie do Polski:
Przeklnij – lecz ciebie przepędzi ma dusza
Jak eumenida – przez wężowe rózgi,
Boś ty jedyny syn Prometeusza:
Sęp ci wyjada nie serce – lecz mózgi.

Tu jest sedno sprawy. Jestem za „szarganiem" i „kalaniem", jestem za pamfletem oraz szyderstwem – nie na tym się zasadza różnica z Wierzbickim. Drażni mnie natomiast kierunek jego ataku; drażni mnie, że nie piętnuje intelektualistów za niedostatek myśli, lecz za niedostatek gestu. To polskie, arcypolskie uwielbienie dla gestu! „Niczego tak chętnie – pisał Brzozowski – nie składa Polak na ołtarzu Ojczyzny jak pracy swej wewnętrznej. Gdy chodzi o wykazanie pogardy i lekceważenia dla największych problematów myślowych, «sumienie obywatelskie» przemawia u nas niezwykle głośno. Wobec zagadnień myśli i wymagań szczerości umysłowej każdy przeciętny Polak ma już nie tylko odwagę, ale wprost *czelność* cywilną".

Jakież to przeraźliwie aktualne... Lękam się, by reakcją na nasze zniewolenie nie stała się *niewola gestu* – i w konsekwencji pogarda dla wartości artystycznych i umysłowych, nie tłumaczących się bezpośrednio na język polityki. Nie chodzi mi tu o Piotra Wierzbickiego, któremu nie grożą zapewne podobne rafy. Ale może on – *nolens volens* – stworzyć swym „Traktatem" ideologię dla tych wszystkich, którym „sęp wyjada nie serca, lecz mózgi". Opozycjoniści, ścigani przez policję i dręczeni przez rewizje, mogą się z tego tekstu uczyć pogardy dla ludzi, którym przekonania, temperament czy po prostu strach nakazuje inny rodzaj życia i inny rodzaj służenia wspólnej często sprawie. Jest to niebezpieczeństwo dobrze znane z historii narodów podbitych, także z historii Polski. Jeśli bowiem codzienny żywot Polaka pod zaborem był – i musiał być – żywotem pełnym kompromisów, to dydaktyzm i moralistyczny heroizm polskiej literatury był reakcją na ten stan rzeczy. W mentalność Polaka wpisane było zatem osobliwe rozdwojenie. Społeczeństwo polskie, na co dzień kompromisowe, w godzinie „W" stawało się odważne aż do szaleństwa. W godzinie „W" literatura zaczynała władać życiem w sposób niepodzielny. „Politycy – powiada Jan Błoński – rezygnowali zwykle z politykowanie, albo przedzierzgiwali się w męczenników (...) Męczeństwo stanowiło alibi podłości, nikczemność ojców prowokowała ofiarnictwo synów, i odwrotnie".

Kult męczeństwa, kult heroicznej ofiary ukonstytuowały w polskiej tradycji etos piękny, ale i niebezpieczny. Dla spiskowca, ukształtowanego przez ten etos, więzienie było codzienną realną rzeczywistością, było fragmentem ceny płaconej całym, bezprzykładnie heroicznym życiem. Spiskowiec musiał być w każdej chwili gotów do męczeńskiej śmierci. Ta gotowość – zespolona z romantycznym etosem – wykrzywiała obraz świata, sprzyjała autoidealizacji. Spiskowiec, który postrzegał skonformizowany „ogół" na kształt i podobieństwo „ilotów", w swoich przyjaciołach i sobie odnajdywał patos i dramat Kordianów i Konradów; jeśli w zastraszonym społeczeństwie widział rysy „gnidzie", to siebie i swych przyjaciół – bojowników o niepodległą i sprawiedliwą Polskę – „wyanielał". „Anielskość" własnego wizerunku polegała na przyznawaniu sobie – często podświadomie – szczególnych praw.

Wielce instruktywna dla zrozumienia tego zjawiska jest lektura wspomnień Henryka Kamieńskiego o Edwardzie Dembowskim. Ten czerwony kasztelanic, urodzony spiskowiec, człowiek znakomitego umysłu i wielkiej odwagi, posługiwał się w dążeniu do narodowej insurekcji metodami, które trudno uznać za eleganckie: manipulował innymi ludźmi, szantażował ich moralnie, kłamał. Moralne prawo do takiego postępowania dawała mu własna ofiara i święty cel: świetlana przyszłość. W imię tego celu rozmaite pokolenia spiskowców osądzały świat na modłę manichejską: co służyło celowi, było dobrem, co mu przeszkadzało – było złem, kto nie stawał w szeregu bojowników słusznej sprawy, zasługiwał na pogardę. Manicheizm – postawa świętych i inkwizytorów... Manicheizm – przekleństwo społeczeństw zniewolonych...

Trzeba było mieć w sobie coś ze świętego i z inkwizytora zarazem, by zasztyletować w czasie powstania styczniowego Józefa Miniszewskiego za to, że piórem swym służył Aleksandrowi Wielopolskiemu. Trzeba było uważać się za anioła, by zastrzelić w Wilnie w 1944 roku Teodora Bujnickiego za wiersze – w rzeczy samej plugawe – na cześć sowieckiego okupanta.

Nie rzucam tu lekkomyślnych oskarżeń – wykonawcami tych czynów byli zapewne ludzie o nieposzlakowanej uczciwości i bohaterskim życiorysie. Rzecz jednak w tym, że w ich mentalności nie było hamulców, że manichejski obraz świata ludzkich powinności nie skłonił ich do zaniechania. Byli konsekwentni. Przerażająco konsekwentni. Cel usprawiedliwiał wszystko.

W 1914 roku młodzi chłopcy z inteligenckich rodzin odłożyli książki i kajety i raz jeszcze chwycili za broń „w Ojczyzny potrzebie". Społeczeństwo potraktowało ich zimno i nieufnie. Odpowiedzieli mu na ten chłód piosenką:

Nie trzeba nam od was uznania
Ni waszych serc, ni waszych łez,
Przeminął już czas kołatania
Do waszych kies. J...ł was pies.

Jest w tej piosence niebezpieczna nuta pogardy, jest w niej mentalność ludzi, którzy „rzucając na stos swój życia los" dla Polski idealnej, wyśnionej przez wieszczów i konspiratorów, czynią to za cenę pogardy dla Polski realnej, Polski ludzi zwyczajnych. Ta mentalność owocowała lekceważeniem własnego niebezpieczeństwa i wspaniałym czynem zbrojnym Legionów. Ale owocowała również lekceważeniem bezpieczeństwa i aspiracji innych ludzi. Dlatego, słuchając tej piosenki dzisiaj, odnajdujemy ten wielce niepokojący ton, którym wydawane były w kilkanaście lat później rozkazy uwięzienia opozycyjnych posłów w Brześciu. Jedni legioniści prześladowali drugich. Pogarda dla innych, czymkolwiek byłaby spowodowana, mściła się okrutnie.

Wiedzą o tym dobrze ci wszyscy, którzy znają historię ruchu komunistycznego. Dość przypomnieć wiersz Broniewskiego „Magnitogorsk czyli rozmowa z Janem", by natychmiast odnaleźć się w kręgu etosu „ofiary" i „świetlanej przyszłości". Piece Magnitogorska – symbol owej przyszłości – miały odkupić udrękę nocy i dni spędzonych w więziennej celi. Miały odkupić również i inne udręki, o których Broniewski wtedy nie pisał, ale których nie mógł być całkiem nieświadom. Wizja odkupienia w przyszłym raju komunizmu owocowała osobistą ofiarą wielu komunistów, którzy lata całe spędzali w więzieniach, ale owocowała też wyczynami Departamentu Śledczego MBP, którym kierowali komuniści – przedwojenni więźniowie polityczni, upadłe anioły. Ofiara przekształcała się w kata, święty w inkwizytora.

Los „ludzi podziemnych" i „legionistów", los bohaterów Broniewskiego: towarzysza Jana i krawca Izaaka Gutkinda jest groźną przestrogą dla tych, którzy działają w warunkach pogardy dla prawa, tej trucizny dla wszystkich: prześladowców i prześladowanych. Niechaj współcześni aniołowie pamiętają, że szacunek, którym się cieszą w społeczeństwie, nakłada na nich szczególny obowiązek wrażliwości moralnej. Inaczej bowiem mleczną siostrą ich heroicznego poświęcenia może łatwo stać się pogarda dla tych, których szczęściu chcą służyć.

Niełatwo jest pisać o aniołach. Niełatwo jest pisać mając w pamięci ich codzienność wyznaczoną przez żmudny i nieefektowny trud, mając w pamięci, że już dziś płacą za swój ideowy wybór usunięciem z pracy i policyjnymi szykanami, zaś jutro...

Cokolwiek by się jednak jutro miało wydarzyć, to już dziś czuję się w obowiązku wyznać, iż – moim zdaniem – anioł żądający heroizmu nie tylko od siebie, ale i od innych, negujący totalnie wartość postaw kompromisowych, postrzegający świat z manichejską prostotą, pogardzający ludźmi, którzy inaczej pojmują swe powinności wobec bliźnich – taki anioł, choćby wielbił niebo, wstąpił już na drogę wiodącą do piekieł. Nieważne, czy motywuje swoje postępki frazeologią niepodległościową, czy też socjalistyczno-uniwersalistyczną utopią – sieje ziarna późniejszej nienawiści.

Nie jestem pięknoduchem i nie przypuszczam, by kiedykolwiek wszyscy ludzie mogli być sobie nieprzerwanie życzliwi. Wierzę jednak w kreatywną moc naszych działań, wierzę, że możemy zwiększyć lub zmniejszyć ilość nienawiści i nietolerancji w naszym życiu publicznym. Wierzę – wreszcie – że już dziś wykuwany jest kształt Polski niepodległej i demokratycznej. Chciałbym ją widzieć opartą na tolerancji i kulturze politycznej, ale wiem, że na upowszechnienie tych wartości trzeba długich lat pracy. Dlatego trzeba upowszechniać je już dzisiaj i nie werbalnymi deklaracjami, ale codziennym postępowaniem.

Dlatego tak bardzo boję się pewnego stylu recepcji eseju Wierzbickiego. Bowiem „Traktat o gnidach" jest tekstem wielce sugestywnym w swej pasji demaskowania istotnych schorzeń polskiego życia umysłowego i obywatelskiego. Jest to kontynuacja wielkiej tradycji polskiego pamfletu na społeczeństwo. Wierzbicki nie schlebia czytelnikowi, oskarża i bulwersuje. Taka postawa autora zasługuje na szacunek.

Wszelako będzie ten „Traktat" nie kubłem zimnej wody na inteligencję, lecz poczciwą czytanką skreśloną ku pokrzepieniu serc dysydentów, jeśli nie będzie dopełniony „Traktatem o aniołach". Bowiem anioły są u nas skazane na krytykę, którą muszą pogardzać, skoro wychodzi spod piór Gontarza czy Kłodzińskiej. Zaś anioł nie krytykowany, anioł utwierdzony w swoim anielstwie, może przeobrazić się w czarta. Nie wierzycie? Przeczytajcie książkę o najszlachetniejszych i najodważniejszych ludziach w Rosji; książkę, której nie znosiłem przez lata, ale do której wracałem jak narkoman do kokainy; książkę – krzywe zwierciadło, w którym każdy anioł zobaczy swą wstrętnie wykrzywioną twarz; książkę antypatyczną i przenikliwą aż do okrucieństwa. Przeczytajcie „Biesy".

Ja wiem, że kiedy „gnida" chce swą „gnidowatość" uzasadnić, wyciąga z półki tę właśnie, w safian oprawioną książkę Dostojewskiego, po czym siada w głębokim fotelu i odczytuje interlokutorowi co celniejsze fragmenty. Wiem jednak również, że jeśli doświadczenie „Biesów" nie zostanie przemyślane i uwewnętrznione przez polską opozycję demokratyczną, to grozić jej będą, bardziej od ubeków o zmiętych twarzach i martwych oczach, Stawroginowie i Wierchowieńscy *à la polonaise*.

Bowiem ruch, który nie dostrzega tego, co jest w społeczeństwie wartością nieprzemijającą, nie jest dostatecznie dojrzały, aby je przekształcać.

Zapis nr 9, Warszawa 1979

Rozmowa w Cytadeli

,,Jeżeli upierać się będziecie przy waszych marzeniach o odrębnej narodowości o Polsce niepodległej, i przy wszystkich tych złudzeniach, ściągnie-
cie na siebie wielkie nieszczęście''.

car Mikołaj I

,,Dla zapobieżenia w przyszłości nieporządkom w Warszawie wzniesiona
została Cytadela Warszawska na rachunek miasta, które ponosi winę za
ostatni bunt''.

Iwan Paskiewicz

Do matki Polki

O matko Polko! gdy u syna twego
W źrenicach błyszczy genijuszu świetność,
Jeśli mu patrzy z czoła dziecinnego
Dawnych Polaków duma i szlachetność,

Jeśli rzuciwszy rówieśników grono
Do starca bieży, co mu dumy pieje,
Jeżeli słucha z głową pochyloną,
Kiedy mu przodków powiadają dzieje:

O matko Polko! źle się twój syn bawi!
Klęknij przed Matki Bolesnej obrazem
I na miecz patrzaj, co jej serce krwawi:
Takim wróg piersi twe przeszyje razem!

Bo choć w pokoju zakwitnie świat cały,
Choć się sprzymierzą rządy, ludy, zdania

Syn twój wyzwany do boju bez chwały
I do męczeństwa... bez zmartwychpowstania.

Każże mu wcześnie w jaskinię samotną
Iść na dumania... zalegać rohoże,
Oddychać parą zgniłą i wilgotną
I z jadowitym gadem dzielić łoże.

Tam się nauczy pod ziemią kryć z gniewem
I być jak otchłań w myśli niedościgły,
Mową truć z cicha, jak zgniłym wyziewem,
Postać mieć skromną jako wąż wystygły.

Nasz Odkupiciel, dzieckiem w Nazarecie,
Piastował krzyżyk, na którym świat zbawił.
O Matko Polko! ja bym twoje dziecię
Przyszłymi jego zabawkami bawił.

Wcześnie mu ręce okręcaj łańcuchem,
Do taczkowego każ zaprzęgać woza,
By przed katowskim nie zbladnął obuchem
Ani się spłonił na widok powroza,

Bo on nie pójdzie, jak dawni rycerze,
Utkwić zwycięski krzyż w Jeruzalemie,
Albo jak świata nowego żołnierze
Na wolność orać... krwią polewać ziemię.

Wyzwanie przyszle mu szpieg nieznajomy,
Walkę z nim stoczy sąd krzywoprzysiężny,
A placem boju będzie dół kryjomy,
A wyrok o nim wyda wróg potężny.

Zwyciężonemu za pomnik grobowy
Zostaną suche drewna szubienicy,
Za całą sławę krótki płacz kobiecy
I długie nocne rodaków rozmowy.

Adam Mickiewicz

Czuła szlachta, że mądrze Podkomorzy radził
Wiadomo, że kto z ruskim carem raz się zwadził,
Ten już z nim na tej ziemi nie zgodzi się szczerze
I musi albo bić się, albo gnić w Sybirze.

Adam Mickiewicz
(„Pan Tadeusz", Księga X. Emigracja. Jacek, w. 233-236)

Uwagi poniższe skreśliłem w sytuacji dość osobliwej. W więziennej celi, która nazywa się pomieszczeniem mieszkalnym, będąc więźniem, który nosi miano internowanego. Koledzy współinternowani, robotnicy z warszawskich fabryk i studenci warszawskich uczelni, zaproponowali mi wygłoszenie jakiegoś odczytu, by zapełnić czymś jałowy czas pustych dni. O czym rozmawiają Polacy w więziennej celi? O tym samym, co zawsze, o tym samym, co ich ojcowie, dziadowie, pradziadowie osadzeni w pawilonach Cytadeli. Nie ma już Cytadeli. Na miejscu dawnego więzienia jest muzeum ruchu rewolucyjnego. Pozostał mit Cytadeli. Symbol Cytadeli. I powstała Białołęka. Czy będzie tu kiedyś tablica pamiątkowa?

Pomyślałem sobie, że może ciekawie będzie przypomnieć, opowiedzieć na nowo spory naszych dziadków o zwycięstwa i porażki, o wolność i niepodległość, o programy i ideologie, że może warto odtworzyć treść ich nocnych rozmów i sporów serdecznych, kiedy przed osiemdziesięcioma laty złapani podczas strajku, wzięci z ulicznego pochodu, zatrzymani po nabożeństwie na intencję wolnej Polski, aresztowani podczas rozlepiania ulotek, lądowali w Cytadeli, gdzie czekali na wolność i na... lepsze czasy.

Miał to być cykl kilku odczytów. W jego realizacji przeszkodziło mi przeniesienie do pawilonu izolacyjnego. Tutaj, w warunkach idealnego spokoju, spisałem to, co miało być odczytane. Taka jest geneza tekstu i jego tytuł.

KOLEBKA WIEKU

Tak się złożyło, że pośród lektur więziennych raz jeszcze sięgnąłem do epoki przełomu XIX i XX wieku, do książek traktujących o wczesnym okresie polskiego nacjonalizmu i polskiego socjalizmu.

Ciekawa to była epoka – epoka narodzin nowoczesnego narodu, nowoczesnych konfliktów w łonie tego narodu, jego nowoczesnych ideologii. Przyjęło się sądzić, że najistotniejszym konfliktem tamtej epoki był spór między kierowaną przez Piłsudskiego Polską Partią Socjalistyczną a Ligą Narodową, której przewodzili: Dmowski, Popławski i Balicki. Inni znów formułowali pogląd, że kluczem do zrozumienia ówczesnych napięć był konflikt pomiędzy rzecznikami myśli niepodległościowej i myśli rezygnującej z niepodległości, zwanej nieraz myślą zaprzeczną, do których zaliczano zarówno skrajnych ugodowców w Królestwie Polskim, jak i przywódców SDKPiL. Ekstremy miały się przyciągać. Jeszcze inni definiowali sens ówczesnego pluralizmu ideowo-politycznego poprzez artykułowanie się partykularnych dążeń grup społecznych: burżuazji, proletariatu i chłopstwa.

Zapewne wszyscy mieli jakąś cząstkę racji. Osobiście wszakże sądzę, że warto również dojrzeć sens podziałów tamtego czasu w sporze między zwolennikami poglądu, że realizm oznacza aktywność w ramach wyznaczonych przez zaborcę a zwolennikami idei konstruowania polskiej polityki czynnej. Tak przynajmniej było w zaborze rosyjskim, gdzie carski system prawny uniemożliwiał budowanie własnej podmiotowości. W Galicji i Poznańskiem było inaczej, swobód było więcej, jednak właśnie teren Królestwa był najistotniejszy dla rzeźbiarzy kształtu polskich aspiracji politycznych.

UGODA I KRYTYCY

W polską myśl polityczną wpisany był dualizm: romantyzm – pozytywizm, w polski czyn zaś alternatywa: insurekcja zbrojna – praca organiczna. Przełamanie tej alternatywy było niezbędnym warunkiem stworzenia nowego stylu myślenia politycznego. Przypomnijmy, że powstanie styczniowe, jego przebieg i klęska złożyły się na wielki szok umysłowy, który zaciążył na długie lata nad polskim życiem politycznym. Konsekwentny obrachunek z orientacją insurekcyjną wiódł logicznie do programów odmiennych – hasła niepodległościowe wyparte zostały przez programy ugody politycznej i pracy organicznej. Obóz antyinsurekcyjny nie był zresztą jednolity – wiele dzieliło konserwatystę Zygmunta Wielopolskiego od liberała Spasowicza, a Świętochowskiego od Sienkiewicza, łączyło ich wszakże przekonanie, że w chwili obecnej polityczna myśl niepodległościowa jest mrzonką i nieporozumieniem, że Polsce nie trzeba spiskowców, lecz lekarzy i inżynierów, że tylko lojalizm wobec zaborczego systemu prawnego zezwoli z czasem na wszczęcie zabiegów mających na celu polepszenie narodowej doli. Idee niepodległościowej insurekcji odrzucali konserwatywni ziemianie i zapatrzeni w Zachód mieszczańscy liberałowie, krytykowali literaci i przemysłowcy, wyszydzali wolnomyśliciele i wyklinali z ambon biskupi. Szok antyinsurekcyjny działał tak silnie, że nawet buntujący się przeciw carskiej opresji pierwsi socjaliści, towarzysze Ludwika Waryńskiego, na swych sztandarach wypisali: ,,Precz z narodowością, niech żyje rewolucja socjalna''. Musiało minąć ćwierć wieku, musiało ukształtować się nowe pokolenie nie zarażone szokiem klęski, by te dogmaty poddano krytycznemu osądowi.

Nowy prąd nie był wynikiem chłodnej refleksji intelektualnej; był produktem nowych czasów, czasów rodzenia się świadomości narodowej wśród żywiołów plebejskich, utraty monopolu duchowego przez warstwę szlachecką; był odpowiedzią na nowe pytania zrodzone przez nową sytuację.

Ugodowcy powiadali: trzeba twardo stać na gruncie realizmu, trzeba robić to, co możliwe za cenę rezygnacji z niemożliwego, trzeba uznać realną obecność Rosjan w Królestwie i z nimi targować się o ulgi, a nie pielęgnować w umyśle absurdalny plan zbrojnej walki o niepodległość, trzeba więc wyrzec się złudzeń, choć – dodawali – nie należy wyrzekać się marzeń.

Realizm wszakże – odpowiadali im młodzi adwersarze – to nie tylko uznanie takiego faktu jak obcy zabór, realizm to również uznanie za realny fakt dążenia narodowego do suwerenności. Realistą nie jest ten, kto po prostu potrafi oceniać nieskuteczność działań insurekcyjnych, ale ten, kto potrafi zanalizować przyczyny klęski powstań narodowych, kto potrafi wpisać dokonania dawnych bojowników niepodległościowych w świadomość etyczną i polityczną swoich współczesnych, kto z tamtych uczynków umie zbudować tradycję żywą, a z niej broń skuteczniejszą od powstańczej dwururki, kto wreszcie potrafi uznać, że równie realne jak więzienia i obcy zabór są – nieusuwalne z ludzkiego umysłu i serca – potrzeby wolności narodowej i obywatelskiej.

Nieskuteczność taktyki insurekcyjnej – powiadali krytycy ugody – nie prowadzi do zaniechania myśli o niepodległości, lecz do szukania nowych dróg i sposobów dla realizacji niepodległościowego celu. Obóz ugody wyciąga z krytyki powstań błędne wnioski. Pierwszy błąd, to zaniżanie polskich aspiracji politycznych do zabiegów o ulgi u zaborczych rządów, gdy zaś w istocie Polakom nie wolno wyrzekać się długofalowej polityki na rzecz niepodległości. Drugi błąd, to wiara, że zaborcze rządy zdecydują się na ustępstwa wobec Polaków na skutek deklaracji wiernopoddańczych i postawy pasywnej; ustępstwa bowiem może wymusić tylko presja. Aby móc taką presję wywierać, trzeba najpierw zorganizować się do podmiotowych działań, trzeba własną podmiotowość zbudować.

Ruch narodowo-demokratyczny i ruch socjalistyczny były dwoma sposobami budowania społecznej podmiotowości.

NARODOWA DEMOKRACJA I POLITYKA CZYNNA

Problematyce wczesnej endecji poświęciła swą doskonałą książkę Barbara Toruńczyk*. W książce (na którą składa się przejrzysty wybór tekstów, obszerny wstęp i kompetentne kalendarium epoki) udało się autorce wydobyć ten rys tradycji narodowych demokratów, który był nie tylko zapomniany przez czytelniczy ogół, ale i świadomie deformowany przez endeckie i antyendeckie stereotypy.

Współcześni kontynuatorzy endecji powielają w swych publikacjach stereotyp zbudowany na zakłamywaniu własnych dziejów, na kreśleniu wizji przeszłości wolnej od pomyłek, rozterek i dramatycznych wyborów, stereotyp zakładający istnienie prostej ciągłości od Ligi Narodowej do współczesnych aberracji antymafijnych i antysemickich, do obsesji antyniemieckich, do aprobaty modelu kultury narodowej opartego na ksenofobii i nietolerancji w stylu Jędrzeja Giertycha, do – nierzadko – zgody na pseudogeopolitykę, z której wyprowadzić można zwykły serwilizm wobec ZSRR. Nie została napisana historia myśli narodowych demokratów, z jej wielonurtowością, wewnętrznymi napięciami, opozycjami i secesjami. Owszem, ślady ich istnienia można odnaleźć w publicystyce niektórych emigrantów (np. W. Wasiutyń-

---

* „Narodowa Demokracja. Antologia myśli politycznej *Przeglądu Wszechpolskiego* (1895-1905)" – wybór, wstęp i opracowanie: Barbara Toruńczyk, NOWA, Warszawa 1981; «Aneks», Londyn 1983.

skiego), w pracach historyków (np. R. Wapińskiego), w eseistyce A. Micew-
skiego, biografa Dmowskiego i artykułach A. Halla, młodego publicysty z
Gdańska. Są to wszakże tylko ślady wielkiej problematyki.

Nie istnieje również współczesna myśl polityczna tego obozu, myśl diag-
nozująca teraźniejszość i programująca przyszłość. Orientacja endecka wciąż
chce funkcjonować jako zwarta całość polityczna i światopoglądowa odróż-
niająca się od innych swoistą koncepcją narodu oraz zespołem fobii i resentymentów. Genezy tych zjawisk – znamionujących upadek myśli politycznej
endecji – szukałbym w kierunku ewolucji ideowej tej formacji w latach II
Rzeczypospolitej, kiedy oryginalność koncepcji programowych coraz bardziej wypierana była przez fascynację sukcesami ruchów narodowo-totali-
tarnych w innych krajach Europy.

Stereotyp antyendecki – zwłaszcza lewicowy – jest równie jednowymiaro-
wy i prymitywny. Akcentuje się w nim ksenofobię i antysemityzm endecji,
jej prorosyjskość, związek z klasami posiadającymi i caratem, ciągoty pałkar-
sko-dyktatorskie, sympatie do faszyzmu. Dodajmy od razu, że degrengolada
endeckich epigonów na emigracji (Giertych, znakomita większość publicystyki *Myśli Polskiej*), w kraju (Bolesław Piasecki), w łonie środowisk opozycyjnych (*Samoobrona Polska*) uzasadnia cały ten stereotyp, wzbogacając i
ukonkretniając naszą wiedzę o horyzontach intelektualnych tropicieli spisku
żydowsko-masońskiego.

Niemniej stereotypizacja zawsze jednak zubaża, odsuwa od prawdy historycznej, prymitywizuje i czyni dogmatycznym własne myślenie. Dotyczy to
szczególnie refleksji politycznej, która wymaga chłodu, dystansu i namysłu.
Tak się składa, że wiem, o czym piszę, bowiem we własnych artykułach odnajduję skażenie antyendeckim stereotypem, odnajduję krytyczną emocję,
którą potrafię wprawdzie dzisiaj zracjonalizować, ale która nie ułatwia, bynajmniej, rozplątywania gordyjskich węzłów tradycji. Już choćby programowy
antysemityzm nie mógł ułatwiać recepcji myśli endeckiej komuś, kto o hitle-
rowskim antysemityzmie i jego owocach uczył się w szkole, a powojenną prób-
kę politycznego użytkowania antysemityzmu dojrzał na własne oczy w 1968 r.

Książkę Barbary Toruńczyk czytałem dlatego jako mądrą i wnikliwą polemikę ze stereotypami. Mądrą, bo oddaje głos oryginalnym tekstom, a
wnikliwą, bo stara się objaśnić endecki fenomen, bo precyzyjnie wydziela to,
co nowatorskie i odrywa od tego, co wtórne, mroczne i zaściankowe. Bo
uczciwie stara się dojrzeć korzenie wielkości i małości, pomieszane ze sobą
na łamach *Przeglądu Wszechpolskiego*, teoretycznego organu narodowych
demokratów. Jakże słusznie punktem wyjścia czyni autorka antyugodową
myśl endecji! Dzięki temu uwypuklone zostały sposoby rozumowania, argumenty, techniki polityczne, którymi posługiwał się ruch ideowy wyrywający
społeczeństwo z długotrwałego letargu.

Politycznym wyrazem tego letargu była koncepcja i faktyczna bierność
elit. ,,Każde działanie protestacyjne zaostrzy tylko represje i przysporzy nowych ofiar" – powiadano. ,,Działania nielegalne" (słynne *liberum conspiro*)

niszczą poczucie prawa i wiodą do kroków nieodpowiedzialnych, do czynów wyniszczających faktycznie to, co trzeba chronić – jawne interesy narodowe, legalną prasę polską etc. Puste gesty spektakularne godzą w strategię oporu przeciw polityce wynaradawiania, prowokując czujność władz i działania represyjne.

Replika Romana Dmowskiego miała charakter kompleksowy. Błędem jest – powiadał – sądzić, że można utrzymać ruch oporu w granicach niedostrzegalnych dla władz zaborczych. Te granice są tak szczupłe, że zezwalają najwyżej na pozór oporu. Władze tolerują instytucje legalne o tyle, o ile nie są niebezpieczne, czyli, o ile swych naturalnych funkcji w życiu narodu nie wypełniają. Trudno mówić o poszanowaniu prawa w warunkach rosyjskiego zaboru, gdzie sama obrona tożsamości narodowej naraża na konflikt z kodeksem karnym. Prawo do godziwej egzystencji narodowej trzeba dopiero wywalczyć, a można to uczynić jedynie sposobami nielegalnymi. Dlatego trzeba umieć przekroczyć barierę legalności, dlatego całe społeczeństwo musi wdrożyć się i przywyknąć do życia nielegalnego.

„Polityka nasza musi być rewolucyjną, bo organiczną być nie może, bo nie ma żadnego gruntu legalnego, na którym by się mogła oprzeć; nie może ona pozostać polityką obrony, bo szczątki, które nam zostały, nie pozwalają żyć i rozwijać się, i program, ograniczony do obrony byłby programem powolnego konania. (...) Te strony życia narodowego, których rozwinąć nie można na gruncie legalnym, stworzymy w postaci nielegalnej. Nie wolno nam mieć samodzielnej i poważnej prasy i literatury – my stworzymy wolną prasę i literaturę nielegalną. Przeznaczonej do wynarodowienia, zabijającej fizycznie i moralnie szkole rządowej, przeciwstawimy tajną szkołę narodową. Obok krępowanych na wszelki sposób niewinnych stowarzyszeń legalnych, rozwiniemy stowarzyszenia tajne, w których ześrodkować się musi życie społeczne. Obok narzuconego nam sądu, wprowadzającego często jad w nasz organizm narodowy, postawimy swój sąd, tępiący wszelką zgniliznę. Rządowi najeźdźców, opartemu na żandarmie i bagnetach, przeciwstawimy wewnętrzny rząd narodowy, oparty na sile moralnej. (...) Obrona przed wrogiem polega przede wszystkim na porządnym umocnieniu swej twierdzy. Dążyć więc należy do utworzenia w społeczeństwie surowej opinii patriotycznej, która by karciła wszelkie odstępstwa; do takiego wyrobienia politycznego narodu, żeby ludzie wyzyskiwali do ostateczności na korzyść społeczeństwa pozostałe nam jeszcze prawa, żeby nie ustępowali usiłowaniom władz przynajmniej w niczym, do czego przez panujące prawo nie są zmuszani".

Ofiary? „Nie ma patriotyzmu – odpowiada Dmowski – bez gotowości do ofiar. Kto chce ocalić nasz naród nie nastawiając karku, ten będzie widział powolne jego gnicie. (...) Śmieszne jest po prostu obliczanie strat w ludziach, idących na kilkuletnie zesłanie, w społeczeństwie mającem więcej rąk, niż pracy w kraju, i wysyłającym całe legiony swych synów dobrowolnie do tych samych nieraz okolic Rosji i Syberii, do których tamci są zsyłani".

Trzeba też pamiętać o niezliczonych ofiarach ugodowej bierności: o ludziach rusyfikowanych, deprawowanych, nikczemniejących w samotności w obliczu wszechwładnego rosyjskiego knuta.

Uderzająca jest klarowność i siła perswazyjna argumentów Dmowskiego. Brzmią one dziwnie znajomo dla tych wszystkich, którzy oglądali na własne oczy proces wynurzania się nowych wartości społecznych z niebytu i milczenia oraz towarzyszące mu gwałtowne wstrząsy opinii publicznej, oswajanej od lat z filozofią "świętego spokoju" i tego naszego "jakoś tam będzie".

Wizja antyugodowej polityki czynnej została sformułowana na kartach nielegalnych broszur i udokumentowana na bruku warszawskich ulic. Konflikt był oczywisty: ugoda uroczyście witała cara w Warszawie – narodowi demokraci organizowali patriotyczne manifestacje. Były to – począwszy od 1891 roku – pierwsze od czasu powstania styczniowego demonstracje uliczne o hasłach jawnie niepodległościowych. Dla wielu ludzi i środowisk był to psychologiczny przełom. Podbita Warszawa zobaczyła ludzi o orientacji niepodległościowej, o ich demonstracji i istnieniu dowiedziała się cała Polska, na organizatorów spadły policyjne represje. W świadomości zaborców i Polaków pojawił się nowy element krajobrazu politycznego "Przywiślańskiego Kraju".

Rozważając z perspektywy lat sens tych demonstracji (najgłośniejszą z nich była tzw. "kilińszczyzna"), trudno nie odnotować, że ten akt wynurzania się z nicości, to ujawnienie się wobec społeczeństwa i wobec samych siebie zwolenników nowej orientacji miało wymiar równie propagandowy, co symboliczny. Tu nie szło tylko o reklamę, tu szło w istocie o zakodowanie w społecznej świadomości szansy działań nowego typu, działań wykraczających poza rutynowe zabiegi obozu ugody oraz o jawne wskazanie na środowisko polityczne, które takie działania podejmuje. Podstawowe kontrargumenty antydemonstracyjne – poza lękiem przed wzmożeniem represji – sprowadzały się do przywoływania widma ulicznych manifestacji poprzedzających wybuch powstania styczniowego. Uruchomienie ulicy – powiadano – zawsze może wieść do wzrostu napięć, powodować starcia z policją, wywoływać lawinę zdarzeń, których przebiegu i dynamiki nikt – łącznie z organizatorami – nie będzie już w stanie kontrolować. Konsekwencje takiego toku wydarzeń mogą okazać się sprzeczne z intencjami organizatorów i z polskim interesem narodowym. Jeśli nawet – dodawano – pominąć tak fatalny wariant obrotu zdarzeń, to i tak w ideę manifestacji ulicznej wpisane jest niebezpieczeństwo upowszechniania się stylu działań politycznych odwołujących się li tylko do emocji tłumu, do efektów widowiskowych, do patriotyzmu "obchodowego"; działań zorientowanych na żywioł, działań nie podporządkowanych żadnej szerszej myśli politycznej i długofalowej strategii.

Trudno tym kontrargumentom odmówić realności, trudno nie dostrzec w nich poprawnej diagnozy schorzeń polskiego stylu uprawiania polityki. Wszakże te obiekcje w najmniejszym stopniu odnieść można właśnie do narodowych demokratów. Przywódcy endecji dobrze umieli hierarchizować swoje cele. Demonstracje uliczne świadomie wpisywali w szeroką panoramę swej strategii i taktyki. Przecież następstwem „kilińszczyzny" nie były jedynie kolejne manifestacje rocznicowe w Warszawie, lecz aktywność organizacyjna w środowisku akademickim i wiejskim: tworzono nielegalne kółka samokształceniowe i biblioteki druków zakazanych, upowszechniano prasę niezależną i prowadzono szeroką akcję oświatową. Wszystko to było podporządkowane budowie obozu ideowo-politycznego, który miał konstytuować podmiotowość społeczeństwa polskiego wobec zaborczego aparatu władzy.

Podmiotowość oznacza wewnętrzną samoorganizację narodu i świadomą swych celów politykę czynną na zewnątrz. Samoorganizacja wewnętrzna to tyle, co respektowanie własnych norm i rygorów, niezależnych od kodeksu karnego obowiązującego z woli zaborcy, to zaspokajanie maksimum potrzeb narodowych niezależnie od instytucji zaborczego państwa, to pozytywne tworzenie i funkcjonowanie niezależnego obiegu życia publicznego, gdzie są dyskutowane, formułowane i społecznie akceptowane nadrzędne cele narodu. Świadoma polityka czynna to realizacja tych celów środkami legalnymi i nielegalnymi; legalnymi – poprzez wyszukiwanie luk w systemie organizacyjnym i prawnym zaborcy, nielegalnymi – poprzez budowanie instytucji niejawnych i organizowanie poczynań tępionych przez kodeks karny. Polityka czynna to również chłodna analiza koniunktur politycznych, konfrontowanie ich z bieżącą taktyką i hierarchią postulatów; to ocena, co jest do osiągnięcia na dzisiaj, a co odłożyć trzeba na później.

Optujący za polityką czynną, narodowi demokraci nie negowali żadnego z postulatów swych ojców i starszych braci spod znaku „pracy organicznej". Dostrzegali potrzebę budowy szkół i mostów, rozwijania miast przemysłowych i nowoczesnych technik w rolnictwie. Twierdzili wszakże, iż sensowność tych działań warunkowana jest przez stworzenie własnych struktur kierujących rytmem narodowego życia. Wobec zaborcy chcieli być podmiotem, zorganizowaną całością – tym różnili się od „organiczników". Nie formułowali natomiast celów ostatecznych jako programów bieżących, nie byli „niezłomnymi" maksymalistami, którzy każdą myśl o czasowym kompromisie z wrogiem odrzucają jako zdradę i zaprzaństwo. Uważali jednak każde – poza niepodległością – rozwiązanie za prowizoryczne i uważali, że kompromisy z rządem zaborczym zawierać może tylko rzetelne przedstawicielstwo społeczne, a nie samozwańczy liderzy obozu ugody. Narodowi demokraci postulowali bardzo szeroką formułę uczestnictwa w ruchu narodowego oporu. Pragnęli budować *obóz polityczny*, a nie partię wyznawców określonej doktryny. Dlatego nigdy nie formułowali tezy „wszystko lub nic", lecz w każdej sytuacji wskazywali na możliwość takich działań na rzecz poprawy narodowego bytu, które były dostępne każdemu obywatelowi.

Formuła „polityki czynnej" nie była wolna od dylematów trudnych do rozwiązania. Jeśli narodowi demokraci postulowali bojkot rosyjskich instytucji, łącznie ze szkołą, to natychmiast pojawiała się obiekcja – której trudno odmówić zasadności – że społeczeństwo polskie nie jest w stanie stworzyć sieci szkolnictwa obejmującej cały kraj, że lepiej więc korzystać z rosyjskiej szkoły niż zwiększać procent analfabetów. Praktyka była zwykle kompromisem: wśród uczniów rosyjskich szkół organizowano nielegalne komplety, gdzie wypełniano luki i prostowano fałsze oficjalnych programów. Zwyciężał więc realizm. Program polityki realnej, zarówno w codziennej taktyce, jak i w długofalowej strategii, był trwałą ambicją publicystów *Przeglądu Wszechpolskiego*. Polityka realna to codzienny mozół organizacji sieci czytelni ludowych, przejmowania legalnych dzienników, kierowania strajkowymi wystąpieniami młodzieży szkolnej, ale polityka realna to również budowanie wizji stopniowego, etapowego odzyskiwania suwerenności poprzez wykorzystywanie zmian w państwach zaborczych i przeobrażeń na politycznej mapie świata. W ramach tego sposobu myślenia walka o niepodległość przestała być jednorazowym aktem – jak czyn zbrojny – lecz stawała się procesem przemian rozłożonym na lata. W trakcie tego procesu bacznie śledzono dynamikę rosyjskiego ruchu konstytucyjnego, zaburzenia rewolucyjne, przebieg wojny z Japonią i wzrost potęgi Niemiec; starannie analizowano konsekwencje tych zdarzeń wyrażające się w rozchwianiu Świętego Przymierza. Te obserwacje i analizy pozwoliły Dmowskiemu, Popławskiemu i Balickiemu wypracować oryginalą doktrynę polskiej geopolityki.

POLSKA GEOPOLITYKA

Sytuacja Polski – powiadali przywódcy endecji – jest zdeterminowana przez trwałość układu międzynarodowego i sojuszu pomiędzy państwami zaborczymi. Szansa na powrót „sprawy polskiej" na międzynarodową scenę tkwi w konflikcie w łonie Świętego Przymierza. Konflikt rosyjsko-niemiecki pozwala Polakom na podmiotowość przy stołach negocjacyjnych. Zdaniem Romana Dmowskiego, miejsce Polaków było po stronie Rosji. Głównego wroga widział w Niemczech, narodzie zorganizowanym od niedawna w jednolite państwo, pełnym ekspansywnych planów. Dmowski bał się niemieckiej siły cywilizacyjnej i konsekwencji. Obserwując akcję germanizacji w Poznańskiem, na Pomorzu i Śląsku, przywódca endecji obawiał się, że los Polaków zamieszkujących te ziemie niewiele będzie się różnił w przyszłości od losu Słowian połabskich. Ze strony Rosji – mimo całego azjatyckiego okrucieństwa – nie groziło takie niebezpieczeństwo. W Rosji widział Dmowski nie tylko zagrożenie, ale i szansę. Zjednoczenie całości ziem polskich w ramach państwowości rosyjskiej – co postulowali endecy – miało być etapem do odzyskania niepodległego bytu. Realność tego postulatu wiązał Dmowski z nieuchronnością konfliktu militarnego między Niemcami a Rosją, który uczynił przedmiotem swoich studiów. Geopolityczne analizy otwierały nowe perspektywy, pozwalały na konstruowanie sprzyjających Polsce scenariuszy. Zmuszały do rewizji zestarzałych stereotypów, ale i godziły nierzadko w narodowe imponderabilia. Prorosyjska orientacja Dmowskiego bulwersowała opinię publiczną; taktyka była nie rozumiana, a jej cele mało klarowne. Były to wszakże wady realizacji. Istota myśli geopolitycznej zasadzała się w lokowaniu sprawy polskiej na tle międzynarodowym, w zerwaniu z zaściankowością myślenia o polityce. Płodność i skuteczność tego sposobu myślenia zwieńczyła akcja Dmowskiego podczas konferencji wersalskiej.

Morał ogólny wysunąć można z publicystyki wczesnej endecji taki oto: podejmując dzieło budowy wewnętrznej podmiotowości należy „mierzyć siły na zamiary"; konstruując plan polityki na rzecz odzyskania niepodległości należy „mierzyć zamiary podług sił". Nie wszystkie prognozy Dmowskiego się sprawdziły, nie wszystkie analizy okazały się trafne, ale sam styl diagnozowania pozostał trwałym, chyba najświetniejszym modelem analizy położenia politycznego Polaków, narodu żyjącego między państwem rosyjskim a Niemcami, na drodze cudzych interesów, w kleszczach dwóch ekspansjonizmów. Nowum analiz geopolitycznych polegało na zerwaniu z tradycyjnymi rachubami na solidarność międzynarodowej opinii publicznej z Polską i na obserwacji gry sił i układów interesów. Dmowski szukał sojuszników nie pośród wyznawców swojej ideologii, lecz wśród ludzi i narodów, z którymi Polskę łączyły lub mogły łączyć wspólne interesy.

Antologia B. Toruńczyk uwypukla te właśnie cechy myśli politycznej narodowych demokratów. Jej zasługą może być przywrócenie dorobku wczesnej endecji ogółowi „Polski myślącej". Być może, _Przegląd Wszechpolski_ przestanie być wyłączną własnością jednej tylko partii, jednego obozu politycznego, jednej orientacji ideowej, a stanie się fragmentem wspólnej skarbnicy umysłowej wszystkich Polaków, równie niezbywalnym elementem polskiej tradycji, jak pisma polityczne Mochnackiego, niezależnie od tego, czy ich autor związany był z Towarzystwem Demokratycznym, czy z Hotelem Lambert.

Z książki B. Toruńczyk wyłania się wczesna endecja jako ruch polityczny radykalnej inteligencji, ruch zorientowany na osiągnięcie narodowej suwerenności, ruch świadom głębokich przeobrażeń w łonie społeczeństwa polskiego, klarownie definujący skutki tych przeobrażeń, z których najistotniejszym było zatracenie się dawnej identyfikacji dążeń narodowych z interesami szlachty. Co więcej, endecy byli w pełni świadomi faktu, że na ziemiach dawnej Rzeczypospolitej nie tylko Polacy stają się nowoczesnym narodem. Obserwowali gwałtowne procesy narodowotwórcze wśród Litwinów, Ukraińców, Żydów. Świadomi byli trwania osobliwego wyścigu polsko-litewskiego czy polsko-ukraińskiego – nie mówiąc już o wyścigu polsko-niemieckim na Śląsku, Warmii i Pomorzu – o zwycięstwo nad umysłami ludności wiejskiej o mieszanym składzie etnicznym i nie ukształtowanym poczuciu narodowym. Jasno dostrzegając konfliktowość tych dążeń narodowotwórczych, definiowali swój punkt widzenia jako nacjonalizm, to jest sposób określania i realizowania własnego interesu narodowego poprzez konflikt z innymi interesami narodowymi. Było to jaskrawe zerwanie z dziedzictwem Polski – Rzeczypospolitej trojga narodów, ale był to także produkt nowej epoki, epoki dążeń poszczególnych narodów do suwerenności. Konflikt był tyleż naturalny, co nieuchronny. Dość przypomnieć, że tak dla Polaków, jak dla Litwinów, Wilno było niezbędnym fragmentem przyszłego niepodległego państwa. Konflikt o Wilno był konfliktem dwóch młodych nacjonalizmów, a o jego wyniku musiał przesądzić rachunek sił.

Dynamice dążeń nacjonalistycznych nadawały piętno grupy społeczne o świeżym rodowodzie narodowym, pozbawione zaplecza tradycji, pozbawione wiedzy o pożytku płynącym z kompromisów, lepiej czujące się w wiecującym tłumie niż przy negocjacyjnym stole. Bazą dążeń nacjonalistycznych była wieś. To chłopski wóz miał być tym wehikułem wiodącym Polskę do niepodległości, a nie – jak ongiś bywało – bryczka ze szlacheckiego dworku, gdzie dorastały elity przyszłych rewolucjonistów i przyszłych rzeczników ziemiańskiej konserwy. To chłop – polski, litewski czy ukraiński – dyktował linię postępowania ideologom, nic przeto dziwnego, że świadomość polityczna kształtująca się wśród konfliktów terytorialnych, językowych czy religijnych niewiele miała wspólnego z tradycyjnym polskim zaklęciem ,,za naszą i waszą wolność''. Dotyczyło to również ludności żydowskiej, która zajmowała w strukturze społecznej Królestwa Polskiego miejsce trzeciego stanu. W warunkach braku polskiego mieszczaństwa, słabości polskiego żywiołu w handlu i wolnych zawodach było to – zdaniem endeków – istotnym zagrożeniem dla przyszłości kształtującego się nowoczesnego narodu.

DYGRESJA O SOCJALISTACH

Świadomi przeobrażeń wewnętrznych narodu byli również antagoniści endeków – polscy socjaliści. Jeśli endecy w chłopach dopatrywali się dziedzica narodowych tradycji, to socjaliści spadkobiercę idei niepodległej Rzeczypospolitej dostrzegali w proletariacie wielkoprzemysłowym. Warto mieć na uwadze skalę zjawiska: tak endecy, jak i socjaliści byli początkowo garstką młodzieży rozsianej po kraju i ośrodkach emigracyjnych, która szukała nowych form działania politycznego. Ówczesne konflikty tyczyły spraw drugorzędnych, nieistotnych; wydobywano raczej to, co łączyło i było wspólne. Jedni i drudzy pragnęli Niepodległej, jedni i drudzy opowiadali się za zerwaniem z biernością i polityką ugody. Nieprzypadkowo narodowi demokraci i socjaliści uczestniczyli wspólnie w ,,kilińszczyźnie'' i nieprzypadkowo wspólnie lądowali w Cytadeli. Istniejących różnic nie akcentowano w programowych wystąpieniach, a członkowie Ligi Narodowej wchodzili przez pewien czas w skład kierowniczego gremium Polskiej Partii Socjalistycznej.

Przebieg pierwszych konfliktów odmiennie jest opisywany przez dziejopisów obu partii. Stanisław Kozicki, historyk Ligi Narodowej i sam endek, twierdzi, że pierwszą spektakularną różnicą zdań był negatywny stosunek Dmowskiego do propozycji studentów moskiewskiego uniwersytetu, którzy proponowali akademikom z Warszawy skoordynowaną akcję protestacyjną.

Dmowski motywował swój sprzeciw dążeniem do całkowitego wydzielenia spraw polskich z problemów ogólnorosyjskich, do oddzielenia polskiej walki o niepodległość od rosyjskiej walki o demokratyczne reformy. Na tym polegać miała istota odmienności postępowania „narodowców" od „międzynarodowców" – jak endecy nazywali socjalistów opowiadających się za wspólną akcją z „przyjaciółmi Moskalami".

Historycy związani z PPS nie przywiązują do tego incydentu większej wagi, choć przecież był nader znamienny dla mentalności autora „Myśli nowoczesnego Polaka". Wedle ich opinii, pierwsze publiczne ujawnienie istotnych różnic w taktyce działania miało miejsce podczas uroczystości odsłonięcia pomnika Mickiewicza w Warszawie. Była to inicjatywa obozu ugody pomyślana jako próba budowania symbolicznego pomostu między opinią patriotyczną, która pomnik fundowała, a rosyjską administracją, która na budowę pomnika wyraziła zgodę. Liga Narodowa zdecydowała się poprzeć pomysł budowy pomnika i jej członkowie wzięli udział w oficjalnych uroczystościach. PPS uroczystość zbojkotowała. Argumenty obu stron były przejrzyste i brzmiały logicznie. Narodowi Demokraci dowodzili, że należy wpisać w ugodowe przedsięwzięcie narodową treść. PPS (piórem Józefa Piłsudskiego) potępiła całą tę akcję, dostrzegając w niej zamiar wciągnięcia autora „Dziadów" w poczet zwolenników prorosyjskiej orientacji. Ta pseudopatriotyczna maskarada – pisali socjaliści – służyć miała przyozdobieniu serwilistów obozu ugody w płaszcz romantycznej tradycji. Sądzę, że w obu stanowiskach zawarta była jakaś istotna cząstka narodowej prawdy.

Oto w stolicy Priwislianskiego Kraju, w mieście, gdzie utwory Mickiewicza wciąż padają ofiarą rosyjskich cenzorów, stawia się oficjalnie pomnik temu największemu z poetów antyrosyjskiego protestu. Ten fakt musi oddziaływać na świadomość potoczną, popularyzuje poetę i jego dzieło, niejako legalizuje go w kraju, gdzie wciąż podczas rewizji rosyjski żandarm wyszukuje ukryte między bielizną, a opublikowane w Paryżu lub Krakowie, egzemplarze Mickiewiczowskich „Poezji". Budowa pomnika – dowodzili endecy – to początek pewnej drogi, drogi rozluźnienia pętli, poszerzenia strefy narodowych swobód, oswajania opinii publicznej, a zarazem rosyjskich stróżów porządku, z obecnością Mickiewicza w każdym polskim domu. Miał to być krok ku realizacji długofalowego programu walki o polską szkołę, język polski w urzędach, o autonomię Królestwa.

Taki scenariusz zakładać musiał rozmaitość form i środków działania, kompromisy i czasowe sojusze, łączenie presji na władzę z zabiegami u władz; taki scenariusz dopuszczać musiał demonstracje uliczne i strajki młodzieży szkolnej, ale także negocjowanie i porozumienia z rządem rosyjskim. Inaczej socjaliści: ci byli maksymalistami. Z ich perspektywy żaden kompromis z carską Rosją nie był możliwy, zaś powinnością była nieustanna walka, walka na każdym kroku, walka o każdą piędź wolności, o każdą minutę urwaną z dnia roboczego. Przy żadnym z negocjacyjnych stołów nie mogły zostać uzgodnione racje polskiego proletariatu i rosyjskiego caryzmu.

Socjalizm polski tamtych lat – po zerwaniu z antyniepodległościową frazeologią „Proletariatczyków" – był osobliwą syntezą marksowskiej doktryny społecznej, etosu rosyjskich konspiratorów i romantyczno-insurekcyjnej tradycji polskiej demokracji o szlacheckim rodowodzie. Teoria walki klas przeplatała się z mickiewiczowskimi strofami, a robotnicy demonstrowali śpiewając „Czerwony sztandar", podczas gdy na ich wyjmowanych zza pazuchy biało-czerwonych sztandarach widniał wizerunek Matki Boskiej Częstochowskiej. Wiele czasu minęło od mityngu genewskiego, kiedy Waryński deklarował rozbrat z tradycją powstańczą... U schyłku XIX wieku „rewolucja socjalna" zawarła sojusz z „niepodległościową irredentą". Jeszcze po wielu latach, w 1919 roku, Roman Dmowski postrzegał Piłsudskiego jako „kombinację starego romantyka polskiego z bolszewikiem moskiewskim". Niektórzy historycy skłonni są kwestionować fakt, że Piłsudski był kiedykolwiek socjalistą. Twierdzą, że socjalizm i ruch robotniczy były dlań trampoliną do akcji niepodległościowej. Pozostawiając na boku dość akademicki spór o treść przeżyć psychicznych Piłsudskiego, trudno przecież nie zauważyć, że identyczny model idei socjalistycznej wyznawała w owym czasie cała niemal ekipa przywódcza PPS: Wojciechowski i Grabski, Jodko-Narkiewicz i Wasilewski, Sulkiewicz i Studnicki – nazwiska można by mnożyć. Teza, że na czele ruchu socjalistycznego stali ludzie mu obcy, nie wytrzymuje krytyki – chyba, że termin „socjalizm" zostanie nader arbitralnie i wąsko zdefiniowany. Socjalizm polski musiał odpowiadać na pytania swojego czasu, a był to czas formowania się nowoczesnego narodu w nienaturalnych warunkach obcego najazdu. Myśl socjalistyczna musiała przeto syntetyzować dążenia do emancypacji społecznej z aspiracjami narodowymi, musiała stanowić pomost pomiędzy ostatnim powstaniem a pierwszą rewolucją.

Program maksymalistyczny – „socjalizm i niepodległość" – otwartym pozostawił pytania o priorytety, o sojusze, o taktykę i cele etapowe. Wszyscy socjaliści zgodni byli w bezkompromisowej negacji rosyjskiego caryzmu, ale perspektywy widzieli różne. Jedni dostrzegali sojusznika w rosyjskiej rewolucji – ci skłonni byli akcentować wspólnotę losów i dążeń, szukać konkretnych porozumień, uzgadniać poczynania i plany; skłonni byli postulat demokratycznych wyborów do Konstytuanty traktować jako istotny etap w realizacji swych celów. Inni zwracali uwagę na słabość rosyjskiej demokracji i skażenie rosyjskiego ruchu rewolucyjnego perspektywą „wielkorosyjską"; podkreślali też odmienność polskich tradycji ustrojowych i cywilizacyjnych; szukali sojusznika „sprawy polskiej" w państwach wrogich Rosji, zwłaszcza w monarchii austro-węgierskiej. Na terenie imperium rosyjskiego jako sprzymierzeniec jawił się im bardziej ruch wśród narodów podbitych – Litwinów, Ukraińców, Gruzinów etc. – niż rosyjski ruch na rzecz demokratycznych reform; nie rachowali na demokratyzację imperium, lecz na jego rozpad. Z tych przesłanek wyrastała wizja federacyjna socjalistycznej Rzeczypospolitej, w której skład miały wejść narody zamieszkujące zachodnie rubieże rosyjskiego imperium.

Wspólną cechą socjalistycznych programów – zresztą nie tylko w Polsce – był ich dość abstrakcyjny charakter. Język doktryny wypierał język rzeczywistości. Piłsudski, Perl czy Daszyński wykazywali znakomity zmysł praktyczny i wiedzę o politycznych mechanizmach, ale ich praktyczne dokonania pozostawały zwykle poza sferą teoretycznej refleksji. Istniała więc socjalistyczna doktryna i istniała praktyka socjalistów, nie istniała natomiast myśl polityczna polskich socjalistów, która byłaby opisem wdrażania teoretycznych założeń w codzienną praktykę. Nigdy pisarz socjalistyczny nie umiał tak jasno i syntetycznie wyłożyć założeń i dokonań swego obozu, jak to uczynił Dmowski w książce ,,Polityka i odbudowa państwa polskiego''.

UTOPIA SPOŁECZNA I BAKCYL TOTALITARNY

W ideę socjalizmu wpisane były nadzieje bezklasowego społeczeństwa opartego na wolności, równości i braterstwie. Ta utopia zespolona była z klasową interpretacją zjawisk historycznych. Teoria walki klas upatrywała motor procesów historycznych w zmianach systemu gospodarowania i wynikających z nich konfliktów pomiędzy dysponentami środków produkcji i wyzutymi z własności dysponentami siły roboczej. Walka idei traktowana była jako pochodna walki klas. Każda idea przeszłości dawała się objaśnić i zrelatywizować poprzez swój historyczny kontekst. Tylko swoich utopii nie potrafili socjaliści zrelatywizować. Po raz pierwszy – głosiły ich deklaracje – odkryty został ów kamień filozoficzny, który utopię przekształci w naukowy program działania, marzenia przeoblecze w realny kształt dokonań. ,,Bój to będzie ostatni, krwawy skończy się trud'' – obiecywali w pieśni śpiewanej w dniu swego święta.

A na co dzień było życie. Rosyjski żandarm, rosyjska szkoła, rosyjska potęga imperialna, a także własna słabość i konformizm rodaków. Socjaliści byli garstką i czuli się garstką. Znajdowali więc świecką eschatologię, która pomagała im przetrwać te lata zsyłek, ten czas rozpięty między Cytadelą a szubienicą. Musieli wierzyć, że oddają życie za coś bezcennego i świętego. Stąd czerpał swe soki mit Polski ,,szklanych domów'', Polski sprawiedliwej, czystej i strzelistej. Ale życie ma swoje prawa i polityka ma swoje prawa. Do tej Polski przychodziło zmierzać nader krętymi ścieżkami, o tę Polskę przychodziło walczyć metodami nie zawsze czystymi. Między socjalistycznym ideałem a codzienną praktyką powstała luka, której nie wypełniała polityczna refleksja. Socjalizm obiecywał totalną odmianę, budował swą obietnicę na całościowej negacji świata opartego na wyzysku i uciemiężeniu narodów i jednostek. Po rewolucji miała się zrealizować ta ideologiczna obietnica: nastanie epoka, w której dzisiejsza cnota zostanie wynagrodzona. I oto obietnica ideologiczna poczyna zastępować chłodną diagnozę społecznych konfliktów i jasny program reform. Pojawia się nowa jakość. W demokratyczną ideologię – narodową lub uniwersalistyczną – wciska się bakcyl totalitaryzmu.

Pretotalitaryzm polskich socjalistów miał dwie twarze. Tkwił w samej naturze doktryny, która próbowała ogarnąć i złowić w obcęgi swych kategorii i pojęć całe bogactwo życia społecznego; tkwił też w samej naturze organizacji, która swym kształtem miała gwarantować skuteczność w świętej wojnie polskich robotników z rosyjskim samodzierżawiem.

Powiedzmy tak: „doktrynerom" przyszłość jawiła się na kształt świata lśniącego po rewolucyjnym potopie. Potop rewolucyjny był nieuchronnym produktem rozwoju społecznego, był koniecznością historyczną. Za to po potopie skłócone narody staną się jedną wielką rodziną, ludzie będą wolni i równi, każdy w każdym dojrzy brata, niezależnie od rasy i koloru skóry. Potrzebny jest tylko jeden wielki wysiłek – Rewolucja. Ów świetlany cel pozwalał „doktrynerom" totalnie negować „dzisiejszość" i współczesny świat wartości, ubezwartościowiać wszystkie jego dokonania jako nieistotne produkty ginącej kultury. Sama technika aktu Rewolucji była moralnie neutralna – „gdzie drwa rąbią, tam wióry lecą" – powiadano. I dodawano: „nie można zrobić omletu, nie rozbijając jaj". Te porzekadła nie tylko kryły w sobie zgodę na moralny relatywizm, kryły w sobie również przeskok myślowy od skrajnie deterministycznej teorii do pełnego woluntaryzmu praktyki. „Socjalizm jest naturalnym produktem rozwoju sił wytwórczych i stosunków produkcji" – powiadali zachodnioeuropejscy arcykapłani marksizmu, co w przetłumaczeniu na język polityki dawało reformizm niemieckiej socjaldemokracji. W warunkach polskich skrajnie deterministyczna wizja historii była jedynie pseudonaukową pseudogwarancją, że finalny cel walki nie jest ideologiczną złudą, że tak wynika z samej natury społecznych zjawisk, jak deszcz z gęstych chmur pokrywających niebo. Wszelako polityczna praktyka podpowiadała, że tempo marszu ducha dziejów jest od nas samych zależne, że – przeto – wszystkie środki są dozwolone, skoro „ruszamy z posad bryłę świata". Powtórzmy: na tym budowano przeświadczenie, że wszystkie potrzeby społeczne winny być podporządkowane jednemu naczelnemu celowi – Rewolucji. Taki sposób myślenia rodzi określony typ ludzkiej mentalności.

Florian Znaniecki nazywa człowieka o takiej mentalności „fanatykiem swojej idei". Oto jak kreśli jego portret w książce „Ludzie teraźniejsi i cywilizacja przyszłości". Człowiek taki przypisuje absolutną doniosłość kulturalną własnemu zadaniu, a całe środowisko społeczne traktuje pod kątem widzenia pozytywnego lub negatywnego udziału we własnych dążeniach.

„Długotrwałe odosobnienie duchowe (...), samodzielne stawianie sobie obiektywnych zadań, rosnąca koncentracja całej działalności na tych zadaniach z zaniedbywaniem innych (...), wreszcie przeciwstawianie się w wykonaniu tych zadań istniejącym porządkom, które często zaostrza postawa normalnego środowiska, przypisująca (...) raczej zamiary burzycielskie niż twórcze; wszystko to sprawia, że zatraca on świadomość względności zadań ludzkich. Własne zadanie, dokoła którego cała jego osobowość się ogniskuje, które jedynie nadaje sens jego życiu (wobec tego, że pospolite role społeczne są w jego oczach bez znaczenia), staje się dlań absolutnie ważnym, o nieporównywalnym z niczym znaczeniu. (...) Staje się fanatykiem swojej idei, gotowym w razie potrzeby poświęcić każdy istniejący system kulturalny dla jej urzeczywistnienia. (...) Idąc długie lata po bezdrożach buntownika, spotykając w miarę swego rozwoju i rozszerzania swych zadań bierne opory i czynne antagonizmy ludzi normalnych, tym bardziej zaś ceniąc uznanie i współdziałanie rzadkich zwolenników (...), z czasem dzieli ludzi na zwolenników i przeciwników, i podział ten, w połączeniu z całkowitym oddaniem się własnemu zadaniu i fanatyczną wiarą we własną ideę, staje się dlań najważniejszą wytyczną w jego życiu społecznym (...). Im trudniejszą ma drogę życiową (...), tym wyraźniej zarysowuje mu się antyteza siebie i własnej grupy z jednej strony, reszty społeczeństwa (...) – z drugiej. Postawę tę podzielają z nim zwolennicy (...), co więcej, o tyle właśnie, o ile działalność otaczającego go zespołu istotnie nabrała charakteru walki z przeciwnikami, zespół ten przyciąga nieraz typowych bojowców, którzy działalność tę potęgują i zespół organizują jako grupę bojową”.

Tak wyglądał portret psychologiczny rewolucjonisty skreślony piórem socjologa. Tej psychologii towarzyszyła teoria. Teoria nie musiała być wewnętrznie spójna. Wierze w „automatyczny krach kapitalizmu” towarzyszyły nieustanne wezwania do organizowania „strajku generalnego”, który „krachom” i „rewolucji” miał wyjść naprzeciw. „Rewolucja” i „strajk generalny” wymagają sprawnej i zdyscyplinowanej kadry organizatorskiej. Taka kadra, mówiąc konkretnie, aktyw partyjny, musi stać się „armią zawodowych rewolucjonistów”, jeśli ma sprawnie zrealizować plan obalenia kapitalizmu wspartego o aparat carskiej opresji. Świadomość tej kadry musi się różnić od sposobów rozumowania ludzi „normalnych”, robotników czy rzemieślników, którzy żyją jak zwykli zjadacze chleba i tak też postrzegają świat: z dużą przymieszką konserwatyzmu i konformizmu. „Zjadacze chleba” zatrudnieni w fabrykach i warsztatach, przytłoczeni codziennością, nie są w stanie wznieść się ponad próg polityczny tradeunionizmu. Kadra zawodowych rewolucjonistów musi przeto z zewnątrz wnosić w szeregi klasy robotniczej świadomość polityczną. Ma być awangardą klasy robotniczej, emanacją jej najlepszych cech i najprawdziwszych, długofalowych interesów, choćby z ich treści robotnicy dzisiaj nie zdawali sobie sprawy. Ale tylko w ten sposób kadra rewolucyjna proletariatu utożsamia się z proletariatem, bowiem rzeczywisty interes historyczny proletariatu jest tożsamy z interesem partii zawodowych rewolucjonistów, która hasło wyzwolenia proletariatu wypisała na swych sztandarach.

Tak brzmi esencja światopoglądu politycznego „doktrynerów”, którzy uzasadniali te formuły obfitymi cytatami z Marksa, Engelsa i innych teoretyków ruchu.

„Organizatorów” – tak nazwijmy zwolenników odmiennej orientacji – niezbyt interesowały sekrety marksistowskiej teorii i talmudyczne spory „doktrynerów” o „strajk generalny” i „automatyczny krach kapitalizmu”.

Ich przywódca wyznał kiedyś, że nie przebrnął nigdy przez zawiłe wywody marksowskiego „Kapitału". „Organizatorów" interesowała konkretna akcja godząca w rosyjski carat; akcja, której miarą skuteczności miało być odzyskanie niepodległego bytu lub przynajmniej jasne zaświadczenie światu polskich aspiracji do suwerennego państwa. Do tego potrzebna była organizacja przypominająca raczej drużynę bojową, niż podziemną, ale demokratycznie jednak funkcjonującą partię robotniczą. Cenniejszymi od siatki kółek fabrycznych były dla „organizatorów" niewielkie zespoły przeszkolonych bojowców, zdolnych do ryzykownych akcji zbrojnych. Jeśli wszakże akcje zbrojne nie przynoszą bezpośrednich efektów? Jeśli obalenie caryzmu jest dziś niemożliwe? Jeśli trzeba czekać? Jeśli trzeba szukać pomocy u wrogów naszego głównego wroga? Wtedy jeszcze bardziej istotna jest dyscyplina na wzór wojskowy, warunkująca bezwzględne zaufanie do kierownictwa i przywódców. Mentalność „fanatyka swojej idei", właściwa również „doktrynerom", ujawnia się wśród „organizatorów" w innej szacie pojęciowej. Kadra przywódcza – powiadali „organizatorzy" – nie może oglądać się na nastroje skonformizowanego ogółu, który „nie znosi zgrzytu żelaza po szkle, ale świetnie znosi pranie rosyjską nahajką po pysku". Przeciwnie, ta kadra musi pojąć, że sam Bóg jej powierzył honor Polaków, że to oni właśnie są faktycznymi realizatorami dążeń narodu, choćby nawet naród sobie tego nie uświadamiał i nie dawał im takiego mandatu. Ten naród w czasie zaboru stracił wszakże swój instynkt samozachowawczy i rozum polityczny. Dlatego ten naród musi podporządkować się tym, którzy wiedzą lepiej, widzą dalej i – co najistotniejsze – gotowi są „rzucić na stos swój życia los".

Oto dwie twarze pretotalitarnych pokus obozu polskiego socjalizmu. Jedna z nich nabierze wyrazistych rysów w teorii i praktyce Komunistycznej Partii Polski, partii dążącej do bolszewizacji kraju w latach II Rzeczypospolitej; druga w – praktyce politycznej sanacji zwieńczonej Konstytucją Kwietniową i deklaracją programową Obozu Zjednoczenia Narodowego.

SOCJALIZM I MYŚL ANTYTOTALITARNA: WIZJE I INTUICJE

Polska myśl socjalistyczna nie była nieświadoma tych zagrożeń. Daszyński i Kelles-Krauz dowodzili w swej publicystyce, że trwały związek Polski z Rosją, również po obaleniu caratu, oznaczać będzie dla Polski cywilizacyjny regres, że polskie tradycje historyczne i wzory kulturowe muszą prowadzić do innego modelu rozwiązań ustrojowych w postrewolucyjnym państwie. Tradycją rosyjską było samodzierżawie, tradycją polską – złota wolność. Tak różne biografie duchowe narodów musiały odmiennie rzeźbić programowe wizje ustrojowych przeobrażeń w Polsce i w państwie rosyjskich carów. Ten wywód godził swym ostrzem w Różę Luksemburg i jej teorię „organicznego wcielenia" Królestwa Polskiego do Rosji. R. Luksemburg uchodziła za głównego ideologa SDKPiL, partii robotniczej zdominowanej przez ducha „doktrynerów" i z iście doktrynerskim zapałem zwalczającej ideę niepodległości

Polski w imię uniwersalistycznej utopii. SDKPiL optowała za ścisłą współ-pracą z rosyjskim ruchem robotniczym, z jego rewolucyjnym skrzydłem kie-rowanym przez Lenina.

Rzecz charakterystyczna: właśnie z Leninem podjęła Róża Luksemburg spór o model partii robotniczej, który był w swej istocie sporem o model porewolucyjnej władzy. Przypomnijmy: Lenin był zwolennikiem takiej kon-strukcji statutu partii socjaldemokratycznej, który faktycznie przeobrażał ją w organizację zawodowych rewolucjonistów. Na tym polega idea leninow-skiej partii „nowego typu". Luksemburg zarzuciła przywódcy bolszewików „blankizm", nieświadome przejęcie idei francuskiego rewolucjonisty z pier-wszej połowy XIX wieku. (Blanqui większość życia spędził w więzieniu; twierdził, że ustrój kapitalistyczny można obalić drogą spisku zorganizowa-nego przez konspiracyjny związek.) Koncepcja blankistowska pozostawała w jaskrawej sprzeczności z teorią rewolucji proletariackiej, która miała być przecież dziełem świadomych swych dążeń mas robotniczych, a nie grupy spis-kowców myślących i działających w zastępstwie mas samych. „Akcja spiskowa niewielkie ma szanse na sukces" – dowodziła Róża Luksemburg, ale nie szans tylko spór tyczył. Jeśli bowiem nawet – wywodziła – uda się spiskowcom prze-jąć władzę w państwie, to nie będzie to władza klasy robotniczej, lecz tych spiskowców właśnie; nie proletariacka demokracja zatriumfuje, lecz jakobi-nizm nowej epoki, który zrodzi reżim cezarystyczno-bonapartystyczny. Funda-mentem tego reżimu będzie pasywność mas robotniczych pozbawionych praw obywatelskich. Komitet Centralny partii stanie się wtedy czymś na kształt ko-lektywnego cezara, otoczonego przez gwardię pretoriańską strzegącą bezpie-czeństwa i ładu. Tyle zostanie z idei robotniczego państwa.

Wszystkich tych niebezpieczeństw dopatrywała się Luksemburg w leni-nowskiej koncepcji partii „zawodowych rewolucjonistów", partii złożonej z „fanatyków idei", ludzi specjalnego doboru i specyficznego marginesu, partii wyodrębnionej z rygorów porządku społecznego, oderwanej od codziennego życia załóg, a jednak wciąż przemawiającej w ich imieniu. Bowiem taka par-tia żyje własnym życiem, podlega mechanizmom rządzącym sektami, wytwa-rza własny partykularyzm interesów i dążeń. Te zarzuty – sformułowane w 1908 r. – powtórzyła Luksemburg po dziesięciu latach w głośnym pamflecie o rewolucji bolszewickiej, gdzie podjęła fundamentalny spór z Leninem o wartości demokracji mieszczańskiej w warunkach porewolucyjnych. I tym razem postrzegała monopolizujący władzę żywioł partyjnej biurokracji jako śmiertelne zagrożenie dla wyzutej z praw i biernej klasy robotniczej.

Rzecz interesująca – R. Luksemburg nigdy nie zrozumiała wagi procesów narodowotwórczych i w niepodległościowych aspiracjach Polaków dostrze-gała jedynie szlachecki anachronizm. Aliści ta sama Luksemburg potrafiła z rzadką przenikliwością dojrzeć pod frygijską czapką rosyjskich jakobinów zarys napoleońskiego kapelusza, który wnet miał się przeobrazić w czapkę Monomacha z czerwoną gwiazdą. Duch wczorajszej i przedwczorajszej Rosji zwyciężył utopię egalitaryzmu i ludowładztwa.

Różę Luksemburg zbliżył do bolszewików rewolucyjny radykalizm i przekonanie o potrzebie jednolitej polsko-rosyjskiej akcji. Przywódcy i teoretycy PPS szukali odmiennych rozwiązań. Związany przez pewien czas ściśle z PPS, Edward Abramowski koncentrował swą uwagę na metodach polityki socjalistycznej. Był on zdania, że metoda działań ma decydujący wpływ na kształt zmian politycznych. Dla zrozumienia sensu koncepcji Abramowskiego decydujące jest rozszyfrowanie pojęcia „rewolucji biurokratycznej", którym się posługiwał. Określał tym mianem każdą politykę, która dąży do zmian nie poprzez rewolucyjne działanie proletariatu, lecz przez akcje elit kierujących partiami socjalistycznymi. „Rewolucję biurokratyczną" podejmują więc zarówno zwolennicy leninowskiego modelu partii „zawodowych rewolucjonistów", jak i działacze niemieckiej socjaldemokracji, którzy akcję bezpośrednią proletariatu zastępują grą parlamentarną i zabiegami dyplomatycznymi. Uzyskiwane w ten sposób zmiany mają charakter doraźny i powierzchowny; nie rewolucjonizują świadomości społecznej. Polityka socjalistyczna winna zrezygnować z wszelkich „odgórnych" reform; winna zaniechać strategii wymuszania – naciskiem parlamentarnym bądź zakulisowym – reform od burżuazyjnych rządów. W tej strategii zakodowany jest fetyszystyczny stosunek do instytucji państwa, z całym jego aparatem politycznej przemocy; w tę strategię wpisana jest wiara, że ów aparat można, drogą „odgórnych" zmian, przeobrazić z narzędzia antyrobotniczego ucisku w stróża zreformowanego państwa. Reforma zadekretowana przez rząd powoduje, że nadal podmiotem władzy są polityczne elity, a przedmiotem – nadal proletariat. Aby sprawować władzę, robotnicy muszą zdobyć doświadczenie w toku walki o władzę. Tylko w walce mogą nauczyć się samoorganizacji, osiągnąć polityczną samoświadomość i pojąć naturę swej głównej broni, jaką jest robotnicza solidarność. Wiarę w zmiany narzucone z zewnątrz, metodą państwowego przymusu, nazywał Abramowski teorią „uszlachetniających, zbawczych wpływów knuta policyjnego, jeżeli ten knut znajduje się w rękach ożywionych ideą wolności i dobra ludzi".

Nieco inny kształt przybiera „rewolucyjna biurokracja", gdy jej twórcą jest partia „zawodowych rewolucjonistów". Rewolucja jest wtedy dziełem inteligencji partyjnej, która „zdobywszy w jakikolwiek sposób oparcie się na masach, chwyciła w swoje ręce władzę państwową" i za pomocą „dyktatury" budowała nowe społeczeństwo. Ten „socjalistyczny jakobinizm" ma szczególnie podatną glebę w krajach – jak Polska – pozbawionych wolności politycznej. Jest to produkt koncentracji akcji politycznej na bezustannym konflikcie z policyjną represją. Siła motoryczna partii socjalistycznej przenosi się w tych warunkach z fabryk do zakonspirowanych komórek „zawodowych rewolucjonistów". Partia staje się czymś zewnętrznym w stosunku do swej społecznej bazy. W takiej sytuacji – powiada Abramowski – „jakobinizm" wydaje się „jeszcze potrzebniejszym sztucznym przeprowadzeniem rewolucji – przeprowadzeniem jedynie możliwym; trzeba czymkolwiek podtrzymywać hasło rewolucji, która niezdolna jest zakorzenić się w duszach ludzkich, da-

wać im fikcyjną siłę, jeżeli nie ma rzeczywistej. Nic więc dziwnego, że taktyka «terroru», nadająca partii w oczach ludu urok jakiejś ukrytej opatrzności,
która za niego walczy, powraca tak często do umysłów działaczy". Ta taktyka może okazać się zabójcza. Jeśli wyzwolenie z zewnątrz nie będzie dziełem
samych robotników – degeneracja jest nieuchronna.

„Przypuśćmy na chwilę – pisał Abramowski – że zjawia się jakaś opa-
trzność rewolucyjna, grupa spiskowców wyznających ideały socjalizmu,
której udaje się szczęśliwie zawładnąć mechanizmem państwowym i za
pomocą policji przebranej w nowe barwy, wprowadzić urządzenia ko-
munistyczne. Przypuśćmy, że świadomość ludu nie bierze w tym żadnego udziału i że wszystko odbywa się siłą samego biurokratyzmu. Cóż się
wtedy dzieje... Nowe instytucje usunęły fakty prawnej własności, lecz
pozostała własność jako potrzeba moralna ludzi; usunęły wyzysk oficjalny z dziedziny produkcji, lecz zachowały się te wszystkie czynniki zewnętrzne, z których powstaje krzywda ludzka. (...) Dla stłumienia interesów własnościowych organizacja komunizmu musiałaby używać szerokiej władzy państwowej; policja musiałaby zastępować miejsce tych
naturalnych potrzeb, dzięki którym żyją i rozwijają się swobodnie instytucje społeczne; przy tym obrona nowych instytucji mogłaby tylko należeć do państwa ugruntowanego na zasadach absolutyzmu biurokratycznego, gdyż wszelka demokracja władzy w społeczeństwie wepchniętym
przemocą w nowy ustrój groziłaby natychmiastowym rozpadnięciem się
tego ustroju i wznowieniem tych wszystkich praw społecznych, które by
żyły w duszach ludzkich nie tkniętych przez rewolucję. Tym sposobem
komunizm byłby nie tylko czymś powierzchownym i słabym, lecz, co
więcej, przeistoczyłby się w państwowość gnębiącą swobodę jednostki, a
zamiast dawnych klas wytworzyłby dwie nowe – obywateli i urzędników, których antagonizm wzajemny przejawiać by się musiał we wszystkich dziedzinach życia społecznego. Jeżeliby więc komunizm w tej
sztucznej postaci, bez przeobrażenia się moralnego ludzi, mógł się nawet utrzymać, to w każdym razie zaprzeczałby samemu sobie i byłby
takim potworem społecznym, o jakim nie marzyła nigdy żadna klasa
uciskana, a tym bardziej proletariat, broniący praw człowieka i przez
samą historię przeznaczony do jego wyzwolenia."

Ten obszerny cytat dobrze ilustruje obawy Abramowskiego o przyszłość
ruchu socjalistycznego. Rzecz znamienna: podobnie definiując zagrożenie,
Abramowski gdzie indziej niż R. Luksemburg szukał remediów. Luksemburg broniła przed Leninem wartości demokracji mieszczańskiej; tłumaczyła,
że każdy ruch depczący wolność – pojmowaną banalnie jako wolność dla
adwersarzy i ich opinii – nieuchronnie skazuje się na degradację i jałowość.
Inaczej Abramowski: ten wolność mieszczańską pojmował jako przywilej
elit, który wcale nie stoi w sprzeczności ze zniewoleniem świata pracy. Insty-
tucjonanych zabezpieczeń poszukiwał w praktycznej negacji państwa, tego
aparatu ucisku ludzi pracy i narzędzia obrony przywilejów klas posiadają-

cych. Trzeba więc – dowodził Abramowski – bojkotować instytucje państwa (sądy, policję, oświatę) i trzeba tworzyć instytucje własne, niezależne, które już w samym procesie zmagania z państwem zaborczym pozwolą na zbudowanie urządzeń społecznych opartych na solidarności i związkach przyjaźni. Szczególne znaczenie przypisywał instytucjom gospodarczym (kooperatywom), które miały stanowić alternatywę dla przedsiębiorstw kapitalistycznych.

Pisma Róży Luksemburg i Edwarda Abramowskiego to świadectwo dwóch kierunków refleksji nad totalitarną pokusą zawartą w myśli socjalistycznej, w programach partyjnych łączących program przeobrażeń społecznych z dążeniem do władzy w państwie. Nazwijmy te kierunki „parlamentarnym" i „samorządowym". „Parlamentarzyści" przyjmowali fakt istnienia instytucji państwowych jako *datum*. Interesowała ich klasowa treść państwa i demokratyczne mechanizmy jego funkcjonowania. Luksemburg nie krytykowała Lenina za to, że nie realizował swojej wizji społecznej z książki „Państwo a rewolucja", gdzie zapowiadał, że kucharka rządzić będzie państwem. Krytykowała go za sam sposób urządzenia państwa bolszewickiego, za zniszczenie wszystkich swobód obywatelskich i aprobatę dla systemu wszechwładzy aparatu partyjnego zorganizowanego w państwo. Deklarowana dyktatura proletariatu stawała się faktycznie dyktaturą partii nad społeczeństwem, a aparatu biurokratycznego nad partią.

Abramowski sięgał ostrzem swej krytyki jeszcze głębiej. Mniemał on, że w samym dążeniu do zawładnięcia państwem zawarte jest przeświadczenie, iż wszechwładny aparat państwowy stanie się sługą i narzędziem świata pracy. Zmiany społeczne dekretowane „odgórnie", reformy wprowadzane w życie przy użyciu wojska i policji, nawet kontrolowanych przez parlament, muszą prowadzić do zniewolenia nowego typu. Zapobiec temu można tylko poprzez budowę podmiotowości społeczeństwa cywilnego, poprzez rozwój oddolnie tworzonych zrzeszeń, omijanie pośrednictwa instytucji państwowych w życiu społecznym.

Podobieństwo tych przemyśleń do koncepcji Romana Domowskiego jest uderzające. Różnice tkwiły w aksjologii. Według Abramowskiego rozwój instytucji samorządowych miał wieść do „wolności Polski i wolności człowieka w Polsce". Łatwo w tym haśle dostrzec obawę – również przez Stefana Żeromskiego formułowaną – żeby w wolnej Polsce żandarma z dwugłowym orłem Romanowów na kaszkiecie nie zastąpił żandarm z polskim orłem w koronie.

POLITYKA CZYNNA I SPÓR O WARTOŚCI

W „Myślach nowoczesnego Polaka" Dmowski brutalnie stwierdził, że kto mówi, iż chciałby Polski zgodnej ze wszystkimi sąsiadami, powodującej się abstrakcyjnym ideałem sprawiedliwości, a nie ekspansją terytorialną; kto chciałby w walce z Rusinami, Litwinami czy Żydami widzieć objawy „szowinizmu", a nie zdrowy instynkt narodowy; kto mówi, że chciałby Polski, ale krzywi się na myśl o polskiej policji i polskich więzieniach – ten kpi sobie z idei niepodległości. Wywód ten niewątpliwie odnosi się do Abramowskiego i innych socjalistów. Dla nich Dmowski był ideologiem agresywnego nacjonalizmu, rzecznikiem klas posiadających i ich interesów w świecie gwałtownych konfliktów społecznych. Z perspektywy Dmowskiego, socjaliści byli nieodpowiedzialnymi pięknoduchami snującymi utopijne iluzje, które po przełożeniu na twardy język politycznego konkretu służyły wrogom Polski, między innymi poprzez podporządkowanie własnej strategii interesom niemieckiej socjaldemokracji.

Zastanówmy się, jaki sens kryły te wzajemne oskarżenia. Czy Dmowski był ideologiem klas posiadających? Dmowski był ideologiem polskiego nacjonalizmu, teoretykiem doktryny definiującej interes narodowy poprzez konflikt z innymi narodami i zasadą żelaznej solidarności w łonie narodu własnego. Dla Dmowskiego naród to ziemianie i chłopi, fabrykanci i robotnicy, rzemieślnicy i nauczyciele – wszyscy, którzy uczestniczą w dążeniu do narodowego państwa wbrew cudzym interesom i obcym ludom. Taki kształt struktury narodu był dla Dmowskiego czymś naturalnym. Plan przewrotu społecznego był dlań dziełem wichrzycielskim i niszczeniem jedności narodowej. Jedność narodowa to było skupienie się Polaków wokół obozu politycznego narodowej demokracji i realizacji endeckiego programu. Działalność rewolucyjna partii robotniczych była dla Dmowskiego „schorzeniem", „dziełem wariatów", „politycznym bandytyzmem", „syfilisem życia publicznego". Nacjonalizm był wrogiem społecznej rewolucji, ale nigdy nie identyfikował się w pełni z interesami burżuazji czy ziemiaństwa. Nacjonalizm respektował te interesy, ale podporządkowywał je celowi nadrzędnemu – strategii politycznej własnego obozu, którą utożsamiał z interesem ogólnonarodowym.

Mylnie natomiast oceniał Dmowski orientację socjalistów. Działacze PPS, w tym Abramowski, wielokrotnie podejmowali spór z niemieckimi i rosyjskimi socjalistami na temat niepodległości Polski. W argumentacji swych adwersarzy dostrzegali bądź to tępe doktrynerstwo, które w aspiracjach niepodległościowych upatrywało anachronizm, bądź też zwykłą obłudę, która mentalność wielkomocarstwowego nacjonalizmu pokrywała patyną uniwersalistycznych frazesów. W tym sensie zarzuty Dmowskiego były chybione.

Istota sporu wszakże – sądzę – tkwiła w odmiennym pojmowaniu sensu polityki. Dla socjalistów polityka była sposobem realizacji socjalistycznego ideału; dla endeków – sztuką realizowania konkretnych celów w konkretnych okolicznościach. Były to dwie różne filozofie polityki.

Socjaliści chętnie cytowali Marksa, ale czerpali z jego dzieła cytaty, tak jak teologowie sięgają po cytaty do Biblii. Marksistowska siatka pojęciowa, wypracowana w trakcie analizy innych epok, była dość mechanicznie przenoszona na grunt polskich realiów. Ginął gdzieś po drodze duch pełnokrwistych i chłodnych zarazem analiz Marksa, pomieszczonych choćby w książce o „18 Brumaire'a". Ich analizy skażone były jakąś osobliwą ślepotą, która pozwalała „wszystko widzieć osobno". Konflikty społeczne niemal nie zazębiały się z narodowymi emocjami. Taka była cena wierności językowi doktryny. Postulat niepodległości był w tym języku trudny do sformułowania. Mówiąc o niepodległości sięgano po język dziadów, po język powstańczej irredenty. Pisma polskich socjalistów pełne są tej eklektycznej zbitki walki klas z narodową insurekcją, robotniczego strajku z powstańczą dwururką. Owa zbitka znakomicie komponowała się w całość emocjonalną, lecz kryła w sobie istotną myślową lukę, wewnętrzne rozdarcie między postulatem codziennej walki ekonomicznej a wizją rewolucji jako totalnego przełomu, między perspektywą niepodległego państwa a wizją nowego, wspaniałego socjalistycznego świata na kształt Republiki Globu.

Dmowski znakomicie te rozdarcia widział; świetnie pojmował, że idea socjalizmu to produkt społecznego konfliktu, że przekonanie o konfliktowej naturze społeczeństw kapitalistycznych jest teoretycznym fundamentem tej ideologii. Społeczny konflikt widoczny był zresztą gołym okiem, zawarty w samym rdzeniu polskiej egzystencji. Narodowi demokraci objaśniali jednak ten konflikt jako walkę narodową, walkę Polaków z obcymi: Rosjanami, Niemcami, Rusinami, Żydami. Rozwiązaniem przeto było dążenie do suwerennego państwa polskiego, a nie bratobójczy spór Polaków z Polakami, jak chcieli socjaliści, głosząc walkę klas. Ale suwerenna Polska nie może być budowana wedle abstrakcyjnych mrzonek socjalistów o sprawiedliwości i humanizmie. Suwerenna Polska musi być „Polską dla Polaków"; mówiąc precyzyjniej: „silną Polską dla karnych Polaków". Szansę odzyskania suwerenności budował Dmowski na analizie geograficznej i etnicznej, na skrupulatnej diagnozie konfliktowych interesów Rosji i Niemiec, na bacznej obserwacji młodych nacjonalizmów wyrosłych na ziemiach dawnej Rzeczypospolitej. Trudno dziś nie podziwiać przenikliwości publicystycznej Dmowskiego czy Popławskiego. Nikt chyba, w całej historii polskiej myśli politycznej, nie opisał tak jasno i przejrzyście konfliktowego charakteru stosunków Polski z sąsiadami. Nikt tak odważnie nie umiał rozprawić się ze złudzeniami, z samookłamywaniem się, z rachubami na bezinteresowną pomoc Europy – tak dworskiej, jak i plebejskiej – z naiwną wiarą, że hasło „za naszą i waszą wolność" może zastąpić myśl polityczną, z równie naiwnym przekonaniem, że młode nacjonalizmy aspirujące do suwerennych państw na terytorium etnicznie mieszanym mogą nie być wzajemnie konfliktowe.

Niezależnie od ideologicznych przesłanek Dmowskiego, jego praktyczne analizy były celne. A jednak czytając dzisiaj pisma Romana Dmowskiego trudno momentami oprzeć się uczuciu intelektualnego zażenowania i moralnego wstydu. W tych pismach widać nie tylko wielkość, ale i nędzę myśli Romana Dmowskiego. Nie tylko Dmowskiego – także wielkiego obozu politycznego w Polsce. Pewien angielski dyplomata określił Dmowskiego jako uosobienie tego, co najlepsze, ale i tego, co najgorsze w polskim charakterze narodowym. Myślę, że ów Anglik niewiele się pomylił.

Był Roman Dmowski znakomitym analitykiem i był więźniem własnych fobii. Był współtwórcą polskiej myśli niepodległościowej i współwinowajcą polskiej ciasnoty. Był siewcą ziaren racjonalizmu w myśleniu o polityce i roznosicielem zarazków ksenofobii, które zgangrenowały wielkie obszary życia umysłowego. Kształcił polskie umysły i deprawował polskie sumienia. Kształcił umysły rozwijając ideę polityki czynnej, ucząc geopolityki, zaszczepiając twardy realizm. Deprawował sumienia formułując koncepcję narodu i ideę polskości, która prostym traktem wiodła do rozwiązań totalitarnych. Spójrzmy, jak Dmowski charakteryzował i uzasadniał swój patriotyzm.

„Jego główną podstawą – pisał – jest niezależny od woli jednostek związek moralny z narodem, związek sprawiający, że jednostka zrośnięta przez pokolenia ze swym narodem, w pewnej, szerokiej sferze czynów nie ma wolnej woli, ale musi być posłuszna woli zbiorowej narodu, wszystkich jego pokoleń, wyrażających się w oddzielnych instynktach".

Jednocześnie odrzucał łączenie dążeń narodowych i prawa do własnego państwa z szerszą, uniwersalistyczną, zasadą praw człowieka do wolności i podmiotowości. Dla Dmowskiego liczył się tylko instynkt i siła.

W swej istocie spór tyczył nie tylko kwestii prymatu wartości narodowych nad osobowymi – obracał się również wokół pytania o kształt narodu, o jego wewnętrzną organizację i idee przewodnie. Definiując polski interes narodowy, Dmowski odwołał się do praktyki ekspansji na zewnątrz: tylko to, co służyło ekspansji polskiej, było zgodne z interesem narodowym. Ekspansje narodowe – wiadomo z historii – różne miewały kształty. Dla Dmowskiego wszelkie ekspansje to tyle co polonizacja; im większą ilość ludzi uczyni się Polakami (choćby siłą), tym skuteczniej będzie realizowany polski interes narodowy. Naród rozwija się poprzez terytorialny rozrost; rozrost dokonuje się w walce z innymi narodami. Sprawdzianem postawy narodowej jest więc negatywny stosunek do cudzoziemców, którzy rozrost mogą blokować.

Kontekst tych tez endeckich był oczywisty: walka z germanizacją i rusyfikacją, konflikt z ruchem narodowym litewskim i ukraińskim. Jedyne rozstrzygnięcie endecy widzieli w totalnej walce narodu polskiego z innymi narodami. Wszelkie próby szukania kompromisu uważali za naiwność, słabość i szkodliwy defetyzm. Nie liczyły się żadne argumenty wywodzące prawo narodów z kanonu wartości chrześcijańskiej czy liberalnej Europy – liczyła się tylko siła. Aby naród był zdolny do zewnętrznej ekspansji, musi być wewnętrznie zorganizowany. Sama podmiotowość już nie wystarcza – ważny jest jej kształt. Otóż interes narodowy – twierdzili endecy – wymaga, by zasadą wewnętrznej organizacji Polaków była karność i dyscyplina, by obowiązkowo wszyscy podporządkowali się tym, którzy „najbardziej czują w sobie polskość" – narodowym demokratom. Tym, którzy odmawiają podporządkowania, trzeba wypowiedzieć wojnę. Kim są ci ludzie? Z kogo składają się te żywioły „nie dość narodowe w łonie narodu", blokujące endekom drogę do rządu dusz? Jak te żywioły wyłowić i jak obrócić przeciw nim opinię publiczną? Jest taki sposób. Trzeba poszukać „kto za tym stoi". Trzeba znaleźć Żydów.

Endecki antysemityzm godził zarówno w społeczność żydowską, jak i w tę część społeczności polskiej, która genetycznie wywodziła się z getta. Kto nie

akceptował endeckiej wizji polskości ten był mianowany Żydem lub co najmniej oskarżano go o „uleganie żydowskim wpływom". Endecy dopuszczali
spory o taktykę – taki był sens ich polemik z konserwatystami. Nie dopuszczali jednak sporu o treść polskości. W antagonistach ideowych widzieli tylko „pół-Polaków". Problem żydowski był nader skomplikowany i nie jest tu
przedmiotem rozważań. Dla nas jest ważne, że w doktrynie Dmowskiego
antysemityzm służył za cement w budowie nowoczesnego narodu polskiego.
W walce z żydowskim niebezpieczeństwem miała być wykuwana polska jedność narodowa; w tej walce miał się spotkać polski arystokrata z polskim
szlachcicem, polski robotnik z polskim przemysłowcem, polski rzemieślnik z
polskim kupcem. Mieli się spotkać, zjednoczyć, zorganizować do walki pod
komendą narodowych demokratów.

Stosunek do Niemców czy Rosjan był rezultatem endeckiej analizy międzynarodowej sytuacji. Stosunek do Litwinów czy Ukraińców był wynikiem
endeckiej koncepcji kształtu terytorialnego przyszłego państwa. Stosunek do
Żydów był funkcją endeckiej wizji wewnętrznego kształtu narodu polskiego.
Wspólnym mianownikiem była ksenofobia. Endecy wychowywali nowoczesnego Polaka w niechęci i nieufności do tego, co obcoplemienne, w kulcie dla
krzepy – choćby nieludzkiej, w pogardzie dla słabości – choćby niezawinio-
nej. Sami myśląc oryginalnie i samodzielnie, innych przyuczali do myślenia
na komendę, wedle własnych utartych schematów. Dmowski nie był konsekwentny – odżegnywał się na przykład od brutalności niemieckich „haka-
tystów". Kiedy powoływał się na swój „instynkt moralny cywilizowanego
człowieka", robił ustępstwo z czystości doktrynalnej na rzecz tradycyjnej
obyczajowości Polaków nasyconej uniwersalizmem i etosem cnót rycerskich.
Ów etos zaś wpisywali w swój program edukacji narodowej polscy socjaliści.
Ich uniwersalizm proletariacki sprzęgnięty był z wizją Polski jagiellońskiej,
Polski – wspólnej ojczyzny wszystkich narodów zamieszkujących ziemie
dawnej Rzeczypospolitej, Polski otwartej i tolerancyjnej, Polski dumnej ze
swojej idei „państwa bez stosów" i zasady „za naszą i waszą wolność". Polski ekspansywnej – dodajmy. Był to wszakże inny model ekspansji niż w
programie endektów. Endecy głosili model ekspansji łupieżczej, opartej na
sile miecza; socjaliści chcieli ekspansji kulturowej, opartej na promieniowa-
niu wartości kultury narodowej. Idea Piłsudskiego – bo on był jej głównym
architektem – miała niezwykłą siłę mitu narodowego. I wygrywała jako mit.
Wokół tej idei skupiły się najinteligentniejsze żywioły młodego pokolenia.

Endecy atakowali skonstruowany przez Piłsudskiego mit ideologiczny z całą
pasją ruchu aspirującego do „rządu dusz". Piętnowali jego „anachronizm" i
„naiwność', jego· „rozbrat z realiami". Idei – jak to formułowali – „Polski
narodowościowej" przeciwstawiali własny mit „Polski narodowej", rdzennej,
czystej etnicznie, wolnej od przymieszek obcych ras, religii i nacji. Program
endecki mniej zapalał wyobraźnię, ale był łatwiej przetłumaczalny na język
codziennego doświadczenia, bardziej użyteczny socjotechnicznie. W tym
sensie był to program bardziej realistyczny. Była to wszakże wizja polskości

pełna idei trucicielskich. Ich triumf spychał kulturę polską w zaścianek, w otchłań ksenofobii i resentymentu.

Dmowski zawsze był zdania, że Polska należy do Europy, że jako wielki historyczny naród musi wzbogacać kulturę europejską o nowe wartości. Tymczasem wszystkie autentyczne dokonania kultury polskiej, które stały się trwałym fragmentem europejskiego doświadczenia kulturowego, kształtowały się w proteście przeciw endeckiej wizji polskości.

Wedle Dmowskiego, Polska cywilizacyjnie należała do Zachodu, lecz politycznie skazana była na trwały związek z Rosją. Ta diagnoza wiele objaśnia. Zawiera w sobie uznanie twardych realiów politycznych: od Zachodu żadnej pomocy oczekiwać nie można, od strony Niemiec zagraża Polakom śmiertelne niebezpieczeństwo wynarodowienia; Rosja dominuje nad Polską potęgą militarną, lecz Polacy przewyższają Rosję poziomem cywilizacyjnym – z tej strony wynarodowienie nie zagraża. Dla Rosji żywił Dmowski pogardę, której towarzyszyła fascynacja siłą i potęgą imperium. Czuł się cząstką zachodniego świata ciśniętą w głąb barbarzyńskiego państwa carów. Europę obserwował bacznie, ale i nienawidził jej za odwrócenie się plecami do Polski. Upatrywał w tym spisek Niemców i masonów, Żydów i socjalistów.

Dmowski wierzył bowiem w spisek jako motywacyjną, choć ukrytą, siłę procesu dziejowego. Wierzył, że to mafie rządzą światem i sprzysięgły się na krzywdę Polaków. Jego refleksje o potędze mafii żydo-masońskiej wprawiają dziś w zakłopotanie nawet zawziętych zwolenników Dmowskiego. Nasuwa się pytanie: jak człowiek tak przenikliwy i inteligentnie analizujący sytuację międzynarodową mógł wierzyć w głupstwa godne bab z magla? Żadna racjonalizacja tu nie pomoże. Nie rozjaśnią tej zagadki stwierdzenia, że Żydzi i masoni naprawdę istnieli, a Dmowski tylko demonizował ich rolę. Stajemy bezradni wobec tej tajemniczej skazy, która miała stać się chorobą polskiej duszy.

Socjotechniczną zaletą wiary w spisek jest prostota konstrukcji. Jestem biedny, uciemiężony, ogłupiały; nie potrafię ogarnąć mechanizmu świata, który uczynił mnie nieszczęśliwym; gubię się w gąszczu cyfr, informacji, interpretacji. Jestem samotny. I oto przychodzi ktoś, kto proponuje mi udział we wspólnocie i objaśnia zarazem przyczyny mojej niedoli. Jedno i drugie czyni w sposób zrozumiały. Powiada mi, że ,,jestem Polakiem" i to jest wartość najwyższa, wartość sama w sobie, którą muszę strzec przed obcymi. Takie mam zadanie życiowe. Muszę je wykonać, by być godnym imienia Polaka. Muszę więc zwalczać wrogów Polski, którzy są zarazem sprawcami mojego nieszczęścia. Są to masoni i Żydzi. To oni spiskują na naszą szkodę, to oni z ukrycia wiodą nas ku nieszczęściu. To nic, że masonów nie widziałem, że nie wiem, po czym ich rozpoznać. Masoni działają w ukryciu, podstępnie, ale moi przyjaciele, ,,prawdziwi Polacy", zdemaskowali ich sztuczki. Oni mi ich wskażą. A zresztą Żydów widać. Chodzą po ulicach naszych miast, niszczą konkurencją nasz handel, zajmują posady adwokatów, lekarzy, finansistów. I są obcy. Inaczej mówią. Inaczej się ubierają. Inaczej się modlą. Jak im się zwróci uwagę – są aroganccy i bezczelni. Co oni w ogóle robią na naszej ziemi? Czemu z nami walczą? Czemu tu mącą, rozkładają ducha narodowego, szerzą idee kosmopolityczne i wichrzycielskie zawleczone do Polski z zagranicy? Oto nastrój, któremu kierownicy obozu endeckiego nadawali wymiar ideologiczny. Czuć tu kompleks. Myśl Dmowskiego precyzyjnie odzwierciedla polski kompleks antyzachodni. Kompleks odrzuconej miłości. Kompleks ubogiego krewnego, którego odpędzono od rodzinnego stołu po spektakularnej plajcie. Schizofrenia impresaria, który marzy o dyrekcji paryskiej opery, a zawiaduje publicznym zamtuzem w prowincjonalnej rosyjskiej guberni. Z tego rozdarcia rodził się agresywny nacjonalizm. Ze słabości i zacofania czynił on źródło siły. Tępił małpowanie zachodnich wzorców ideologicznych, uleganie nowinkom umysłowym o proweniencji liberalnej lub socjalistycznej. Jakaż bowiem była ich użyteczność w państwie carów? Na cóż mogły się tu przydać? W Rosji prądy liberalne czy socjalistyczne były czymś na kształt kruchej szkarłatnej róży wyrosłej na podkładzie śmierdzącej latryny; latryny od setek lat nie odnawianej, sypiącej się nieraz, ale zarządzanej przez brutalnego żandarma.

Dmowski znał Rosję i rosyjskie sfery polityczne. Szansę na ocalenie tego państwa, z którym związał swe losy, widział w umocnieniu jego siły, a nie w liberalnych reformach. Dlatego łatwiej porozumiewał się z „czarną sotnią" niż z konstytucyjnymi demokratami. Z „czarną sotnią" różnił się tylko w jednym: w stosunku do kwestii polskiej. Łączyły go fobie, łączyła wiara w żydo-masońskie spiski, łączyła święta wojna wypowiedziana kosmopolitom i wywrotowcom. Cóż za paradoks: ten polityk o sposobie bycia europejskiego męża stanu, interlokutor premierów i ministrów, ten bywalec gabinetów i salonów Paryża i Londynu łączył się w ideologicznej aberracji z najbardziej antypolskimi kołami w Rosji. Ze zrozumiałych względów był to sojusz taktyczny: Dmowski popierał wielkorosyjski nacjonalizm w dążeniu do powiększenia imperium carów o resztę ziem polskich. W tym miejscu kończył się sojusz; wmawianie rosyjskim politykom, że restauracja suwerennej Polski leży w interesie Rosji, podobne było tłumaczeniu zdrowemu człowiekowi, że tylko amputacja ręki może mu ocalić życie. Takie sytuacje się zdarzają, lecz takie perswazje rzadko bywają skuteczne.

Dmowski świetnie rozumiał, że optując za długofalową polityką prorosyjską, idzie na przekór oczekiwaniom społeczeństwa. Ten kurs atakowali nie tylko socjaliści; także wśród endeków pojawiły się gwałtowne spory. Jak zaradzić kolejnym rozłamom? Remedium dostrzegał Dmowski w takiej organizacji karności narodowej, która zagwarantuje wykonanie każdej komendy. Brak dyscypliny tłumaczył polskimi cechami narodowymi, odziedziczonymi po szlachcie. Za najpoważniejsze z wad uważał „humanitaryzm" i „tolerancję" wobec żywiołów obcoplemiennych, co było tylko elegancką nazwą „tradycyjnej bierności" Polaków i ich niechęci do walki. Dmowski piętnował np. galicyjskie próby ugody polsko-ukraińskiej – dostrzegał w nich „poszukiwanie spoczynku dla swego lenistwa umysłowego w łatwym doktrynerstwie". Wady Polaków wiodły do polityki ustępstw wobec żywiołów Polsce nieprzyjaznych, czemu towarzyszyła psychologia niewolnicza i wyrzekanie się aspiracji narodowych.

Rzecz ciekawa: również Piłsudski atakował wady narodowe Polaków. Definiował je jako konformizm, konserwatyzm myślowy, małość duchową swoich bliźnich. Jakie cechy Polacy powinni nabyć? Wedle Dmowskiego były to: pracowitość i samodyscyplina, trzeźwość (zerwanie z etosem romantyczno-insurekcyjnym) i egoizm narodowy (odgradzanie interesu narodowego Polaków od innych interesów narodowych). Wedle Piłsudskiego – należy wpisać się w insurekcyjną tradycję i przekładać ją na język dnia dzisiejszego; należy upowszechniać cnoty heroiczne i obowiązek ofiary z własnego życia na rzecz Ojczyzny; należy szukać sił zdolnych najskuteczniej stawić czynny opór carskiej opresji (proletariat), należy szukać wśród sąsiadów sił sojuszniczych w walce z caratem i w przyszłym dziele tworzenia sprawiedliwej Rzeczypospolitej wielu narodów.

Raz jeszcze starły się dwa style myślenia, dwa systemy wartości, dwie wizje polskości. Która z nich była bardziej realistyczna?

Idea Rzeczypospolitej wielu narodów nigdy nie została zrealizowana. W tym sensie większym realistą był Dmowski. Wszelako sam Dmowski lubił powtarzać, że politykę narodu trzeba planować nie tylko na lata, ale i na dziesięciolecia. Ta perspektywa nakazuje i dzisiaj widzieć w koncepcji Piłsudskiego wariant antytotalitarnej wspólnoty narodów dawnej Rzeczypospolitej ufundowanej na ich najistotniejszych wartościach.

Dmowski i Piłsudski, narodowi demokraci i niepodległościowi socjaliści, składali swe propozycje ideologiczne społeczeństwu od lat pogrążonemu w marazmie. Wspólną cechą tych programów była koncepcja budowy podmiotowości społecznej; różnica tkwiła w kształcie podmiotowości. Na temat różnic pomiędzy tymi politykami napisano już tomy. Zwróćmy przeto uwagę na niektóre rysy wspólne.

Obaj, zrywając z psychologią niewoli, sami byli nią przecież zarażeni; tak jak „pan" zaraża swą mentalnością zbuntowanego „niewolnika", tak rosyjski carat pozostawił trwałe ślady w mentalności i umysłowości swoich przeciwników. Cechy tego systemu opisywano wielokrotnie. Zbudowany był na przemocy, despotyzmie, pogardzie dla prawa. Posługiwał się strachem, niósł ze sobą poniżenie ludzkiej godności. Nie znał pojęcia obywatela – każdy był poddanym. Poddanych uczył bezwzględnego posłuszeństwa i przyuczał do rytualnych hołdów. Stąd poddany żył w świecie schizofrenicznym i inna była prawda życia oficjalnego – inna życia prywatnego. Ogłupiał poddanych – wolność słowa, wolność prasy i nauki były ściśle reglamentowane. Posługiwał się kłamstwem. Zawsze i wszędzie. Wobec poddanych i wobec cudzoziemskich ambasadorów. Na tym polegała siła rosyjskiej dyplomacji i w tym tkwił sekret jej sukcesów. Do perfekcji opanował technikę politycznej prowokacji. W gabinetach rosyjskiej Ochrany rodziły się pomysły zdalnego – poprzez agentów – sterowania działaniami terrorystów; tam rodziły się dokumenty kreujące nowe ideologie, choćby „Protokoły mędrców Syjonu", tam opracowywano plany wcielania tych ideologii w życie: w Rosji po raz pierwszy zastosowano pogromy antyżydowskie jako technikę rozładowywania społecznych napięć. Z takim systemem przyszło zmagać się Polakom. Walce z caryzmem nie przeszkadzał brak skrupułów etycznych – raczej ich nadmiar. Reguły walki wyznaczał przeciwnik. Rosja była metropolią, Polska – prowincją. Z Petersburga przybywały do Warszawy nie tylko instrukcje dla policmajstrów, także nowinki ideologiczne. Z Rosji przybyły idee socjalnej rewolucji i idee agresywnego nacjonalizmu. Socjalizm zabarwiony był eschatologią i terroryzmem; nacjonalizm – ideologią ludzi ciemnych, którzy wspólnotę narodową przeżywają jako zbiorowy seans nienawiści do innoplemieńców. W endeckim nacjonalizmie i w socjalizmie polskim łatwo spostrzec ślady wpływów metropolii. Cóż z tego, że ostrze polityczne tych programów było antyrosyjskie, skoro ich wewnętrzny kształt rzeźbiła codzienność rosyjskiego samodzierżawia. Stąd w polski nacjonalizm wpisana była specyficzna psychologia ludzi uwikłanych w grę z dworem petersburskim i elitą biurokratyczną armii rosyjskich czynowników. Jeśli chcesz być skuteczny w tej grze, musisz się nauczyć jej reguł i języka; musisz przywdziać maskę człowieka z tego towarzystwa, prawowitego partnera gry. To nigdy nie dzieje się bezkarnie. Maska szczelnie przylega do twarzy – trudno ją później zerwać; ich język przyswajasz sobie tak starannie, że zapominasz własnego; ich reguły gry zaczynasz stosować na co dzień, także wobec przyjaciół. Taki jest finał drogi „od Chrystusowej Kalwarii do moskiewskiej kancelarii".

Socjalista w imperium rosyjskim skazany był na żywot wiecznego konspiratora. Psychologia ludzi „podziemnych" kształtuje się w lęku przed obławą i przed prowokacją. Rodzi fanatyzm i nieufność. I rodzi pogardę dla normalności, dla życia bez konspiracji. I sprzyja przekonaniu o własnej wszechdoskonałości i wszechwiedzy. I wiedzie do groźnego przeświadczenia, że ten czas wszechprześladowań nagrodzony zostanie czasem wszechwładzy.

Niewola wszystkich deprawuje: władców, niewolników, buntowników... Jednostki i zbiorowości. Obozy polityczne i narody.

„Człowiek walczący – powie po latach Karl Jasper – upodabnia się czasem do przeciwnika. Jeżeli w walce z totalizmem używa się środków właściwych totalizmowi, to niepostrzeżenie przekształca się włas-ną sprawę. W walce z potworem można samemu stać się potworem. W ten sposób nawet gdy odniosło się zwycięstwo, przegrało się bitwę, ponieważ stworzyło się dla samego siebie królestwo potworów. Gdyby miało się zdarzyć, że to, o co się walczy na zewnątrz, zostało wewnątrz pogrzebane, walka byłaby pozbawiona sensu".

Dmowski i Piłsudski pogardzali psychologią niewolniczą, produktem czynowniczych rządów w Królestwie Polskim. Powoli przechodziło to w pogardę dla nosicieli tej psychologii. A chodziło tu przecież o ludzi, których chciano wychować do podmiotowości... Dlatego w programach ówczesnych

kryły się rysy niebezpieczne; rysy, w których, z *dzisiejszej perspektywy*, nietrudno dostrzec pretotalitarną skazę. Były to bowiem koncepcje podmiotowości, które z natury swej (i z konieczności) tworzone być miały odgórnie.
Miała to być podmiotowość narodu zorganizowanego w twierdzę obronną,
zorganizowanego do ciągłej walki.

Taka podmiotowość musiała więc przy-
oblec kształt instytucjonalny organizacji karnej i zhierarchizowanej, gdzie
cnotą były: ofiarność i posłuszeństwo, a nie pluralizm i tolerancja. Innymi
słowy: zasady wewnętrznej organizacji życia narodowego bliższe były regu-
laminowi obozu wojskowego niż normom obowiązującym w demokratycznie
rządzonej społeczności.

To można było zrozumieć. Ale miało to swoje rozliczne konsekwencje.
Wojsko rządzi w czasie wojny. W czasie pokoju jest w koszarach. Czas pokoju wymaga innych zasad współżycia społecznego niż czas wojny. Naturalnym kresem koncepcji Dmowskiego i Piłsudskiego było odzyskanie niepodległości. Jednak logika politycznych zdarzeń była odmienna. Te dwa obozy
zdominowały życie publiczne w II Rzeczypospolitej. W trakcie walki o władzę pretotalitarne pokusy nabierały nowych wymiarów. Obóz narodowy
Dmowskiego, uformowany w walce o podmiotowość, przeobraził się w Obóz
Wielkiej Polski, organizację o totalitarnej strukturze wewnętrznej i totalitarnym programie, przeznaczoną do walki o pełnię władzy w państwie. Obóz
niepodległościowy Piłsudskiego, uformowany przez konspirację i czyn zbrojny Legionów, przeobraził się w ponadpartyjny obóz zwolenników Marszałka, zwolenników likwidacji parlamentaryzmu i programu rządów silnej ręki.
W jednym i drugim przypadku u podłoża politycznych programów tkwiła
wizja podmiotowości „odgórnej" suwerennego państwa, które pozbawia
społeczeństwo suwerenności. Znów naród miał być zorganizowany w załogę
wojskową oblężonej twierdzy. Siłę państwa tworzono kosztem praw obywatelskich i społecznej podmiotowości.

Przed takim obrotem rzeczy przestrzegał wcześniej Edward Abramowski.
Już na początku wieku przeciwstawiał ideom Dmowskiego i Piłsudskiego
własny plan dążenia do podmiotowości: częściowo polemiczny, częściowo
komplementarny. Jego program kooperatywny był skierowany zarówno w
praktykę endeków, jak i w program socjalistów.

Przypomnijmy, że zdaniem Abramowskiego obie te formacje prowadziły
politykę nastawioną na zdobycie władzy w państwie. Tą polityką kierują elity polityczne i to one stają się podmiotem, podczas gdy szerokie masy społeczne są przedmiotem manipulacji. Reformy wprowadzane odgórnie nie
wiodą do ludowładztwa, lecz do rządów nowych elit sprawowanych tradycyjnymi metodami, z użyciem knuta włącznie. Partia polityczna czy organizacja militarna to instytucje pochodzące z tradycyjnego arsenału środków
walki o władzę nad aparatem państwowym. Abramowski przeciwstawiał im
ideę kooperatywy, dobrowolnego stowarzyszenia wytwórców, które funkcjonuje w obrębie istniejących struktur. Kooperatywa miała sprzyjać tworzeniu
nowych form gospodarowania, nowej etyki pracy, nowym wartościom mo-

ralnym. Szeroki ruch kooperatystyczny, budowany oddolnie, oparty na pełnej podmiotowości poszczególnych ogniw, stworzyć winien nowy rodzaj podmiotowości społecznej i nową świadomość moralną. Są to niezbędne warunki konsekwentnego bojkotu państwa – aparatu przemocy. Są to również niezbędne atrybuty ruchu wyzwolenia społecznego; ruchu ludu wybranego przez lud i w interesie ludu prowadzonego.

Był to też program odrodzenia i wyzwolenia narodu. Endeckiej koncepcji, pojmowanej jako organizacja narodu do walki z innoplemieńczą konkurencją, przeciwstawił Abramowski program narodowego wzbogacenia poprzez organizację kooperatyw nastawionych na pracę pozytywną. Skutkiem takich działań miało być oswobodzenie kraju od przewagi ekonomicznej kapitałów obcych, zwłaszcza niemieckiego i żydowskiego, do czego – wytykał Abramowski endekom – „nie wystarczą organizowane bojkoty obcych towarów i moralizowanie polskiego społeczeństwa". Wbrew ideologii endeków, chciał Abramowski przesycić ruch kooperatystyczny duchem „związków przyjaźni"; chciał przezwyciężyć – w imię wartości humanistycznych – wilczy klimat swego czasu, ten sam wilczy klimat, który Dmowski uczynił kamieniem węgielnym swego rozumienia świata.

Abramowski był naiwny. Takim jawił się narodowym demokratom i socjalistom. I takim był w istocie. Jego plan „republiki kooperatywnej" został zmiażdżony na polach wojny światowej. Inną drogą Polska odzyskała niepodległość i inny był jej ustrojowy kształt. Można jednak powiedzieć inaczej: Abramowski był ufny. Ufał dobru zawartemu w człowieczej kondycji, ufał sensowi humanistycznych wartości, ufał możliwości ludzkiej pracy, ufał przyjaźni. Nie ufał natomiast ideologiom ufundowanym na nienawiści i politycznym praktykom degradującym człowieka do roli bezmyślnego stworzenia, którym rządzić musi przymus; którym powodować muszą plemienne lub klasowe namiętności.

Jakże potrzebna nam dziś ufność i nieufność Edwarda Abramowskiego!

KOŚCIÓŁ KATOLICKI I POLITYKA CZYNNA

Społeczeństwo, do którego zwracali się ideologowie, Dmowski, Piłsudski i Abramowski, było katolickie. Znaczy to, że w swym życiu codziennym i dniu świątecznym ci ludzie wyznawali wiarę w katolicki system wartości, w nauczycielską misję kościoła instytucjonalnego, w integracyjną funkcję religijnej wspólnoty, która pełniła faktyczną rolę twierdzy narodowej świadomości. Solidarność narodu z klerem i solidarność kleru z podbitym narodem stworzyły nową mentalną jakość: moralny wzorzec Polaka-katolika, stop wiary religijnej ze świadomością patriotyczną. Był to specyficznie polski wariant politycznej redukcji religii chrześcijańskiej. Bowiem redukcja polityczna tej religii nie wtedy się rozpoczęła.

„W wieku XVI uprawiali ją sami papieże – przypomina Ryszard Przybylski w eseju o polskiej poezji – w wieku XVIII – rządy zaborcze.

W imię Trójcy Przenajświętszej dokonano rozbiorów: Układ Świętego Przymierza, który przyniósł nieludzki i nieznośny triumf fałszu, miernoty i zbrodni, nadużywał imienia Chrystusa. Był to proces wyjątkowo wstrętny i groźny. Uczyniono z chrześcijaństwa narzędzie bezwzględnej polityki imperialnej, zasadami religii usprawiedliwiano poniewieranie osoby ludzkiej i całych narodów, przesłaniając nimi rozwydrzenie autokratycznych państw. Rzym nie był wówczas w stanie pojąć tej groźby i konflikt Stolicy Apostolskiej z polskimi poetami, podobnie jak rozdźwięk z ówczesnym socjalizmem w zachodniej Europie, przyczynił się tylko do ujawnienia sytuacji, w jakiej znalazło się chrześcijaństwo".

Z zachodnim socjalizmem poróżnił się Kościół o kwestię społeczną, zajmując stronę dworów w ich konflikcie z ruchem plebejskich rewindykacji; z polskimi poetami – o sprawę polską. Była to epoka „Syllabusa" i przegranej walki o państwo kościelne; epoka nie tajonych aspiracji politycznych Rzymu i sporu o kształt polityki Stolicy Apostolskiej. W taki Kościół godziły ruchy plebejskie, których ideologie istotnie obfitowały w treści antyklerykalne i areligijne, co artykułowane było w postulatach laicyzacji życia publicznego i rozdziału Kościoła od państwa. I takiego Kościoła rzymskiego cząstką był katolicyzm na ziemiach polskich. Ale w Polsce wszystko było inaczej. W Polsce Kościół był prześladowany. Polak-katolik był konserwatywny i wrogi nowinkom libertyńsko-rewolucyjnym, był twardym obrońcą wiary katolickiej i polskiego stanu posiadania, których zagrożenie dostrzegał w działaniach represyjnych zaborcy i propagandzie, zawleczonych na ziemie polskie ze Wschodu lub Zachodu, bezbożnych idei wywrotowych. Takiego Polaka kształtował Kościół podczas świąt religijnych, które łatwo przeobrażały się w patriotyczne manifestacje. Potem zdarzało się, że kapłanów zsyłano za to na Sybir.

W Polsce Kościół kojarzył się wiernym raczej z duchem katakumb, skrywających prześladowanych chrześcijan, niż sojuszem ołtarza z tronem. Nie był to jednak Kościół katakumb. Praktyka polityczna Kościoła katolickiego w Królestwie Polskim polegała na balansowaniu między żądaniami władz rosyjskich a aspiracjami narodowymi społeczeństwa, między petersburskim dworem a spiskowym zebraniem w szlacheckim dworku. Tylko w ten sposób można było zapewnić ciągłość funkcjonowania potężnej instytucji religijnej i społecznej, jedynej autentycznie niezależnej instytucji w kraju rządzonym przez despotycznego zaborcę. Ta niezależność drażniła rosyjską administrację. Wśród walki z kolejnymi próbami rusyfikacji obrzędów religijnych, z dążeniami do oderwania Kościoła od Rzymu, konsekwentna postawa kapłanów i wiernych konstytuowała określony model podmiotowości i narodowego oporu. Podmiotowość – to skupienie się Polaków wokół Kościoła i Matki Boskiej Częstochowskiej, Królowej Polski, wbrew naciskom rosyjskich popów i czynowników, nauczycieli i żandarmów. Narodowy opór – to obrona wiary, języka i obyczaju ojców i dziadów, to blokowanie w biernym oporze kolejnych prób wynarodowienia.

Z tym właśnie modelem podmiotowości narodowego oporu podjęli spór endecy i socjaliści, przeciwstawiając mu – różnie pojmowaną – koncepcję polskiej polityki czynnej. Historię i dialektykę tego sporu opisał przed laty Bohdan Cywiński w swych pamiętnych „Rodowodach niepokornych", książce, która winna stać się lekturą obowiązkową każdego Polaka podejmującego spór z własną historią i otaczającą go teraźniejszością. Podpisując się pod większością tez Cywińskiego, ograniczę się do dwóch tylko marginesowych refleksji.

Socjaliści dostrzegali w Kościele filar ładu społecznego, który chcieli obalić, sojusznika ciemiężycieli i posiadaczy, wroga progresu i publicznego oświecenia, bastion Ciemnogrodu. Kościół odpłacił im tą samą monetą. Wyklinał ich z ambon, przestrzegał owczarnię przed wilkiem przyodzianym w czerwony kapturek socjalistycznej ideologii. Powstawał z tego osobliwy splot wzajemnych fobii, który inaczej wszakże manifestował się na poziomie sporów politycznych i światopoglądowych, a inaczej w codziennym doświadczeniu.

Dmowski, odnotowując z przekąsem wizerunek Matki Boskiej Częstochowskiej na socjalistycznych sztandarach, trafiał celnie w osobliwe rozdwojenie mentalności polskich socjalistów. Bowiem dojrzewali oni duchowo na skrzyżowaniu dwóch tradycji, dwóch systemów ideologicznych. Jako zwolennicy teorii walki klas i czynni tej walki uczestnicy, wyznawali socjalistyczny uniwersalizm i powtarzali za Waryńskim jak credo: „Precz z narodową insurekcją, niech żyje socjalna rewolucja". Wszelako polska „rewolucja socjalna" była niczym innym jak kolejną insurekcją, a podejmując to dzieło lokowali się polscy socjaliści w długim szeregu herosów narodowej walki i przejmowali jej etos rycerski, jej symbolikę i duchowy klimat. Młodzi adepci socjalizmu zrywając z szlacheckim dworkiem czy mieszczańskim domem – opisuje to w swym dzienniku Stefan Żeromski – mogli uważać za niezbędne wysadzenie w powietrze jasnogórskiego klasztoru, widząc w nim twierdzę obskurantyzmu i wstecznictwa. Ich broszurki o światopoglądzie materialistycznym ogłaszały negację Boga i religii, a obwieszczały, że życie ludzkie jest wartością najwyższą; nauczały klasowego charakteru norm moralnych, a głosiły anachronizm narodowych aspiracji. A przecież w praktyce polscy socjaliści ofiarowywali swe życie za sprawę, którą uznawali za większą niż życie samo; zgodnie z tradycyjnym kodeksem cnót rycerskich mężnie ginęli na stokach Cytadeli lub wędrowali na Sybir szlakiem swych ojców i dziadów, uczestników przegranych polskich powstań.

Stanisław Brzozowski opisuje w „Płomieniach" spotkanie rosyjskiego rewolucjonisty Żelabowa z Turem, warszawskim robotnikiem, działaczem „Proletariatu".

„Mówiono o mitach.

Żelabow skrzywił się i mówił niechętnie:

— Zawsze Królowa Polska, Matka Boska Częstochowska.

Rozległ się trzask – to Tur skruszył w ręku poręcz krzesła. (...) Stał wyprostowany naprzeciwko Żelabowa, wpatrzony w niego płonącymi oczyma: nozdrza miał rozdęte, cały podany był naprzód, gotowy do skoku.

— Nie rusz, chamie – wycharczał.
Żelabow dźwignął się. Już zdawało się, że rzucą się na siebie. Po twarzy
Żelabowa przemknął dziwny uśmiech, smutny i szyderski.
— Rozumiem – rzekł – wybaczyć trzeba.
Tur chwycił mnie za rękę:
— Ty jemu powiedz, twojemu Moskaluszce, niech mi on o wybaczeniu nie
gada. On! jeszcze w uszach mam skrzyp tych szubienic. Wara! Od tego mi
wara! To moje! Słyszy, moje! Ja się nie modlę, ale Ona moja. O, psiakrew –
i gruchnął w stół aż zabrzęczały szklanki".
Znamienna jest ta rozmowa! Krótki ten dialog znakomicie ilustruje osob-
liwość stosunku polskiego socjalisty do symboliki narodowo-religijnej. Trwałe były tradycyjne archetypy narodowe, niepodobna było ich usunąć z polskiej świadomości. Innymi słowy: obok doktrynalnych deklaracji była mentalność ludzi walczących. Dokonania polskiego socjalizmu naznaczone były
specyficznym piętnem polskiej, rycersko-wolnościowej tradycji, które wciąż
wpisywano w ideologię robotniczej rewolucji. Ten klimat pozostał w PPS do
końca jej istnienia.
Całkiem odmienne były relacje narodowych demokratów z Kościołem.
Wspomniana wcześniej uliczna manifestacja, znana jako „kilińszczyzna",
rozpoczęła się od Mszy świętej na intencję wyzwolenia „chorego dziecka".
Tym chorym dzieckiem była Polska. Odprawiający mszę kapłan wprowadzo-
ny był przez organizatorów w plan patriotycznej manifestacji. Za udział w
przedsięwzięciu narodowych demokratów został ukarany przez swego biskupa. U progu wzajemnych stosunków•endeków z Kościołem katolickim był
konflikt. Ten konflikt miał wiele twarzy. Bez wątpienia konserwatywny biskup widział w akcji młodych endeków działanie nieprzemyślane, jakiś pogłos
dawnych koncepcji insurekcyjnych, jakiś odblask współczesnych prądów politycznych. Konserwatywny biskup nie lubił nowinek społecznych, które bez
trudu dostrzegał na przykład w publicystyce endeckiej na tematy wiejskie.
Konserwatywny biskup nie chciał narażać, i tak w skomplikowanej sytuacji,
Kościoła na nowe konflikty z administracją rosyjską. I to w imię czego? W
imię przedsięwzięć nierozważnych młodzieńców, którym nie wróżył zresztą
żadnego sukcesu. Konserwatywny biskup – wreszcie – musiał być dość ziry-
towany częstymi monitami endeckich publicystów.
W 1898 roku *Przegląd Wszechpolski* pisał otwarcie, że „Znaczna część
duchowieństwa w zaborze rosyjskim jest moralnie i politycznie znieprawiona
lub obałamucona. Wina tej demoralizacji spada w pewnej, i to dość znacznej
mierze na hierarchię kościelną, poniekąd na Kurię rzymską, przede wszystkim zaś na kierowników i apostołów duchowych i świeckich polityki ugodowej". Źródłem tego jest złudna wiara w ugodę dyplomatyczną Kościoła katolickiego z rządem rosyjskim. Tymczasem każdą ugodę rząd rosyjski wyko-
rzystuje do nowych form walki z katolicyzmem.
„Nie lękamy się wcale walki, owszem, uważamy ją za pożądaną nie
tylko dla sprawy narodowej, ale i dla sprawy katolicyzmu. Kościół woju-

jący ponosił nieraz wielkie straty, ale nigdy z uciskiem rządowym nie wychodził pokonany, natomiast Kościół dyplomatyzujący i paktujący z wrogiem zawsze straty ponosił. Polityka kompromisów i ustępstw jest przeciwną zasadom i duchowi bezwzględnemu Kościoła katolickiego, którego najsilniejszym wyrazem jest pamiętne *non possumus*. Walka nie obejdzie się bez ofiar, bez strat i przykrości, mniej lub więcej dotkliwych, ale te ofiary i straty okupi dziesięćkroć wzmocnienie solidarności sprawy narodowej i sprawy Kościoła. Po każdej zresztą walce Kościół katolicki w zaborze rosyjskim okazywał się wewnętrznie silniejszy, niż był przed nią. W ogniu walki hartował swe siły, oczyszczał się ze słabości i błędów.

Niewątpliwie rząd rosyjski mścić się będzie na opornym duchowieństwie, przede wszystkim na biskupach. Spadną na nich różne przykrości, może nawet zesłanie. Ale czy ci biskupi z innej gliny ulepieni, jak ich poprzednicy, których ten sam los spotkał, jak te tysiące kapłanów i ludzi świeckich, którzy za sprawę narodową i sprawę Kościoła szli do więzień, na męki, na nędzę wygnania, na tułaczkę wśród obcych. Nazywają ich wodzami duchownymi, niechże więc prowadzą do walki swe wojsko. Zresztą zesłanie do Rosji i uszczuplenie pensji nie są jeszcze synonimami męczeństwa, do którego powinni być gotowi słudzy Chrystusa i prawi Polacy. To nasz obowiązek służby obywatelskiej, który odbyliśmy lub odbywamy bez chwalby i obawy. (...) Niechaj rząd rosyjski zaczyna walkę, którą przegrać musi, ogół polski nie lęka się jej i duchowieństwo lękać się nie powinno".

Oto przykład endeckiego monitu pod adresem katolickich biskupów. Jednocześnie Dmowski otwarcie odrzucał ultramontanizm, piętnował podporządkowywanie interesów polskich polityce papieskiego Rzymu, ujawniał cele bynajmniej nie święte przyświecające politycznym działaniom Stolicy Świętej. Biskupi katoliccy stawiali znak równości między interesami polskimi a interesami Stolicy Apostolskiej. Był to więc spór o sposób definiowania polskich interesów narodowych. Ale nie tylko. Był to też spór dwóch wizji chrześcijaństwa. Dmowski był osobiście indyferentny religijnie. Kościół był dlań potężną zhierarchizowaną instytucją, która nie może stać się gwarantem duchowej unifikacji Polaków. W wyobrażeniu Dmowskiego, Kościół miał sprawować w Polsce „rząd dusz", zaś rząd polityczny – narodowi demokraci. Towarzyszyło temu przekonanie, wielokroć wypowiadane przez endeckiego lidera, o dualistycznym charakterze norm moralnych: w sferze życia prywatnego obowiązywać miał dekalog, w sferze życia publicznego – normy etyczne „egoizmu narodowego". Jakie to były normy – mówiliśmy wcześniej. Endecka krytyka linii politycznej biskupów zawierała więc w sobie zarazem propozycję sojuszu. W ramach tego sojuszu Kościół miał jawnie wyrzec się przekonania, że w strefie polityki obowiązywać winny zasady Ewangelii, miał zrezygnować ze swego ducha uniwersalistycznego, miał dawać sankcję moralną koncepcjom politycznym nacjonalizmu, zbudowanym na nienawiści i ksenofobii. Endecy ze swej strony oferowali udział w krucjacie przeciw antyklerykałom, bezbożnikom, burzycielom ładu moralnego paradujących 1 maja pod czerwonymi sztandarami na ulicach polskich miast. Propozycja była tyleż atrakcyjna, co niemożliwa do całościowego zaakceptowania. Endecy mogli liczyć na życzliwą uwagę książąt Kościoła, ale nigdy na ich identyfikację z obozem politycznym narodowych demokratów.

O co bowiem szło? Redukcja polityczna chrześcijaństwa dokonywana przez Polaka-katolika polegała na tym, że Kościół stawał się faktycznie instytucją narodową, że pełnił rozliczne funkcje pozareligijne będąc jedynym jawnym i legalnym bastionem narodowych aspiracji zniewolonego społeczeństwa.

W endeckim ujęciu redukcja polityczna chrześcijaństwa była głębsza i miała inny kierunek. Kościół miał stać się narzędziem realizacji określonej polityki; miał być faktycznie podporządkowany linii postępowania określonego obozu politycznego. Ta linia zaś zakładała rezygnację z postulatu stosowania wartości ewangelicznych w życiu politycznym i podporządkowanie wykładni dekalogu strategii politycznej endecji.

Kościół nie mógł tego uczynić. I dlatego, że był uwikłany we własną taktykę oporu wobec zaborcy; i dlatego, że z natury swego posłannictwa musiał zajmować pozycję ponadpartyjną w życiu narodu; i dlatego wreszcie, że sam nakaz wiary zmuszał biskupa do powtarzania: ,,Królestwo moje nie jest z tego świata''. Endecy zarzucali biskupom zbytnią ugodowość. Aliści czy Kościół mógł swój autorytet i swą długofalową misję religijną rzucić na szalę konkretnej walki politycznej? – to dylemat, przed którym zawsze staje pasterz, którego owczarnia chce wyzwolić się spod ucisku terroru. Kościół musi być solidarny z prześladowanymi. Ale Kościół musi istnieć wiecznie. Także i wtedy, gdy ta konkretna walka zostanie przegrana, także po klęsce pasterz potrzebny jest owczarni. Polityka Kościoła jest zawsze rozpięta między świadectwem moralnym a chłodną kalkulacją. Nie istnieje gotowe rozwiązanie tego dylematu. Jedno wszakże jest pewne: kiedy owczarnia prostuje karki do walki o swą godność i wolność, pasterzowi nie wolno powtórzyć gestu Piłata. Ale i to również jest pewne, że różnie Kościół bronić może praw naturalnych swojej owczarni, ale nigdy nie jest stosownym sposobem postępowania redukcja chrześcijaństwa do politycznego programu.

Różnice były znaczne. A jednak narodowi demokraci odnieśli niemały sukces. Wykorzystując słabość intelektualną i koncepcyjną kół klerykalnych, umieli nasycić polski katolicyzm treściami specyficznymi. W praktyce duszpasterskiej treści te, przełożone na język politycznego konkretu, bliższe były ,,Myślom nowoczesnego Polaka'' niż naukom Ewangelii. Alians katolicyzmu z nacjonalizmem miał podłoże czysto negatywne. Wspólny był wróg – bezbożny liberał i socjalny rewolucjonista, innoplemieniec i innowierca. Argumenty były używane wymiennie, a dostosowywane do masowego odbiorcy ulegały stosownej prymitywizacji. W ten sposób budowano podmiotowość poprzez uprzedmiotowienie znacznej części społeczeństwa. Zwolenników traktowano jako łatwą do zmanipulowania mierzwę, zaś w przeciwnikach

widziano pomiot szatana. W tym klimacie umysłowym powstawały i funkcjonowały broszurki obwieszczające rządy mafii żydowsko-masońskiej.
Wszakże nie tylko endecy oddziaływali na ducha katolicyzmu w Polsce.
Sami – *nolens volens* – ulegali jego wpływowi; jego koncepcji osoby ludzkiej,
jego antytotalitarnej zasadzie oddzielenia tego, co boskie, od tego, co cesarskie. Myślę, że był to jeden z istotnych powodów, dla których myśl progra-
mowa endecji nie stała się w pełni totalitarna, nawet w latach 30-tych, kiedy
trucizna szowinizmu i bakcyl totalitarny zdawały się całkowicie przeżerać
karne szeregi młodzieży odzianej w zielone koszule z mieczykiem Chrobre-
go, kiedy kastet był argumentem rozstrzygającym w politycznej dyspucie,
kiedy młodzi endecy jawnie sympatyzowali z faszyzmem, a sanację epoki
Brześcia i Berezy oskarżali o zgniły liberalizm, nawet wtedy jeden z twórców
narodowo-demokratycznej myśli programowej, Roman Rybarski, pisał: ,,bez
wewnętrznego zjednoczenia uczuć i wysiłków naród nie utrzyma się na przo-
dującym stanowisku. Ale czy potęga narodu wymaga kompletnego politycznego zespolenia jego członków; czy jest konieczne, by wszyscy uznawali jedną wiarę polityczną, nosili jeden mundur, czy też walki wewnętrzne na gruncie spólności narodu nie prowadzą lepiej do jego rozkwitu?''

KONKLUZJE

Nie jest celem tych refleksji jakieś ponadhistoryczne pogodzenie tradycji
narodowych demokratów i niepodległościowego socjalizmu. Zamiarem
moim było raczej ponowne ich odczytanie, odcyfrowanie zawartego w nich
przesłania, namysł nad przestrogą zawartą w tamtych konfliktach. Pierwszą
inspiracją była przywoływana w trakcie wywodów książka Barbary Toruńczyk, ale przecież do takiego namysłu skłania po prostu wiedza o późniejszych losach, o kontynuatorach, epigonach, o rozkwicie i degeneracji tamtych ideologii. I skłania do takiego namysłu przekonanie, że ostatnie lata w
polskim życiu publicznym zaznaczają się renesansem postaw nonkonformistycznych. Ich wspólny mianownik to uzyskiwanie podmiotowości i konstruowanie programu polskiej polityki czynnej. Refleksja nad analogicznymi
próbami podejmowanymi przed 80-oma laty może być rodzajem pomostu
intelektualnego między epoką dziadów i pradziadów, a czasem, w którym
nam samym przyszło ,,wybijać się na niepodległość''. Tym bardziej, że istotnym elementem dążeń do podmiotowości było zdobycie autentycznej wiedzy
o własnej historii, kształtowanie własnego stosunku do narodowego dziedzi-
ctwa, tworzenie własnej tradycji ideowej i lokowanie samych siebie na jej
polu. Spór o historię bywał nader często sporem o własną tożsamość. Czasem skazywał nas na taką formę dyskusji cenzorski ołówek, czasem – nie-
dowład własnego języka. Odnosi się to również do niniejszych rozważań. I
one chcą być głosem w dyskusji nad tworzonym dzisiaj kształtem narodowego losu.

Wydaje się, że z tamtych spraw wynieść można sporo inspiracji szczegó-
łowych i garść nauk ogólnych. Spróbujmy je streścić.

Cechą znamienną programów politycznych, o których pisaliśmy, był ich
zrealizowany finał: Polska odzyskała niepodległość. Złożyły się na to wysiłki
i dokonania wszystkich uczestników opisywanych polemik. To oni uformowali naród, który był zdolny do samodzielnego bytu po 120 latach niewoli i
rozdarcia, uformowali jego świadomość polityczną, jego nowoczesne ideologie, jego pluralistyczną strukturę wewnętrzną. Pluralizm ten mimo niewoli
stanowił o bogactwie i dojrzałości polskiego życia, choć nie wszyscy jego
uczestnicy byli tego świadomi. Smutną skazą natomiast był kształt polskich
spraw i ich natężenie. Każdy z dyskutantów sobie tylko – i swemu obozowi –
przypisywał rozum polityczny i patriotyczną rzetelność. Wzajemne oskarżenia były brutalne i niesprawiedliwe. Zaciążyły fatalnie nad polskim życiem
politycznym. Warto mieć tę prawdę zawsze na uwadze, zwłaszcza zaś teraz,
kiedy toczymy wewnętrzny polski spór o to, jakiej polityki dzisiaj nam potrzeba...

Potrzebujemy podmiotowości. Musimy ocalić naszą samoorganizację, nasze struktury związkowe, nasze nieocenzurowane gazety, nasze niepisane
kodeksy moralne; musimy ocalić nasz własny, niezależny od aparatu władzy,
obieg życia obywatelskiego. To będzie nas kosztować – już kosztuje – nie-
mało ofiar, ale to jest cena wolności. Nasze życie nieoficjalne, to nasze życie
autentyczne. Jak długo posiadamy swoją samoorganizację, tak długo – choć
zniewoleni przez siłę – zachowujemy swoją samowiedzę i duszę wolnego narodu.

Potrzebujemy polityki czynnej. To znaczy polityki, która pozwoli nam się
bronić przed zakusami totalitarnej władzy w dniu powszednim i planowo
dążyć do osiągnięcia nadrzędnych narodowych celów. Taka polityka wymaga determinacji i cierpliwości, odwagi i zdolności do rozważnego kompromisu, trzeźwej analizy geopolitycznej i elastycznej taktyki w wymuszaniu zmian
wewnętrznych. Polityka czynna to trzeźwa ocena własnego miejsca w świecie. To twarde trzymanie się życiowych realiów i odrzucanie idealistycznych
urojeń. To gotowość do ofiarnej walki o prawo do suwerennego bytu własnej wspólnoty narodowej. Ale to nie to samo co przekonanie, że realizacja
dobra mego narodu wymaga walki z innymi narodami. To nie to samo, co
sformułowany przed laty pogląd, że „idea walki jest tak stara jak samo
życie, życie bowiem utrzymuje się tylko dzięki temu, że inne życie ginie w
walce (...) W tej walce zwycięża silniejszy, zdolniejszy, przegrywa zaś słaby
i mniej zdolny. Walka jest ojcem wszechrzeczy (...) Człowiek żyje i jest
zdolny utrzymać się obok świata zwierzęcego nie dzięki zasadom humani-
taryzmu, lecz posługując się jedynie i wyłącznie metodami najbrutalniejszej
walki".

Przeczytajmy te zdania uważnie. Tych słów nie wypowiedział żaden z polskich polityków, choć mógł je wypowiedzieć niejeden. Te słowa wypowiedział Adolf Hitler. Warto się zastanowić nad ich konsekwencjami.

Polityka czynna to nie fanatyzm i okrucieństwo. Polityka czynna to świadome przezwyciężanie polskiego błędnego koła, polskiego cyklu „od odnowy do odnowy", od wybuchu do powstania. *Potrzebujemy Kościoła katolickiego.* Kościoła, który jest nauczycielem wartości moralnych, obroną godności narodowej i ludzkiej, azylem dla podeptanej nadziei. Nie oczekujemy wszakże, by Kościół stał się politycznym reprezentantem narodu, by formułował polityczne programy i zawierał polityczne pakty. Kto chce takiego Kościoła, kto tego oczekuje od katolickich **kapłanów, ten – chcąc nie chcąc – zmierza ku politycznej redukcji religii chrześcijańskiej.** Nie potrzebujemy przecież Kościoła zaryglowanego, Kościoła skrytego za murami określonej ideologii politycznej. Potrzebujemy Kościoła otwartego, Kościoła, który „świat cały bierze w ramiona Krzyża". Takiego Kościoła – myślę – potrzebują dziś wszyscy Polacy: ci wierzący w „szaleństwo Krzyża", ci szukający po omacku sensu chrześcijańskiej transcendencji, ci definiujący sens własnego życia w kategoriach laickiego humanizmu.

Potrzebujemy narodowej solidarności. Jej glebą musi być wzajemny szacunek dla cudzej odmienności, dla różnorodności, dla pluralizmu. Jej warunkiem jest troska o pozytywny rozwój własnego narodu, o jego etykę zbiorową i duchowy wymiar. Jej zagrożeniem jest nienawiść do innych narodów, pogarda dla innych kultur, megalomańskie przeświadczenie o własnej doskonałości. Narodowa solidarność to schronienie dla duchowej bezdomności, to **wojna wydana ludzkiej samotności w obliczu komunistycznego Lewiatana. Ale nie może to być pod żadnym pozorem formowanie więzi społecznych na podobieństwo hierarchii wojskowej. Solidarność to nie to samo, co karność. Nie ma narodowej solidarności bez tolerancji i pluralizmu, bez przekonania, że właśnie pluralizm jest świadectwem bogactwa narodowej kultury.**

Potrzebujemy socjalizmu. „Potrzebna jest nam – słusznie pisze Leszek Kołakowski – żywa tradycja myśli socjalistycznej, która głosząc tradycyjne wartości sprawiedliwości społecznej i wolności apeluje wyłącznie do sił ludzkich. Ale tu również nie są nam potrzebne idee dowolnego socjalizmu. Nie potrzebujemy obłąkanych marzeń o społeczeństwie, z którego usunięta wszelka pokusa zła; ani marzeń o rewolucji totalnej, co za jednym zamachem zapewni nam błogostan ostatecznego zbawienia w świecie bez konfliktów. Potrzebny nam jest socjalizm, który pomaga zorientować się w skomplikowanej rzeczywistości brutalnych sił działających w ludzkiej historii, socjalizm, który umocni naszą gotowość do walki z nędzą i krzywdą społeczną. Potrzebujemy socjalistycznej tradycji świadomej własnych ograniczeń, albowiem sen o zbawieniu ostatecznym jest rozpaczą przebraną w szaty nadziei, żądzą władzy przystrojoną w togę sprawiedliwości".

Potrzebujemy wolności. Idąc ku niej niesiemy w sobie ziarna niewoli. Nikt nie wychodzi niewinny z wojny wydanej Księciu Ciemności. Wolność może być rozmaicie zagrożona. Jedni z nas mają apetyt na cudzą wolność, drudzy lękają się ciężaru własnej wolności. Taki jest spadek długich lat niewoli. Tego niepodobna przezwyciężyć z dnia na dzień. Do wolności trzeba dorastać. Wolności trzeba się uczyć. To prawda: wolność mamy wpisaną w umysły i serca. Tylko jak poprawnie odczytać własne wnętrza? Wolność to tyle, co autokreacja. Sam siebie rzeźbię, sam wykuwam swój los kosztem swego życia. Może to być los niewolnika, może być – człowieka wolnego. Wtedy mam wolność wyboru. Mogę przekreślić całą tradycję mych ojców i dziadów. Mogę splunąć na wszystkie kamienne tablice mojej kultury. Wszystko to mogę. „Równocześnie cały ten historyczny proces świadomości i wyborów człowieka – jakże bardzo związany jest z żywą tradycją jego własnego narodu, w której poprzez pokolenia odzywają się żywym echem słowa Chrystusa, świadectwo Ewangelii, kultura chrześcijańska, obyczaj zrodzony z wiary, nadziei i miłości. Człowiek wybiera świadomie, z wewnętrznej wolności – tu tradycja nie stanowi ograniczenia, jest skarbem, jest duchowym zasobem, jest wielkim wspólnym dobrem, które potwierdza się z każdym wyborem, każdym szlachetnym czynem, każdym autentycznie po chrześcijańsku przeżytym życiem. Czy można odepchnąć to wszystko? Czy można powiedzieć nie? Czy można odrzucić Chrystusa i wszystko to, co On wniósł w dzieje człowieka?

Oczywiście, że można. Człowiek jest wolny. Człowiek może powiedzieć Bogu: nie. Ale – pytanie zasadnicze: czy wolno? I w imię czego «wolno»? Jaki argument rozumu, jaką wartość woli i serca można przedłożyć sobie samemu, i bliźnim, i rodakom, i Narodowi, ażeby odrzucić, ażeby powiedzieć «nie» temu, czym wszyscy żyliśmy przez tysiąc lat?! Temu, co stworzyło podstawę naszej tożsamości i zawsze ją stanowiło" (Jan Paweł II).

„Dlatego też w narodzie wolnym rozum jest naprawdę urzeczywistniony; jest on duchem żywym i obecnym, w którym jednostka swoje przeznaczenie, to znaczy swoją ogólną jednostkową istotę, nie tylko odnalazła jako coś, co jest wyrażone i dane jako rzecz, lecz sama jest tą swoją istotą i powołanie swoje wypełniła. Dlatego najwięksi starożytni mędrcy powiadali, że *mądrość i cnota polega na tym, by żyć zgodnie z obyczajami swojego narodu"* (G.W.F. Hegel).

Białołęka, lipiec 1982.

POSŁOWIE

„Rozmowę w Cytadeli" pisałem w warunkach osobliwych. Z prośbą o uwagi mogłem się zwrócić do kilku tylko kolegów. Każdy z nich miał dość własnych zajęć, poświęcili mi wszakże sporo czasu i uwagi. Podziękowanie za to zechcą przyjąć: Jacek Kuroń, Anatol Lawina, Janusz Onyszkiewicz i Henryk Wujec.

1. Pierwszy z zarzutów dotyczył konstrukcji tekstu i zwichnięcia proporcji. „Z tekstu wyłania się – zdaniem mego przyjaciela – nader pozytywny

obraz endecji przy jednoczesnym braku prezentacji dorobku obozu socjalistycznego, który także konstruował swoją wizję podmiotowości i polityki czynnej, organizował oświatę, nielegalny obieg kultury, ruch spółdzielczy etc."

Otóż nie było moim zamierzeniem sporządzenie kompletnego, podręcznikowego, obrazu tamtej epoki. Z tego punktu widzenia mój tekst jest bezwartościowy. Chciałem raczej postawić tamtej epoce, jej świadectwom i dokumentom, pytania nowe, formułowane z perspektywy dnia dzisiejszego. Stąd eseistyczny, nawet nieco chaotyczny, charakter przewodu. Dorobek myślowy socjalistów znany jest dość dobrze: pisano o tym wiele, obiektywnie i kompetentnie. Własny pogląd zaś sformułowałem przed laty w eseju „Cienie zapomnianych przodków", poświęconym sylwetce ideowej Józefa Piłsudskiego. Z natury niejako, z ideowego wyboru i biograficznej tradycji, etos PPS uważam za własny; z tradycją niepodległościowego i demokratycznego socjalizmu identyfikowałem się wielokroć publicznie, słowem mówionym i pisanym. Intencja „Rozmowy w Cytadeli" była nieco przewrotna: chciałem na nowo odczytać – okiem człowieka ukształtowanego przez tradycję lewicową – treść koncepcji politycznej narodowych demokratów i odnaleźć wartości ukryte pod grubym pokładem urazów, resentymentów i zafałszowań. Siłą rzeczy koncentrowałem się na tych wątkach, które znamionują mądrość i przenikliwość endeckiej myśli politycznej. Polemika ideowa – taka już jest logika politycznej walki – zawsze skłania do wyjaskrawiania wad adwersarzy i wybielania własnych potknięć. Może dlatego zastosowałem w tym artykule operację odwrotną: własną tradycję obejrzałem w krzywym zwierciadle jej zagrożeń i deformacji, tradycję endecką zaś – w blasku cnót. Wskazałem wszakże i na cienie zawarte w myśli narodowych demokratów, choć – przyznaję chętnie – raczej usiłowałem zrozumieć ich źródła niż zdemaskować objawy. Starałem się przeto raczej z publicystyki Dmowskiego wyłowić przenikliwą prognozę konfliktu nacjonalizmu polskiego z nacjonalizmem litewskim czy ukraińskim, niż dostrzec w konkluzjach wodza endecji po prostu produkt jego własnej nacjonalistycznej wiary. Trudno oddzielić w tej publicystyce nurt chłodnej diagnozy od ideologicznej i politycznej agitacji – jedno z drugim jest zespolone, zrośnięte. Wszelako z dzisiejszej perspektywy spoglądając, należy skonstatować, iż fałszywe przesłanki ideowe nie wykluczają poprawnej diagnozy sytuacji politycznej.

Endecja nie była tworem jednorodnym. Był to obóz wielonurtowy, ewoluujący, pełen wewnętrznych napięć. Mnie wszelako interesowały jego cechy wspólne, charakterystyczne dla stylu myślenia o polityce. Dlatego zapewne pominąłem ten istotny proces zdominowania propagandy politycznej tego obozu przez prymitywną i tanią demagogię, która rozbudzała namiętności i przysparzała głosy wyborcze. Przeobrażenia myśli politycznej jako skutek jej masowego upowszechnienia to temat na odrębne studium. Inny kształt miał program endecji formułowany na łamach *Przeglądu Wszechpolskiego*, inaczej zaś funkcjonował w przemówieniu lokalnego agitatora wygłoszonym na

przedwyborczym wiecu. Subtelne analizy geopolityczne wypierała brutalna
frazeologia nienawiści narodowej. Podobnie działo się w obozie socjalistycznym – pojęcie „walki klas" przestawało być narzędziem analizy procesu historycznego, a stawało się demagogicznym hasłem uzasadniającym
nierzadko grabież cudzego mienia. Te emocje i oczekiwania tłumu narzu-
cały ideologiom politycznym nowy kształt, spłaszczały je, wiodły ku fana-
tyzmowi i nienawiści. Typ fanatyka-ideowca opisany przez Floriana Zna-
nieckiego pojawiał się nie tylko wśród socjalistów...

2. Nie dość wyraziście więc – zdaniem moich kolegów – skontrastowałem
pochlebną ocenę obozu narodowych demokratów z zagrożeniami totalitarnymi, jakie rodziła endecka ideologia. Bakcyl totalitarny – ich zdaniem –
dostrzegłem tylko u socjalistów.

Ewolucja ruchów nacjonalistycznych ku totalitaryzmowi była – twierdzę –
wielokrotnie opisywana, głównie na przykładzie Niemiec i ruchu hitlerow-
skiego. Są to rzeczy znane. Wolałbym przeto, by dzisiaj przyjrzał się totalitarnemu bakcylowi pomieszczonemu w nacjonalistycznych programach i
ideologiach ktoś, kto otwarcie manifestuje swój związek z endecką tradycją,
np. Wojciech Wasiutyński, Wiesław Chrzanowski lub Aleksander Hall.

3. „Wskazujesz – pisze mi Henryk Wujec – na deprawację, jakiej ulegali
Dmowski i Piłsudski w walce z caratem, na podobne schorzenia idei podmiotowości tym wywołane. Lecz wydaje mi się, że w tak pozytywnie okre-
ślanej idei podmiotowości Dmowskiego tkwi u samego podłoża istotne schorzenie, które tej podmiotowości zaprzecza. Podmiotowość ma przecież doty-
czyć tylko Polaków, inne grupy mają być podporządkowane, gorsze. Podmiotowość nie dotyczy – według Dmowskiego – wszystkich obywateli w
państwie polskim. Jest to schorzenie groźniejsze, niż to wywołane walką z
caratem i nawykami, jakie powstały u walczących, bo leży u źródeł doktryny".

Refleksję powyższą uważam za słuszną. Ten fragment doktryny endeckiej
szczególnie złowrogo zaciążył nad życiem publicznym II Rzeczypospolitej.
Pamiętajmy jednak o istocie rzeczy. Dmowski – sam będąc nacjonalistą i
rozumiejąc dynamikę innych nacjonalizmów – nie wierzył w możliwość bez-
konfliktowego ułożenia stosunków polsko-litewskich czy polsko-ukraińskich
w przyszłym państwie polskim. Wnioski polityczne, jakie z tego wyciągał –
tu nie ma sporu – były fatalne, ale sama diagnoza była prawidłowa. Ukraińców nie mogła zadowolić żadna równość praw w państwie polskim – oni
chcieli niepodległej Ukrainy. I trudno się temu dziwić. Dlatego właśnie –
myślę – konstruując program federalistyczny trzeba było mieć poprawne
rozpoznanie ukraińskich aspiracji narodowych. Nie wystarczyło karmić się
wizją „Polski jagiellońskiej", tolerancyjnej i ideą „państwa bez stosów"...
Inaczej mówiąc: Dmowski grzeszył brutalnością programu polonizacyjnego i
ciasnotą swojej wizji polskości, ale jego antagoniści z PPS i obozu belweder-
skiego grzeszyli po prostu naiwnością.

4. „Czy nie pomijasz – pyta mnie kolega – znaczenia «nierealistycznego»
i romantycznego programu PPS w dziele odzyskania niepodległości"? W py-

taniu znajduję nieporozumienie semantyczne. W 1918 roku zatryumfowała idea zgoła nierealistyczna na początku XX wieku. Wszakże w przedmiocie dążenia do niepodległości Liga Narodowa nie różniła się od PPS. Spór dotyczył metod realizacji i dróg do niepodległości. Były to drogi różne, niepodobna wszakże twierdzić, że postępowanie Piłsudskiego nie było nacechowane realizmem i kalkulacją. Rzecz w tym, że realistycznej praktyce politycznej nie towarzyszyła jasno wyrażana myśl polityczna, jak to miało miejsce w przypadku Dmowskiego. Piłsudskiemu zawdzięczają Polacy poczucie godności, wiarę w niepodległość, zdolność do ofiary, wiedzę o wartościach – nie zawdzięczają mu jednak systematycznej myśli politycznej wyłożonej na kartach jego pism. Natomiast myślenia o polityce uczyć się mogli Polacy z pism Romana Dmowskiego.

5. „Socjalizm to termin doszczętnie skompromitowany. Czy słusznie robisz posługując się tym sformułowaniem w swych konkluzjach?", pisze mi Janusz Onyszkiewicz.

Nie umiem na to pytanie jednoznacznie odpowiedzieć. Również sam sobie. Bowiem istotnie termin socjalizm w Polsce jest równie skompromitowany, co wieloznaczny. Z tego punktu widzenia należałoby go więc poniechać. Z drugiej wszakże strony tym terminem posługiwał się przez dziesięciolecia polski ruch robotniczy i jego partia – PPS, która wysoko dzierżyła swą ideę praw świata pracy i niepodległości narodowej, swoją zasadę „wolności Polski i wolności człowieka w Polsce". Jest prawdą, że socjalizm PPSowski był dzieckiem innej epoki, produktem innych sytuacji społecznych i umysłowych. Ale czy całokształt tamtych konfliktów ideowych nie jest już zjawiskiem archiwalnym? Czy nie jest tak, że nieraz toczymy dziś spory o przeszłość sądząc, że spieramy się o prawdy dnia dzisiejszego? Czy nie jest tak, że z tygla przeszłości wyłaniać się muszą nowe programy, nowe ideologie, nowe artykulacje nowych konfliktów? Czy nie jest tak, że konstruowane dziś programy samorządnej Rzeczypospolitej muszą być syntezą wątków wczoraj konfliktowych, niemożliwych do pogodzenia, a dziś komplementarnych, wzbogacających się wzajem, naturalnie sojuszniczych?

Myślę, że jest tak właśnie. Dlatego posłużyłem się pojęciem „tradycji socjalistycznej", w której widzę niezbywalny składnik naszych dzisiejszych nadziei.

I dlatego w ogóle napisałem „Rozmowę w Cytadeli".

Krytyka nr 13/14, Warszawa 1982

Spis treści

Po Grudniu

Dlaczego nie podpisujesz... 7
Dlaczego nie emigrujesz... 16
Polska wojna 23

Na marginesie wydarzeń

W dziesiątą rocznicę interwencji 39
Lekcja godności 43
Odzyskany poeta 50
Czas nadziei 53
Nadzieja i zagrożenie 59
Ciemny horyzont 64
Minął rok 69

Szanse polskiej demokracji

Nowy ewolucjonizm 77
Uwagi o opozycji i sytuacji kraju 88
O oporze 93

Szkice

Cienie zapomnianych przodków 113
Ugoda, praca organiczna, myśl zaprzeczna 131
Spór o pracę organiczną 151
1863: Polska w oczach Rosjan 171
Gnidy i anioły 189
Rozmowa w Cytadeli 210